我 为 此 而 生 ：甘 地 自 传

梵 澄 译 丛 · 主编 闻中

我为此而生
甘地自传

〔印〕莫罕达斯·卡拉姆昌德·甘地　著

尚劝余　尚沫含　等译

GUANGXI NORMAL UNIVERSITY PRESS

广西师范大学出版社

·桂林·

英文译者序言

甘地的《自传》第一版出版了两卷本。第一卷出版于 1927 年，第二卷出版于 1929 年。古吉拉特文原文版定价一卢比，出版了五版，售出近五万册。英文译本（只发行了精装本）价格昂贵，印度读者无力购买，因此早就需要出版普及本。现在，《自传》以单卷本的形式出版了。需要说明的是，英文译本由于曾在《青年印度》上连载，因此有幸得到甘地本人的修订。现在，我再次对《自传》进行认真修改，并邀请了一位我尊敬的朋友在语言文字方面予以细心地推敲和润饰，他是一位享有盛誉的著名英语学者，在其他许多方面也多有建树。承担这项任务之前，他提出了一个条件，即无论如何不能提到他的名字。我接受了他的条件。无须赘言，这更加深了我对他的感激。第五部分第二十九章至第四十三章由我的朋友兼同事普亚里拉尔翻译，当时正值 1928—1929 年布鲁姆菲尔德委员会（The Broom-field Committee）在巴多利（Bardoli）进行巴多利农业调查，我去了巴多利。

马哈迪夫·德赛（Mahadev Desai）

1940 年

目 录

导言 \001

第一部分

第一章 家世 \009

第二章 童年 \013

第三章 童婚 \016

第四章 开始做丈夫 \020

第五章 读中学 \024

第六章 一个悲剧（上）\029

第七章 一个悲剧（下）\033

第八章 偷窃和赎罪 \037

第九章 父亲的死和我的

双重愧疚 \040

第十章 一窥宗教 \043

第十一章 准备赴英国留学 \048

第十二章 放逐者 \053

第十三章 终于抵达伦敦 \056

第十四章 我的选择 \060

第十五章 学习如何当英国

绅士 \064

第十六章 改变 \069

第十七章 饮食试验 \073

第十八章 羞涩保护法 \077

第十九章 谎言的危害 \081

第二十章 宗教认识 \085

第二十一章 罗摩给弱者以

力量 \089

第二十二章 纳拉扬·亨昌德

罗 \092

第二十三章　大博览会 \ 097

第二十四章　当了律师又

如何 \ 099

第二十五章　我的无助 \ 102

第二部分

第一章　赖昌德巴伊 \ 107

第二章　开始新生活 \ 110

第三章　第一个案子 \ 114

第四章　第一次打击 \ 118

第五章　准备赴南非 \ 122

第六章　到达纳塔尔 \ 125

第七章　若干经历 \ 129

第八章　赴比勒陀里亚

途中 \ 133

第九章　更多的苦头 \ 138

第十章　比勒陀里亚第

一日 \ 143

第十一章　与基督教徒的

往来 \ 147

第十二章　设法和印度人

来往 \ 151

第十三章　"苦力" \ 154

第十四章　准备打官司 \ 158

第十五章　宗教的召唤 \ 162

第十六章　事与愿违 \ 166

第十七章　定居纳塔尔 \ 169

第十八章　对有色人种的歧视 \ 174

第十九章　纳塔尔印度国大党 \ 178

第二十章　巴拉宋达朗 \ 183

第二十一章　三英镑人头税 \ 186

第二十二章　关于宗教的对比

研究 \ 190

第二十三章　安家度日 \ 194

第二十四章　回国 \ 197

第二十五章　在印度 \ 201

第二十六章　两种热情 \ 205

第二十七章　孟买集会 \ 209

第二十八章　浦那和马德拉斯 \ 213

第二十九章　"速归" \ 216

第三部分

第一章　暴风雨来临 \ 221

第二章　另一种风暴 \ 224

第三章 考验 \ 227

第四章 风暴过后的平静 \ 232

第五章 儿童教育 \ 235

第六章 服务精神 \ 238

第七章 禁欲（上）\ 241

第八章 禁欲（下）\ 245

第九章 简朴的生活 \ 249

第十章 布尔战争 \ 252

第十一章 卫生改革和

饥荒救济 \ 255

第十二章 返回印度 \ 257

第十三章 重返印度 \ 261

第十四章 文书和听差 \ 265

第十五章 在国民大会上 \ 268

第十六章 寇松勋爵的

召见 \ 270

第十七章 和戈克利相处一月

（上）\ 272

第十八章 和戈克利相处一月

（中）\ 275

第十九章 和戈克利相处一月

（下）\ 278

第二十章 在贝拿勒斯 \ 282

第二十一章 定居孟买？\ 287

第二十二章 信仰经受考验 \ 290

第二十三章 再赴南非 \ 294

第四部分

第一章 "爱的徒劳？" \ 299

第二章 来自亚洲的专权者 \ 302

第三章 忍辱负重 \ 305

第四章 令人振作的牺牲精神 \ 308

第五章 自省的结果 \ 310

第六章 为素食主义牺牲 \ 314

第七章 土疗和水疗试验 \ 317

第八章 警告 \ 320

第九章 与权势斗争 \ 323

第十章 神圣的回忆和忏悔 \ 326

第十一章 与欧洲人的密切往来

（上）\ 329

第十二章 与欧洲人的密切往来

（下）\ 332

第十三章 《印度舆论》\ 335

第十四章　苦力区还是隔

离区？\338

第十五章　黑死病（上）\341

第十六章　黑死病（下）\344

第十七章　火烧印度居民区 \347

第十八章　一本书的魔力 \349

第十九章　凤凰村 \352

第二十章　第一夜 \355

第二十一章　波拉克毅然

而来 \358

第二十二章　神灵庇佑之人 \361

第二十三章　家务一瞥 \365

第二十四章　祖鲁人的"叛

乱" \368

第二十五章　心灵历程 \371

第二十六章　非暴力抵抗运动的

诞生 \374

第二十七章　关于饮食的一些

体验 \376

第二十八章　嘉斯杜白的

勇气 \379

第二十九章　家庭的非暴力

抵抗 \383

第三十章　谈自制 \386

第三十一章　绝食 \388

第三十二章　当校长 \392

第三十三章　文化训练 \395

第三十四章　精神训练 \398

第三十五章　良莠之分 \401

第三十六章　把绝食当作

救赎 \403

第三十七章　应戈克利之召前往

伦敦 \406

第三十八章　我在战争中的

角色 \409

第三十九章　精神难关 \412

第四十章　小规模非暴力抵抗

运动 \415

第四十一章　戈克利的仁爱 \419

第四十二章　胸膜炎的治疗 \422

第四十三章　回国 \425

第四十四章　关于律师的零星

回忆 \427

第四十五章 "狡辩"的行为 \ 430

第四十六章 当事人变成了
同事 \ 432

第四十七章 一个当事人如何
得到解救 \ 434

第五部分

第一章 初次经历 \ 439

第二章 与戈克利在浦那 \ 442

第三章 这是威胁吗？\ 445

第四章 圣提尼克坦 \ 449

第五章 三等车厢乘客的
悲哀 \ 452

第六章 追求 \ 455

第七章 坎巴庙会 \ 457

第八章 拉克希曼·朱拉 \ 462

第九章 创立学院 \ 466

第十章 遭遇风波 \ 469

第十一章 废除契约移民 \ 472

第十二章 靛青的污渍 \ 477

第十三章 文雅的比哈尔人 \ 480

第十四章 直面非暴力 \ 484

第十五章 撤销诉讼 \ 488

第十六章 工作方法 \ 491

第十七章 同伴们 \ 494

第十八章 深入农村 \ 497

第十九章 遇到一个好省督 \ 500

第二十章 和劳工接触 \ 502

第二十一章 学院一瞥 \ 505

第二十二章 再次绝食 \ 508

第二十三章 凯达的非暴力抵抗
运动 \ 512

第二十四章 "洋葱大盗" \ 515

第二十五章 凯达非暴力抵抗
运动的终结 \ 518

第二十六章 力求团结 \ 520

第二十七章 招募新兵 \ 524

第二十八章 生命垂危 \ 531

第二十九章 罗拉特法案与我的
困境 \ 535

第三十章 惊人的壮举 \ 539

第三十一章 难忘的一周
（上）\ 543

第三十二章　难忘的一周

（下）\ 549

第三十三章　"一个喜马拉雅山

般的错误" \ 553

第三十四章　《新生活》和《青年

印度》\ 555

第三十五章　旁遮普的经历 \ 559

第三十六章　基拉法反对保护

母牛？ \ 562

第三十七章　阿姆利则国大党

大会 \ 567

第三十八章　国大党的入党

仪式 \ 571

第三十九章　土布运动的诞

生 \ 574

第四十章　终于找到了！ \ 577

第四十一章　一场有启发性的

对话 \ 580

第四十二章　不合作运动的

兴起 \ 583

第四十三章　在那格浦尔 \ 587

告别 \ 589

中文译者后记 \ 593

导　言

四五年前，在一些关系密切的同事提议下，我同意撰写自传。我开始动笔写作，但是尚未写完第一页，孟买就发生了骚乱，这项工作只好停顿下来。接着发生的一系列事件，最终导致我被监禁在耶罗伐达监狱中。叶拉姆达斯（Jeramdas）先生是我的狱友之一，他请求我将其他一切事情搁置一边，集中精力写完自传。我回答说，我已经为自己安排了一项学习计划，在完成这个计划之前，我不可能考虑做其他任何事。其实，倘若我在耶罗伐达监狱服满刑期，我本可以写完自传，因为只需一年时间就可以完成这项任务，但就在这时我被释放了。现在，斯瓦米·阿南德（Swami Anand）再次提出这一建议，而且我也写完了《我在南非二十年》①，因此我打算为《新生活》（Nava-jivan）撰写我的自传。斯瓦米想让我将自传写成一本书，单独出版。但是，我没有空余时间。我只能一周写一章。我每周必须给《新生活》写点东西，为什么不写我的自传呢？斯瓦米同意了我的建议，这样我就努力撰写我的自传。

但是，一位敬畏神灵的朋友对此深怀疑虑，他在我沉默不语的那

---

① 原书名 Satyagraha in South Africa 直译为《南非萨提亚格拉哈》。"萨提亚格拉哈"原意为"坚持真理"，意译为"非暴力抵抗"。——译者注

以下注释除特殊标明外皆为译者注，不再一一标出。

一天表达了他的疑虑。① "你为什么要冒这个险？"他问，"写自传是西方人特有的习惯。就我所知，除了那些受到西方影响的人之外，没有哪个东方人写自传。何况，你要写什么？如果你明天放弃了你今天奉为原则的东西，或者如果你将来修改今天的计划，这难道不是在误导那些将你所说或所写的话当作权威而行事的人吗？难道你不觉得，不写像自传之类的东西，至少现在不写，不是更好吗？"

这个论点对我产生了些许影响。但是，我的目的并非想写一部真正的自传。我只是想讲述我体验真理的无数故事，而且我的生活就是由这些体验构成的，因此我的故事将采取自传的形式，这一点毋庸置疑。然而，只要这个故事的每一页讲的都是我的体验，我不介意采用什么形式。将所有这些相关体验讲述出来，对读者不无裨益，这一点我深信不疑，或者至少这种信念使我感到满足。我在政治领域的体验，现在不仅在印度家喻户晓，而且在某种程度上"文明"世界也有所耳闻。对我个人而言，这些体验没有多大价值；它们为我赢得的"圣雄"头衔，价值更加微不足道。这个头衔常常使我深感痛苦，而且可以说，我不记得有什么时刻，它曾让我兴奋过。但是，我当然愿意讲述我在精神领域的体验，这些体验只有我自己知道，而且，从这些体验中我获得了在政治领域工作中具有的力量。如果这些体验的确是精神体验，那么，就没有什么可自夸的。它们只能增加我的谦卑。我越反思过去，越回顾过去，就越真切地感到我能力有限。

这三十年来，我想达到的，我孜孜以求想达到的，就是自我实

---

① 甘地每周有一天沉默不语，用写字进行交流。

现，寻求真理，达到"莫克萨"[①]。这就是我追求的目标，我为此而生，为此而行，为此而存在。凡是我所说和所写的，以及我在政治领域的一切冒险，无不导向这一目的。但是，因为我一贯认为，对一个人可能的事，对所有人都是可能的，因此我的体验并不是关起门来进行的，而是公开进行的；而且，我也不认为这就降低了我的体验的精神价值。有些事情，只有他本人和他的创造者[②]知道。显然，这些事情只可意会，不可言传。但是，我要讲述的体验并非这一类，而是精神体验，更确切地说，是道德体验。因为宗教的本质是道德。

只有那些老人和儿童都能理解的有关宗教的体验，才包括在本书中。如果我能够以一种客观而谦逊的精神讲述这些体验，那么许多其他体验者就会从中得到鞭策，在他们的体验征途中继续前行。对于我的这些体验，我绝不能说做到了尽善尽美，远非如此。我能说的是，我的这些体验就像科学家做试验一样。虽然科学家以极度的准确、远见和细致进行试验，但是从来不宣称他的结论就是最终结论，而是对此保持开放心态，虚怀若谷。我进行过深刻的自我反省，反复检讨自己，并检查和分析每一种心理状态。然而，我远不敢宣称我的结论就是最终结论，或者我的结论正确无误。但有一件事我确实可以宣称：在我看来，我对真理的体验似乎是绝对正确的，而且就目前而言似乎也是最终的。因为，如果不是这样的话，我就不会以它们为依据采取行动。实际上，我采取的每一个步骤，都是以此为依据进行取舍的，并且据此行事。而且，只要我的行动使我的理智和良心感到满足，我

---

① 莫克萨（Moksha），原意为"摆脱生死"，最接近的英语意思是"灵魂得救、解脱、超度"。——原注

② 创造者，指造物主。

就必须坚决依据我原来的结论行事。

如果我只是讨论一些学术原则，那么，显然不应该写这部自传。但我的目的是要说明这些原则是如何在各种实践中得到运用的。我打算写的内容包括非暴力①、禁欲以及被认为有别于真理的其他行为原则的体验。但是，在我看来，真理是至高无上的原则，它包含无数其他原则。这一真理不仅指言辞上的真实，而且指思想上的真实；不仅指我们所理解的相对真理，而且指"绝对真理"，即"永恒原则"。我尚未找到真理，但我正在追寻。为了这一追寻，我准备牺牲我最珍贵的东西。即使所要牺牲的是我的生命，我也会在所不惜。但是，只要我还没有实现这个"绝对真理"，就必须坚持我所理解的相对真理。与此同时，那个相对真理必须是我的灯塔、我的庇护、我的盾牌。虽然追求真理的道路犹如刀刃一般径直、狭窄和锐利，但对我来说，它又是最便捷、最容易的。由于我一直严格遵循这条道路，因此即使我所犯的是喜马拉雅山般大的错误，在我看来也显得微不足道。这是因为，这条道路已使我免于悲伤，而且，我已循着我的灯塔前行。在我前行的道路上，我常常隐约看到"绝对真理"的光辉，而且唯有它是真实的，其他一切都是不真实的，这一信念在我心中与日俱增。让那些想要了解的人了解我的信念是如何与日俱增的；如果可能，也让他们分享我的体验，并分享我的信念。更进一步的信念也在我的心中与日俱增，即凡我能做到的事，甚至连小孩子都能做到，我这样说是有充分理由的。追求真理的工具说困难也困难，说简单也简单。对自高自大的人来说，似乎是不可能的，但对天真的孩子来说，却完全是

---

① 非暴力（Ahimsa），阿希姆萨，字面意思是不杀生、非暴力。——原注

可能的。追求真理的人应该比尘土更谦虚，尘土被世人踩在脚下，但是追求真理的人应该谦虚到甚至为尘土所踩踏。只有这样，也只有那时，他才能一瞥真理。至富和妙友①的对话非常清楚地表明了这一点，基督教和伊斯兰教也雄辩地证明了这一点。

对于我在这里所写的任何东西，倘若读者感觉有骄傲之辞的话，那么，完全可以认定我的追求存在错误，也完全可以认定我所瞥见的只不过是海市蜃楼。让许许多多像我这样的人毁灭，而让真理盛行吧。大家千万不要因评价像我这样做错事的凡人而丝毫降低真理的标准，哪怕一毫一厘。

我希望并祈祷，大家不要将散见于后面章节中的忠告当作权威。这里讲述的体验应该被当作例证，每个人可以根据自己的意愿和能力，以此为参照，进行自身体验。我相信，如果仅限于这个范围，那么我的这些例证是有实际帮助的，因为我既不会有意隐瞒，也不会轻描淡写我必须讲述的任何丑事。我希望读者完完全全了解我的一切过错和失误。我的目的在于描述我在坚持真理的非暴力抵抗中的体验，而不是表述我如何优秀。在评判自己的时候，我尽力做到既严格又真实，因为我希望其他人也是这样。用这一标准来衡量我自己，我必须与苏尔达斯②一起高歌：

---

① 至富（Vasishtha）和妙友（Vishvamitra），印度大史诗《罗摩衍那》中两个化敌为友的圣人。

② 苏尔达斯（Surdas，约 1478—1584），中世纪印度盲人圣人、诗人、音乐家，被称为"苏尔达斯圣人"，以献给克里希纳神的赞歌而闻名，著有《苏尔歌海》，相传包含十万首颂歌，现存八千首，苏尔达斯意为"歌奴"。

哪里有一个坏人，

像我这样恶劣而可恶？

我抛弃了我的造物主，

我何其不信不忠！

我离真理仍然如此遥远，对我来说，这是一个无休无止的折磨。我完全懂得，它支配着我生命中的每一次呼吸。我知道，正是我内心的邪欲使我离它如此之远，而我又摆脱不了这些邪欲。

但是，我必须就此止笔。我只好在下一章中开始讲述这个真实的故事。

莫罕达斯·卡拉姆昌德·甘地

萨巴玛蒂真理学院

1925 年 11 月 26 日

第一部分

第一章　家世

甘地家族属于班尼亚（Bania）种姓，起初似乎是杂货商。但从我祖父起，家人已连续三代担任卡提亚华（Kathiawad）各邦首相（Prime Minister）。我的祖父乌塔姆昌德·甘地（Uttamchand Gandhi），别名奥塔·甘地（Ota Gandhi），想必是一个讲原则的人。当时他是博尔本德尔（Porbandar）的迪万[①]，后来由于某种政治阴谋他被迫离开了那里，避难到朱纳卡德（Junagadh）。在朱纳卡德，他用他的左手[②]向当地的纳瓦布[③]致敬。有人问他为什么对纳瓦布如此地不敬，他解释说："我已经用我的右手向博尔本德尔宣誓效忠了。"

祖父在原配妻子过世后再婚了。他与前妻育有四个儿子，续弦后又生了两个儿子。但是在我年幼时，从未感觉到祖父这六个儿子非一母所生。六个兄弟中，排行老五的是卡拉姆昌德·甘地（Karamchand Gandhi），又名卡巴·甘地（Kaba Gandhi），老六是图尔西达斯·甘

[①]　迪万（Diwan），过去印度各王公土邦的首相。

[②]　印度有一个传统习俗，大便完后，不用纸擦屁股，而是用水洗屁股，一般是用左手洗，因此，用左手敬礼是不礼貌和不尊敬的标志。

[③]　纳瓦布（Nawab），印度当时的莫卧儿王朝分封各地的军政长官，世袭职，英国殖民统治时期的穆斯林土邦王公。

地（Tulsidas Gandhi）。他们兄弟二人曾先后担任过博尔本德尔的首相。卡巴·甘地是我的父亲。他曾是王府法庭（Rajasthanik Court）的一员。但现在那种法庭早就没有了。然而，当时它是一个调解和处理酋长及其族人之间纠纷的极具权势的机构。父亲还曾先后在拉杰果德①和樊康纳（Vankaner）担任过一段时间的首相。他过世后领到了拉杰果德县的抚恤金。

卡巴·甘地一生先后结过四次婚，每一次再婚都是因为前妻去世。他的第一次和第二次婚姻给他带来了两个女儿，最后一任妻子普特丽白（Putlibai）为他生育了一女三子，我是其中最小的孩子。

我的父亲是一个热爱宗族、追求真理、勇敢慷慨的人，只是脾气有些暴躁。从某种程度上讲，他似乎有些纵欲，因为他第四次结婚时，已经年过四十了。不过，父亲一直清廉自守，在家族内外，都以处事公正廉洁闻名。他对本邦的一片忠心是众所周知的。有一次，一个助理政治监督官②对拉杰果德的王公塔克里·萨希布③（Thakore Saheb）说了不敬的话，他便挺身而出加以斥责。那位监督官因此很是气愤，责令父亲向他道歉。父亲当然不肯，为此他甚至被拘留了好几个钟头。但最后监督官看他毫无屈从之意，就无可奈何地把他放了。

我父亲一生从无致富的雄心壮志，因此他离世的时候也没给我

---

① 拉杰果德（Rajkot），印度古吉拉特邦辖县，也是古吉拉特邦第三大经济发达县，属于索拉什特拉（Saurashtra）地区。
② 政治监督官，印度被英国统治时期，英国驻印度总督派到印度较小土邦的官吏，实质是该地的总负责人，连土邦王公也要听命于此人。
③ 萨希布，乌尔都语，通常为穆斯林尊称，含有老爷之意。

们留下多少产业。他没受过教育，但拥有一些知识经验。据说父亲最多能看懂五级水平的古吉拉特语（Gujarati）。对于历史和地理，他一窍不通。不过，在处理错综复杂的问题及管理众人方面，他都得心应手。虽然父亲仅仅接受了微乎其微的精神训练，可他却有经常去庙宇聆听印度教徒读经讲道的习惯。在父亲生命的最后一段时间里，应我们家一位婆罗门①（Brahman）朋友的提议，父亲开始每日诵读《薄伽梵歌》②，并且总会在每日祷告的时候反复大声诵读其中的几篇经文。

我的母亲是一位虔诚的宗教信徒。她给我最深刻的印象就是，她对自己的信仰是那么虔诚。她在每顿饭前都要做祷告，否则绝不进食。去哈维立（Haveli）神庙，即毗湿奴③神庙参拜，是她每日的必行之事。在我的记忆中，母亲从未错过"查土摩"④的禁食期。她甚至会立下最严苛的誓言，并始终坚守不渝。即便在她生病时，她都不肯抛下誓言。我还记得有一次，她在履行"昌德罗衍那"⑤誓言的时候突然病倒，但她依然不肯中断禁食的誓言。连续两三顿禁食，在她看来不算什么。在长达四个月之久的"查土摩"禁食期间，她每日只

---

① 婆罗门，印度的祭司贵族，属于瓦尔纳之一。它主要掌握神权，占卜祸福，垄断文化教育和报道农时季节，主持王室仪典，在印度社会中地位是最高的。

② 《薄伽梵歌》（*Bhagavat Gita*），出现于公元 2—3 世纪，作者不详。它是印度大史诗《摩诃婆罗多》中一段有音律的对话，是黑天神对阿周那（Arjuna）所说的哲学道理。

③ 毗湿奴（Vaishnu），印度教三大主神之一，其信徒严禁杀生，因此是素食主义者，他们高度注重爱与慈悲的心怀。

④ 查土摩（Chaturmas），以四个月为一段时期。在这四个月的雨季中，立下绝食或半绝食的誓言。这个时期类似于基督教中的大斋节。——原注

⑤ 昌德罗衍那（Chandrayana），一种禁食形式，每日的食量要随着月亮盈缺的变化而增减。——原注

吃一顿饭，对此她早已习以为常。母亲甚至并不满足于此。在某次的"查土摩"禁食期，她每隔两日便绝食一天，对此她并不满足。在另一次"查土摩"禁食期，她发誓不见到太阳绝不进食。那些日子，我们几个孩子总是默立一旁，仰望天空，祈盼着太阳早点出现，我们好去告诉母亲。可谁都晓得，雨季太阳是很难露面的。我还记得当时，一旦看到太阳突然出来，我们便迫不及待地跑去告诉母亲。她总要跑出屋来，亲眼看看，但当她出来后，捉摸不定的太阳又转眼隐没了，母亲因此又不进食了。而她却高兴地说："没关系，这是神灵的旨意，不让我今天吃饭。"话音落下，便又进去料理家务了。

母亲有非常丰富的生活经验，对本邦的大事小情她都很熟悉，就连宫廷里的贵妇也钦赞她的才识。我年幼时，常有幸陪在母亲左右，而且我依然记得她与本邦王公塔克里·萨希布的寡母进行过多次生动的谈话。

这就是给予我生命并将我养育成人的父母。我于 1869 年 10 月 2 日在博尔本德尔亦名苏达马普里（Sudamapuri）出生，并在那里度过了我的童年。我记得自己也是在那里开始读书的。我当时好不容易才把乘法口诀学会。除了和小伙伴们一起给我们的老师起各种外号之外，我对当时的情况什么也想不起来了。这一点充分表明我的智力迟钝，记忆力也不如别人。

第二章　童年

我大概七岁那年，父亲离开博尔本德尔到拉杰果德去做王府法庭的法官。我被家里送到当地的小学上学。那时的情景直到现在我仍然历历在目，包括曾经教过我的老师的名字和他们的种种特点。我在那里学习的情况如同在博尔本德尔一样，表现平平，不值一提，我也就是个中等生罢了。而后，我从那里转到了郊区的一所学校，一直读到了高中，那时我已年满十二岁。在这简短的求学时期，我清楚地记得，不论是对老师还是对同学，我都没有说过半句谎话。我极其害羞，害怕和别人打交道，总是独来独往，仅仅以功课为友，以书为伴。我每天的生活就是按时上学，放学后立即跑回家。毫不夸张地说，我实在是害怕与人讲话，甚至担心有人取笑我。

我在读高一的时候，有次考试时发生了一件事。一位名叫齐斯（Giles）的督导来我们学校视察。他给出了五个单词，让我们做拼写练习。其中有个单词是"罐子"，可是我却把它拼错了。旁边的一位老师用鞋尖轻轻碰了我一下，那是在提示我，可我当时完全没有领会他的用意。我一直以为老师在那里就是监督我们防止作弊的，没想到他是在示意我去参考旁边同学写在石板上的内容。最后的结果是，除了我以外，那天在场的其他学生每个词都拼对了。只有我这个蠢货拼错。事后，老师狠狠批评了我，想让我醒悟，可惜这对我来说没有奏效。我永远无法领会"抄袭"的艺术。

然而，这件事情完全没有减少我对老师的崇敬之情。我天生就看不到长者的缺点。后来，我知道了这位老师的许多不足之处，可我依然自始至终地尊敬他。因为我一开始就学会了对长辈的话言听计从，而不会审视他们的行为举止。

这个时期的另外两件事，同样让我记忆犹新。除学校课本外，我不喜欢读课外书。我每天按时完成作业，因为我不喜欢被老师罚，更不愿因不写作业而编瞎话欺骗他。所以作业我一定要写，不过时常心不在焉，连基本的作业都写不完，就更别提读其他什么课外读物了。可是有一次，就像太阳从西边出来一样，我竟然对父亲买回来的一本书特别着迷，而且还读得津津有味。它是关于斯罗梵纳（Sharavana）孝顺双亲的一个剧本。当时，刚好当地来了几个巡演的演员。其中的一个场景是斯罗梵纳背着双目失明的父母去朝圣。那本书和那个场景给我留下了深刻的印象。我心想："这就是我要学习的榜样！"斯罗梵纳离世时，他父母痛不欲生的情形让我难以忘怀。那一段挽歌深深地打动了我，时时会牵动我的心。我还用父亲给我买的六角手风琴演奏过它。

还有和另一部戏剧有关的一件事情。也是那个时候，我征得父亲的准许去看了某剧团演的一出戏，名叫《哈里什昌德拉①》，我对它十分着迷，百看不厌。但是，我到底能有多少机会去看呢？我为此很是苦恼。于是，我开始独自扮演起哈里什昌德拉，也不知道演了多少

① 哈里什昌德拉（Harishchandra），印度教神话中的国王，以虔诚和正义著称。

次。"为什么寻求真理就不能像哈里什昌德拉那样，为了真理不惜经受一切考验？"我终日自问，它使我的心灵受到了莫大的鼓舞。我那时完全相信哈里什昌德拉的故事是真的。每当我想起他的故事，就情不自禁地流泪。根据我现有的知识推断，哈里什昌德拉也许不是个什么历史人物。但时至今日，我依然相信哈里什昌德拉和斯罗梵纳都是活生生的现实。我确信如果今天我重温这两部戏剧的话，仍然会如当初一样为之动容。

第三章　童婚

虽然我多么希望不写这一章，但我知道我在讲述的过程中，将不得不吞下许多这样的苦水。可是我别无选择，因为我立下誓言要尊崇真理。如实地在这里记录下我十三岁那年的结婚经历，对于我来说是一件痛苦的事。但我不能不写，因为这是我的责任。每当看到我照料着的和当年的自己年龄相仿的孩子时，我便不禁想到我的婚姻。感到同情自己的同时，我也为现在的他们没有遭受我那时的命运而庆幸。在我看来，那种荒谬的早婚行为，是毫无道德依据的。

请大家不要误解，我当时是结婚而非订婚。因为在卡提亚华，订婚与结婚是两种截然不同的仪式。订婚是男女双方家长预先对这门婚事的约定，而且是能够解除的。如果男方早逝，女方无须守寡。这完全是双方家长间的一种协定，与两个孩子没有关系，甚至常常是孩子们自己不知情。在我不知情的情况下我似乎订过三次婚。听人们说，前两次和我订婚的女孩都相继去世了。照这么算，我应该订过三次婚。我隐约记得，第三次订婚是在我七岁那年，但我已记不清有没有人事先告诉过我这件事。在这一章中，我将向大家讲述我的婚姻，这是我记得最清楚的一段。

前面提到过，我家兄弟三个，大哥早就结婚了。长辈们决定让大我两岁的二哥、大我约一岁的堂哥和我三个人同期结婚。他们这样做并不是为我们的幸福着想，更不考虑我们的意愿，纯粹是他们自己图个方便，节省开销罢了。

对于印度教徒来说，结婚并不是一件简单的事。男女双方家长经常为他们的婚礼操办耗尽心思，甚至倾家荡产。他们通常为筹备婚礼投入大量的物力和时间，花上几个月的时间准备婚服、装修房子、置备酒席。酒席还要相互攀比，比一比谁家的菜品花样多、数量大。妇女们无论嗓音如何，都会声嘶力竭大放歌喉。即便因此累病，抑或扰到邻舍也在所不惜。不过，好在邻居对这种杂吵和遍地废物的境况早已释然。因为他们清楚地知道，自己迟早也会以同样的方式操办。

长辈们觉得，既然操办婚礼如此麻烦，那莫不如把我们兄弟几个的婚礼放在一起办。合三为一，花销少、场面大，无比划算。更何况，父亲和大伯都已上年纪，我们又是他们最小的孩子，所以这样操办婚礼也算是让他们在晚年再感受一下那种愉悦幸福的氛围。出于这方方面面的考虑，就决定将这三桩婚事一起操办。正如我前面提到的一样，大家提早几个月就开始准备了。

只有通过这些准备工作，才能对其他即将发生的事情有所察觉。那时，我并不知道结婚对我意味着什么，无非就是穿着帅气的衣裳，奏着乐，迎娶新娘，还有丰盛的大餐并与一个"陌生的"女孩一块儿吃喝玩乐罢了。为了掩盖我的羞耻感，我选择一些值得讲述的细节，其余的就不必提了，那些事情以后再说吧，因为它们和我想表达的中心思想没有多大关联。

就这样，我和二哥被他们从拉杰果德送到了博尔本德尔。为了在最后如闹剧般的婚礼上表演好，我还要在一些细节上做准备，比如浑身涂抹姜黄膏以除污秽。这里我就不做详细介绍了。

我的父亲虽然是个迪万，可不过是个仆人。尤其是他受到本邦王公塔克里·萨希布的宠爱，这就使他更唯命是从。在他为我们操办婚礼的时期，王公直到最后一刻才让父亲离开，并给父亲配了几辆专用马车，这样可以节省两天的行程。但是命运不以人的意志为转移。博尔本德尔和拉杰果德相距一百二十英里，马车要走五天才到。父亲第三天就到家了。可不幸的是，在最后一段路途中车子翻了，父亲受了重伤。回到家时，他浑身缠满了绷带。因为此事，父亲和我们对婚礼的热情大大减小。可无论怎样，婚期已定，婚礼需要如期举行。然而，由于我当时年少无知，完全沉浸在那份孩童对婚礼期待的欢乐中，早已把父亲的伤痛置之脑后。

我是个对父母非常孝敬的人，但我曾一度沉溺于肉欲。当时，我还不理解孝敬父母需要舍弃一切欢愉。所以，仿佛上天在惩罚我贪于逸乐一样，发生了一件让我终身悔恨的事情，这件事我在后面会谈到。尼斯古兰纳歌（Nishkulanand）中有句词唱道："不管你如何努力，戒欲不戒心，终难恒久。"无论何时，当我唱起这首歌或听到这首歌时，那段让我悔恨心痛的错事便浮现在脑海中，惭愧之情涌上心头。

父亲忍着伤痛，满面笑容地全程参加了我的婚礼。时至今日，当年他参加我婚礼的每一个细节，那一丝不苟的样子，我全都历历在目。当时我做梦也不会想到，有一天我会严厉斥责他为我安排的童婚。但是在那时，我觉得这一切都安排得是那么妥当，让人欢快。我当时也是渴望结婚的。因为当天我父亲的一举一动，对我来说显得如此新鲜。直到现在，我还清楚地记得当时自己坐到礼台上，怎样和新娘一起行"七步"礼①，结为夫妻，怎样把合欢糖②喂到彼此口中，又是怎样开始我们小夫妻的共同生活。还有，就是那新婚之夜！两个天真无邪的孩子就这样被牢牢地绑在一起，然后将自己投身于生活的汪洋大海中。我的嫂子还毫无保留地教我在新婚之夜如何当个新郎。但我不晓得当时我的妻子是由谁来教的，我从未问过她，现在也不愿意开口问了。读者一定能想象得到当时我和妻子面对着彼此是多么紧张、多么害羞。我怎么开口和她讲话，该说些什么啊！嫂子告诉我的那些经验，那时候完全派不上用场了。但是，像这样的事情是用不着别人教的。前人留传给我们的印记，足以使这传授成了多余。就这样，我们开始了渐渐了解彼此、无话不谈的小日子。我们年龄一样大，可不久我便行使了一个丈夫应该履行的权威。

---

① "七步"礼（Saptapadi），指在印度教徒婚礼仪式上，新郎与新娘走七步的一种仪式。在仪式进行过程中，新人需彼此许诺互守贞操和敬爱，从今往后他们的婚姻便成为爱的永恒。——原注

② 合欢糖（Kansar），由小麦制作而成的一种糖果，用于在婚礼仪式后由新人分食。——原注

第四章　开始做丈夫

　　大约在我结婚的那个时候，流行过一些价值一派斯还是一派[①]（现在我也记不清那会儿是卖多少钱了）的小册子，主要谈论夫妻之间的爱、节俭、童婚以及其他一些问题。每当我看到这种小册子，都会从头到尾通读一遍，忘掉我不喜欢的部分，按我赞同的观点做事，这是我的习惯。终生忠于妻子，是这些小册子反复灌输的做丈夫的责任，这永远深深地刻在了我的心里。更何况，我生来对追求真理抱有热情，因此就不存在欺骗她这类问题。而且我那时还那么小，也不可能做出什么不忠的事情来。

　　然而，关于忠诚的教训也带来了不良的影响。我当时觉得如果我对妻子——嘉斯杜白（Kasturbai）忠贞不渝，那么她就必须对我同样如此。这种想法让我变成了一个爱嫉妒的丈夫。妻子的义务自然而然变成了我要求她忠于我的权利。同时，为了做到这一点，我格外留心着自己的权利。我当然没有理由怀疑妻子对我的忠贞，可是嫉妒哪里需要什么理由呢？就这样，我不自觉地开始监视她的一举一动，若没有我的允许，她哪儿都别想去。这样的行为，为我们今后的争吵埋

[①]　印度旧币制度，一卢比（Rupee）等于十六安纳（Anna），一安纳等于四派斯（Pice），一派斯等于三派（Pie）。

下了伏笔。事实上，我对妻子行为的管制对她来说形同监禁。可是她并不是那种逆来顺受的女人，她决定做自己想做的事，去她想去的地方，为自己做主。我越限制她，她越采取自由行动，这反而让我更加苦恼。因此，不愿彼此交谈成为我们两个已婚孩子的家常便饭。我现在想来，嘉斯杜白当时不甘心受制于我是再正常不过的事了。哪个无辜的女子会忍得了不去神庙参拜、不外出会友的痛苦呢？如果我这样限制她，反过来，她是不是对我也有同样的限制权利呢？今天，我清醒了。然而那时，我一心想着行使一个丈夫的权威！

不过，读者不要误会，以为我们的生活是痛苦不堪的。我对妻子的苛刻，完全出于我对她的爱。我想让我的妻子变成我心目中理想的伴侣。我期待她过简单纯粹的生活，学我所学，想我所想。

我不知道，嘉斯杜白是否具有这样的雄心壮志。她不识字，但天性单纯、自立、坚韧，平日里和我寡言少语。她对自己的知识匮乏并没有感到不安，我也不记得我对知识孜孜不倦的追求是否曾唤醒她对知识的渴望。由此，我猜想，那雄心壮志只不过是我单方面的遐想而已。我把爱情全部倾注于一个女人身上，我要让她有所回报。但即使没有回报，也不至于伤心欲绝，因为这份爱至少有一方是热烈的。

我必须承认，我是如此热恋着嘉斯杜白。就连我在学校时，也会时时挂念着她，一心期盼着夜晚的到来，便能与她相见。分离是无法忍受的。我经常拽着她陪我彻夜谈心，让她整夜无法入眠。若不是我心中充满着那份炽热的责任感，像我这样一个贪恋情欲的人，应该不是疾病缠身英年早逝，就是陷入难以忍受的生存之苦。不管怎样，我还是每天早上完成自己的学业，因为我从不向人撒谎。正是这样做，让我免于堕落。

我已经说过，嘉斯杜白是个文盲。我本来想好好教她读书识字，可情欲让我几乎没有时间教她。因为教她读书违背了她的意愿，所以也只能在晚上进行。只要我们和长辈在一起，我就不敢和她挨在一起，更不敢和她讲话。当时甚至今天，卡提亚华有其独有的、毫无意义的而且野蛮的深闺制 [1]。因而，当时的环境有诸多不便。因此，我必须承认，我在我们年少时教嘉斯杜白识字的大部分努力不见成效。而且，当我从情欲的贪迷中苏醒过来时，已投身于公共生活事业，我拥有的空余时间就更少了。后来，我试图通过家教辅导嘉斯杜白，但同样没有成功。现在嘉斯杜白能够吃力地写几封简单的信，认识简单的古吉拉特文字。我确定，如果不是因为当初我贪图情欲，嘉斯杜白现在肯定是一个很有学问的女人，因为那时我本可以改变她厌学的态度。现在我明白了，在纯洁的爱面前，没什么是不可能的。

　　前面我多少已经提到过，是什么环境将我从情欲的烈火之中解救出来。还有一件事也值得一提。无数的事例使我确信：神灵终将救赎那些动机纯良的人。在印度教社会中，虽然有残酷的童婚习俗，但同时存在着另一种习俗，它在某种程度上消弥了童婚的罪恶。父母不允许年轻的夫妇长久地待在一起。童妇有许多时间需要待在娘家。我和妻子的情况也是如此。换言之，在我们婚后生活的前五年（从我十三岁到十八岁那几年）中，我们一起生活的时间加起来也就三年左右。我和嘉斯杜白每年一起生活到快六个月的时候，她父母就会把她叫回娘家。当时她家里的这种做法实在让我反感，但多亏这样才挽救了我们的婚姻。我十八岁那年，去了英国留学，算是一段长期而有利的分

---

① 深闺制（Purdah），字面意思是窗帘、帷幕、面纱，指妇女不公开露面的习俗。

离。就算是我从英国回来后，我们也很少在一块儿生活超过半年。因为我不得不奔波于拉杰果德与孟买①之间。不久，我又接到了南非的工作邀请，那时我已经基本从肉体的欲望中挣脱出来了。

---

① 孟买，位于马哈拉施特拉邦西海岸外的撒尔塞特岛，面临阿拉伯海。孟买是印度西岸大城市和全国最大海港，是印度马哈拉施特拉邦的首府。

第五章　读中学

　　我已经说过，我结婚的时候自己还在读中学。我们兄弟三人当时在同一所学校就读。大哥在高年级的班。和我同时结婚的二哥，只比我高一个年级，我们两个都因此荒费了一年学业。实际上结婚对二哥的影响更大，他甚至因此辍学。谁知道有多少年轻人和他有相同的遭遇。只有在当时印度教社会中，才会出现上学和结婚同时进行的现象。

　　婚后我继续上学。在中学，我并不被认为是思维迟钝的学生。我的表现总是得到老师的宠爱。学校每年都会往我父母那里寄发我的成绩单和操行评定。老师给我的评定从来都不差。实际上，在我二年级考试通过后，我还得了奖呢。五六年级时，我分别得到了四卢比和十卢比的奖学金。我之所以有这样的成绩，与其说我用功，不如说我运气好。因为奖学金并不是向所有学生设立的，只是留给来自卡提亚华的索拉兹地区的优等生。而在当时四五十人的班级中，来自索拉兹的学生并没有几个。

　　我记得当时我的自我评价不是很高，甚至每次得到奖学金时还会惊讶。不过，我对自己的言行举止很注意，哪怕有一点小小的过失，都会流下羞耻的泪水。无论是我自当受到的责备，还是出自老师意愿的责备，我都难以忍受。记得有一次我还遭到了老师的体罚。我当时并不在意体罚本身，而是在意别人会认为我罪有应得，还因此痛哭一场。那时，我也就上一二年级的样子。在我上七年级时，又发生了一次类似的事情。那时，学校的校长是罗博齐·叶杜吉·齐米（Dorabji Edulji Gimi）。他很受学生喜爱，因为他纪律严明，施教有方。他当时把体操和板球列为高年级男生的必修课。这两种运动我都不喜欢，在它们被列为必修课前，我是从来不参加任何运动的，无论是板球还是足球，因为我害羞。不过现在看来，当时那些想法全是错误的。我当时还错误地认为，体育和教育无关。然而，时至今日，我才明白体能的训练与智力的培养在学校教育中是同样重要的。

不过话又说回来，虽然我不怎么参加体育运动，但我的身体素质倒不差。因为我曾在书里看过，户外长时间走路对身体益处很大。我也很认同这个说法，于是我养成了散步的习惯，并坚持至今。这样坚持散步，让我体格一直强健。

我不喜欢体育锻炼的另一个原因是，我希望有更多的时间照顾我父亲。只要学校一放学，我就跑回家伺候他。我请求齐米校长减免我的体育必修课，这样我就有空闲时间照顾父亲了。然而，他没有理会我。于是，在一个星期六，发生了一件令人不悦的事。那天，上午的课上完后，我便回家照顾父亲，而且要在下午4点前赶回来上体育课。我没有手表，碰巧那天又赶上阴天，我就弄错了时间。当我赶回学校时，已经下课了，大家早就回家了。第二天，当齐米先生检查点名册时，发现没有我前一天上课的记录，便问我缺课的原因，我只好如实相告。但他不相信，还让我交一个还是两个（我现在也记不清到底是多少了）安纳的罚金。

我居然被说撒谎！这让我极其难过，我到底该怎么证明自己的清白啊？我实在想不出什么办法，只能默默地伤心痛哭。我懂得了，即使一个人再诚实，做事也要谨而行之。这是第一次，也是最后一次，我在学校犯疏忽的错误。我依稀记得我最终收到了罚款单。而那次的体育课惩罚后来被学校撤销，因为父亲给校长写信说，他需要我放学回家照顾他。

虽然我没有因忽视运动而吃亏，但因忽视另一件事而至今仍在接受惩罚。我不清楚自己怎么被灌输的观念，觉得书法并非教育必需的部分，而且这样一种观念后来我去了英国还保留着。直到后来，特别是我在南非的时候，当我看到那里的律师，还有那里土生土长并受过教育的年轻人写得一手好字时，一种自愧不如的感觉油然而生。我认为，写字不好看能透出接受教育的不完善。后来，我开始练字，可再想练就一手好字，早已来不及了。我永远无法弥补年轻时的疏忽。希望现在的每一个青年人都能以我为戒，能够意识到写一手好字是教育不可缺失的一部分。我现在认为：让孩子们在学习写字之前先学一些基本的绘画知识，再通过看图识字的方法学习，就像让他们观察不同的事物，比如花、鸟等，先让他们学会画，再让他们去写，这样字就会写得漂亮许多。

关于我在学校的回忆，还有一两件事情值得一讲。因为结婚，我曾辍学一年。老师为了弥补我的这种损失，特意让我跳级一年（通常只有刻苦勤奋的学生才能有这样的待遇）。于是，我在三年级只读了六个月，便在期末考试结束后跳到了四年级，紧接着就迎来了学校的暑假。从四年级起，学校的大部分课程都开始用英语讲授，这让我无比茫然。新增的几何科目，本来我就不擅长，再加上用英语教授，这对我来说更是难上加难。其实，老师讲得很好，只是我听不懂罢了。为此，我时常对自己失去信心，甚至滋生出回到三年级重读的念头。我觉得，把两年的课程压缩到一年学习，实在太难了。这不仅丢自己的脸，也让老师难堪，因为他觉得我学习勤奋才推荐我跳级的。最后，我担心丢了老师和自己的面子，才咬牙坚持下来。后来，在我的不懈努力下，在学到欧几里得（Euclid）几何第十三章定理时，我对几何这门课终于开窍了。其实，如果一门学科只单纯需要推理能力就可学习的话，这门课程就不困难。从那以后，几何对我来说既简单又有趣。

然而，梵文（Sanskirt）就没那么容易了。几何这门课没有多少死记硬背的内容，可梵文就不同了，它每个小点都需要记忆。这门课同样是在四年级一开始开设的。但升入六年级后，我就对学习失去了动力。老师对我们无比严厉，对我们的期望很大。我认为，他那是在强迫我们学习。而且，教梵文的老师和教波斯文（Persian）的老师有点针锋相对的意思。波斯文老师性情温和，学生们私下谈论都觉得波斯文更好学，波斯文老师也比较平易近人。波斯文"容易学"的念头吸引了我。有一天，我去了波斯文的课堂。梵文老师为此很是沮丧，把我叫到身边说："你怎么可以忘记自己是毗湿奴之神的子民呢？你难道连梵文都不学了吗？如果你遇到了困难，为什么不来找我？要知道我是想尽心尽力去教好你们的啊！只要你坚持学下去，就会体会到梵文乐趣之所在。只要你不灰心，还是重新回到梵文课上来吧！"

老师对我那样关切，让我深感惭愧。我无法对老师的关怀置之不理。直到现在，只要我想到克里希那尚卡尔·潘提亚（Krishnashankar Pandya）先生，感激之情便涌上心头。因为如果不是我当时学习了一点梵文，后来也不会对宗教书籍那么感兴趣。事实上，我真的很后悔当时没有更深入地学习梵文。而且，我也觉得每个青年男女、印度教徒都应当好好学习梵文。

现在，在我看来，在印度高等教育的所有课程里，除了本土语之外，还应当开设印地语（Hindi）、梵语、波斯语、阿拉伯语（Arabic）及英语。你们不要被这么多的语言课吓倒。如果我们的教育体制更加完善，孩子们不再借助这些外来语学习，那么学习这些语言就不会成为令人生畏的任务。掌握了一门科学的语言知识后，再学习其他语种就容易多了。

其实，可以把印地语、古吉拉特语、梵语看作同一类语言，也可以把波斯语和阿拉伯语看作同一类语言。尽管波斯语属于雅利安（Aryan）语系，阿拉伯语属于闪族（Semitic）语系，但是这两类语言联系紧密，因为它们都声称自己充分发展源于伊斯兰教（Islam）。我认为，乌尔都语（Urdu）并不能算作一门独立的语言，因为它采用印地语的语法，而它的词汇主要是波斯语和阿拉伯语。就像一个人若想学好古吉拉特语、印地语、孟加拉语（Bengali）或者马拉提语（Marathi），就务必学好梵文一样，想学会乌尔都语就必须学习波斯语和阿拉伯语。

第六章　一个悲剧（上）

我中学时代的朋友不多，在不同的时期，有两个能称得上是哥们儿的朋友。其中一段友情持续的时间并不长，不是我选择放弃了与他的友谊，而是我结交了另一个朋友以后，他不愿继续和我做朋友。我和后一个人的那段友谊，可以称得上我人生中的一个悲剧，且那段友谊维系甚久。我是怀着改造者的精神与他交朋友的。

这个朋友原是我哥哥的朋友。他们俩是同班同学。我明明知道他的缺点，可依然视他为我真诚的益友。我母亲、大哥还有妻子都警告我，说我身边有个损友。我太过自大了，以至于完全不把妻子的话放在心上。但我没有胆量置母亲和兄长的话于不顾，不过我对他们辩解说："你们说的他那些问题我都非常清楚，但你们不了解他的优点，他也不会将我领入歧途。相反，我和他相处就是要改造他。我坚信如果他能改掉那些缺点，就一定会是个大有作为的人，请你们不要再为我担心了。"

我知道虽然自己这样对他们解释，但他们也不会放心。不过，他们接受了我的说辞，对此不再干涉了。

后来，我终于醒悟了，我知道自己的想法是错误的。一个改造者是无法与他想改造的对象保持亲密无间的关系的。真正的友谊是这个世界上两个灵魂的高度默契，只有脾气、秉性相适应的人才能结下珍贵而长久的友谊。朋友间是相互影响的，不存在改造和被改造这样的问题。我认为，应当尽力避免那种过于专一、亲密的关系。因为做人往往学坏容易、学好难。而且人若与神灵为伴，则注定孤独，否则他就需要与世人打成一片了。我的想法也许不对，但我一心想培养亲密友谊的努力算是失败了。

当我第一次遇见这个朋友时，拉杰果德正遭受一次"改革"的热潮。他告诉我，老师中有不少人背地里吃肉喝酒，还列举了一些本地的名人。他还告诉我，一些中学生也参与其中。

对此，我既惊讶又难过。我问他为什么要这样做，他解释说："我们民族之所以脆弱，是因为我们只吃素，而英国人之所以能统治我们，在于他们吃肉。你知道我身体健壮，擅长跑步，那是因为我也吃肉。吃肉并不会长瘤或疖子，即便是长了，过段时间也很快能好。我们那些老师和其他名流并不是傻子，他们知道吃肉对身体有益。你也应该吃肉，试一下，亲身体验一下吃肉给你带来的力量吧。"

他诱劝我吃肉的那些话并不是一次说完的，而是循序渐进一点点将意图透露给我。我的二哥已沦落其中，他赞同我朋友的观点。与我哥哥和我朋友比较，我的体质差了许多，他们都比我结实，比我胆大。我这位朋友的本事真是把我吸引住了，他跑得远、跑得快，还擅长跳高、跳远。若是体罚，不论多少，他都能承受，还常常在我面前表演这些本事。当一个人在别人身上看到自己不具备的品质时，往往会羡慕不已。我也不例外地打心眼里羡慕这位朋友的本事，心中暗想自己该怎样才能和他一样强大。

而且，我还是个胆小鬼。我以前常常被各种恐惧萦绕，怕贼，怕鬼，还怕蛇，夜里甚至不敢出门。我惧怕黑暗，黑夜里我根本无法入睡，一会儿想着鬼会出现，一会儿怕蛇会钻进来，一会儿又担心贼闯进来。而我又怎能将我内心的恐惧告诉睡在我身边的妻子呢？那时她已经不是小孩子了，已经是青年人了。我知道她比我勇敢多了，因此我总觉得惭愧。妻子无惧于蛇或鬼之类的东西，而且可以在夜里独行。我这位朋友对我的弱点了如指掌。他经常告诉我，他能赤手抓活蛇，能够抓贼，而且不信鬼。当然，他这一切本事都归因于他吃肉。

那时，我们同学中流传着一首由古吉拉特诗人纳玛德（Narmada）写的打油诗，诗的内容是这样的：

> 大英人，小印人；
> 英食肉，体强健；
> 弱受治，强施治。

我深受这一切影响，终于妥协了。我逐渐认为食肉是有益的，吃肉会使我变强壮，让我更勇敢。如果全国人民都吃肉，那么打败英国人便轻而易举了。

因此，我便选定一天，开始了我的食肉生活。你可知道，我们整个甘地家族都是毗湿奴教徒，父母亲更是定期去哈维立神庙参拜。我们家族甚至有自己的神庙。古吉拉特盛行耆那教（Jainism），此教派的影响力几乎无处不在。古吉拉特当地的耆那教徒和毗湿奴教徒都极其反对并厌恶肉食，其反对并厌恶肉食的程度在印度或印度之外难有匹敌。我就生长在这种传统环境下，而且我非常孝敬父母，能想象出他们知道我食肉的反应，他们可能会被吓坏。而且对真理的诚挚的爱，让我格外小心。那时，我十分清楚，如果吃肉，就等于欺骗父母。不过，当时我的内心完全倾向于"改革"事业。我并不是想满足口腹之欲，其实也并不觉得肉有多好吃。食肉，不是希望自己变强变勇，而是想着能让全国人民都这样，从而打败英军，使印度重获自由。当时，我还没有听说过"自治"这个词，不过我知道自由的含义。我被"改革"的狂热之心蒙蔽了。而且，由于食肉这件事要秘密进行，我劝自己说：只是不将这一行为告诉父母而已，这并不背离真理。

第七章 一个悲剧（下）

体验吃肉的日子终于到来了。这种复杂的心情，真是无法用言语来形容。一方面，我对"改革"满怀热情，对人生中这一突破性的转变时刻激动不已；另一方面，我又对像贼一样躲躲藏藏做这种事情而感到羞愧。这两种心情哪种更牵动我的心，我自己也搞不清楚。我去河边找了一个僻静的地方，在那里第一次看见了肉和面包。这两样我都尝不出什么味道。我还记得，那天的山羊肉硬得像牛皮一样，简直难以下咽。我因此作呕，最终不得不放弃了尝试。

那天晚上，我非常难受，噩梦一直搅扰着我，使我无法入睡。每次要睡着的时候，我总觉得有一只山羊在肚子里苦苦哀叫，然后我便懊悔地坐起来。但之后我又告诉自己，吃肉是一种责任，一想到此，我心情便又平复下来。

我的朋友是一个不会轻易就此罢休的人。他后来开始为我烹制各种荤菜，而且看起来色香味俱全。这次的就餐地点不再是河边那种隐蔽之处，而是在政府宾馆的餐厅里，那里的桌椅一应俱全。其实，这些都是我朋友事先和餐厅的主厨打过招呼的。

他的诱饵果真生效了。我对洋面包的厌恶心理消除了，也不再对山羊有所怜悯。虽然还是不太喜欢吃肉，但对于那些荤菜吃起来也津津有味了。就这样，我吃了大约一年。但其实总共也就吃了不过五六次而已，因为政府的宾馆并非每天都营业，而且经常准备那么美味昂贵的荤菜也不是件容易的事。我是支付不起这样的"改革"成本的，每次都是我朋友帮我筹集费用。我也不知道，他是从哪里弄到那些钱的。他总是能弄到钱，因为他一心要把我变成一个肉食者。但是他的能力毕竟有限，后来这种食肉大餐越来越少，间隔的时间也越来越长。

每一次我外出到这种秘密饭局就餐，就肯定没法在家里吃了。母亲自然会叫我回家吃饭，而且会问为什么不回家吃饭。我总是用"消化不良啊，没有胃口啊"这类话语敷衍她。这样的谎言让我无法心安。我知道我在说谎，而且还是对自己的母亲说谎。我也很清楚，食肉这件事一旦被父母发现，他们会多么震惊。这些念头，无时无刻不搅扰着我的思绪。

因此，我提醒自己："尽管吃肉是必要的，在国内进行这种饮食'改革'也是必要的，可是我欺骗父母，对他们说谎，这比吃肉更糟糕。所以，父母在世时，吃肉是不可能的了。在他们过世后，我便自由了，不再受到制约了，到那时我吃肉的行为就可以正大光明起来。不过在那之前，我必须戒绝吃肉。"

我将自己的这个决定告诉了我的朋友，从此我便再也没沾过一星肉。父母对他两个儿子吃肉的事情也从不知情。

我放弃吃肉是出于对父母诚实的纯洁心愿，但我并没有放弃我的朋友。我改造他的热情对我而言极为不幸，但那时我全然没有意识到这一点。

还是这位朋友，差点害我对我妻子不忠，好在得以幸免。一次，他把我带到妓院，告诉我应该如何如何，他事先安排好了一切，甚至账都提前结好了。我落入了罪恶之渊，但是在神灵那无限慈爱的保护下我脱离了险境。在这淫罪之地，我几乎目盲口哑，不知所措。当我坐在那个女人的床边时，我连一句话都说不出来。她自然对我失去了耐性，一气之下，边骂边把我轰出了门外。我当时感到十分羞愧，无比尴尬，认为自己男子汉的自尊心受到了重创，惭愧得无地自容。但是，我由衷地感谢神灵拯救了我。回头想想，我这辈子曾出现过四次类似的情形，而且大多情况下不是因为我个人的努力，而是因为我的幸运，得到了神灵的拯救。从严格的伦理道德上讲，这种种情况都归因于道德败坏。但如果从世俗的观点来看，一个人若在出轨时被拯救，那他就算得救了。我所指的得救，就是这样的。有些时候，人和周围的一些人都能幸免于罪恶，仿佛是老天的刻意安排。可一旦他从中醒悟，就会生出对神灵说不尽的感激。我们都知道，一个人即使极力抵制诱惑，有时也难免堕落。我们同样知道，有时就算一个人想犯罪，神灵也会拉住他拯救他。这到底是为什么？人受多大自由？又受多少制约？自由的意志能起到多大作用？而命运又会对我们产生多大的影响？这一切的一切都是个谜，而且将永远无法解开。

还是继续讲我的故事吧。即便是这件事情，也没能让我看清这个朋友品行有多么低劣。因此，我遇到了更可怕的事情。直到亲眼见识他做出的让我无法想象的劣行，我才清醒过来。不过，这件事情还是等到以后再说，先按时间顺序讲吧。

还是这个时期，有一件事让我不得不提。依旧是这个朋友，让我和妻子之间产生了分歧与猜疑。我是一个专一又妒忌的丈夫，这个朋友抓住了我的把柄，拿我妻子编故事，使我开始对妻子产生了怀疑。

那时，我对他的谎言深信不疑。现在每当回想起当初信了他编的瞎话而让妻子受伤，我都无法原谅自己。也许只有印度教徒的妻子才能忍受这样的痛苦。这也是我把女性当作忍耐宽容的化身的原因。一个做仆人的如果无故受到怀疑，可以辞去工作，一个做儿子的如果遭到这样的境遇，可以离家出走，作为朋友的也可以因此断交。然而，作为一名妻子，即使怀疑自己的丈夫，也只能保持沉默。但与之相反，若是丈夫怀疑妻子，那她真的就无路可退，无计可想了。她能做什么呢？作为一名印度教徒的妻子是不可以向法院提出离婚申请的，法律不会帮助她。虽然事情已过了多年，可我却没能忘记，也始终无法原谅自己曾让妻子深陷如此绝望的境地。

后来，直到我理解了"非暴力"真正的含义后，对妻子的怀疑才得以消除。之后不久，当我意识到"禁欲"①的伟大力量后，才领悟到原来妻子并不是丈夫的奴婢，而是他的伴侣和助手，以及他所有快乐与悲伤的共享共担者，可以像她的丈夫一样自由地选择自己的人生之路。当我回忆起过去那些充满猜疑的日子，便对自己做过的愚蠢、贪欲的事情深恶痛绝，同时也对自己当时盲目地轻信这个朋友而哀叹。

① 禁欲（Brahmacharya），音译为"婆罗摩恰立亚"，字面意思是使人成为神的行为，术语意思是自制，尤其是控制性器官。——原注

第八章　偷窃和赎罪

我仍要说一些我在吃肉时期犯的错误，还有在这之前即结婚前后的一些错事。

我和我的一位亲戚抽烟上了瘾。不是因为认为抽烟有益，也不是因为迷恋烟的味道，仅仅是臆想出了某种吞云吐雾中的快乐。我叔叔也嗜抽烟，我们看到他抽烟，便也想效仿，但我们没钱。所以，我们开始捡叔叔扔掉的烟头。

不过，并非每次都能捡到烟头，而且烟头也不能燃起多么浓烈的烟雾。所以，我们开始偷仆人钱袋里的钱去买印度烟。问题是把烟藏在哪呢？我们当然不能当着大人的面抽烟。有几个星期，我们相安无事地偷钱买烟。与此同时，我们听说某种植物的茎有很多孔，吸起来很像烟。我们便弄来这些茎，像抽烟那样抽起来。

但这些事情远远不能让我们满足。我们对自由的渴求蠢蠢欲动，对于干什么事都要征得大人同意忍无可忍。最终，非常离谱地，我们决定要自杀。

但我们要如何做呢？我们要从哪里弄到毒药呢？我们听说曼陀罗花的种子是一种有效的毒药。我们去丛林里找这些种子，并真的找到了。夜晚通常是绝佳时机。我们去克达济神庙（Kedarji Mandir），把精油倒进油灯，去神坛参拜一下后，便去找一个僻静的角落。不过此时我们畏缩起来。如果我们不能马上死呢？我们自杀有什么好处呢？为何不忍受这种没有自由的束缚呢？不管怎样，我们还是吞下了两三颗种子，不敢再多吃。我们俩都开始害怕死，决定去罗摩吉神庙（Ramji Mandir）让自己冷静下来，驱散这种自杀的想法。

我发现自杀没有想象中那么容易。从那时起，当我听到有人威胁要自杀时，也无动于衷了。

自杀的行为结果反而让我们摒弃了抽烟的习惯，也再不去偷仆人的钱买烟。

自从我长大成人后，就再没有抽烟的欲望，也始终认为抽烟是野蛮、肮脏和有害的。我不能理解为什么全世界都对吸烟那么追捧。我不能忍受满车厢的人都在抽烟，我会呛得喘不过气。

不过，比这种行为更严重的是我后来犯的错，我为此懊悔不已。我第一次偷钱是在十二三岁的时候，也许更小。另一次偷钱是在十五岁的时候。那一次我偷了我那位吃肉的哥哥手镯上的一点金子。他那时欠了一笔大约二十五卢比的债。他手上的那个镯子是纯金的，要刮一点下来并不费事。

我偷了点金子，他也偿还了债务。然而，这一次我真的受不了了。我决心以后不再偷东西，也决定向父亲坦白。但我不敢说出来，不是因为怕父亲揍我，我不记得他曾经打过我们，我是怕我会让他痛心。但我觉得应该冒这个险，没有彻底的坦白，就不可能有彻底的悔改。

我最后决定把忏悔写下来交给父亲，求得他的原谅。我把它写在一张纸上并亲手交给他。在这张纸上，我不仅忏悔我的罪行，还请求父亲为此惩罚我，并在结尾请求他别为我的错误惩罚他自己。我也向自己保证，以后不再偷盗。

当我把忏悔书交给父亲时，整个人都在发抖。他那时饱受瘘管病的折磨，卧床不起。他的床是简朴的木床。我把那封忏悔书交给他后，坐在床架对面。

他读完以后，珠子般的眼泪从他的脸颊缓缓流下，滴湿了纸。他闭上眼睛思忖了一会儿，把纸撕碎了。他看忏悔书时是坐着的，然后他再次躺下。看见他心痛的样子我也哭了。如果我是一个画家，我今天仍能把那时的场景画下来。在我心里，那个场景历久弥新，历历在目。

那些出于爱的珍珠般的眼泪净化了我的心灵，也洗去了我的罪。只有经历过这种爱的人，才知道什么是爱。就像赞美诗里说的："只有被爱之箭射中的人，才知道爱的力量。"这对于我来说，是实实在在关于非暴力的一课。那时我从这件事中感受到的全是父亲对我的慈爱，今天我知道了这就是真正的非暴力。这种非暴力能包容万物，它能够感化所有能及的事物。它的力量是无穷的。

这种神圣的宽恕对于父亲来说是异乎寻常的。我原本以为他会很生气，捶着额头说些令人难以接受的话。然而他平静得让人难以置信，我相信这是缘于我毫无保留的忏悔。有权利接受悔过的人彻底地忏悔，并承诺永不再犯这种罪行，这是最纯洁的忏悔。我知道我的忏悔让父亲完全地信任我，并更加爱我，这种爱难以衡量。

第九章　父亲的死和我的双重愧疚

我现在要说的是我十六岁那年发生的事。如当时我们所看到的，我的父亲是一个饱受瘘管病折磨、长期卧床不起的人，我的母亲是打理家事的老仆人，而我主要的责任是照顾父亲。我担当起护士的职责，主要包括给生病的父亲穿衣服、喂药，为父亲配药，以及当需要时在家煎药。每晚我给他做腿部按摩，直到他叫停或者睡着，我才停下来。我喜欢为他按摩。我记得我一直很重视按摩这件事。我的全部时间安排，除了做好日常分内琐事，其余都倾注在学习和照料父亲这两件事上。当父亲允许，或者他身体感觉良好时，我才能在晚上出去走走。

那个时期，我妻子有孕在身。今天回想起来，那个情况对我来说意味着双重的愧疚：其一，那时我还是一个学生，我本应克制我自己，但我没做到；其二，我视学习为己任，视孝敬父母为更大的责任，因为我从小就把斯罗梵纳当作理想的人物。那时无论是从宗教、医学还是常识方面来说，都是禁止进行性行为的。每当我从工作中解脱，向父亲道了晚安，总是欢欣雀跃，径直飞奔向卧室。

此时此刻，我父亲的病情每况愈下，草药按摩师已经试过了他们所有的膏药，医生用遍了他们的药贴，本土郎中试尽了偏方，英国外科医生也使尽了他的本领，最终只能寄希望于他推荐的外科手术。但家庭医生出面阻挠，他反对父亲这么大的年纪还进行手术。这位家庭医生既医术高明又享有盛誉，他的建议自然被采纳。手术的可能被排除了，各种为治疗而买的药品都无济于事。我有一种直觉，若那位家庭医生允许手术，父亲的病很快就会治愈。况且，手术是由孟买医术最精湛的医生执刀。但上苍有另外的安排，当死亡近在咫尺，谁又能想到正确的解药呢？父亲从孟买回来时带的全部手术用品如今也无用武之地了，他不屑再苟延残喘地活着。他越来越虚弱，最后不得不在床上大小便，可是他拒绝这样做，一直忍着病痛下床。毗湿奴注重外部洁净的信条，总是不容僭越。

如此注重整洁无疑很有必要，但西医提醒我们，所有的护理需求，包括清洁身体，都可以在床上进行。只要严格注意在最大程度上保持洁净，病人一点也不会感觉不适，床也能保持一尘不染。我认为，这样的洁净程度与毗湿奴的信条并不相悖。但父亲始终坚持下床，这只会让我深深地震撼和敬佩。

可怕的夜晚终于到来了。我叔叔那时已在拉杰果德。我依稀记得他是收到父亲病危的消息后，才回到拉杰果德。他们兄弟手足情深。我的叔叔整日整夜坐在我父亲床边，在安顿好我们休息后，他坚持睡在父亲的身旁。没人会预见这是噩运降临的夜晚，危险无疑就潜伏在那里。

当时是晚上十点半左右，我正给父亲按摩，我的叔叔来接手，以便我歇口气。我直接回了卧室。我的妻子，可怜的小东西，已经熟睡了。我不在，她怎么能睡着呢？我叫醒她。五六分钟后，仆人来敲门了，我立马跳起来开门。他说："快起来，你父亲病重了。"我当然知道父亲病得很重，所以知道"病重"在那时意味着什么。我从床上蹦了下来。

"怎么回事？快告诉我！"

"你父亲过世了。"

一切都太迟了！我只是把手紧握成一团。我感受到深深的愧疚和痛苦。我跑进父亲的房间。我知道，如果我没有被自己的性欲蒙蔽，就能在父亲弥留之际分担他的痛苦。我应该给他做按摩，那他就会在我的怀中离去。但如今是我的叔叔获得了这份特权！他如此深沉地爱着他的哥哥，所以他值得拥有为他的哥哥做最后一件事的殊荣。我的父亲预知到最后一刻，他比画着要笔和纸，写了"准备后事"几个字。接着，他把手臂上的符箓和颈上的罗勒珠都摘下来放在一边。一会儿之后，他就过世了。

我在前面一章提到的羞耻，是因为我在父亲临死之前的紧要关头，肉欲还在蠢蠢欲动。而那时垂危的父亲正需要我打起精神照顾，这是永远忘不了、抹不去的污迹。并且，我总认为虽然我对父母的爱是没有止境的，我愿意为他们放弃任何东西，但与此同时，我的心还是被欲望裹挟。这考验着我对父母的爱，不可原谅的是，我对他们的爱仍然不够。因此，我一直视自己为一个忠于爱人但欲望过盛的丈夫。很久之后，我才得以从欲望的桎梏中解脱，在我战胜欲望前，我得经历重重考验。

在结束这章双重羞耻之前，我要写一下我妻子生下的那个可怜的婴儿，他出生不到三四天就夭折了。我还能指望什么吗？让那些结婚的人们以我为戒吧。

第十章　一窥宗教

我从六七岁到十六岁一直在上学，除了宗教之外，我学过所有课程。可以这样说，老师毫不费力地教授给我的东西，我一点都没学到。不过，我一直从我周围的事物中汲取知识。我这里用的是广义上的"宗教"含义，意味着自我实现或自我认知。

作为天生的毗湿奴教徒，我经常到哈维立神庙朝拜，但它从未让我迷恋。我不喜欢它的光怪陆离和喧嚣繁华。此外，我也听说过那里存在有违道德的习俗，对它提不起一点儿兴趣。所以，我没有从哈维立神庙受益。

但是，我从我的保姆那里学到了在哈维立神庙学不到的东西。我的保姆是家里的老用人，我仍记得她对我的宠爱。我之前提过，我很害怕幽灵和鬼魂。我的保姆兰芭（Rambha）教我反复诵念"罗摩那摩"（Ramanama），这是驱赶恐惧的良方。我虽然不大相信这个办法，但相信她本人，所以我小时候便开始反复诵念"罗摩那摩"，以便驱散对鬼怪的恐惧。自然，这个方法并不是长期见效，但在我儿童时期已种下善因，这并不是毫无意义的事。我想这要归功于那位善良的保姆兰芭种下的善因的种子，所以直至今日，"罗摩那摩"对我而言仍是一种万能的解药。

大约也是在这时，我的一位身为《罗摩衍那》[1]信徒的堂哥，正准备让我和我的二哥学习《罗摩护》（Ram Raksha）。我们用心熟记，并约定每天早上沐浴完诵读。我们住在博尔本德尔的时候，一直坚持这么做。当我们回到拉杰果德后，这个习惯就被我们抛在了脑后，因为实际上我并没有深信《罗摩护》。诵读《罗摩护》的一部分原因在于，能够字正腔圆地背诵《罗摩护》让我倍感自豪。

　　让我印象深刻的是那个在我父亲跟前朗读《罗摩衍那》的人。父亲生病的时候，有一部分时间待在博尔本德尔。在那里，他每晚都聆听别人诵读《罗摩衍那》。朗读者是罗摩的虔诚信徒，他就是比列斯瓦尔（Bileshvar）的罗塔·摩珂罗治（Ladha Maharaj）。听说他不用任何药物，就治好了自己的麻风病。他在患处敷上了比尔花叶，这些叶子是人们在比列斯瓦尔神庙供奉过大天帝后丢弃的；同时，反复诵读"罗摩那摩"。据说，是他的信仰治愈了他。这件事实在是难辨真假，但无论如何我们愿意相信这种故事。其实，当罗塔·摩珂罗治念《罗摩衍那》诗文时，他的躯体就完全摆脱了麻风病的折磨。他有一副悦耳动听的嗓子，能唱二行诗和四行诗，并对其进行解释。他沉醉在自己的演说中，并带领着听众追随他的境界。那时我十三岁，但我清晰地记得他的朗读俘获了我的心。这为我以后对《罗摩衍那》的挚爱埋下了伏笔。直至今日，我仍认为杜尔西达斯（Tulasidas）所写的

---

① 《罗摩衍那》（Ramayana），意思为"罗摩的历险经历"，作者是印度作家蚁垤（跋弥）。此书在印度文学史上被称作最初的诗，在印度文学史上占据着崇高的地位。全书是诗体，用梵文写成，诗律几乎都是输洛迦（意译为颂），即每节两行，每行十六个音节。全文共分为七章，两万四千对对句。内容主要讲述阿逾陀国王子罗摩（Rama）和他的妻子悉多（Sita）的故事。

《罗摩衍那》是所有灵修文学中最伟大的作品。

之后几个月，我们搬到了拉杰果德。那里没人诵读《罗摩衍那》。但是在每个"叶迦达希"①日，总是有人诵读《薄伽梵歌》。有时我也会去听，但是诵读者是一个没什么激情的人。如今我知道，《薄伽梵歌》是一本能激发宗教热情的书。我曾饶有兴致地读过古吉拉特文的版本。但当我在持续二十一天的绝食期间听到潘迪特·马丹·穆罕·马拉维亚（Pandit Madan Mohan Malaviya）诵读的某些原文片段时，我多么希望童年时就能听到这样一位信徒诵读的《薄伽梵歌》，那么我就能在更年少的时候钟爱它。那个年纪形成的印象总是会深深地扎根在一个人的本性中。没能有幸在那段时期听到更多此类有益的书，是我永远的遗憾。

然而，在拉杰果德，我形成了对印度教的所有分支和有关联宗教采取宽容态度的早期基础。因为我的父亲和母亲经常去朝拜哈维立神庙，有时也去湿婆②神庙和罗摩神庙。还会带上我们这些孩子一起去，不然就是送我们去。耆那教的僧侣也常常来拜访我父亲，甚至不顾他们的戒律接受我们非耆那教教徒的食物。他们经常同我父亲讨论伦理和世俗的主题。

此外，我父亲还有穆斯林和拜火教的朋友。他们经常和他谈论他们的信仰，而他总是满怀兴致和敬意地倾听。我当时负责照料他，因此常常有机会听到这些谈话。这许多事情融合在一起，在我身上种下

---

① 叶迦达希（Ekadashi），一个月中的"第十一日"，为印度教徒的绝食日。——原注
② 湿婆（Shiva），印度教三大主神之一。至今湿婆神庙仍然是印度最普遍的神庙。湿婆是保护神，保护男女免受灾难；又是破坏神，因为他力大无边，能降妖伏魔，破坏一切。

了包容所有信仰的种子。

但是，即使我学会了包容其他宗教，也不意味着我就相信神灵。这时，我恰好看见父亲收藏的一部《摩奴法典》①，里面谈到的造物主之类的故事并没有引起我的兴趣，相反，使我更倾向于无神论。

我有一位堂哥，现在还健在，我非常钦佩他的智慧。我向他提出了我的疑问，寻求他的帮助，但他也解决不了这些疑问。他用这样的回答打发我："当你长大以后，就能自己解决这些问题。这些问题不是你这个年纪该提出来的。"我那时无言以对，但觉得很郁闷。《摩奴法典》关于饮食类的章节，对我来说好像和日常习惯相悖。对于我诸如此类的疑惑，我得到的是相同的答案。"随着智力的发展和阅读的增加，我会更好地理解这个问题。"我这么对自己说。

无论如何，《摩奴法典》没有教给我"非暴力"。我在前面说过我食肉的事，《摩奴法典》似乎赞成食肉。我还觉得，杀死蛇虫之类的生物是符合道德的。我记得，当时我杀死过昆虫和其他类似的虫类，并将此视为己任。

但是，有一件事在我心中深深扎下了根，即深信道德是一切事物的基础，而真理是一切道德的本质。真理成为我唯一追求的目标，它每天都在迅速增长，我对真理的定义也日渐拓宽。

有一段古吉拉特的格言诗同样震撼了我的思想和内心，它的训诫是以德报怨，这成为我的行动指南。我对它十分热衷并开始不断践行这个原则。以下是我认为最棒的诗句：

---

① 《摩奴法典》(*Manusmriti*)，印度教最古老的法典，维护种姓制度和宗教信仰。——原注

予我杯水，报以美食；

与我寒暄，报以长揖；

赐我分厘，报以万金；

救命之恩，舍身相报。

智者言行，我当敬仰；

善行虽小，十倍奖赏。

至圣眼中，众人如一，

以德报怨，其乐无边。

第十一章　准备赴英国留学

1887 年，我通过了大学入学考试。那时考试通常在艾哈迈达巴德（Ahmedabad）和孟买两个中心城市举行。由于全国普遍的贫困状况，卡提亚华的学生自然选择距离更近和消费水平更低的地方参加考试。我家的经济状况使我也做出了同样的选择。这是我第一次离开拉杰果德去艾哈迈达巴德，而且路上没有朋友相伴。

我的长辈希望我通过入学考试，去大学里继续深造。那时包纳加尔（Bhavnagar）和孟买都设有大学，因为包纳加尔的学费较便宜，我决定去那里的萨玛尔达斯（Samaldas）学院读书。去了之后，我发觉自己完全处于迷惘的状态，一切都很困难。我跟不上教授的进度，培养兴趣更无从谈起。这不是他们的错，这所大学的教授都被视为学界一流，但我学艺不精。第一学期结束后，我回了家。

我们家族有一位智者老朋友，叫马福济·达维（Mavji Dave），他是一位精明又博学的婆罗门教徒。即便父亲过世后，他和我家仍一直保持着联系。在我放假期间，碰巧他来探望我们。他与我母亲和兄长谈话时，问起我的学业。了解到我在萨玛尔达斯学院读书后，他说："时代变了，你们要是没有接受合理的教育，是不能被指望继承你们父亲的衣钵的。现在这孩子还在求学，你们都应该指望他继承伟业。他要花上四年或五年去攻读学士学位，而这个学位顶多使他有资格获得月薪六十卢比的职位，迪万是当不上了。如果他像我儿子那样去学法律，得花更长的时间攻读学位，到取得学位时，一定有不少律师竞争迪万的职位。我更希望你们送他去英国留学。我儿子柯华尔朗（Kevalram）说，在那里很容易就能成为一名律师。三年后，他会回国，而且花费也不会超出四五千卢比。看看那位刚从英国回来的律师，他过着多轻松自在的生活！只要他吭声，就能当上迪万。我极力建议你们今年把莫罕达斯送到英国去，柯华尔朗在英国有很多朋友，他会给他们写介绍信。莫罕达斯会很容易适应那儿的生活。"

约希吉（Joshiji）——那是我们对老马福济·达维的称呼——十分淡定地看着我，问道："相比在这边，你难道不想去英国学习吗？"没有什么比这事更让我欢喜的了。我对我困窘的学习进程感到极端羞愧。所以我对这个建议喜出望外，并说送我去，越快越好！但要尽快通过考核可不容易。能不能不去参加医学资格考试呢？

我哥哥打断了我："父亲不喜欢学医，他说过，毗湿奴教徒是不允许解剖尸体的，他希望你去当律师。"

约希吉附和道："我倒不像甘地那样反对学医，我们的《沙斯陀罗》（Shastras）并不反对行医。但医学学位不能让你当上迪万。我想让你成为迪万，或者担任更好的职位。只有这样，你才能保护你庞大的家族。时代变幻莫测，日子也越来越难过。当律师是最明智的选择。"他转身对我母亲说："好了，我必须走了，希望你们好好思量一下我所说的。下次我来时希望能听到筹备去英国的事，需要我的任何帮助，请一定让我知晓。"

约希吉走了，我开始陷入美妙的想象。

我的长兄骨子里就是一个非常现实的人。他要从哪儿筹够我留学的资金呢？任由像我一样的年轻人独自出国妥当吗？

我的母亲感到痛苦和不解，她不愿意和我分开。她试图这样来劝阻我："叔叔现在是家族中最年长的成员，我们应首先请教他。如果他同意了，我们再来考虑此事。"

我哥哥想到另一个办法。他对我说："我们在博尔本德尔享有一定的声望。里利（Lely）先生是现在的政务官，他很尊敬我们家族，叔叔也在他敬重的人之列。他很可能推荐你获得政府帮助，去英国留学。"

我对这一切满心欢喜，并做好动身前往博尔本德尔的准备。那时，还没有铁路，坐牛车要走五天。我已经说过我是个懦弱的人，但那时，去英国的渴望完全占据了我的身心，在它的面前，我的懦弱消失了。我雇了一辆牛车到了度罗基（Dhoraji），又从度罗基租了骆驼以便早日到达博尔本德尔。这是我第一次骑骆驼。

最终我到达了博尔本德尔，向我叔叔行了礼，并把一切经过告诉了他。他思考了一会儿说："对于一个在英国生活的人，我不确定他会不会因为自己的信仰而承受偏见。据我所闻，我有一些顾虑。我见到的这些大律师过着与欧洲人无异的生活：对食物大快朵颐，雪茄烟从不离口，毫无羞耻地穿得跟英国人一样。这一切都是与我们的家族传统相违背的。不久我就要走上朝圣之路，也活不了多少年了。在迈进死亡的门槛前，我怎敢允许你去英国，去漂洋过海？但我也不会阻挠你。你母亲答应才是关键，若她允许，就祝你成功。我会祝福你的远行。"

"我没有别的事求你了，"我说，"我现在要去说服我母亲，不过你能写信把我推荐给里利先生吗？"

"我怎么能这么做呢？"他说，"但他是个好人，你可以约见他并告知你的来意，他肯定会推荐你甚至会帮你。"

我叔叔不帮我写推荐信的缘由不得而知，我有一个不怎么有说服力的解释，就是他不太愿意直接助我一臂之力去英国留学，在他看来这是不虔诚的做法。

我写信给里利先生，他让我到他的寓所见面。我见到他时他正在上楼梯。他斩钉截铁地说："先拿到你的学位再来见我。现在我是不会帮你的。"说完，匆匆上楼。为了见他，我精心准备，认真练习了要说的话，还深深地鞠躬并用双手敬礼，但这一切都没用。

我想到了我妻子的首饰。我还想到了我的哥哥，他是我最后的希望，他爱我如他的亲子，他会包容我犯的错误。

我从博尔本德尔回到拉杰果德并向他们讲述了一切经过。我请教了约希吉，他甚至建议我有必要的话可以借钱出国。我提议变卖我妻子的饰品，可以筹到两三千卢比。我哥哥承诺无论如何会筹够钱。

但我的母亲仍然不愿意，她早就详细地向人打听了一番。有人告诉她，有个年轻人在英国堕落了；有人说他们被带去吃肉；还有人说他们终日不离酒。她问我："你知道这些吗？"我说："你不相信我吗？我不会骗你。我发誓我绝不碰那些东西。如果真的那么危险，约希吉会让我去吗？"

"我可以信任你，"她说，"但你在那么遥远的国度，我怎么信任你？我很茫然不知道该怎么做。我要去问问本恰吉·斯瓦米（Becharji Swami）。"

本恰吉·斯瓦米起初属于莫德·班尼亚种姓，但现在已成为一个耆那教僧侣。他也跟约希吉一样是我家族的顾问。他来帮我并说："我会让这孩子庄严地起三个誓，那么他就能去了。"他为我监督，我发誓不喝酒、不碰女人、不吃肉。发了这些誓言后，我的母亲便答应我出国了。

我就读的高中特意为我举行了送别仪式。这对一个将去英国的拉杰果德年轻人来说并不寻常，我还写了几句感谢的话，但我结结巴巴念不出来。我还记得那时我站起来时感到眩晕，而且全身颤抖。

带着长辈的祝福，我出发前往孟买。这是我第一次离开拉杰果德去孟买，我哥哥陪伴着我。但是好事多磨，我到孟买以后面临着更多困境。

第十二章　放逐者

带着母亲的允许和祝福，我满心欢喜地向孟买出发，留下我的妻子和几个月大的婴儿。到了孟买后，有朋友告诉我哥哥，印度洋六七月会有大风大浪，而且因为这是我首次出海，因此我被禁止在 11 月之前出海。此外，据说有艘轮船在飓风中沉没了。这让哥哥很紧张，他不愿意冒险带我立即出海。留下我和一个朋友在孟买，他便返回拉杰果德工作去了，把我的旅费托付给我的妻兄保管，嘱咐一些朋友在我有需要的时候尽可能伸出援手。

在孟买的日子非常难熬，我常常做梦去英国。

同时，我出国的事激起了与我同一种姓的人的不满。直到如今，没有哪个莫德·班尼亚种姓的人去过英国，如果我敢于这么做，我理应被载入史册！同族人召开了种姓会议，传我参加。我参加了。不知道哪里来的勇气，没有任何畏惧，没有任何迟疑，我现身在会议上。赛斯（Sheth）①——我们族里的族长——是我们的一位远亲，跟我父亲十分要好，此时却厉声对我说："根据族人的看法，你去英国的想法不合时宜，我们的宗教禁止你出国。我们也知道在那边的生活绝对

---

① 赛斯，意思是伟大的冠军。该姓在古吉拉特邦、拉贾斯坦邦、旁遮普邦和哈里亚纳邦相当普遍。在较早的日子，像格尔赛斯这样的头衔用来表示最富有的人。

会玷污我们的宗教信仰。去那的人不得不和欧洲人一同饮食！"

我回答说："我认为去英国一点也不违背我们的宗教。我不过是去那里深造学习。我已郑重地向我母亲保证不做您最担心的三件事。我相信，誓言会庇佑我。"

赛斯又说："但我们要告诉你的是，我们的信仰是不可能在那里存在的，你清楚我和你父亲的关系，你应该听从我的建议。"

"我知道你们的关系，"我说，"并且您是我的长辈，但在这件事上，我没办法。我不能改变我去英国的决心。我父亲的朋友和顾问，一位学识渊博的婆罗门信徒并不反对我去英国，我的母亲和兄长也都准许我出国留学。"

"那你会无视族人的命令吗？"

"我很无助。我觉得族人不应干涉这件事。"

这番话激怒了那位族长，他训斥我，而我坐在那里呆若木鸡。赛斯宣布他的决定："这个男孩从今天起被驱逐出我们的种姓族群。谁要是帮他或到码头为他送行，就会因此受到一卢比四安纳的处罚。"

这个命令对我毫无影响，我向那位族长道别。但我揪心的是，我的兄长会有怎样的反应。幸好他仍然很坚定，写信向我保证他不管族长的命令，仍允许我去英国。

然而，这件事更让我空前地渴望出海远航。若他们蓄意转嫁压力到我兄长身上，会发生什么事呢？要是发生了不可预料的事情呢？当我在为我自己的窘境忧虑的时候，我听闻朱纳卡德有个律师被召到英国做辩护，将于9月4日乘小船去。我面见了我哥哥的朋友，他已经嘱托他们关照我。他们也赞同我把握这种出国的机会，机不可失。我发电报征求我哥哥的意见，他同意我这么做。我找我的妻兄想拿回旅费，但他遵照族长的指令，说不能资助被废除种姓的人。随后我找到家族的一位朋友，要求他暂时垫付旅费和零花钱，并请他向我哥哥要回垫款。这位朋友不仅乐意接受我的请求，还一直鼓励我，我十分感激。我用其中的一部分钱立马买了船票。接着我要为航程做些准备。有位朋友在这方面有经验，他为我准备了衣物和其他东西。有些衣服我很喜欢，有些压根就不喜欢。领带我起初厌恶佩戴，后来变得很喜欢。我认为短外套是不庄重的。但这种反感情绪相比我去英国的渴望显得微不足道，去英国才是最重要的事情。我做好了充足的准备，足以应对这次旅程。我的朋友帮我订的舱位与朱纳卡德那位律师特立安巴克莱·马兹慕达（Tryambakrai Mazmudar）先生同一个房间。他们还委托这位律师照顾我。他是一位成熟、见过世面且富有经验的人，而我只是一个十八岁的年轻小伙子，没有任何社会经验。马兹慕达先生让我的朋友不要牵挂我。

最后，我在 9 月 4 日乘船离开孟买远航。

第十三章　终于抵达伦敦

我一点儿也没有晕船。但是随着日子一天天过去，我渐渐烦闷起来。甚至对乘务员说话也羞于开口，因为我不习惯说英语。但是，二等舱里除了马兹慕达先生，其他乘客都是英国人，我和他们聊不来。当他们过来和我聊天时，我常常不明白他们的意思；当我明白他们所说的话时，又不知道怎么回答。我得先打好腹稿才能说出口。对刀叉的使用我也一窍不通，更没有勇气询问菜单上哪道菜不含肉。因此，我从没在餐桌上用过餐。一直以来，我都在舱位里吃饭，主要的食物是我随身带的甜食和水果。马兹慕达先生却游刃有余，他和每个人都谈得来。他可以自在地在甲板上散步，而我整天躲在船舱里，只有当甲板上没有人影时我才敢冒出来。马兹慕达先生一直劝我和乘客打打交道，轻松聊天。他告诉我律师要能言善辩，并且和我分享他的从业经历。他劝我抓住每个能说英语的机会，别太在意出丑。出丑对于一个外国人来说是在所难免的，但是我没能战胜自己的羞怯心理。

有一个英国乘客，对我很友好，经常找我聊天。他比我年长。他问我吃什么，从事什么工作，要去哪里，为何如此害羞，等等。他也建议我到餐厅用餐。他笑我极力回避吃肉。当我们行至红海时，他十分友善地说："到目前为止都相安无事，但你到了比斯开湾（Bay of

Biscay）恐怕就要改变主意了。英国非常冷，一个不吃肉的人在那里是活不下去的。"

"但是，我听说人在那里不吃肉也能活。"我说道。

"我告诉你，这是瞎扯，"他说，"据我所知，没人能靠吃素在那里活下去。而且你没见我都没提让你喝酒吗？虽然我自己喝酒，不过我真的认为你应该吃肉，要不然你活不下去的。"

"谢谢你善意的提醒，但我已郑重向我母亲发誓不吃肉。若在那里非得吃肉才能生存，那我宁可回印度也不愿意在那边苟活。"

我们的船在比斯开湾靠岸了，但我还未感受到需要吃肉或喝酒。有人提议我去申请免吃肉食的证明，我让我的英国朋友帮我申请一张。他很高兴地给我申请了一张，我宝贝了相当长的时间。但有一回当我看见一个吃肉的人也能弄来这种证明时，对它就毫无喜爱可言。如果我的话没人当真，在这个问题上有这么一个证明又有何用呢？

我记得，我们在一个周六到达了南安普顿（Southampton）。我在船上穿的是黑西服，而我朋友给我的白色法兰绒西服，我精心保管着直到上岸时才穿。我觉得，上岸时穿白色衣服比较妥当。那时是9月下旬了，我发觉自己是当时唯一那么穿的人。我把所有的衣箱和钥匙都交给格林德利公司（Grindlayand Co.）的代理人托运，因为我发现很多人都是这么做的，自己也就跟着做了。

我带了四封介绍信，是分别给皮·捷·梅赫达（P. J. Mehta）医生、达巴特朗·苏克拉（Dalpatram Shukla）先生、兰吉特辛吉（Ranjitsinhji）亲王和达达拜·瑙罗吉（Dadabhai Naoroji）的。船上有人建议我们到伦敦的维多利亚酒店住宿，我和马兹慕达先生照做了。作为唯一穿白色衣服的人已经让我很难受了，更糟的是，当我到酒店时才知道，由于恰逢周日，得等到第二天才能从格林德利公司取回行李，这更使我恼怒。

我在南安普顿给梅赫达医生发了一封电报。当天晚上8点，他约见了我。他热情地问候了我，却笑我还穿着法兰绒的衣服。在我们聊天时，我无意间拿起了他的礼帽，想试试有多柔顺。手抚过绒毛的方向不对，竟把绒毛弄乱了。梅赫达医生有些不悦地看着我，并制止我，但已经来不及了。这件事为我日后提了个醒，这是我所学的欧洲礼节的第一堂课。这种礼仪细节，梅赫达医生已幽默地点拨了我。他说："不要碰其他人的东西，别像我们在印度一样，向初次见面的人问问题；不可大声地说话，别像我们在印度一样，在称呼他人时加个'先生'，只有下人和下属才以那种方式和他们的主人说话。"诸如此类。他还告诉我，住酒店很贵，并推荐我去住民宿，我们拖延到星期一才来考虑这件事情。

马兹慕达先生和我都觉得，住酒店只是权宜之计。住宿费非常贵，还好有一位同船的伙伴，来自马耳他（Malta）的信德人（Sindhi），他已经和马兹慕达先生成了朋友。他对伦敦的情况很熟悉，因此提出帮我们找房子。我们立即欣然接受。周一行李一到，付清了账单后，我们就飞奔去了信德友人为我们租来的房子。我记得我的酒店房费达到了三英镑，这价格让我震惊！付了房钱，我真的是得饿肚子了，因为我享用不到任何食物。有时我不喜欢某一样菜，而选择另一样时，就得付两份钱。这种情况下，我得依靠从孟买带来的干粮过日子。

在新房子里，我过得非常不安。我止不住地思念家乡和祖国。挥之不去的是母亲对我的爱，夜里眼泪从我的脸颊流下，各种关于故乡的记忆让我失眠。我不可能向任何人倾诉我的苦衷。即使我能这么做，又有什么用呢？我知道，任何人都安慰不了我。所有的一切都很奇怪——人、人们的行为，甚至是他们的言谈。我对英国礼仪一窍不通，得继续保持小心翼翼的状态。还有吃素的誓言带来的不便，我所吃的菜都味同嚼蜡，索然无味。我发现自己处于两难的境地，英国我无法忍受，回印度又是天方夜谭。我默默地对自己说："既来之则安之，必须在这里度过三年。"

第十四章　我的选择

梅赫达医生周一前往维多利亚酒店找我时却发现我们已离开。

在得到我们的新址后，他便来住处看我。由于我的疏忽，我在船上染上了癣病。我们洗漱和沐浴用的是海水，但是肥皂不溶于海水，而我又把使用肥皂当作文明的象征，结果弄巧成拙，不但清洁不了皮肤，还把皮肤弄得油腻腻的，以致生了癣病。我让梅赫达医生帮我看看，他让我抹上醋。我仍记得，那酸醋的灼烧痛感让我哭天抢地。梅赫达医生检查了我的房间和设施，不满意地摇了摇头。"这地方不行，"他说，"我们来英国与其说是学习，不如说是来借鉴生活经验和风俗习惯。为了这个目的，你应该住到英国人家里。不过在这之前，我觉得你应该跟着某某人当一段时间的学徒，我会带你去他那儿。"

我很感激地接受了提议，并搬去了他所说的朋友的房间。他很友善，对我很关照。他待我如自己的兄弟，教我英国人的生活方式，帮助我养成说英语的习惯。但是，我的饮食成为一个令人头疼的问题。我吃不下烫熟的却没有放盐和调味品的蔬菜。女主人完全不知道应为我准备什么食物。我们早餐可以吃满锅的燕麦，但中午饭和晚饭却吃不饱。我的朋友不断劝说我吃肉，但我一直信守自己的誓言，所以沉默不语。午餐和晚餐我们都吃菠菜和面包，当然还有果酱。我是一个胃口大又热爱食物的人。我每次只吃两三片面包，不好意思多要，好像多要是错的。除此之外，午餐和晚餐都没有牛奶。有一次这位厌烦了这种状况的朋友说："你要是我的弟弟，我可能已经把你送回国了。你母亲又不识字，也不了解这里的情况，在她面前发誓有什么意义？这压根就不是什么誓言，法律上这也不算什么誓言。坚守这种誓言不过是一种迷信。我跟你说，你在这里还固守己见对你没有任何好处。你承认你吃过肉，还乐享美味。你在根本不需要吃肉的地方吃肉，到了需要吃肉的地方却不吃，真令人费解！"

但是，我仍然坚守我的誓言。

终日，我的朋友和我辩个没完，但我一直以否定的态度面对他。他辩驳得越多，我越不让步妥协。我每天祈求神灵的保佑，这果真有效。不是因为我信仰神灵，而是善良的保姆兰芭撒下的虔诚信仰的种子萌发的信念。

有一天，我的朋友开始跟我讲边沁（Bentham）的《功利论》（*Theory of Utility*），我绞尽脑汁也理解不了。这些理论对于我来说，实在很难理解，他便开始解释。我说："请原谅我，这些深奥的东西超出了我的理解范围，我承认吃肉是有必要的，但我不能违背我的誓言，我也无言以对。我知道我肯定争不过你，那你就把我当成傻子、老顽固，放过我吧。我感激你对我的关心，也知道你是为我好。我也知道你一而再再而三和我说这事是在乎我。但我是无可救药了，誓言就是誓言，不可违背。"

那位朋友诧异地看着我，他合上书，说："好吧，我什么也不多说了。"我很欣慰，他再也没提起这回事，但一直关心我。他抽烟喝酒，却从未强求我这么做。实际上，他让我远离这两样东西。让他焦虑的是，如果我不吃肉会变得很虚弱，在英国生活就会很不自在。

我就这样撑过了当学徒的一个月。朋友的住所位于里奇蒙（Richmond），每周去伦敦不可能超过一两次。因此，梅赫达医生和达巴特朗·苏克拉先生认为我应该寄宿在某个家庭中。苏克拉先生看上了西肯辛顿（West Kensington）一个盎格鲁–印度混血人家，就把我安顿在那里。房子的主人是个寡妇。我把我的誓言告诉了她，这位老妇人答应好好照顾我，于是我便在她家住下。在这里，我也经常饿肚子。我写信回家要求寄些甜食和其他能吃的东西给我，但是我什么也没收到。一切都索然无味。每天老妇人询问我是否喜欢那些食物，但她又能做什么呢？我还是和当初一样害羞，也不敢索要比摆在面前的更多一点的食物。她有两个女儿，她们坚持多给我一两片面包。但她们一点也不了解，除了一大块面包，什么也不能填饱我的肚子。

但是，现在我已经步入正轨。虽然我还没有开始我的正式学习，但多亏了苏克拉先生，我已经开始读报。在印度，我从未读过报纸。但在这里，我渐渐地喜欢上了读报。我常常浏览《每日新闻》《每日电讯》《保尔·玛尔公报》，这用不了一个钟头。尔后我便开始四处走走，出门找找素食餐厅。女主人告诉过我，市里有些素食餐厅。我一天要跑十至十二英里的路去那些便宜的餐厅大吃一顿面包，但总是觉得不满足。在到处乱逛的这段时间里，我在法林顿街（Farringdon Street）找到了一家合我胃口的素食店。看到它的那一瞬间，我像小孩得到心心念念的东西一样满心欢喜。在我进门之前，我瞥见了门边玻璃橱窗内展出的待售书。我看见其中有一本萨尔特（Salt）的《素食论》（*Vegetarianism*），便花一先令买了这本书，之后径直走进餐厅。自从我到英国以来，这是我享用的第一顿令我心满意足的饭菜。

我把萨尔特的书从头读到尾，非常有感触。自从读了这本书，我郑重选择做一个素食主义者。我庆幸自己那天在母亲跟前发誓。我以前一直不吃肉是出于对所信奉的真理和誓言的虔诚，但又希望每个印度人都能吃肉，并期望有一天自己能自由而公开地吃肉，同时劝导别人吃肉。现在，我是因为喜欢素食主义而做出这个选择，之后普及素食主义就成为我的使命。

第十五章 学习如何当英国绅士

我的素食主义信念日渐增长。萨尔特的书激发了我对饮食研究的欲望。我尽可能地阅读所有素食主义的书籍。其中有一本是霍华德·威廉姆斯[1]的《饮食理论》，讲的是从早期到现在的人类营养饮食的传记史。这本书试图向人们阐明，所有从毕达哥拉斯[2]和耶稣时代开始到现在的哲学家和先知，都是素食主义者。安娜·金丝福特[3]博士的《完美饮食法则》也是一本很有吸引力的书。托马斯·艾林生[4]博士写了一些有关健康和卫生的文章，我也从中受益不少。他主张，对患者的治疗方案应该基于饮食调节。正因为他自己是一个素食主义者，他给病人的治疗方案都是很严格的素食疗法。在我读完这些饮食文化的著作后，我的素食主义试验生活成为我生活中重要的部分。

---

① 霍华德·威廉姆斯（Howard Williams，1837—1931），英国人道主义者和素食者，是《饮食理论》的作者，他提倡道德饮食，追捧素食者理念。

② 毕达哥拉斯（Pythagoras，公元前582—前507），公元前6世纪希腊的哲学家。

③ 安娜·金丝福特（Anna Kingsford，1846—1888），一个反动物试验者、素食者和妇女权利活动家。

④ 托马斯·艾林生（Thomas Allinson），1858年出生在曼彻斯特休姆区。1892年，他创立了第一个天然食品公司，第一个生产全麦面粉。他的口号是不含药物成分，保持天然健康。艾林生被视为怪人，因为他崇尚素食主义（尤其是全麦面包），反对许多医疗实践。

起初保证健康是进行这些试验的主要考虑，但是后来宗教成为主要动机。

与此同时，我的朋友从未停止对我的担心。他对我的爱让他认为，如果我坚持不吃肉，不仅体质会变弱，还会不明事理，因为我永远无法融入英国社会。当他知道我对素食主义的书感兴趣时，他担心这些研究理论会让我变得混乱，他觉得我做这些试验是在浪费时间，而且我会忘掉自己的工作，变成一个与世隔绝的人。因此，为了让我改变想法，他做了最后一次努力。一天，他邀请我去剧院看戏。在戏开始之前，我们在霍尔本酒店吃晚饭。对于我来说，这是我离开维多利亚酒店后见到的第一家富丽堂皇、气派的大酒店。好在我在维多利亚的经验能够给我点儿帮助，不然穷尽我的知识，我也不知道怎样待在这个地方。他计划带我去这个酒店，希望这种端庄大气的氛围会让我不再对素食感兴趣。在这里用餐的都是大公司的人，而我和我朋友则是旁边单独的一桌。第一道菜是汤，我很好奇这是用什么做出来的，但是我不敢问我朋友。因此我叫来了侍者。看到侍者过来，我朋友走到我这边很严肃地问这是怎么回事。

我满怀犹豫地告诉他，我想问一问这个汤是不是蔬菜汤。他很激动地质问道："你怎么在这么雅致的场合做这么愚蠢的举动！如果你做不到举止得体，你最好走吧！去其他餐馆吃饭，然后在外边等我。"这让我感到庆幸，于是我就从酒店出来了。在不远处，我看到一家素食馆，但是关门了。那天晚上我就只好空着肚子，陪着朋友去了剧院，对于刚才在酒店的不快，他没有发表任何看法；关于我的那道菜，他也没有说什么。

这是我们最后一次和善的争辩，但这并不影响我们的友谊。我能够理解，也感谢爱我的朋友，他因为爱我而为我做出了很多努力。我尊重我的这位朋友，很大程度上是因为我们总是在想法和行动上有不同的见解。

不过为了让他心安，我答应他不再那么鲁莽，并且尽力让自己变得体面光鲜，也为了让我的素食主义经过升华后，能够适合这个讲究礼节的国家。正因为这个缘故，我开始完成很多看似不可能的任务，努力做一名真正的英国绅士。

我想我那身由孟买裁缝剪裁的衣服，不适合英国社会，因此我去海陆军商店买了一套新的。我还花十九先令买了一顶高顶礼帽，这在当时已经是很高的价格了。我并不满足于此，还在伦敦的时尚中心邦德街花十英镑购置了一套晚礼服套装，并让我善良而热心的哥哥给我寄来了一块双链金表。在英国，不戴一个打好结的领带是不对的，所以我学习了一种自己打领带的艺术方式。在那时的印度，家族内的理发师给我刮胡子的时候能有一面大镜子都是一件很奢侈的事情；而在英国，我每天都会花十分钟站在一面巨大的镜子前，整理我的领带，拨弄我的发型，以符合时尚造型。我的头发不知道为什么特别软，所以每天我都要用梳子把它梳成固定的形状，以致每次摘帽子和戴帽子的时候，我的手都会自然地移向头部，整理头发。更不要说很多关于手的礼节，现在每当坐在一个光鲜亮丽的地方，我都会不自觉地让自己回到在英国注意礼节的模式。

好像这一切还不足以让我看起来像一位英国绅士，我把我的注意力放在其他那些让我更容易变成英国绅士的细节上。有人说，我有必要上一些课程，如舞蹈、法语和演讲技巧。法语不仅是邻国法国的语言，还是欧洲大陆的通用语言，而欧洲是我一直想去旅行的地方。我决定上舞蹈课，并且支付了三英镑作为一个学期的费用。我必须在三个星期之内上六节课。可是对我来说，要掌握有节奏的动作，超出了我的能力。同样我也跟不上钢琴课，因为我发现我不可能保持一定的节奏。那么我能做什么呢？有一个寓言故事，讲一个隐士养了猫来抓老鼠，养了牛以便猫有牛奶吃，雇了人来喂牛等。同样，为了做英国绅士，我的做法与那个隐士一样。我想我应该学会拉小提琴，以便能听懂西方的音乐。于是，我投资了三英镑用于学习小提琴和其他的东西。我还找了第三个老师给我上演讲课，并且预先支付了一基尼[1]学费。他还推荐我购买培尔[2]先生的《演说家典范》(*Stanard Elocutionist*)作为教材，我便开始学习皮特[3]的演说词。

然而，正是培尔先生警醒了我：我并没有打算一辈子在英国，学演讲有什么用呢？跳舞就能让我变成一位英国绅士吗？我也可以在印度学小提琴。我是一个学生，应该继续我的学业，这样才有资格加入律师学院。如果我的性格可以让我做一位绅士，那就更好了。否则，我应该打消这种想法。

之后我满脑子都是这些想法。于是，我把这些想法都写在信里，告诉了我的演讲老师，希望他能原谅我，以后我不再去上课了，原谅我只上了两三节课。同样，我写了一封类似的信交给舞蹈老师，然后亲自去见小提琴老师，希望她能帮我处理掉我的小提琴，不管多少钱

---

[1] 基尼（Guinea），英国金币，一基尼等于二十先令。

[2] 亚历山大·梅尔维尔·培尔（Alexander Melville Bell，1819—1905），亚历山大·格雷厄姆·培尔的父亲。他是一名教师，著有众多生理语音学领域作品，也是标准发音和雄辩术的研究者。此外，他还是视话法的首创者，通过可见语言帮助聋人学习说话。

[3] 威廉·皮特（William Pitt，1759—1806），英国政治家，曾任英国首相。

都无所谓。她仍然对我很好，所以我告诉她，我发现自己一直以来在追随一个错误的想法。于是，她鼓励我坚持自己，并彻底地改变自己。

这种不正常的沉迷生活持续了大概三个月。至于对服装的讲究，还是持续了好几年。但无论如何，我真正成了一名学生。

第十六章　改变

　　但愿没有人把我跳舞等的经历，当作我人生中的放纵阶段。读者将会注意到，即使在那种情况下，我也是清醒的。那个沉迷阶段，我并没有失去自我反省的特性。我坚持每天记下每一笔开销，每一次开支我都精打细算。每个细小的支出我都会记下来，例如公交车费用、邮寄费用或花在报纸上的几个铜币，在上床之前我会将支出和收入全部记好。一直以来，我都保持着这个习惯。我知道，正是这个习惯，使我在处理公共基金时，哪怕是几十万卢比的资金，还有其他开支方面，都能厉行节约。在我领导的所有运动中，所需的经费开支都没有负债，总是收支平衡且有盈余。希望每个年轻人都能从我的书中吸取经验，养成对各项收入和开销记账的习惯。如果坚持下去，就会和我一样，最终有所收获。

　　由于我一直以严谨的态度对待生活，所以才明白了节俭的必要性。因此，我决定将我的开支减半。账目表显示，我的大部分花销都是车票费用。然而，和一个家庭生活在一起，意味着我每周要定期支付食宿费。偶尔要带家庭成员出去共进晚餐，还要带他们参加聚会。所有这些活动都涉及高额的交通费用，特别是当朋友是女士时，按惯例，男人应该支付所有的费用。更何况出去吃饭意味着一笔额外的开销。另外，在外吃饭的钱也不好从我每周支付的伙食费中扣除。在我看来，像这些因礼节而花的钱都是可以省下来的。

所以，我决定花钱租自己的房子，而不再生活在一个家庭里，而且根据我的工作情况，经常更换住处可以边工作边获取不同的经验。我选择住处的考虑是，能够在半小时内步行到达工作地点，从而节省车费。在这之前，我不管去哪儿都要搭乘交通工具，还要花额外的时间散步。我的这个新安排既可节省车费又可让我每天步行八至十英里。在英格兰期间，坚持长距离散步这个习惯让我远离疾病，使我拥有一个非常强壮的身体。

于是，我租了一套一室一厅的房子。这是我在伦敦生活的第二阶段。后面还有第三阶段。

这些改变为我省下了一半的费用。但我应该如何利用时间呢？我知道，英国的律师考试不需要看很多书，因此我并不觉得时间紧迫。我薄弱的英语永远是我的心病。里利先生（后来的弗雷德里克爵士）说的"首先毕业，然后再到我这来"的话，依然在我的耳旁回响。我想，我不仅应该去做一个律师，还应该拿一个文学学位。我咨询了牛津和剑桥大学课程，还向朋友打听了一些消息，但是我发现，不管我选哪个大学，都意味着要花费比预期更大的成本和更长的时间待在英国。一个朋友建议，如果我真的想体验那种挑战高难度考试的满足感，就应该参加伦敦大学的入学考试。这意味着我要花大量的精力并具有大量的基本知识储备。不过这不会增加我的额外开销。我接受了这个建议，但课程表吓了我一跳。拉丁语和现代语言是必修课，我怎么学得会拉丁语？但是，这个朋友强烈建议我学拉丁语。他说："拉丁语对于律师很有用，学习拉丁语有助于理解法律书籍。而且，有关罗马法的文章几乎都是拉丁语。此外，有了拉丁语的知识对掌握英语也有帮助。"回家之后，我决定学习拉丁语，不管有多么困难。并且开始学习法语，我想这应该算是现代语言。我参加了一个私人的入学考试班。考试是每六个月举行一次，那时我只有五个月的准备时间。对我而言，这几乎是不可能完成的任务。但做一位英国绅士的渴望，将我转变成一个认真的学生。我制定了自己的时间表，精确到分钟。但无论是我的智商还是记忆力，都使我在有限的时间里学习拉丁语、法语和其他课程特别吃力。结果我的拉丁语不及格。我觉得很可惜，但没有失去信心。我对拉丁语感兴趣，而且我认为我的法语会考得比其他科目好。我还想选择一门新的理科课程。我以前学过化学，但是因为缺乏实验教学环节，所以化学对我没有太大吸引力，它应该是一门非常有趣的课。在印度，这是必修科目之一，在参加伦敦大学入学考试时我选了它。然而，这一次我选择了热光学，而不是化学。据说这门课比较容易，后来我发现的确如此。

在我准备另一门考试期间，我更加努力简化我的生活。我觉得我的生活方式不适合我们这样的中等收入家庭。一想到我哥哥不辞辛劳地工作，每次当我需要钱的时候，他都慷慨地给予，这让我心里很不好受。我看到很多人都是每月只花八到十五英镑，还能获得奖学金。这样简朴节约的例子很多。我遇到几个贫困的学生，他们的生活条件比我差很多。其中一个住在贫民窟，每星期租金是两先令，每顿饭花两个便士从洛哈特（Lockhart）买来可可和面包。虽然我做不到他那样，但我觉得我肯定可以只住一居室，而不是两居室，我可以自己在家做饭。这样每个月可以节省四到五英镑。我也读了一些关于简单生活的书。我放弃了住套房，改为租一个单间，我买了炉子，开始了在家里做早餐的日子。做早餐的整个过程几乎要花二十多分钟，还只是煮麦片粥，烧开水泡可可。我在外面吃午餐，晚上在家吃面包喝可可。这样我每天就靠着一先令三便士过日子。这段日子是我最紧张用功的日子。简单的生活节省了我很多时间，最后我通过了考试。

读者不要认为这样的生活很枯燥乏味，相反这种改变使我身心内外更和谐，也使我的生活方式更符合我的家庭。我的生活也变得更真实，这让我的心灵欢乐无比。

第十七章　饮食试验

在我更进一步地挖掘自己的时候，我发现我的内在和外在都有必要做些改变。一旦我开始改变开销方式和生活方式，甚至在这之前，我就开始改变我的饮食。我看到，有些素食主义作家已经开始仔细研究这个问题，从宗教、科学、医学、实际生活方面着手。从伦理学角度，他们得出结论：人超越低等动物并不意味着前者可以随意捕食后者，而在于高等生物要保护低等生物；两者之间是平等互助的，就如同人与人之间的关系。他们也揭示出一个真理，即人吃东西不是为了享受，而是为了活下去。据此他们中的一些人建议并在生活中亲身实践，不仅不吃肉，而且不吃鸡蛋、不喝牛奶。由此他们中一部分人也提出，影响人们生活的不仅有鱼肉，还有鸡蛋、牛奶。从科学角度来说，有些人总结出，人的生理结构显示，人并不是以烹饪食物为主，而是以果类为食。一开始，人只能喝母乳，一旦开始长牙，便可开始吃固体类的食物。从医学角度来说，有些人认为，人类不应该食用香料和调味品。从实际生活角度出发，素食生活是最省钱的。所有这些观点都影响了我，在素食餐厅我碰到了各种各样的素食主义者。英国有一个素食者协会，他们每个星期都会出版期刊，我订阅了这本期刊，并加入了这个协会，很快我成了执行委员会的委员。在这里我接触到了那些素食主义的忠实信徒，并开始了我的饮食试验。

我不再吃从家里带来的甜点和调味品。想法一旦转变，我对调味品的兴趣就慢慢消失了。我现在享受着开水煮菠菜的味道，没有放任何调料，可是原来在里奇蒙的时候却觉得清淡无味。许多这样的试验告诉我，真正用于品味的不是舌头，而是思想。

经济因素当然是我经常要考虑的。那时人们认为茶和咖啡对身体是有害的，而可可对身体有好处。而我比较相信，一个人只需要食用对身体有益的东西。遵循当时的说法，我放弃了茶和咖啡，只选择可可。

我经常去的餐馆分为两个区。一个区针对比较富裕的人，这些人可以按自己的喜好任意点菜单上的菜，这样每顿饭要花一两先令。第二个区是每餐六便士的晚餐，包括三个菜和一片面包。在厉行节俭的日子里，我通常在第二个区吃晚餐。

在找进行主要试验的同时，还进行着一些小试验。例如，在某时间段内不吃淀粉类食物，只靠面包和水果度日；在某时间段内只吃奶酪、牛奶和鸡蛋。最后一项试验是值得注意的。这个试验持续了不到半个月。那些主张食用无淀粉食物的饮食改革者对鸡蛋的认可度很高，他们认为鸡蛋不算肉类。很明显，是因为吃鸡蛋不会伤害生物。我接受这种说法，尽管我发了誓，但还是吃了鸡蛋。不过这种自欺欺人的日子没持续多久。我无法释怀母亲让我发的誓言，誓言内容在我心中依然清晰如初。我知道，她的肉的定义包括鸡蛋。当我意识到这个誓言的真谛时，我放弃了鸡蛋和这类试验。

在这里，有种好的论点值得注意。在英国，我发现肉的定义有三种。第一种，肉只表示鸟兽的肉。认同这个定义的素食者不会吃鸟兽的肉，但会吃鱼，更不用说鸡蛋了。第二种，肉表示所有生物的肉。所以持这种定义的素食者不可以吃鱼，但可以吃鸡蛋。第三种，肉涵盖所有生物的肉及其副产品，因此包括鸡蛋和牛奶等。如果我接受第一个定义，不仅可以吃鸡蛋，还可以吃鱼。可是我也要遵循母亲告诉我的肉的定义。因此，如果我要遵守誓言，就不应该吃鸡蛋，所以我就不再吃了。但是实行过程中出现了困难，因为即使在素食餐厅很多菜中也有鸡蛋。这就意味着，除非我准确地知道每种食物中含什么，不然我总会碰到需要弄清楚菜里是否含鸡蛋这种尴尬的事情，就像不知道哪些布丁和蛋糕里含鸡蛋一样。尽管不停地辨认给我带来麻烦，但这也让我的食物变得更简单。由于食物简化，带给我不得不放弃我喜欢的几种菜的烦恼。这些困难会慢慢消失，恪守誓言明显地让我的生活变得更健康、美妙、持久。

然而，与另一个誓言有关的真正的考验依旧会到来。但是，谁敢伤害神灵保护的人呢？

这里我再谈谈有关誓言或承诺的解释。这些解释成为世界各种争论的来源。无论一个誓言多么清晰明了，总会有人曲解它以便达到自己的目的。这些言论来自世界各个阶层，从富裕到贫穷，从王子到农民。自私性使他们变得盲目，他们利用模棱两可的言论自欺欺人，也同样欺骗整个世界和上苍。一个黄金法则是诚挚地接受这个发出誓言人的解释。另一个法则是，如果一个誓言有两种解释，就该接受弱者一方的解释。要是拒绝这两个法则，就会生出诸多根植于虚伪的事端和矛盾。独自寻求真理的人很容易遵循这条黄金法则，他不必去寻找那些有学识的人的解释。根据黄金法则，我母亲对肉的解释是我唯一信奉的解释，而不是我丰富的经验或引以为豪的知识。

我在英国进行的试验都是从经济和养生角度出发的。宗教方面的问题是我去南非之后才考虑的，后面我会叙述这段艰难的试验。然而不管怎样，这颗从事所有试验的种子是在英国时种下的。

　　一个皈依者对新教信奉的热情远远大于一个生来就信奉某种宗教的人的热情。素食主义当时在英国受到热捧，当然我也就跟着信了。因为刚从印度到英国时，我认为自己是吃肉的，但是后来思想发生变化之后，我就转变成了素食主义者。作为素食主义的一个新信徒，我怀着激动的心，决定在我住的贝斯瓦特（Bayswater）成立一个素食俱乐部。我邀请住在这儿的埃德温·阿诺德[①]先生担任副主席，邀请《素食者》（The Vegetarian）主编奥德菲尔德（Oldfield）博士担任主席，而我自己担任秘书。但是，俱乐部开办了几个月就关闭了。因为我定期迁移的习惯，之后我搬到其他区了。不过，这短暂而又适时的经历带给了我一些在组织和执行机构方面的经验。

[①] 埃德温·阿诺德（Edwin Arnold，1832—1904），一位英国诗人兼记者，最知名的作品是《亚洲之光》。

第十八章　羞涩保护法

　　我被选为素食者协会执行委员会的委员后，我决定参加它的每一次会议。但我总觉得舌头在打结，说不出话来。奥德菲尔德博士曾经对我说："你跟我说话的时候挺好的，但为什么在委员会会议上不说话呢？你是一只雄蜂吧？"我非常认同他这样戏谑的比喻。蜜蜂总是忙碌的，而雄蜂是彻头彻尾的懒汉。大家在会议上表达自己观点的时候，我通常坐着一声不吭，这已经不是一件怪事了。倒不是我不想发言，而是我不知道怎样表达自己。对我来说，在座成员说的都比我好。有时当我鼓起勇气想说的时候，一个新的话题又展开了。这种状况持续了很长一段时间。

　　在这期间，一个严重的问题引起了大家的讨论。我觉得再保持沉默就不对了，因为沉默的赞同是懦弱的表现。讨论是这样展开的，素食者协会主席希尔斯[①]先生是泰晤士河钢铁厂的老板，也是一个清教徒。可以说，协会实际上靠着他的经济援助得以存续。委员会的成员

---

① 阿诺德·弗兰克·希尔斯（Arnold Frank Hills, 1857—1927），一位英国商人、运动员、慈善家，素食主义的倡导者。他创立了素食者协会（1888 年）和素食自行车运动俱乐部，并担任主席，同时创办素食主义杂志，还创建了 Oriolet Fruitarian 医院。

或多或少受到他的保护。著名的艾林生博士也是素食者协会执行委员会的成员，他是当时节育运动的倡导者，他在工人阶级中宣传节育方法。希尔斯先生认为，这些方法撼动了道德的根基。他认为素食者协会的目标不仅是饮食改革，而且是道德改革，一个像艾林生博士一样反对清教徒看法的人，不应该被允许留在协会。他的这种观点导致自己被开除会籍。我十分关注这个问题。我认为艾林生博士关于人工节育方法的观点是危险的，我也相信作为清教徒的希尔斯先生有权利反对他的观点。我非常敬重希尔斯先生，也钦佩他的慷慨，但我认为把一个人踢出素食者协会仅仅因为他拒绝把清教徒道德作为协会的内容，这种做法是不合理的。希尔斯先生要把反清教徒从协会踢出仅仅是出于他个人原因，和协会倡议的主旨是无关的。提倡素食主义和道德体系的认同是不相关的。因此，我认为，任何素食者都可以成为协会的一员，无论他的道德观是什么。

委员会中也有和我持同样观点的成员，但我觉得应该说出我的观点。可是，现在的问题是我该如何去做，我没有勇气说出口，于是我决定把想法写出来。我怀揣写好的想法参加了会议。直到现在，想起当时，我甚至没办法把它读出来，协会主席只好让别人代我读。艾林生博士输了。我发现我在第一场争斗中就站在了失败者一边。但是我自我安慰，我的观点是对的。我隐约记得，这件事之后，我退出了委员会。

在英国期间，我一直都害羞。即使参加一个只有六个人或者稍微多一点人的社交活动，我也会说不出话来。

一次，我和马兹慕达先生一起去文特诺（Ventnor）。我们住在一个素食家庭中。正好霍华德先生也在这个疗养地，他是《饮食伦理学》的作者。我们见了他，他邀请我们到一个素食主义推广会去做演讲。我很清楚地知道，照稿子念是可以的。我知道，很多人为了条理清晰地发表讲话就照稿子念。对我来说，发表即席演讲已不可能。因此，我提前写好演讲稿。可是当我站起来要读的时候，我的眼前一片模糊，整个人不停地颤抖，尽管我的稿子只有一页。最后，马兹慕达先生不得不帮我读。不用说，他的演说当然是精彩的，收到了热烈的掌声。我却为我的无能感到惭愧和难过。

在我离开英国回家之前，我最后一次努力发表演讲。但这一次，我也只是成功地让自己出了洋相而已。我邀请我的素食朋友，去后面几章都会提到的霍尔本饭店享用晚餐。我的想法是："在素食餐厅吃素食是理所当然的事，但为什么在一个非素食餐厅吃素食就不可能呢？"于是，我让霍尔本饭店的经理安排一顿严格意义上的素食晚餐。这些素食朋友对这个新的尝试充满了喜悦。一切宴会都是为了享受，但在西方这已经发展成一门艺术。宴会上有喝彩、音乐和演讲。我举办过这样的小型宴会，也有这些环节。至少演讲应该有。轮到我讲话了，我站起身准备开始演讲。我已经非常小心、精心组织了语言，虽然只有几句话。但是，我说了一句话之后就继续不下去了。以前我读过艾迪生[①]的故事，他的首次演讲是在下议院进行的。他重复了三次"我认为"就继续不下去了。一个人站起来开玩笑地说："这位先生思考了三次，但是什么都没想出来。"我原本想用一个幽默的故事作为开头，可才一开始，就卡顿在那里。本来我打算讲得幽默

---

① 约瑟夫·艾迪生（Joseph Addison，1672—1719），英国散文家、剧作家、政治家。他的名字被人熟知，是由于他与朋友理查德·斯蒂尔（Richard Steele）一起创立的《观察家》杂志。

点、好笑点，可是却什么也想不起来，只好生硬地说了一句"感谢大家，非常高兴大家能接受我的邀请"，然后就坐了下来。

只有在南非的时候，我才克服这种害羞。不过我没有完全克服害羞。那时我不可能即兴演讲，只要面对陌生观众，我就会犹豫，尽量避免演讲。即使到了今天，我认为自己还是不能或倾向于不和朋友聚在一起闲谈。

我必须承认，除了偶尔让自己成为笑点，我这种天生的害羞没什么坏处。事实上相反，我认为它对我一直有好处。演讲时结结巴巴，这曾让我烦恼，而现在是一种乐趣。它最大的好处是教会我言简意赅，我很自然地养成了抑制想法的习惯。我现在可以保证，口中或笔下不会轻易出现一句思考不周的话。我在演讲或写作的时候，没有什么留有遗憾的地方，因此避免了许多难题，也没有浪费时间。经验告诉我，对一个真理的崇拜者来说，不时夸大、否认或篡改真理，无论是否有意，都是人们天生的软弱本性，要克服它，沉默是必要的。一个沉默寡言的人通常会在自己演讲前深思熟虑，斟酌每一个字。我发现，很多人说话都没有耐心。每个会议主持人都会对想要申请发言的请求感到困扰。每当被允许发言时，这个人通常会超过时限，要求更多的时间，然后未经允许不停地讲下去。所有这样的谈话都没什么用，只是在浪费时间。我的害羞已经在现实中成为我的盾牌，它使我成长，帮助我认识真理。

第十九章　谎言的危害

四十年前，留学英国的印度学生相对较少。他们普遍有个习惯，尽管结婚了，仍然装成单身汉。英国的中学生和大学生都是单身汉，他们认为读书和婚姻是相互冲突的。我们有这个传统，在过去比较好的时候，学生总被称为"婆罗摩恰立"。然而近代出现了童婚，这在英国是不为人知的。在英国的印度年轻人，都为承认自己已婚感到羞愧。另一个让他们羞于承认的原因是，如果被人知道，那么印度留学生就不能和寄住家庭的年轻女孩一起嬉戏游玩了。这种嬉闹多半是纯真的，父母甚至鼓励出游。这对于年轻男性和年轻女性是必要的，每个年轻人都会自己选择伴侣。然而，如果年轻的已婚印度人来到英国之后仍沉溺于这些关系，一旦被发现，是极为可怕的。但对于英国的年轻人，这是很自然的。我看到我们印度年轻人已经屈服于诱惑，为了保持关系，选择一种不诚实的生活方式。然而对于英国年轻人来说，他们并不知情。我也被这些不好的行为影响了，虽然我已经结婚并且是一个儿子的父亲，但我毫不犹豫地冒充单身汉。但是我这样自欺欺人并不快乐，好在我的谨慎和沉默没有让我陷入泥潭。如果我不说话，没有女孩愿意与我交谈或者出去玩。

我的胆小正好保护了我。这边的家庭有个习惯，就像我所在的文特诺的这个家庭，女房东会让女儿带房客去外面散步。我的女房东的女儿就陪我在文特诺周边一些可爱的小山丘玩了一天。我走得不算慢，但我的同伴走得更快，总拖着我和她聊天。我只是回答她"是"或"否"或者最多的是"是的，多美啊！"她像一只鸟一样飞翔，而我在想我应该什么时候回家，我们就这样到达了山顶。怎么从小山丘下来，对我来说是一个问题。尽管她穿着高跟鞋，但这个二十五岁的活泼年轻女士箭一般地冲下山。而我却艰难地往下爬，我为此感到羞愧。她站在山下微笑，为我打气，还来帮我。我怎么会那么胆怯？她大声笑着说"勇敢点"，这让我更加感到羞愧。

但是，我还是无法逃避问题，可能上苍想让我摆脱这种谎言事件。在去文特诺之前我曾经到过布莱顿（Brighton），另一个像文特诺一样的避暑疗养地。我在一个酒店遇见了一个中产阶级的寡妇，这件事发生在我到英国的第一年。酒店菜单上的菜名都是用法语写的，我看不懂，恰好我和这位夫人坐的是同一张桌子，她见我是外地人，知道我在为此困惑，便立即帮我。她说："你似乎是个外地人，看起来很困惑，你为什么不点单？"当这位善良的夫人要帮我的时候，我正在努力拼写识别菜单上的字，打算问一问服务生菜的食材是什么。我向她表示感谢，并告诉她我的难处，因为我不懂法语，我不知道哪些是素菜。

"让我来帮你，"她说，"我给你解释菜单，告诉你可以吃什么。"我感谢她帮助我。这是我们相识的开始，进而发展为友谊，我待在英国期间和回国之后，都保持着这种友谊。她给了我她在伦敦的地址，并邀请我每个星期天去她家吃饭。她还邀请我出席一些特别的场合，帮助我克服羞怯，同时把我介绍给年轻的女士，让我与她们交谈。特别明显的是，她经常找机会让我跟一位和她住在一起的年轻女士聊天，并让我们完全单独相处。

一开始，这一切让人难以接受。我既不善交谈，也不会讲笑话，但她让我一步步来，我便开始慢慢学。在这个过程中，我开始期待每个星期天能和这位年轻朋友聊天。

这位夫人每天把网撒得越来越大。她对我们的见面非常有兴趣，可能她对我们早有打算。

我陷入了困惑之中。我想，如果我早先告诉这位夫人我已经结婚了，她就不会这样撮合我们。然而亡羊补牢，为时不晚。如果我告诉她真相，可能会避免更多痛苦。这些想法在我的脑海里徘徊了很久，最后不管结果如何，我写了一封信给她：

> 自从我们在布莱顿相识，您一直对我很好，像母亲照顾儿子一样照顾我。您也认为我应该结婚了，所以您一直给我介绍年轻女士。为了不造成更大的错误，我必须向您承认，我实在不配接受您这样的照顾。我应该在开始拜访您的时候，就告诉您我已经结婚了。我知道，留学英国的印度学生总是隐瞒他们已婚的事实，我也是这样。现在我明白我不应该这样做。我还必须补充的是，我不仅在自己还是个孩子时就结婚了，而且已经是一个孩子的父亲。我很抱歉，我应该早点将这些告诉您。但我很高兴上苍给了我勇气讲出实情。您会原谅我吗？我向您保证我绝对没有冒犯您为我介绍的年轻女士。我知道我应该守规矩，您不知道我已经结婚了，才撮合我们两个。为了避免事情进一步发展，我必须告诉您真相。

如果您收到这封信，觉得我不值得您的款待，我向您保证我毫无怨言。您对我一直以来的关照，让我永远欠您一个人情。如果此后您不反感我，仍继续把我当作值得关心的人，我自然会非常高兴，对您更加感激。

读者知道我不可能一下子写成这样一封信。我一定是打了很多次草稿，修改过很多次才完成。不过正是因为这样，多少减轻了我的愧疚。很快，在寄出信之后，我就收到了回信，内容如下：

我已经收到你的坦白信。我们都非常高兴，而且还大笑了一场。你说你隐瞒事实，从而造成你的内疚，我们可以原谅你。你能够坦诚地告诉我们这些事情，是非常好的。我还是会邀请你来，我们非常希望你下周日给我们讲一些关于你们那儿的童婚的故事，让我们再笑一场。需要我向你保证，我们的友谊不会因这件事而受到影响吗？

就这样，我从谎言的痛苦中走了出来。自此以后，不管必要与否，我都会如实告诉别人我已经结婚的事实。

第二十章　宗教认识

在英国的第二年年末，我遇到两个有神论者，他们是两兄弟，都未婚。他们和我谈《薄伽梵歌》。他们正在阅读埃德温·阿诺德爵士的译作——《天国之歌》，他们还邀请我跟他们一起看原著。我感到惭愧，因为我从未读过这本圣歌的梵文版本或古吉拉特语版本。我不得不告诉他们，我没读过《薄伽梵歌》，但是我很乐意与他们一起研读。尽管我的梵文知识极为贫乏，不过我仍希望能够理解原文意思，能够看出译文表达不到位的地方。于是，我开始与他们一起读《薄伽梵歌》。在第二章的诗里，让我印象深刻的是："若沉迷于外在之感，必将滋生渴望，渴望生成欲望；欲望之火、激情之火、鲁莽之举接踵而至；背弃信念，离弃初始之梦，终将身心俱毁，浩气无存！"这些诗句现在仍萦绕耳旁，于我这是一本无价之书。自此之后，它在我心中的价值与日俱增。今天我仍把这本书视为最佳真理妙言。每当我千头万绪之时，它都带给我莫大的帮助。我读过几乎所有的英文译本，但我认为埃德温·阿诺德先生的译本最好。他的译文始终忠实于原文，读起来又不像是翻译之作。尽管与这些朋友研读了《薄伽梵歌》，但我不能假装自己是《薄伽梵歌》的研究者。几年之后，它成为我每日必读之书。

两兄弟还推荐我读埃德温·阿诺德爵士所著的《亚洲之光》，此前我只知道他是《天国之歌》的作者。直到我开始读《亚洲之光》，才发现我对此比对《薄伽梵歌》更有兴趣。一旦开始阅读，我便爱不释手。有一次他们还带我到布拉瓦茨基（Blavatsky）夫人的住宅，向我介绍布拉瓦茨基夫人和贝桑特（Besant）夫人。贝桑特夫人刚加入通神学会，我对她改变信仰怀着极大的兴趣。这些朋友建议我也入会，但我婉拒了："我对于我本身的宗教认识尚浅，我想我无法再去信奉其他宗教。"我现在回想才明白，应两兄弟之请，我看到了布拉瓦茨基夫人对通神学的钟爱。《天国之歌》激发了我阅读印度教典籍的愿望，还改变了我认为的传教士宣传印度教都是充满迷信的想法。

　　大约在这期间，我在素食公寓遇到了从曼彻斯特来的一位善良的基督徒。他向我讲述了基督教。我对他讲了我在拉杰果德的回忆，他听后觉得心里很难受。他说："我是一个素食者，也不喝酒。许多基督徒都是吃肉喝酒的，这并不奇怪，你可以看看《圣经》，里面未曾提到不允许吃肉喝酒。"我接受了他的建议，他给了我一本《圣经》。我隐约记得，他自己卖《圣经》，于是我向他购买了一本包含地图、索引和其他有用附录的《圣经》。我开始读起来，可是我发现自己读不下去《旧约》。读完《创世记》后，后续章节不可避免地让我昏昏欲睡。但是为了能够在别人面前说我读过《圣经》，我还是艰难地慢慢读完了它，可我并不是带着兴趣或理解去读的。我最不喜欢读的是《民数记》。

　　但《新约》给了我不同的感受，尤其是《登山宝训》，简直说到我心里去了。它完全可以与《薄伽梵歌》相媲美。其中的"我要告诉你们：不要与恶人作对。有人要打你的右脸，把左脸也转过来让他打。如果有人拿走你的外套，也让他把你的斗篷拿走"这段话让我开心无比，也让我想起了萨马尔·巴特（Shamal Bhatt）说的"予我杯水，报以美食"这句话。我天真地试图将《薄伽梵歌》《亚洲之光》《登山宝训》的教义贯穿在一起。克己是最高形式的宗教观大大吸引了我。

这些阅读激发了我研究其他宗教导师生平的兴趣。一个朋友向我推荐卡莱尔（Carlyle）的《英雄与英雄崇拜》（*Heroes and Hero-worship*）。读完"先知是英雄"这一章，我才知道先知伟大、勇敢和简朴的生活。

那时我正在为考试而苦读，我几乎没有时间涉猎其他书籍。因此，除了对宗教的认识之外，我没办法再去研究其他知识。但是我已经打算好，今后要广泛涉猎更多宗教书籍，通过理解宗教内容，进而认识自己。

关于无神论，我怎么去认识？每个印度人都知道布拉德劳和他的所谓的无神论。我读过这方面的书，但是忘记名字了。它并未对我产生影响，因为我已经走出无神论的撒哈拉沙漠。当时贝桑特夫人是社会上备受关注的人物，她已从无神论者转变成有神论者，这件事也加深了我对无神论的厌恶。在这之前我已读过她的《我如何成为一个通神论者》一书。

大约就是在这时候，布拉德劳去世了，他被葬在沃金公墓。我参加了他的葬礼，我以为每个在伦敦的印度人都会参加。还有几个牧师也在场，对他表示最后的敬意。葬礼结束后，我们在车站候车，人群中有一个无神论者，询问一位牧师：

"先生，你相信神灵的存在吗？"

"我相信。"那位善良的牧师低声说道。

"你也同意地球的周长是两万八千英里，对吗？"那位无神论者自信地笑着说。

"当然。"

"那请你告诉我，神灵有多大，他在哪里？"

"嗯，我们都知道，他在我们大家心中。"

"行了，行了，不要把我当成个孩子。"那位无神论者得意扬扬地看着我们。

那位牧师谦虚地保持沉默。这段话又进一步加深了我对无神论的偏见。

第二十一章　罗摩给弱者以力量 ①

　　虽然我对印度教和其他宗教有一些了解，但我知道，当我经受磨炼时，这些知识并不足以拯救我。能帮助一个人经受住磨炼的东西是无法清楚地描述出来的，更不用说知识可以有所帮助。如果是一个无信仰的人，他会把他获救的事归功于机会。如果是一个信徒，他会说是神灵救了他，他会认为是他的宗教修养或精神信条给他的恩赐。但在他获救的时候，他并不知道是他的精神信条还是别的东西救了他。那些把精神力量引以为傲的人还没有看到精神也被尘世折服了吗？所谓的宗教知识和从经验中获得的知识是不同的，在面临一些考验时也只不过是戏言罢了。

　　在英国时，我第一次发现纯粹的宗教知识是徒劳无益的。我是怎样从先前经历中获得解脱的，我不知道怎么说，因为那时我还很年轻，但现在我已经二十岁，已经有了做丈夫和父亲的经历。

　　待在英国的最后一年，我记得是 1890 年，一位印度朋友和我受邀参加普利茅斯的一个素食会议。普利茅斯是一个港口，驻扎了很多海军。那里的很多房子里住着许多名声不好的妇女，她们并不是真正

---

① "罗摩给弱者以力量"（Nirbalkebala Rama），苏尔达斯著名的赞美诗的复句，直译为"他给无助者以帮助，给弱者以力量"。——原注

的妓女，只是因为她们思想不道德。我们被安排住在其中一所这样的房子里。老实说，接待处工作人员并不知情。在普利茅斯这样的小镇要分清楚住宿好坏，对我们这种偶尔到访者很困难。

开完会后，我们回到了住所。晚饭后，我们大家一起坐下来玩桥牌，老板娘也加入了。这是英国的一种习俗，即使是在受人尊敬的家庭里也是这样。每个玩牌的人都会讲一些无伤大雅的话，但是我的同伴和老板娘说话越来越不像话。我以前并不知道我的朋友对这个如此精通，我也被吸引加入了。当我准备放下手中的牌，正要越界的时候，神灵让我这个同伴发出了善意的警告："你脑子里在想什么坏念头，我的孩子，快走吧。"

我顿时感到羞愧无比。我接受了警告，并向我的朋友表达感激之情。想起在我母亲面前发的誓言，我像一只猎物从猎人手上逃走一样逃离了现场，狼狈地、心慌意乱地逃回到自己的房间。

我记得这是第一次我对除了我妻子以外的女人动情。那天晚上我辗转反侧，脑子里全是各种念头。我应该离开这个房子吗？我要逃离这个地方吗？我在哪里啊？如果失去理智，会发生什么？我决定今后小心行事，不但要离开这所房子，还要离开普利茅斯。这次会议差不多两天就开完了，我记得在会议的第二天晚上我就离开了普利茅斯，而我的同伴在那里多待了一段时间。

我那时并不知道宗教或神灵的本质是什么，它们怎么在我们身上起作用，只是模模糊糊地感觉到，是神灵在那个时候救了我。在所有考验和磨难面前，神灵都拯救了我。从那以后，"神灵救了我"这句话对我来说有更深的意思。时至今日，我觉得我仍未理解它的全部意义。只有更丰富的经验才能帮助我全面理解。但对于我经历的一切精神考验来说，无论是从事律师工作，主导各种社团活动，还是从事政治活动，我只能说一切都是神灵在保佑我。当一切希望都破灭时，当"孤立无援无助"时，我发现神灵总会出来帮助我。不能完全将祈祷、膜拜、祷告算作迷信，实际上它们所表达的比饮食住行更真实。就算说只有它们是真实的，其他一切都不算什么，也毫不夸张。

这种膜拜和祷告不像辩论那样需要激烈的辩论技巧，但也不只是嘴巴上说的多么有敬意，它是发自内心的。因此，如果我们纯净的心灵能达到"心中只有爱而别无杂念"的境界，就可以更进一步，所有弦都处于同一频率，它们"正在用音乐之眼感受天籁"。祈祷并不需要开口说话，它本身是独立于任何外物的精神修行。我完全相信，祈祷是净化心灵的最佳方法，但它需要具备一颗谦卑的心。

第二十二章　纳拉扬·亨昌德罗

这个时候纳拉扬·亨昌德罗（Narayan Hemchandra）来英国了。我早听说他是一个作家。我们在印度国大党的曼宁小姐家中会面。曼宁小姐知道我不善于交际，每次去她那里，我总是坐着不说话，除非要回答别人。曼宁小姐把我介绍给纳拉扬·亨昌德罗。他不懂英语。他的衣服很奇怪：一条粗拙的裤子，一件皱巴巴、脏分分的帕西人常穿的棕色外套，既没有系领带，也没有打领结，还戴着满是垂着穗子的羊毛帽，蓄着长长的胡子。

他身段很小，个子不高。圆圆的脸上布满了坑坑洼洼的痘痘，鼻子不挺也不扁。他的手总是不停地抚弄着胡须。

这样外貌奇特、穿着异类的人，必定在这个时尚的社会里惹人注意。

我对他说："我早听说过很多关于你的事情，也拜读过你的一些作品。如果你愿意光临寒舍，我将非常高兴。"

纳拉扬·亨昌德罗带着嘶哑的声音笑着回答道："当然可以，你住在哪儿？"

"斯多尔大街。"

"我们是邻居呢。我想学习英语，你能教我吗？"

"我非常愿意，我会尽最大努力把我知道的都告诉你。如果你愿意，我也可以去你那里。"

"哦，不，还是我来你这里，我还要带翻译练习本。"我们就这样约好了。很快我们成了好朋友。

纳拉扬·亨昌德罗对英语语法一无所知。他认为"马"是一个动词，而"跑"是一个名词，像这样有趣的笑话我还记得很多。但是，他没有因为自己不懂而气馁。我的语法也是有限的，不能给他留下很深刻的记忆。当然，他从不认为他不懂语法是一件丢脸的事情。

他毫不介意地说："我不像你上过学，也从来不觉得在表达自己的想法时需要语法。你懂孟加拉语吗？我懂，我去孟加拉旅行过。就是我把马哈希·德温德拉纳特·泰戈尔[1]的作品翻译成古吉拉特语的。我还希望能把其他作品翻译成古吉拉特语。我总是为自己能忠实表达原文的精神思想而感到满意。将来其他人用他们丰富的知识会做得更好。虽然我不懂语法，但是我对自己已取得的成绩感到很满意。我会马拉提语、印地语、孟加拉语，现在又已开始学英语。我想使我的词汇更丰富。你认为我的抱负会仅限于此吗？别担心，我还打算去法国学法语。我知道，语言是最广博的文学。我也会去德国，如果可以，在那里学德语。"他就这样滔滔不绝，对学语言和出国旅游充满了极大的兴趣。

"那你会去美国吗？"

"当然。没看到新世界，我怎么会回印度？"

"可是，你哪儿来那么多钱？"

---

[1] 马哈希·德温德拉纳特·泰戈尔（Maharshi Devendranath Tagore），印度现代最伟大的爱国诗人拉宾德拉纳特·泰戈尔（1861—1941）之父，以进行宗教和社会改革著称。

"我要那么多钱干什么？我不像你，这么时尚。我只需要满足温饱就可以了，靠写书和我朋友的帮助就足够了。我总是坐三等车厢去旅行。就算去美国，我也只需要在统舱有一席之地。"

纳拉扬·亨昌德罗就是这样，这么朴素，这么直率，这么谦逊。这就是他。当然，他在把自己当作一个作家的时候，可能会在意些。

每天我们都见面。我们有很多共同之处，比如我们的某些思想和行为。我们都是素食主义者，经常一起享受我们的午餐。那段时间我自己做饭吃，过着每周只花十七先令的日子。有时我去他那里，有时他来我这里。我做的饭是英式的。他除了印度菜之外，其他的都不喜欢。他每餐不能没有黄豆汤。我做的是胡萝卜汤，他总认为我的口味很奇怪。有一次，不知道他从哪儿弄来一些蒙豆①，做好带来我这里，和我一起吃，我吃得特别满足。此后我们经常这样交换食物。有时我把我的美食带给他，有时他把他的美食带给我。

当时，红衣主教曼宁的名字遍布各处。由于红衣主教曼宁和约翰·伯恩斯（John Burns）从中斡旋，码头工人的罢工才提前结束。我告诉纳拉扬·亨昌德罗，狄思荣（Disraeli）十分欣赏红衣主教曼宁的简朴。于是他说："我一定要见见这位圣人。"

"他是一个大人物，你怎么能见得到他？"

"怎么见不到，我有办法。我必须请你以我的名义写封信给他。告诉他我是一个作家，想以个人的名义祝贺他对人道主义的贡献，再告诉他我不懂英文，所以带你一起去，做我的翻译。"

我照他的意思写了一封信。两三天后，红衣主教曼宁竟然真的回

---

① 蒙豆，一种印度干豆。——原注

复了我们，与我们约见。于是，我们一同拜访了这位红衣主教。我穿上平日会客的正装。纳拉扬·亨昌德罗还是和以前一样，穿同样的外套和同样的裤子。我开了个玩笑，但是他笑着对我说："你们这些文明的家伙都放不开。大人物从不注重一个人的外表，他们注重的是一个人的心灵。"

我们进入了曼宁主教的大厅。刚一坐下，便看见这位瘦高的老绅士走了出来，他与我们一一握手。纳拉扬·亨昌德罗表达了他的问候："我不想占用您太多的时间。听说了关于您的事情，我觉得我一定要来，感谢您为罢工工人做的善事。拜访名人圣贤，是我一直以来保持的习惯。所以很抱歉打扰您，给您添麻烦了。"（这当然是我帮他翻译的，因为他是用古吉拉特语说的）"我很高兴你们能来看我。希望你们在伦敦心想事成，希望你们多接触这里的人。"说完这些话，红衣主教起身与我们告别。

有一次，纳拉扬·亨昌德罗穿着衬衫裹着腰布就来我这里。我那位好心的女房东帮我去开门，然后慌张地找我。这是一个新的女房东，她不认识纳拉扬·亨昌德罗，她对我说："外面有个疯子要见你。"我急忙跑到门口，发现是纳拉扬·亨昌德罗。我吃了一惊，他却一如平常，带着他一贯的微笑。

"没有孩子们在街上追你吗？"

"有啊，他们追着我跑，但我没理会他们，他们就不吵了。"

在伦敦住了几个月之后，纳拉扬·亨昌德罗就去了巴黎。他真的开始学习法语，还开始翻译法语书籍。我的法语程度还是可以帮他修改译文的。所以，他常常把稿子寄给我。不过他那还不算翻译，只能说是简述文章大致内容。

最后，他实现了去美国的心愿。可想而知，他能弄到一张统舱船票是多么困难。到美国后，他因只穿一件衬衫并裹着腰布而被以"穿着不雅"罪起诉。

第二十三章　大博览会

1890 年，法国巴黎举办了一场规模很大的展览会，我从报纸上了解到关于这次展览的一些精细的筹备工作，也很想亲眼看看巴黎。因此，我认为这个时候去巴黎是一件一举两得的事情。这次展览会上非常吸引眼球的是埃菲尔铁塔①，它全部由铁铸成，近一千英尺高。当然，巴黎还有很多其他非常有趣的东西，但埃菲尔铁塔绝对是排在首位的，因为当时在人们的观念里，像埃菲尔铁塔那样高耸入云的建筑物是很难屹立不倒的。

我早就听说巴黎有一家素食旅馆，于是便在那里订了一个房间，住了七天。当时，无论是在去巴黎的路上还是到那里之后的游玩，我都精打细算，尽量节省开销。就是靠巴黎地图和博览会指南，我步行游览了整个巴黎。其实这些地图和指南足以指引一个游客走遍巴黎的主街道和著名的旅游景点。

那次展览会给我留下的印象不多，唯一印象深刻的是它的规模盛大和种类繁多。对于埃菲尔铁塔，由于上去过两三次的缘故，我倒是颇有印象。在铁塔的第一层平台有一个餐厅，想到日后可以再提起

---

① 埃菲尔铁塔（Eiffel Tower），又称巴黎铁塔，位于法国巴黎战神广场，是一座镂空结构塔。

曾在这么高的地方用餐的满足感，我花了七个先令在那里吃了一顿午餐。

巴黎的古教堂一直留在我的记忆深处，它的庄严和宁静令人难忘。巴黎圣母院①那恢弘的建筑、内部精美的雕刻给我留下了深刻的印象。我想，如果不是心怀虔诚，人们是不可能耗费巨资建立这个神圣华丽的教堂的。

来巴黎之前，我就曾听闻巴黎的时尚繁华，而这时尚在巴黎的大街小巷随处可见。但唯有教堂赫然屹立于这繁华的景象之外。当人们走进教堂的那一刻，所有外界的喧嚣嘈杂都被抛诸脑后。当他们从跪在圣母像前的祈祷者身旁走过时，他们的神情和态度必然变得庄重而敬畏。当时，我就体会到这种虔诚的宗教情感在心中升华。我觉得这些跪拜的祈祷者并非迷信，在圣母像前跪拜的祈祷者顶礼膜拜的对象也绝非那块雕刻成圣母模样的石像。他们心里充满了虔诚，他们所尊崇敬畏的不是石像，而是它象征的神灵。我还记得当时我甚至感觉到，他们的崇拜没有减损，反倒增添了神灵的荣光。

---

① 巴黎圣母院（Notre Dame），即巴黎圣母院大教堂，是一座位于法国巴黎市中心、西堤岛上的教堂建筑，也是天主教巴黎总教区的主教堂。

第二十四章　当了律师又如何

我去英国的目的是做律师，但是关于这一点，我一直不曾说起。现在该简单谈一谈了。

作为一名学习法律的学生，在正式成为律师之前，必须完成两件事情：一个是"社交课"，三年要上十二次社交课；另一个是通过考试。所谓的"社交课"就是参加聚餐，一学期中的二十四次聚餐，最少要参加六次。这种聚餐并不是简单地聚在一起享受美食，而是要求参加者在这个固定的场合自我汇报。在餐会上，每个人都可以随意享受各类美食、饮料以及精致的美酒。一次聚餐的费用每人三十至四十二便士，相当于两三个卢比。这个价钱还算是适中的。如果是在外面的餐厅用餐的话，光是酒钱就要这个数了。对于我们印度人来说，如果没有"文化"的话，酒钱比饭钱还多，这对于我们尚未"开化"的印度人来说的确是一件令人吃惊的事。得知这一真相时，我大为震惊，我不明白他们怎么忍心浪费这么多钱喝酒，后来我逐渐理解了。在餐会上，我常常是不吃东西的，因为我能吃的不过是面包、土豆和卷心菜而已。起初我连这些都是不愿意吃的，后来吃开了，也就有勇气吃其他东西了。

餐会上为法官准备的食物往往比学生的好。有一个帕西学生和我一样，也是素食主义者。于是从素食者的利益考虑，我申请要一些原本只有法官餐桌上才有的素食，他们接受了我的请求。

就这样，我们得到了一些水果和蔬菜。

至于酒，则是每四人一组可以得到两瓶酒。由于我是滴酒不沾的，因此大家都想拉我凑数。这样就可以三个人喝两瓶酒了。每个学期还有一次提供额外酒水的"盛大晚宴"，每到这个时候，我就颇受欢迎，大家纷纷邀请我加入他们。

我当时想不通，现在也未能弄明白，这种聚餐如何能使学生更好地胜任律师工作。以前只有少数学生能够参加聚餐，并且有机会与法官交谈并发表自己的见解。这种场合有助于他们学习得体的社交应酬，提高口头表达能力。但在我读书那会儿，每次聚餐时，法官总是聚成一桌，想得到与法官交谈的机会是不可能的。这种教学体制早已经失去了它原本的意义，但保守的英国仍然抱残守缺。

那时学习的课程是很容易的，律师甚至被笑称"餐会律师"。人人都知道考试形同虚设。我读书时，有两门考试，一个是罗马法，一个是普通法。当时还有指定的考试书目，而且可以带进考场。不过很少有人用心去看。就我所了解的，有些人考试前花一两个星期看书便可以通过罗马法的考试；花两三个月，看看笔记就可以应付普通法的考试。试卷很简单，监考官也是宽宏大量的。罗马法的考试通过率高达百分之九十五以上，普通法的考试则有百分之七十五的人可以通过。所以，大家都不担心考试过不了关。更何况一年中举行四次考试，又不是只有一次机会，根本没什么难度。

但我对待考试的方法只有一个，那就是认真读书。我始终觉得研读教材是必不可少的，不读书本无疑是错误的。于是我花了不少钱买书看，而且我决定读拉丁文版的罗马法。我所学的拉丁文知识对我应付伦敦大学的入学考试很有帮助，当时精读的法律著作对于我后来在南非的工作也有很大益处。在南非，罗马-荷兰法是基本的法律，所以贾斯丁尼亚（Justinian）的著作对我了解南非的法律，确实有很大帮助。

我花了九个月的时间，终于读完了英国的普通法。布罗姆（Broom）著的《普通法》，体系庞大却又不失趣味，值得花时间研读。斯内尔（Snell）的《平衡法》（*Equity*）相当有意思，但有点儿难懂。怀特（White）和提德尔（Tudor）合著的《重大案例》（*Leading Cases*）包含了很多重要的案例，可读性和指导性都很强。我还怀着浓厚的兴趣阅读了威廉姆斯和爱德华（Edward）合著的《论不动产》（*Real Property*）和古迪夫（Goodeve）著的《论私有财产》（*Personal Property*）。威廉姆斯的书读起来更像小说。回到印度之后，我继续带着兴趣读了梅恩（Mayne）的《印度教法》（*Hindu Law*）。不过现在不是讨论印度法律著作的时候，就不再细说了。

我通过了律师资格考试，并在1891年6月10日取得了律师资格，11日去高等法院注册。12日，我便启程回国了。

尽管我在英国学习了三年，然而内心仍感到无助和担忧，我觉得自己还没有能力执业。

关于我的这种无助感，需要专门的章节阐述。

第二十五章　我的无助

在英国取得律师资格并不算难，然而执业却非易事。我学了法律，却并不知道如何执业。我读过《法律通则》(*Legal Maxims*)，但不知道如何在实际工作中加以运用。"使用自己的财产应无害于人"是书中的一条规定。问题是，我不知道如何运用这条规定为我的当事人争取权益。我读过书中所有的重要案例，可是仍然没有信心在法律实践中加以利用。

此外，我对印度的法律一无所知，完全不懂《印度教法》和《伊斯兰教法》。我甚至连起诉书都不会写。我听说过费罗泽夏·梅赫达(Pherozeshah Mehta)爵士在法庭上大显声威的故事，但我更想知道他是怎么在英国学到这种本事的。我是不可能具备他那么敏锐的法律意识了，我甚至为自己有无能力靠律师这个职业谋生而忧心忡忡。

我把我的忧虑和不安告诉了身边的朋友。有一个朋友建议我去请教达达拜·瑙罗吉先生。之前我提到过，我来英国的时候，身上就有一封给达达拜的介绍信，我迟迟没有利用这个机会。我认为自己没有权利麻烦这位大人物来接见我。但只要是他的讲座，我都会参加，坐在大厅的一个角落专心聆听，在一饱耳福之后安静地离开。为了与学生建立更紧密的联系和交流，达达拜成立了一个联合会。我参加过这个组织的一些活动，看到他对学生的关爱和学生对他的尊敬，我心中满是欢喜。于是我鼓足勇气，将介绍信交给了他，他说："你随时可以来找我。"但我一直没这么做。我认为，不到万不得已，不应该去打扰他。就这样，我没有接受朋友的建议，将自己的苦难求教于达达拜。我忘了是这个朋友还是其他朋友建议我见见弗雷德里克·宾卡特（Frederick Pincutt）先生。他是保守党派人士，对印度学生的爱护是纯洁无私的。很多学生都求教于他。我也请求与他见面，而他也同意了。那次见面让我终生难忘。他见到我时，像朋友一样亲切，他爽朗的笑声驱散了我的悲观情绪。"难道你认为每一位律师都必须像费罗泽夏·梅赫达爵士那样吗？做一个普通的律师不需要什么特别的技能，诚信和勤奋足以让你在这个行业立足并以此为生了。并非所有的案件都那么复杂。现在告诉我你都读过哪些书。"

当我把自己读过的有限的几本书告诉他时，我察觉到他相当失望，但那只是很短的一瞬间。很快他的脸上又挂满了笑容："我知道你的问题在哪儿。你不仅读得不多，知识有限，而且还不通人情世故，甚至连印度历史都没有读过。一个律师必须通晓人情，应能通过外表了解一个人的品性。而且每个印度人都应当了解本国的历史。或许这与法律实践没有太大关系，但这是应当掌握的知识。我想你大概还没读过凯伊（Kaye）和马尔逊（Malleson）的《1857 年兵变史》[①]，赶紧找来读一读，再多读几本关于人性的书，拉伐拓（Lavator）和申梅尔品尼克（Shemmelpennick）写的关于相面术的几本书，都可以

---

① 《1857 年兵变史》（*History of the Mutiny of 1857*），亦称印度民族起义，印度反英大起义。一般指 1857—1858 年发生在印度北部和中部，由在英属东印度公司服役的印度士兵发动的反对英国统治的民族大起义，这次起义以失败告终。

读一下。"

　　我对这位可敬的朋友充满了感激之情，在他面前，我的忧虑荡然无存了。但是从他那里离开之后，我又开始担心了。在回家的路上，我一直想着那两本书，"相面而知人"，这个问题一直徘徊在我脑海中。第二天我就跑去书店买了拉伐拓的书，申梅尔品尼克的书市面上已经买不到了。我读了拉伐拓的书，觉得它比斯内尔的《平衡法》更加晦涩难懂且索然无味。我下了一番功夫研究莎士比亚（Shakespeare）的相貌，但若要在伦敦街头来来往往的人群中辨识出另一个类似莎士比亚的非凡人物，那我还没有掌握那样的诀窍。

　　我也没有从拉伐拓的书中学到多少知识。宾卡特先生的建议并没有对我起到多大的作用，然而他亲切友善的态度鼓舞了我，他明朗的笑容印在了我的记忆深处。我相信他说的，费罗泽夏·梅赫达敏锐的法律意识、超强的记忆力和不凡的才能并不是成为一个成功律师必备的条件，哪怕只有诚信和勤奋，也足够了。而就在这两点上，我自问不差，多少有些信心了。

　　我在英国时没能阅读凯伊和马尔逊的书，但决意只要一有机会就读，后来终于在南非时读了他们的书。

　　就这样，怀着憧憬与绝望交织的复杂心情，我搭乘"阿萨姆"号在孟买上岸。由于当时港口的风有点大，我不得不乘坐小艇靠岸。

第二部分

第一章　赖昌德巴伊

我在前面说过，孟买港口的风浪很大。六七月份，这种情形在阿拉伯海很常见。当船驶出亚丁湾（Aden）后，海上一直波涛汹涌。几乎所有的乘客都晕船，只有我状态正常，在甲板上看巨浪澎湃、浪花飞溅。吃早餐的时候，除了我，就只见到一两个人，大家都小心翼翼地捧着碟子吃麦片粥，唯恐洒出来。

自然界的风暴与我激荡的内心世界互相呼应。但正如我面对前者时仍泰然自若一样，后者也不会让我失了分寸。眼下，之前关于种姓问题而遗留下来的麻烦正等着我应对，律师从业的问题也令我彷徨不安。然而，既然以改革者自居，总得想方设法着手进行一些改革。这些都是我考虑的，但没想到还有一些出乎意料的事情在等着我。

哥哥亲自来码头接我。那时，他已经与梅赫达医生及其哥哥相识。梅赫达医生坚决挽留我们住在他家，我们只好恭敬不如从命。于是，开始于英国的结识就这样在印度得以延续，而且还愈加亲密，两个家庭之间最终建立起了长久的友谊。

我非常想念母亲，急切盼望与她相见。当时我还不知道她已经撒手人寰，再也不可能张开双臂迎接我回家。现在我得知了这个噩耗，按照规矩守了斋戒。其实我还在英国的时候，母亲就去世了，但哥哥一直瞒着我，怕我在异国他乡受不了这么沉重的打击。然而现在，这个消息于我而言是个不小的打击。这些我也不想多说。此时心中的悲痛更甚于父亲去世的时候。我感觉所有美好的愿望都化成了泡影。但我记得我强忍住了泪水，没有表现得过度悲痛。照常生活，仿佛什么事情都没有发生过一样。

梅赫达医生向我介绍了几位朋友，其中一位是他的堂兄弟拉维尚卡·贾格吉凡（Revashankar Jagjivan）先生，后来我与贾格吉凡建立了毕生的友谊。特别值得一提的是诗人赖昌德巴伊（Raychandbhai），又名拉治昌德罗（Rajchandra）。他是梅赫达医生哥哥的女婿，也是以贾格吉凡名义开的珠宝店的合伙人。那时他还不满二十五岁，但第一次会面我就确信他是品性纯正、学识渊博的人。赖昌德巴伊还是有名的“百晓生”（识记能力超强，可以同时处理很多事情的人）。梅赫达医生曾叫我考一下他的记忆力。我便搜肠刮肚把自己知道的各种欧洲语言的词汇说出来，再请他背出来。结果他能按照我说的顺序丝毫不差地复述出来。我很羡慕他的天赋，但并不为此着迷。直到后来我才明白，他真正令人叹服的是他对宗教经典的博闻强识、纯洁无瑕的人格，以及自我实现的激情。而最后一点才是他生存的唯一目的。他反复吟诵且铭记在心的是穆旦纳德（Muktanand）的几句诗：“一言一行，神必同在，唯有如此，方得福音，生命力量，由此而来。”

赖昌德巴伊打理的生意数额高达几十万卢比。他是鉴别珠宝的行家，在生意上没有解决不了的难题。但他生活的重心绝不是经商，而是那股敞开灵魂直面神灵的热情。他的办公桌上永远摆放着宗教书籍和日记本。一谈完生意，他便阅读宗教典籍、撰写心得。他已出版的作品中的内容大部分来自他的日记。一个人在谈完大买卖后，可以立刻坐下来书写自己的精神领悟，这不正说明他不是一个纯粹的生意人，而是一个真正尊崇真理的追随者吗？我曾多次看到他在做生意的间隙，沉浸在对真理的探索之中，而且任何时候都不失常态。虽然我和他之间没有生意往来或利益关系，但非常乐意与他保持密切的交往。那时我不过是个很普通的小律师，可只要一见到他，探讨起严肃的宗教话题时，我总是获益良多，颇受鼓励。后来我也见过不少宗教领袖和导师，但他们中很少有人能像赖昌德巴伊那样深深地触动我。他的话总能说中我的心思，他卓尔不凡的才能和虔诚的心境都令我颇为感动。

我确信他不会把我引入歧途，而总会以诚相待。所以每当我陷入精神危机的时候，总是求助于他。

尽管我对赖昌德巴伊推崇备至，但他称不上我心中宗教意义上的精神导师。我的精神导师一直虚位以待，继续寻觅着。

我始终相信印度教徒关于精神导师的观念及精神导师在个人精神实现过程中的重要性。没有精神导师就不会有真正的知识，我认为这种说法很有道理。在世俗事务上，一个有缺陷、不完善的导师可以容忍，但在精神生活上绝不可以。只有臻于完美境地的先知才能被尊崇为精神导师。因此，人们应当永不停息地追求真善美。一个人的精神能得到怎样的升华，其实全在于自己。每个人都有权追求至善而不懈努力，也必有所得。至于其他的则由天定。

虽然我没把赖昌德巴伊当作心目中的精神导师，但毋庸置疑，他在很多场合都给予了我帮助与指引。在我的人生中，与赖昌德巴伊在生活中的接触，托尔斯泰写的《天国在你的心中》及拉斯金的著作《给那后来的》在我心目中各有分量，这三位当代人士对我影响巨大。

第二章　开始新生活

我的哥哥对我抱有很大的期望。他对于财富、名誉的欲望很强烈。他心胸宽大，对于犯错也很包容。哥哥为人简单随和，这使他结交了很多朋友。他希望通过广交朋友为我招揽一些业务，并认为我一定会在业内大展拳脚。怀着这样的期待，他听任家里的花销超支，不遗余力地帮我筹备开业的事务。

关于我的种姓问题而引发的争论到此时还未平息。同一种姓的族人分成了两派，一派主张立刻恢复我的种姓，另一派则倾向于继续把我拒之门外。为讨好我的支持者，在我返回拉杰果德前，哥哥特意把我带到纳西克①的圣河里沐浴。回到拉杰果德后，他又马上大摆筵席，邀请同种姓的人参加。我本人不认同这样的做法，但哥哥是那么爱我，我也应该尽力配合他。因此我就一切听命从事，任凭他安排。于是，这场种姓风波就这么过去了。

我从来没想求得那些不同意恢复我种姓的人的准许，也不因此而对他们中带头的人心怀怨尤。尽管他们中有人不喜欢我，我也尽量避免伤害他们的感情。我充分理解这种开除种姓的陈规，按照规定，我

---

① 纳西克（Nasik），印度马哈拉施特拉邦的一座城市，位于戈达瓦里河畔，海拔一百米，面积约两百六十四平方千米，其工业园区很著名。

所有的亲戚，包括岳父岳母、姐姐姐夫都不能招待我，在他们家里我连喝口水都是不被允许的。不过亲戚偷偷地打破禁律。但这种人前一套背后一套的做法有悖于我做人的原则。

由于我谨言慎行，种姓问题没给我带来多少困扰。相反，那些把我视作异己的人大部分都对我很友好，他们甚至在工作上助我一臂之力，却并不指望我回报什么。我确信出现这种良好的局面完全是因为我采取的不抵抗态度。如果我要求恢复种姓采取强硬态度，在种姓内部搞分裂，一定会激起报复甚至引发更大的风暴。从英国回来之后，我就发现自己置身于矛盾和冲突的旋涡中，变得日趋虚伪。

我和妻子的关系没有如我期望的那样得到改善。去英国留学并没有改掉我爱嫉妒的毛病。我还是对一点小事就神经过敏，疑神疑鬼，因此，心底那点美好的愿望也一直无法实现。我一直认为妻子应该学会读写，也想亲自教她。无奈事情太多，计划一再搁浅，而妻子也因此失去了学习的机会。有一次，我甚至把她赶回娘家好长时间，直到她痛苦不堪，我才把她接回来。事后我才明白自己有多愚蠢。

那时，我计划着对孩子的教育做些改革。哥哥有小孩，我去英国时，留在家里的儿子也有四岁了。我打算亲自指导孩子，教他们体育，强身健体。我的想法得到哥哥的支持，我的努力也收到了一些成效。我非常喜欢孩子，直到今天，我还常常和孩子一起嬉笑玩闹。从那时起，我觉得自己算得上一个不错的儿童教师了。

此外，在饮食上的改革也很有必要。茶和咖啡在我家是必需品。哥哥认为，我从英国回来之后，家里应当保持一点英式生活氛围，于是瓷器之类的以前只在特殊日子才拿出来用的器皿，现在却成了日常用品。而我的改革更超前了一步，我提议喝麦片粥，用可可代替茶和咖啡。实际上，除了继续饮用茶和咖啡外，又增加了可可。皮靴和皮鞋我早就有了，现在还穿上了西装，彻底西化了。

生活的开销日渐增多，家里每天都在添置新东西。我们就好似把一头白象拴在了家门口，可是拿什么来供养呢？要是在拉杰果德从业，那等于叫人看笑话。我连一个称职的律师都算不上，怎么指望获得高额的回报呢？没有顾客会愚蠢到雇用我为他打官司。就算有这样的人，我也不能无知还自欺自大，否则会加重我对世人的愧疚感。

朋友建议我去孟买的高等法院积累些经验，修习印度法律，顺便接点力所能及的业务做做。于是，我便依照他们的建议去了孟买。

在孟买，我请了一个和我一样无能的厨子，开始居家过日子。他是婆罗门，我没把他当仆人，而是当一家人对待。他用水冲身体但从来不洗，他穿的"拖地^①"是脏的，戴的头巾也是脏的，对宗教典籍一无所知。但我到哪里能找到一个更好的厨子呢？

"好吧，拉维尚卡（这是他的名字），"我问他，"就算你不会做饭，总知道日常的礼拜吧？"

"哦，先生！耕地就是我们的日常礼拜，铲草就是我们的宗教仪式。我就是个婆罗门，如果不是靠你的仁慈生活，我就得回去种地了。"

于是，我不得不当拉维尚卡的老师。我有的是时间，自己也亲自下厨做饭，并且用英国人煮素食的方式烹饪。我买了个炉子，开始和拉维尚卡一块儿出入厨房。我不忌讳和不同种姓的人在同一张桌子上吃饭，拉维尚卡也不介意，我们相处得颇为融洽。唯一让人难以忍受

---

① 拖地，印度人穿的长袍。

112

的是拉维尚卡不讲卫生的毛病，而且食物也总是弄不干净。

生活开支居高不下，没有收入难以维持，因此我在孟买待的时间也不长，最多四五个月而已。

我就是这么开始新生活的，我觉得律师是个很糟糕的职业，徒有虚名，而且感觉身上的担子更重了。

第三章　第一个案子

在孟买的时候，我一边学习印度法律，一边和一个名叫维尔昌德·甘地（Virchand Gandhi）的朋友一起研究饮食学。而哥哥则一直在努力帮我承接业务。

学习印度法律是一件非常枯燥乏味的事情，学习民事诉讼法我又钻研不进去，学习证据法的情形倒是好一点。维尔昌德·甘地当时正在准备诉讼师的考试，他对我讲了很多律师上庭的实例。他说："费罗泽夏爵士的能力就在于他精湛的法律知识，他对证据法烂熟于心，第三十二节的所有案例无一不知。巴德鲁丁·铁布吉（Badruddin Tyabji）则能言善辩，连法官都敬服。"

这种激动人心的故事，却让我深深气馁。

他接着说："当个律师，熬个五至七年的，很正常。正因为这样，我才干脆去做签约的诉讼师。如果你能在三年内做到自力更生，那就非常幸运了。"

花销每个月都在增长，门外挂着律师的牌子，门里面却在为达到一个律师的职业水准而忙活。这种状况我自己都难以承受，也根本无法专心致志研究法律。但我逐渐对证据法产生了兴趣，而且怀着极大的兴趣读了梅恩的《印度教法》，只不过一直没有勇气接案子。那种不知所措的心情难以言表，就像是刚进门的小媳妇。

大约就在那个时候，我接下了一个叫马密白①（Mamibai）的人的案子，那是一个很小的官司。有人告诉我必须给中间人佣金，我断然拒绝了。他们劝我："连月入三四千的刑事案件的律师，也需要支付佣金。""我不需要效仿他，"我反驳道，"月入三百卢比，我就满足了。我父亲当年的收入也不过如此。"

"过去那种低消费的日子已经不复存在了，孟买的消费水平高得惊人，你得有点生意头脑。"

那个时候我非常固执。我没有向中间人支付一个卢比，但仍然接下了那桩案子。那是一个非常简单的官司，不需一天时间就可以解决，因此我只收取了三十卢比的费用。

那是我第一次出庭。作为被告的辩护律师，我必须盘问原告的证人。我站起来，有点心虚头昏，感觉天旋地转。我张嘴结舌，一下子想不起来要问什么了。我想大概法官都觉得好笑，其他律师也肯定在一旁看我的洋相。我当时眼前一片黑暗，只得坐下。我只能告诉当事人办不了这个案子，嘱咐他去请帕特尔先生帮他，而且悉数退还了之前收取的费用。帕特尔先生不失时机地收取了五十一卢比的律师费，对他来说，这是件轻而易举的事。

我匆忙离开法庭，连最后我的当事人是胜诉还是败诉都无暇顾及，内心羞愧不已，暗下决心除非有足够的勇气，否则绝不再接其他案子。事实上，直到去南非之前，我都没有再接过其他案子。做这个决定没有什么缘由，实属无奈之举。没有人会蠢到把自己的官司委托

---

① 甘地当律师后的第一个客户。

给我，因为必输无疑。

不过在孟买还有一桩以前留下的案子等着我去解决，有个状子需要我来起草。有一个贫苦的穆斯林，他的地在博尔本德尔被没收了。他怀着对父亲般崇敬的心情求助于我。他的案子看起来胜算不大，不过我答应帮他写状子，但他得自己负担印刷费用。我拟好了状子之后，读给朋友听，大家觉得不错。这多少给了我点信心，觉得自己有能力写诉状了，而事实也确实如此。

如果靠免费帮人写诉状就能使我的业务多起来也就算了，但这根本无济于事。于是，我打算找份兼职教师的工作。我的英文还不错，也很乐意去学校给那些刚通过大学入学考试的学生上英语课。这样我至少可以赚点儿钱补贴日常花销。当时，我在报纸上偶然看到了一则广告：招聘英语教师，每天授课一小时，月薪七十五卢比。发布这则招聘广告的是一所著名的中学。我递交了申请，并收到了面试通知。我兴致勃勃地去参加面试，但见到校长后，他一看我不是大学毕业生，便礼貌地拒绝了我。

"我可是在伦敦大学通过了入学考试的，而且还修了第二门外语——拉丁语。"

"我知道，但我们只要大学毕业生。"

我无计可施，急得直搓手。哥哥也很替我担心。我们商量了一下，觉得在孟买继续待下去也无济于事，不如回拉杰果德。而且哥哥也在那里，他自己是个小诉讼师，还可以给我找些代写诉状的活儿来做。何况家人都在拉杰果德，如果我一个人在孟买生活，两处的生活费加起来肯定比全家人在一起生活高。于是，在孟买六个月的生活就这样结束了。

在孟买的时候，我天天都去高等法院，不过真没学到什么东西。我功底不深厚，很难学到更多。很多时候，我听不懂案子，在那里打瞌睡，有不少人和我一样，因此我也不觉得愧疚了。再往后，原先那点羞愧感也荡然无存，因为我发现在高等法院打瞌睡是一件很时髦的事儿。

如果现在的这代人中，还有人像我当时在孟买那样做着没有收入的小律师，那我要给他们讲讲我当时的生活情况，让他们心里有点儿底。尽管那时我住在齐尔关（Girgaum），但从没坐过马车或电车。我通常步行四五十分钟到高等法院，回家也是步行。我习惯了风吹日晒，来回全靠步行，自然也节省了不少车费。而且当时我在孟买的朋友很多都生过病，可我一次也没病过。直到我开始挣钱，我依然保持着上下班步行的习惯，并从中受益良多。

第四章　第一次打击

　　我失望地离开了孟买，回到拉杰果德建立了自己的事务所。如此一来，收入倒也够我维持生计。只是给人写写呈文状子，平均每月也有三百卢比的收入。能做这工作，与其说是我自己的本领，倒不如说是得益于人情，因为那时我哥哥的合作伙伴的业务已有一定基础，我也就能通过他谋得一份差事。所有真正重要或在他看来重要的呈文，都会送到大律师那里去。而他那些贫苦当事人的呈文，就会送到我这里来。

　　据我细心观察，孟买有不给辩护士回扣的原则，而我也必须承认，对于这一点，我是妥协了的。据说这两个地方的情况是不同的，这里的回扣会付给分办案子的辩护士，而孟买的回扣是给中间人的；与孟买相同的是，这里所有律师都拿一定比例的收入付回扣，无一例外。我哥哥的理论在我看来不可辩驳，他说："你要知道，我是和另一个辩护士合伙的。总想着哪些我们受理的案件是你能做的，就拿给你去办，如果你不拿回扣给我的合伙人，会让我在他那儿难堪。你和我一起建立了这个事务所，你有收入自然有我的一份。但是我的合伙人呢？试想他要是把案子交给别的律师，一定也能从那个律师那里拿到一笔回扣。"他说得很在理，我也就顺着他说的，想想如果自己要做律师，也不应该在回扣原则上固执己见。我是这样同自己理论的，或者说穿了，我就是这样欺骗自己的。不过我要补充一句：我不记得我在别的任何方面给过人回扣。

那时我靠这份工作能勉强维持生计，但也是在那时候，我遭遇了生平第一次打击。我早听别人说过英国官员是怎样的人，只是从来没有面对面接触过。

博尔本德尔的兰纳萨希布王公（已故）即位以前，我哥哥曾经当过他的秘书和顾问。这时有人控告他，说他在职时出过错误的主意，这件事被一个对我哥哥有成见的政治监督官知道了。这个官员我在英国就认识，大家都说他对我相当友好。我哥哥认为我应当凭借这一点儿交情去为他说几句好话，试着帮他纠正那位政治监督官对他的成见。我并不乐意这么做，觉得不应该利用留英时很浅薄的一点儿交情去为人说情。如果我哥哥确实有错，我去说情又有什么用处呢？如果他没有犯什么错，就应当按程序上一个呈文，证明他的无辜，结果是怎样就怎样。可我哥哥并不赞成我的想法，他说："你还不了解卡提亚华，也不懂世道。这里什么都靠人情，你认识那位官员，作为我弟弟，去他那儿替我说情是责任使然，也是理所应当的。"

我想这是无可推诿了，便很不情愿地去见了这位官员。我知道要见他我还不够格，也充分意识到这样做是在贬低自尊。但我还是跑去求见他，最后还得到了许可。我和他提到往日的那点交情，但立刻就发现卡提亚华和英国的情况是不同的，一个官员在职时和不在职时简直判若两人。这位政治监督官承认我们是相识的，但是攀起这点交情，他的态度就强硬起来。"我想你绝不是到这里来套近乎的吧？"他说着，眉宇间也透露出些许强硬的神情。尽管如此，我还是说明了来意。这位大人①便开始不耐烦了，他说："你哥哥计谋可多了，你也不必再说什么，我没有时间听，如果你哥哥真想替自己辩解，请你转告他让他遵循正当的途径。"他说得够明白，也的确该是这样。然而人都是自私的，我继续自顾自地说着。这位大人站起来便说："你该走了。"

"但是请您听我说完。"我说道，这使他更生气。他让他的侍从请我出去。那侍从进来了，把手放在我的肩上想把我推出去，可我还在犹豫要不要走。

最后，直到那位大人和他的侍从走后我才离开，心里烦躁而焦急。事后我立即就这件事写了纸条送去给那官员，我对他说："你侮辱了我，还让你的听差伤害了我的自尊。如果你不道歉，我就去告你。"

很快他的侍从送来了回复，纸上写道："是你不尊重我。我叫你走，你却不走。我别无他法，只好命令我的侍从送你出去。他叫你离开我的办公室，你还是不肯走。所以他不得不动手赶你出去。如果你因此要告我，那就尽管去吧。"

我把他的回信揣入衣袋，垂头丧气地回到家，把这事从头到尾告诉了我的哥哥。他听后很难过，却不知如何安慰我。因为我不知道怎样控告这位大人，他就把这情形告诉了他的同行朋友。碰巧这时费罗泽夏·梅赫达爵士为了处理一个案子从孟买来到拉杰果德。不过像我这样一个初出茅庐的小律师怎么敢去见他呢？于是，我只好转托聘请他的那位辩护士把有关此案的文件呈给他，请他指教。他说："告

---

① 大人，亦称官老爷、阁下、先生，尤指殖民时期的印度官员。

120

诉甘地吧，这对许多辩护士和律师来说是司空见惯的。他刚从英国回来，血气方刚，还不了解英国官员。如果他打算挣一点钱，过安稳日子，让他撕掉那封信，忍受这个耻辱吧。他要是控告这位大人，不但没什么好处，反而会毁了自己。告诉他，他还不懂世故呢。"

这个忠告像毒药一样令我痛苦，但是我不得不吞下去。我忍受了这个耻辱，却也得到了教训。我对自己发誓："再也不把自己置于如此境地，再也不试图攀交情走后门。"从那之后，我都没有违背过这个誓言。这次打击着实影响了我的人生。

第五章　准备赴南非

我跑去找那个官员，无疑是错了。但相对于我的错误，他的不耐烦和盛气凌人未免太过头了。他用不着赶我走，我最多耽误他五分钟，他只是不愿听我讲话。他本来可以客客气气地请我出去，可官员有了权力，就容易得意忘形。后来我才知道这个官员就是如此没有耐心，他侮辱来访者就像家常便饭，哪怕是一点点不如意，也能让这位大人暴跳如雷。

现在我大部分工作都在他的法庭里，既不能敷衍他，又不愿讨好他。实际上，我既然想过要控告他，现在自然也不甘缄默。

这时我开始懂得一点地方上的小政治。卡提亚华由许多小邦组成，自然充满钩心斗角。各邦之间的权术猜忌和官吏的争权夺利，早已司空见惯。那些王公贵族也总听他人摆布，任那些阿谀奉承的人给他们出主意。连那位大人的侍从都有人巴结，他的文书就更不用说了，文书作为他的耳目和译员，比官员自己还受欢迎呢。这位文书的意见就是法律，他的外快总是比他上司的收入多好几倍。这也许有点夸张，但若用来维持日常生活，他的薪水绰绰有余。

这种环境在我看来是会荼毒人心的，怎样置身其中而不受影响成了我一直以来的难题。

我非常沮丧，哥哥显然是明白的。我们两人都觉得，如果我能在别的地方找到一点事做，就可以离开这种钩心斗角的环境。可是不要一点手段，要弄个部长或法官的职位，根本就不可能。而且我和那位大人发生了龃龉，要继续执业都困难了。

当时博尔本德尔由英国人管辖，我在那里的工作就是替博尔本德尔的王公多争一些权力。佃农负担的地租过重，我还得去向一个行政官反映情况。这位官员虽然是个印度人，但我发现他比那位英国官员还要傲慢嚣张。他是个能干的人，可是在我看来印度农民并没有因此得益。最后我总算给兰纳多争了一些权力，但并没有为佃农减轻多少负担。他们的苦难竟到了无人问津的地步，这实在让我感到震惊。

仅仅是这样一项任务都无法完成，我非常失望。我觉得我的当事人没有得到公平对待，可是又没有办法主持公道。我至多只能上诉于政治监督官或省督，他们也会把我的上诉撇开说"我们不便干涉"。如果有规章可以加以管制，也许还有点办法，但在这里那位大人的话就是法律，我无能为力。

这一切让我愤慨极了。

就在这时，博尔本德尔有一家弥曼①商行写信给我哥哥，信上是这样说的："我们是一家大商行，在南非有业务。现在南非的法院里有我们一件重大的案子，牵涉四万英镑的得失。这个案子已经审理了很长时间。我们聘请了最好的辩护士和律师。如果你能叫你弟弟到那里去，这对我们和他自己都有好处。比起我们，他能更恰当地与我们的顾问合作。他自己也可以借这个机会见见新世面，交些新朋友。"

---

① 弥曼（Meman），伊斯兰教中的一派。

我哥哥找我商量这件事。我不清楚我去那里是给他的顾问出出主意，还是亲自出庭，但我有意接受这个建议。

我哥哥介绍我去见最近才去世的阿卜杜尔·卡利姆·嘉维立（Abdul Karim Jhaveri）先生，他是达达·阿卜杜拉公司的股东，这家公司就是上面所说的商行。他告诉我："这不是一件困难的事。我们有好多欧洲朋友，你到了那里就会认识他们。你到我们的店里对我们很有帮助。我们的信件多数是用英文写的，你在这方面能给我们提供许多帮助。当然你去那里的话就是我们的客人了，不需要自己承担费用。"

"我需要在那儿做多久？"我问道，"报酬是多少？"

"不会超过一年。我们负担你的来回旅费，坐头等舱位的轮船，另外付给你一百零五英镑，一切在内。"一个律师的待遇应该不止如此，这倒像是给商店店员的报酬，但无论如何我很想离开印度。这是一个见识新国度、体验新经历的机会，不容错过。而且我还可以把那一百零五英镑寄给我的哥哥贴补家用。于是我欣然接受了这份工作，没有讨价还价，就准备动身去南非了。

第六章　到达纳塔尔

准备离开的时候，没有像当年离开家去英国时那样深受离别之苦，因为我母亲已经去世了。而我多少已经懂得一些人情世故，并且已经有了一些旅行国外的常识，至于从拉杰果德到孟买，那更是不在话下了。

这一次只有离开妻子让我感到有些难过。我从英国回来以后，我们又生了一个孩子。我们的爱虽说不上已经摆脱肉欲，但的确越来越纯洁了。我从欧洲回国以后，很少和她住在一起；不管关心程度如何，现在我已经成了她的老师，正在帮她进行一些改造，我们一致认为，如果这些改造还要进行下去，我们应该花更多时间相处。然而南非的吸引力让我觉得这种离别也没那么难以忍受了。"不到一年我们又会在一起了。"我安慰她说，之后便离开拉杰果德去了孟买。

到孟买以后，我让达达·阿卜杜拉公司的代理人替我购买船票，可是已经没有空的舱位了，而且如果这一趟不走，恐怕就要在孟买过夜了。公司代理人对我说："我们已尽力设法给你弄一张头等船票，可是怎么也弄不到。除非你愿意坐统舱，否则今天就走不成了。不过就算坐统舱，还是可以安排你到餐厅去吃饭。"说好路上都给我安排头等车船的，怎么可以改为统舱呢？所以我拒绝了他的建议。我怀疑他是在故弄玄虚，因为我不相信连一张头等船票也弄不到。经过代理人同意以后，我亲自设法去买船票。我登上了轮船，见到了船上的大副。他很坦白地告诉我："通常座位并没有这么挤，因为莫桑比克（Mozambique）的总督要坐这条船，所以所有的舱位都被订光了。"

"你能不能找个地方让我挤一挤？"我问道。

他从头到脚把我打量了一下，笑着对我说："只有一个办法，我的房间还有一个座位，通常是不给乘客坐的，不过我打算把它让给你。"我连忙向他道谢，并通知代理人去买那张船票。1893 年 4 月，我满怀期待地动身到南非去碰碰我的运气。

大约航行十三天以后，我们在拉谟（Lamu）港口第一次停泊。这时船长和我已经成为好朋友。他喜欢下棋，却是一个不折不扣的新手，他希望有一个比他更不懂棋的人作他的对手，于是就邀请了我。关于下棋，我倒是听说过不少，可是从来没有动手尝试过。下棋的人常说，棋盘有着足够的空间让一个人施展才智。船长主动说要教我，他发觉我是一个好学生，因为我耐性十足。每一次我输给他，他就更加热心地教我。我喜欢下棋，但是也只限于那个时候在那艘船上，下棋的智慧也只在棋盘上移动棋子时用上了。

船在拉谟停泊了三四个钟头，我上岸看了看这个港口。船长也去了，他提醒我说，这个海港风浪很大，让我早点回来。

这是一个很小的地方。我去了邮局，很高兴在那里看见了几个印度职员，还和他们攀谈了一番。此外还见到了几个非洲人，我对他们的生活方式很感兴趣，很想多了解一些情况，这就耽搁了一些时间。

在船上，我还认识了几个统舱的乘客。他们也上岸了，还想着在岸上亲自做饭，好好地吃一顿。刚好那时我发现他们正打算回到船上，于是就和他们搭上了同一条小船。港内的潮水正在上涨，我们的小船还有些超重。即使如此，由于浪潮猛烈，这条小船也搭不住轮船的吊梯。它刚接触到吊梯，立刻又被浪潮冲开了。开船的第一遍哨子已经吹过了，我倍感担忧。船长在船桥上看见我们陷入困境，便下令延缓五分钟开船。当时船边还有另一条小船，是一个朋友花十个卢比为我雇来的。这条小船把我从那条超重的小船上接过去。这时吊梯已经拉上去了，我只好拉住一条索链上去，刚到船上轮船立刻就启碇了，其他乘客则没能上来。这时我才体会到船长的提醒是多么令人感激。

过了拉谟，第二个港口是蒙巴萨（Mombassa），然后是桑给巴尔岛（Zanzibar）。我们在这里停了较长一段时间，有八至十天，之后我们换乘了另一艘船。

船长很喜欢我，可这种喜欢也给我带来了一些不愉快的回忆。他邀请一个英国朋友和我陪着他上岸逛一逛，我们便坐他的小艇上了岸。逛一逛究竟意味着什么，我一点概念也没有。而船长也不知道我对这样的行径还一无所知。一个招揽顾客的人把我们带到一些黑人妇女住的地方，每个人都被带进一个房间。我只是站在房里，窘迫得不知所措，只剩发呆了。天知道那个不幸的女人把我当什么人了。船长招呼我的时候，我走了出来，就像我进去时一样。他看出了我的无辜。起初我觉得非常羞愧，但光是害怕就让我无法思考了，那种羞耻的感觉也终于渐渐消退。我很庆幸那个女人的样子一点也没有打动我。同时，我厌恶自己的懦弱，并为自己连拒绝走进房间的勇气都没有而感到可悲。

在我的一生中，类似这样的事情已经是第三次了。很多本来纯

127

真的青年，恐怕也是因为这种错误的羞耻感而陷入罪恶的深渊。我并不为自己是一个不受诱惑的人而感到光彩。但如果我没有进入那个房间，就可以算是有光彩了。这次全靠神灵在冥冥之中拯救了我。这件事更坚定了我对神灵的信仰，并在一定程度上教导我抛弃了那种错误的羞耻感。

因为我们还要在这个港口停留一个星期，我就住进了城里，整天在住处附近走走看看，增长了许多见闻。桑给巴尔岛绿树成荫，只有印度的马拉巴（Malabar）才能与之媲美，我对那些庞大的树木和硕大的果子感到惊奇。

过了桑给巴尔岛，便到了莫桑比克。我们于 5 月底到达了纳塔尔。

第七章　若干经历

　　纳塔尔的港口是德班（Durban），也称纳塔尔港。阿卜杜拉先生到码头上来接我。船靠码头的时候，许多人来船上接朋友，我看着那些人，发觉印度人并不怎么受人尊敬。我很清楚地看到那些认识阿卜杜拉先生的人对他都有一种藐视的神情，这使我们很难受，不过他却已经习惯了。那些望着我的人多多少少有些好奇，因为我的服装和别的印度人不同。我穿着长过两膝的大礼服，头上戴着头巾，有点类似孟加拉人戴的普格里 ①。

　　他们把我送到那家商行的住所，并安排给我一个单间，在阿卜杜拉先生隔壁。我们并不了解对方。他读着他弟弟让我带来的信件，更觉困惑。他以为他弟弟给他送来了一头"白象"。我的服装和起居看起来和欧洲人一样讲究，这使他颇为震惊。当时并没有可以专门让我做的工作。他们的案子正在德兰士瓦（Transvaal）筹备，立即送我过去没有什么意义。那么他要怎样才能相信我的能力和为人呢？他总不能到比勒陀里亚（Pretoria）去看我办事吧？被告都在比勒陀里亚，他还认为他们对我会有不好的影响。如果他们不放心把有关这案

---

① 普格里（Pugree），大头巾。

子的工作交给我，而其他的工作，别的职员能做得更好，还有什么可以让我做的呢？况且如果职员做错了事，还可以加以责备，如果我做错了，行吗？这么说来，要是和这个案子有关的工作不能交给我，我留下来就没有什么意义了。阿卜杜拉先生其实没有受过什么教育，可是他阅历丰富，天资聪明，这一点他自己也意识到了。他通过练习学会了一点英文，够日常会话之用，不管是与银行经理或欧洲商人往来，还是向他的律师陈述案情，这点英文都够用了。印度人都非常尊敬他，他的公司是当时最大的，至少也是印度人经营的最大的公司之一。相对于他的优点来说，天性多疑便是他的一个缺点。

他以伊斯兰教为傲，而且喜欢谈论伊斯兰的哲学。虽然他不懂阿拉伯文，但对《古兰经》（*Holy Koran*）和一般的伊斯兰教文学却懂得不少。他善于旁征博引，总能张口就来。在与他的来往中，我了解到不少有关伊斯兰教的实际情况。随着我们的关系日渐密切，我们还经常长时间地讨论宗教问题。

到那里的第二天抑或第三天，他便带我去德班的法院。他向我介绍了几个人，还让我坐在他法律代理人的身边。庭长一直盯着我看，最后还叫我摘下头巾。我拒绝这么做，于是离开了法庭。那时我意识到，未来我要做的斗争怕是数不胜数了。

阿卜杜拉先生向我解释了为什么要求印度人摘去头巾。据他所说，那些穿伊斯兰教服装的印度人可以戴着头巾，但是其他印度人一到法庭，就要照例摘下头巾。

为什么会有这一点区别，我要详细解释一下。在这两三天当中，我已看出来，印度人是被分成好几派的：一派是穆斯林商人，自称为"阿拉伯人"，另一派是印度教徒，还有一派是帕西人，他们一般都是职员。印度教徒职员既不属于这一派，也不属于那一派，除非他们投身"阿拉伯人"的队伍。帕西人职员则自称为波斯人。这三种人彼此都有些社会联系。目前，最大的阶层由泰米尔、泰卢固及北印度订有契约的自由工人三种人组成。那些有契约的工人根据协议到纳塔尔来做五年工，他们被称为"吉尔米提亚人"，是英文"协议"一词的变音。其他三个阶层和这个阶层只有生意上的关系。英国人称这些人为"苦力"，由于大部分的印度侨民属于这个劳动阶层，所以印度人都被叫作"苦力"或"沙弥"。"沙弥"是泰米尔语中的一个后缀，很多泰米尔人的名字后面都会加这个词，其实与梵文中的"斯瓦米"差不多，意为主人。因此一个讨厌自己被称为"沙弥"而有足够胆量的印度人，就会回敬一句："你可以叫我'沙弥'，但是你忘了'沙弥'的意思是主人，我并不是你的主人呀！"有些英国人听了会犹豫起来，而有些人则会动怒，他们发誓一有机会就会辱骂甚至殴打这个印度人。因为对英国人来说，"沙弥"是一个污辱人的词，把它解读成"主人"，简直是一种侮辱！

因此，人们称我为"苦力律师"，而做生意的就被称为"苦力商人"。"苦力"这个词的原意就这样被人遗忘，成了所有印度人的一个统称。穆斯林商人对此感到愤恨，他会说"我不是苦力，我是阿拉伯人"，或者说"我就是个商人"。如果他碰到的是一个客气的英国人，那人或许会向他表示歉意。

在这种情形下，是否戴头巾是一个很重要的问题。一个人如果被迫摘下印度头巾，就无异于忍受耻辱。所以我想倒不如自己摘下头巾，改戴一顶英式的帽子，以免遭受侮辱，引来不愉快的争议。

然而，阿卜杜拉先生不赞成我的想法。他说："你这样做会带来不利影响，会危害那些坚持戴头巾的人。印度头巾戴在你头上很相称。你要是戴上英式的帽子，会被当成一个招待员。"

他这一番话夹杂着实践智慧、爱国思想和一点点狭隘心理。这种智慧是显而易见的，如果不是出于爱国，他就不会坚持戴印度头巾；而他那么轻蔑地提到招待员，又显露其思想的狭隘。印度契约工人可分为三个阶层，即印度教徒、穆斯林和基督教徒。后者是那些皈依了基督教的印度契约工的儿女。在1893年的时候，他们的人数就已经很多了。他们穿英国服装，多数靠在旅馆里做招待员为生。阿卜杜拉先生对于英式帽子的批判便与这个阶层有关。人们认为在旅馆里当招待员有失身份。时至今日，还有许多人这样认为。

大体说来，我还是赞成阿卜杜拉先生的建议的。关于这件事，我还给报社写了一封信，为我在法庭里戴印度头巾辩护。此问题在报纸上引起了很多讨论，我被认为是一个"不速之客"。这样一来，我到南非不过几天，这件事便在那里为我做了一次意想不到的广告。有人支持我，也有人严厉批判我的鲁莽。

事实上我在旅居南非期间，差不多一直戴着印度头巾。至于在南非我偶尔不戴任何头饰的时间与原因，以后会提到。

第八章　赴比勒陀里亚途中

不久我就接触了住在德班信奉基督教的印度人，认识了法院的译员保罗（Paul）先生，他是一个罗马天主教徒。还认识了当时在新教会倡办的学校里教书的苏班·戈夫莱（Subhan Godfrey）先生（已故），他是1924年访问印度的南非代表团成员詹姆斯·戈夫莱（James Godfrey）先生的父亲。大概也是在那时，我结识了帕西·罗斯敦吉（已故）和阿丹吉·米耶汗（Adamji Miyakhan，已故）。我与这几位朋友，当时除了做生意以外，并无往来，后来关系却日渐密切。关于他们的情况，之后我还会说到。

当我正在广交朋友的时候，这家商行接到了他们律师的一封信，说要为这个案子做些准备，还说阿卜杜拉先生应当亲自或者派一个代表去比勒陀里亚。

阿卜杜拉先生把这封信拿给我看，问我愿不愿意去比勒陀里亚。我说："我要先从你这里弄清楚这案子，才能回复你。现在我还不明白我要去那里做什么。"他便叫他的几个职员向我说明这个案子的情况。开始研究这个案子时，我便觉得要从最基本的情况开始了解。在桑给巴尔岛的那几天，我曾到法庭见识了那里的工作。有一个帕西律师正在询问一个证人，问他账本里有关贷方和借方的问题，我却一点也不懂。我在学校里念书和留学英国的时候都没有学过记账，而我来南非要处理的案子，主要是关于账目的。只有懂得账目的人才能理解并解释其中的问题。那个职员滔滔不绝地谈论这个借方和那个贷方，我却越来越糊涂。我不懂 P.Note 是什么意思，词典里也查不到这个词，只好求教于那个职员，才知道原来 P.Note 是指期票。我买了一本有关记账的书，并加以学习研究，这倒给了我一些信心。我终于弄清了案情。我发现，阿卜杜拉先生虽然不会记账，可是他实践经验丰富，可以很快地解决记账过程中的复杂问题。我告诉他，我已准备好去比勒陀里亚了。

"你打算住在哪里？"他问道。

"听你安排吧。"我说道。

"那么我就写信给我们的律师，他会为你安排住处。我还可以写信给我那几个弥曼的朋友，不过我劝你不要和他们住在一起。我们的对手在比勒陀里亚有很大的势力。他们中只要有一个人看到我们的私人信件，就会对我们很不利。你越是与他们保持距离，对我们越有利。"

"你的律师叫我住哪我就住哪，或者我就找一个单独的住处，请你放心吧。没人会知道我们之间的秘密。不过我倒是想结识我们的对手，和他们交朋友。如果可能的话，我还想试试在庭外解决这个案子。不管怎么说，铁布先生总归是你的亲戚。"铁布·哈齐汗·穆罕默德（Tyeb HajiKhan Muhammad，已故）本来是阿卜杜拉先生的一个近亲。

我发现，提到这个案子也许可以私了，多少使阿卜杜拉先生有些震惊。然而我到德班已经六七天了，我们之间算是对彼此有些了解了。在他看来，我已经不再是一头"白象"了。所以他说："那……好吧，能庭外和解再好不过了。不过我和他是亲戚，彼此都很清楚。铁布先生不是一个会轻易答应和解的人。只要我们在这方面有一点点粗心大意，他就会钻尽我们所有的空子，置我们于死地。所以你有任何打算，都请三思而后行。"

"关于这一点，你不必担心，"我说，"我不需要和铁布先生谈什么，也不需要和别人谈起这个案子。我只会建议他谅解，免得引起一场不必要的诉讼。"在德班停留了不过七八天我便离开了。他们给我订了一张头等厢车票，如果需要卧铺，通常要另付五先令。阿卜杜拉先生坚持要我订卧铺，但由于固执和骄傲，也为了节省那五个先令，我谢绝了。阿卜杜拉提醒我说："小心点，这里不同于印度。我们还花得起这一点钱。你需要任何东西，都不要克扣、委屈自己。"我谢谢他的好意并叫他不必担心。

火车于晚上九时左右抵达纳塔尔的省会马利兹堡（Maritzburg）。通常这一站有卧铺供给。有个乘务员来问我要不要卧铺，我说："不要了，我自己有铺位。"他便走了。可是接着来了一个乘客，他从头到脚打量了我一番，见我是个"有色人种"，他颇感不满。于是他立刻走出去，回来时带来了一两个官员。一个官员对我说："跟我来，你必须到货车厢里去。"其他人只是保持沉默。

"可是我有一张头等厢车票呀。"我说。

"那不算数，"另一个反驳道，"我告诉你，你必须到货车厢里去。"

"不，他们在德班就准许我坐这个车厢，现在我还要继续坐在这里。"

"不行，"那个官员说道，"你必须离开这个车厢，否则我只好叫警察赶你出去。"

"好，你去。我不会出去的。"

警察果然来了。他拽着我的手，把我推了出去。我的行李也被扔了出来。我不愿意到别的车厢去，火车就这么开走了。我到候车室里坐着，手里拿着我的提包，其他的行李就留在被扔出来的地方，铁路当局保管了它们。

当时正是冬天，南非的高地上更是寒冷刺骨。马利兹堡地势很高，自然是特别冷。我的外套在行李包里，但我不敢去拿，免得又遭到侮辱，所以我只能坐在那儿，瑟瑟发抖。候车室里没有灯。大概半夜的时候，有一个乘客进来，似乎想要和我讲话，但我没有心情。

我开始思考我的职责。我是应该为自己的权利斗争呢，还是干脆回印度，又或者对这侮辱泰然处之，赶到比勒陀里亚办完这个案子再回印度？没有完成自己的责任就跑回印度，这是懦弱的表现。我现在遭受的艰辛还只是外在的，它不过是种族歧视的一个严重病症罢了。如果可能的话，我应当设法把这病症根除，去体验过程中的艰辛。我所寻求的根除，是有必要完全消除这种种族歧视。

于是我决定搭下一班列车赶到比勒陀里亚。

第二天早晨我发了一封长电报给铁路局长，并且通知了阿卜杜拉先生，他立刻去见了那位局长。局长认为铁路当局的做法是正当的，但他告诉阿卜杜拉先生他已指示站长让他确保我平安抵达目的地。阿卜杜拉先生发电报给马利兹堡的印度商人和一些其他地方的朋友，请他们到车站接我并照顾我。那些商人接到我之后，讲述了他们遭遇的艰辛并以此安慰我。他们告诉我说，我所遇到的事情很常见。他们还说，印度人出门坐头等或二等车厢，就得准备遭受铁路官员和白人旅客的刁难。听着他们诉苦，那一天就这样过去了。后来夜班车到了，他们帮我订了一个床位。这一次我在马利兹堡买了卧铺票，没有像在德班那样固执己见。

于是，我坐火车到了查理斯镇。

第九章　更多的苦头

早上，火车到了查理斯镇。那时候，查理斯镇和约翰内斯堡（Johannesburg）之间还没有铁路，只有驿站，中途还要在史丹德顿（Standerton）过夜。我有一张车票，虽然在马利兹堡耽搁了一天，但依然有效，而且阿卜杜拉先生还给查理斯镇的驿站代理人发了一封电报。

然而那个代理人却想借故丢下我，他发现我是一个生客，便说："你的票已经作废了。"我和他据理力争。其实他并不是因为没有座位而如此对待我，而是他心里另有顾虑。乘客本来都应该坐在车厢里，但是因为我被当作"苦力"，看起来又像个生客，所以，那个被叫作"领班"的马车管理员（一个白种人）认为不应该让我和白种人乘客坐在一起。马车两边本来都有座位，领班按惯例要坐在其中一个座位上。这一次他却坐在里面，把他的位子让给了我。我知道这是一种歧视和侮辱，但是我想这时还是忍受为好。我无法强行坐到车厢里去，因为如果我提出抗议的话，这辆马车就会丢下我。这样便会再延误一天，天知道第二天又会发生什么事。所以我心里虽然极为忿怨，却还是小心翼翼地在车夫旁边坐下了。

大约下午 3 点的时候，马车到了巴德科夫（Pardekoph）。这时领班却想来我的位子吸烟，或者想呼吸一点儿新鲜空气。他从车夫那里拿了一块肮脏的麻布铺在脚踏板上，对我说道："沙弥，你坐这里，我要坐在车夫旁边。"这种侮辱未免过分了，我实在无法忍受。我满怀恐惧，身体颤抖着对他说："我本来应该坐车厢里面，而你却叫我坐这里，这种侮辱我忍了。现在你想坐到外边来吸烟，却叫我坐在你的脚下。这我做不到，不过我倒可以坐到里面去。"

我还在吞吞吐吐地讲着这些话，那个人便走过来用力给了我几个耳光。他抓住我的胳臂，想把我扔下车。我拉住车厢的铜栏杆，心想即使腕骨骨折，也绝不松手。这情景乘客全看见了——那个家伙一面骂我，一面拖我打我，而我还是不动声色。他是强者，而我是弱者。几个乘客可怜起我来，嚷道："伙计，由着他吧。别打他了。不能怪他，他说得对。如果他不愿坐那里，就让他进来和我们一起坐吧。""绝不。"那个家伙叫道，不过他似乎有点泄气了，也不再打我。他放开我的胳臂，又骂了我几句，并叫坐在车厢另一边的那个赫顿托特（Hottentot）仆人过来坐在踏脚板上，自己坐到那个空位子上去了。

等乘客们坐定，车夫吹过哨子以后，马车又启程了。我的心跳得很快，我不知道自己能不能活着到达目的地。那个家伙时不时对我怒目而视，用手指着我厉声说："你小心点，等到了史丹德顿，看我怎么收拾你。"我坐在那里沉默不语，只求神灵能拯救我。

天黑以后，我们赶到了史丹德顿。看见几个印度人后，我如释重负地松了一口气。我一下车，这些朋友便对我说："我们来这儿接你去伊沙·哈齐·苏玛尔（Isa Haji Sumar）先生的店里。达达·阿卜杜拉给我们发过电报了。"我自然很高兴，便和他们一起去伊沙·哈

139

齐·苏玛尔先生的店里。他和他的店员围坐在我身边。我把路上的遭遇都告诉了他们。他们听了很难过，也说了些他们自己的惨痛经历来安慰我。

我想把这件事的经过告诉驿车公司的代理人，于是我给他写了一封信，叙述路上发生的每一件事，向他强调他手下对我的恐吓。我还要求他保证第二天早上启程时，让我和其他的旅客一起坐进车里。代理人的回信是这样的："从史丹德顿出发，我们有一辆大一点的车子，由另外几个人负责。你所申诉的那个人明天不在那里，你可以和其他客人坐在一起。"这使我稍感舒心。我并不是有意要控告那个欺负我的人，这件事也就此告一段落。

第二天早晨，伊沙先生派人送我上车。我找了一个好座位，当晚安全抵达约翰内斯堡。

史丹德顿是一个小村庄，约翰内斯堡却是一个大城市。阿卜杜拉先生已经往约翰内斯堡发了电报，还给了我穆罕默德·卡山·康鲁丁（Muhammad Kasam Kamruddin）商店的地址。他派人到站上来接我，可我没有看见他，他也没认出我。于是我决定去住旅馆。我知道几家旅馆，于是租了一辆马车，叫车夫送我去了国民大旅馆（Grand National Hotel）。我见到了旅馆经理，问他有没有房间。他打量了我一会儿，客气地说："很抱歉，客满了。"还对我说了声再见。于是我又叫车夫送我去穆罕默德·卡山·康鲁丁店里。我发现阿卜杜尔·甘尼（Abdul Gani）先生正在那里等我，他热诚地向我问好。听了我在旅馆里的经历，他不禁大笑起来。他说："你怎么会想去住旅馆呢？行不通的。"

"为什么？"我问道。

"你在这里住几天就知道了，"他说道，"只有我们才能够在这种地方住下，为了赚钱，忍受一些侮辱也没什么关系。就是这么回事。"说着，他便把印度人在南非吃的苦头讲给我听。

关于阿卜杜尔·甘尼先生，以后我们还要谈到。

他说："你这样的人不适合待在这个国家。看吧，你明天要去比勒陀里亚，就只能坐三等车厢。德兰士瓦的情形比纳塔尔更糟，头等和二等车票从不卖给印度人。"

"你们在这方面应该没有持久抗争吧？"

"我们派过代表去，不过我得承认我们也不愿意坐头等、二等车厢。"

我请人去弄一份铁路规章来看，发现里面是有漏洞的。德兰士瓦旧法令的语言本来就不怎么准确，铁路规章更是如此。我对甘尼先生说："我想坐头等车厢去，如果买不到票，我宁愿租一辆马车去比勒陀里亚，总共也不过三十七英里。"

阿卜杜尔·甘尼先生提醒我，这样做既要多花时间又要多花钱，但还是同意我坐头等车厢，于是我们就给车站站长送了一张便条。我在便条上说我是一个律师，出门总是购买头等车船票。我还说我要尽早赶到比勒陀里亚，因为来不及等他的回信，我愿意到车站和他面谈，希望能买到一张头等车票。我想当面得到他的答复，自然是另有目的。我觉得，如果站长给一个书面答复，一定就一个"不"字，尤其他对"苦力"律师会有自己的偏见。因此我打算穿最讲究的英国服装去见他，和他谈谈，可能的话就说服他，卖给我一张头等车票。于是我穿着大礼服、系着领带去了车站，拿出车票钱放在柜台上，要买一张头等车票。

"这钱是你放的？"他问道。

"是的。要是你卖给我一张车票，我将不胜感激。我今天必须赶到比勒陀里亚。"

他笑着，和蔼地对我说："我不是德兰士瓦人，而是荷兰人。我懂你的感受，也很同情你。我是愿意卖给你一张车票的，不过有一个条件——如果车守叫你转到三等车厢里去，你不要把我牵连进去，也就是说，你不要控告铁路公司。祝你一路平安，我知道你是一位绅士。"

说完这些话，他便卖了一张车票给我。我向他道谢，也保证会按他说的去做。

阿卜杜尔·甘尼先生到车站来送行。我买到一等车票使他又惊又喜，不过他提醒我说："你要能平安到达比勒陀里亚，我就谢天谢地了。恐怕车守不会让你好过的，即使他同意你坐在头等车厢，其他乘客也不会答应的。"

我坐在头等车厢的座位上，火车开动了。到了杰米斯顿[1]，车守上来查票。他看见我坐在那里，很生气，用手指着我示意我到三等车厢去。我拿头等车票给他看，他说："这不算数，到三等车厢去！"

车厢里只有一个英国乘客，他说了几句话倒让车守显得自讨没趣了，他说："你这样为难这位先生是什么意思？难道你没看见他有一张头等车票吗？我一点都不介意和他坐在同一个车厢。"然后他又转过来对我说："你就在这儿舒舒服服地坐着吧！"

车守见状喃喃地说："既然你都愿意和'苦力'坐在一起，我又有什么好介意的呢？"说着便走开了。

当晚 8 点左右，列车到达了比勒陀里亚。

---

[1]　杰米斯顿（Germiston），南非豪登省东兰德的一个城市。

142

第十章　比勒陀里亚第一日

我原以为达达·阿卜杜拉的律师会派人到比勒陀里亚的车站来接我，因为我特地交代过不住印度人家里，那样便不会有印度人来接我。不料，那位律师并没有派人来。后来我才了解到，由于我是星期天到的，他派人来一定很不方便。我左右为难，不知该去何处，怕是没有一家旅馆会收留我吧。

1893年的比勒陀里亚车站和1914年的比勒陀里亚车站相比简直大相径庭。那时灯火朦胧，旅客鲜见。等所有的旅客都走了，我心想等收票员稍微空闲一些，我可以把票递给他，请他指点我到一个小旅馆或其他我可以投宿的地方；不然的话，我就只能在车站过夜了。然而我不得不承认，我连问他的勇气都没有，因为我害怕受到侮辱。

站台上所有的旅客都走光了，我把车票递给收票员，便开始向他咨询。他彬彬有礼地回答我，但是我看得出来，他也爱莫能助。这时站在旁边的一个美国黑人却和我攀谈起来。"这么说，"他说道，"你在这里可谓人生地不熟了。如果愿意的话，我可以带你去一家小旅馆，老板是美国人，和我很熟，我想他会收留你的。"我有些踌躇，不过还是向他致谢，并接受了他的建议。他把我带到约翰斯顿（Johnston）家庭旅馆。只见他把约翰斯顿拉到一旁说了几句，后者便同意让我住一夜，但前提是我只能在自己的房间里就餐。

"我向你保证"，他说道，"我没有种族偏见，但我这里只有欧洲顾客，如果我让你到饭厅里去吃板，他们也许会不高兴，甚至走开。"

"谢谢你"，我说道，"你能让我留宿一晚我已经很感激了。我现在大抵知道了这里的情况，我理解你的难处。让我在房间里就餐不要紧。不过我还是希望明天可以另做安排。"

我被带进一个房间，独自坐在那里等饭吃，一个人陷入沉思之中。旅馆里的客人寥寥无几，我本以为招待员很快就会把饭送过来，却不承想约翰斯顿先生自己进来了。他说："让您在这里吃饭，实在过意不去。我和其他客人说了您的情况，问他们介不介意您到饭厅里吃。他们都说不介意，而且说您愿意在这里住多久都没关系。所以我来请您到饭厅里去吃饭，还有，如若不弃，您愿意在这儿住多久都可以。"我再次向他道谢，便到饭厅里痛快地饱餐了一顿。

第二天早上，我拜访了律师阿·伍·贝克（A. W. Baker）先生。阿卜杜拉先生曾和我聊起过他，所以对他的热情我一点也不感到意外。他非常热情地款待了我，向我嘘寒问暖。我也将自己的情况据实以告。接着他说："我们这边现在不缺律师，之前已经请了最好的顾问。这个案子一拖再拖，错综复杂，所以想请你帮忙提供一些必要的信息。有了你的帮助，我和当事人沟通起来就方便多了，以后我也可以从你那边直接了解一些情况，这自是大有裨益的。我还没有给你找到住处，我想最好等见到你以后再说。这里种族歧视司空见惯，所以为你这样的人找住处实非易事。不过我认识一个贫苦的女人，她丈夫是位面包师。我想她会收留你的，这样她也可以增加一点收入。走吧，我带你去她那里看看。"

于是他把我带到她的家里，他私下和她讲了一下我的情况，她果然同意收留我，包括食宿在内，一周三十五先令。

贝克先生不仅是一个律师，还是一个坚定的普通传教士。他尚健在，不过已经放弃了律师的职业，专门从事教会工作。他家境颇为殷实。我们常常书信往来。

第一次见面时，贝克先生便探听我对宗教的看法。我对他说："我生来就是一个印度教徒，不过我对印度教所知不多，对其他更是知之甚少。事实上，在这个问题上，我很迷茫，也不知道自己相信什么，应当相信什么。我想好好研究一下自己的宗教，如果可能的话，还想研究其他的宗教。"

听到这些，贝克先生着实感到高兴，他说："我是南非宣教总会（South Africa General Mission）的董事之一。我出资建了一栋教堂，并按时去那里讲道。我没有种族偏见。我有几个同事，我们每天下午1点聚在一起，花几分钟，祈求和平与光明。如果你愿意参加我们的祷告会，我会很高兴的。我可以介绍你与我的同事认识，他们见到你一定会很高兴，而且我敢说你也会喜欢和他们在一起。此外，我还可以给你几本宗教书籍看看，万书之宗自然非《圣经》莫属，这是我要特别向你推荐的。"

我向贝克先生道谢，答应尽可能按时参加下午1点的祷告会。

"那么我明天下午1点在这里等你，我们一块去祷告。"贝克先生说完这句话，我们便告别了。

我当时没有时间仔细斟酌这个问题。

我去约翰斯顿先生那里，付了房钱，便搬去新寓所，并在那里吃了午饭。女房东是一个善良的女人，她给我做了一顿素食。很快我便和这一家人熟悉了起来。

之后我便拜访了达达·阿卜杜拉介绍给我的一个朋友。他告诉我旅居在南非的印度人遭受的许许多多的苦难。他坚持请我住到他家里。我婉言谢绝，告诉他我已经安顿下来了。他只好说如需帮助，尽管找他。

这时天色已晚。我回到家，吃过晚饭便回到自己房里，躺在床上，陷入沉思。当时手头没有什么紧急的事要做，我把这一情况告诉了阿卜杜拉先生。心想，为什么贝克先生对我如此感兴趣呢？究竟是什么意思呢？我能从他的教友那里得到什么呢？我对基督教能研究到什么程度？我怎样才能弄到印度教的书籍？我对自己的宗教都知之甚微，怎么能够正确地了解基督教？我只能得出一个结论：我应当挣脱情感的束缚，研究我所碰到的一切，至于贝克先生和他的同事们我应当如何应付，只好听从神灵的指引了。在我还没有完全了解自己的宗教以前，我不应当信奉另一种宗教。

这样想着想着，我便睡着了。

第十一章 与基督教徒的往来

翌日下午 1 点，我去参加贝克先生的祈祷会。在那里，我结识了赫丽斯（Harris）女士、嘉碧（Gabb）女士、柯慈（Coates）先生等人。大家都跪拜祈祷，我也学着他们的样子进行祷告。每个人都根据自己的愿望向神灵祈求各种各样的事情。通常是祈求那一天得以平安度过，或者祈求神灵开启他的心扉。

现在他们却在为我祈福："神灵呀，请你为这位新来的兄弟指点迷津吧。神灵呀，你赐予我们平安，也请赐予他吧。愿救我们的神灵也救救他。"在这种祈祷会上，不唱圣诗或其他音乐。每天为一件特别的事祈祷以后，我们便各自散去吃饭，因为那时正好赶上饭点。整个祈祷时间不超过五分钟。

赫丽斯和嘉碧女士都是上了年纪的未婚女士。柯慈先生是教友会的会友。两位女士住一起，她们邀请我每周日下午 4 点去她们家里喝茶。这两位女士则常常和我分享她们美好的生活经历和她们找到的宁静。每逢周日见面，我总是拿出一周所写的宗教日记给柯慈先生看，并和他讨论我读过的书及我的所思所想。

柯慈先生是一个坦诚坚毅的青年。我们常常一道出去散步，有时他也会带我去拜访其他基督教教友。

随着我们彼此更加熟悉，他便开始把他选择的书给我读，直到我的书架堆满他的书。他用书充实了我，事实确是如此。我在纯真的信仰中答应他读完这些书，读的时候，我们还加以讨论。

这一类的书，我在 1893 年读了不少。我已记不起所有的书名，只记得帕克（Parker）博士的《城庙评注》（*Commentary of the City Temple*）、皮尔逊（Pearson）的《很多确凿的证据》（*Many Infallible Proofs*）和巴特勒（Butler）的《类比论》（*Analogy*）。其中有些部分对我来说简直莫名其妙，有些是我喜欢的，有些则不喜欢。《很多确凿的证据》是根据作者自己的理解来阐明《圣经》中的宗教，这本书对我的影响微乎其微。帕克的《城庙评注》则多是道德上的激励，但对一个对于盛行的基督教还没有什么信仰的人来说，是无济于事的。巴特勒的《类比论》却让我颇为震惊，它是一部精湛艰深、摄人心魂的著作，必须读上四五遍，否则难得其义。然而，书中关于造物主存在的许多论点，对我来说是无关痛痒的，因为那时我已走过了不相信有造物主的阶段；它关于耶稣是造物主的独生子等的论证，我看了以后，也无动于衷。

然而柯慈先生并不死心。他对我很关心，看见我的脖子上戴着罗勒珠的毗湿奴教项链，认为这是一种迷信，于是心里很难过。

"这种迷信不适合你。来，让我把这项链取下来。"

"不，万万不可。这是我母亲送我的圣礼。"

"可是你信它吗？"

"我不知道它的神秘所在。如果我不戴它，我想我也不会有什么损失。但没有充足的理由，我绝不能把这条项链取下来，因为我的母亲满怀关爱和信念地把它戴在我的脖子上，希望它会让我更幸福。岁月消逝，它也许会自行耗损，终至破断，我到时应该不会再去弄一条新的，但这条项链不能折断。"

柯慈先生无法理解我的想法，因为他并不尊重我的宗教。他盼望着终有一天将我从无知的深渊中拯救出来。他力图使我相信，不管别的宗教是否有某种真理，如果我不接受那代表真理的基督教，要想得到拯救是不可能的，除非耶稣过问，否则我的罪恶是无法洗脱的，而且无论我做多少好事，都无济于事。

他一边推荐我读许多书，一边介绍我认识几个坚定的基督教教友，其中一个来自普利茅斯教友会（Plymouth Brethren），这是基督教的一个分支。

柯慈先生负责建立的许多关系都很好。最让我感动的是，他们都是敬畏造物主的。然而当我和这个家庭往来的时候，普利茅斯教友会的一个教友却向我提出了一种出乎意料的理论："照你所说，你无时无刻不在忏悔过失和改过自新。这种周而复始循环不已的行为，怎么能使你得到救赎呢？你永远不会得到安宁。我们自己试图改过自新是毫无用处的，但是我们必须得到救赎。我们怎么背得起罪恶的包袱呢？造物主只能把它放在耶稣的身上，他是造物主的唯一无罪的儿子。凡信他的，必得永生。造物主的无限慈悲就在于此。如果我们相信耶稣替我们赎罪，我们的罪就不会束缚我们。人生在世，我们是免不了要犯罪的。耶稣就是因此而受苦，并为人类救赎所有的罪过。只有接受他伟大救赎的人，才能得到永久的安宁。试想一下你的生活是多么惶惶不安，而我们得到的却是安宁的许诺。"

这一番议论完全不能使我信服，我谦逊地回答说："如果这就是所有基督教徒承认的基督教，我便不能接受。我并不奢求从自己的罪恶后果中得到救赎。我寻求的是从罪恶本身，或者说从罪恶的思想本身得到救赎。如果不能实现这个目标，我宁可过着不安的生活。"

关于这一点，那位普利茅斯教友反驳道："我敢保证，你的努力是徒劳无果的。请仔细考量我说的话吧。"

而这位教友真是言出必行。他有意犯了罪，向我表明他并未因此感到不安。

不过在我遇见这些朋友以前，我就知道所有的基督教徒并不相信这样一种救赎论。柯慈先生本人就是一个敬畏造物主的人。他心地纯洁，相信自我纯洁是可能的。那两位女士也赞成这种见解。我所读过的书有几本是充满虔敬之心的。所以柯慈先生对于我最近这一次经历虽然十分忧虑，但我向他再三重申：一个普利茅斯教友的歪曲之论还不至于使我对基督教产生偏见。

我的困难还体现在别的地方，是关于《圣经》及其已为人接受的解释。

第十二章　设法和印度人来往

在进一步写到和基督教徒更多的来往以前，我必须先谈谈这个时期的其他经历。

铁布·哈齐汗·穆罕默德先生在比勒陀里亚的地位和达达·阿卜杜拉在纳塔尔的地位是旗鼓相当的。凡有公共活动，少了他就不好进行。我在比勒陀里亚的第一个星期就和他认识了，我告诉他我很想认识在那里的每个印度人。我告诉他我想研究一下那里印度人的情况，请他施以援手，他高兴地答应了。

我的第一个举措是召集一次会议，请比勒陀里亚所有的印度人都来参加，打算把德兰士瓦印度人的情况告诉他们。这次会议是在哈齐·穆罕默德·哈齐·朱萨布先生的家里举行的，我是凭一封介绍信认识他的。虽然有零星的几个印度教徒参加，但到会的多半是弥曼商人。事实上，比勒陀里亚的印度教居民简直是凤毛麟角。

在这次会上的演说，可以说是我平生第一次公开演讲。我的讲题是论商业上的诚信。在演讲之前，我做过精心准备。我常常听见商人们说，做生意是不能讲诚信的。我一直不以为然，时至今日还有些做生意的朋友说商业和诚信是不能共存的。他们说，商业是很实际的，而诚信却关乎宗教；他们认为实际的事是一回事，而宗教是另一回

151

事。他们认为做生意谈不上纯粹的诚信，除非切实可行，否则人们是轻易不提诚信之事的。我在演讲中强烈质疑这种说法，使商人觉悟到他们的双重责任：在外国诚信尤为重要，因为少数印度人的行为可能代表他们亿万同胞的品行。

我早发现我们印度人的习惯和生活与他们周围的英国人相比是很不卫生的，我请他们注意。我还强调忘却印度教徒、穆斯林、帕西人、基督教徒、古吉拉特人、马德拉斯人、旁遮普人、信德人、卡赤人、苏尔特人等差别的必要性。

最后，我建议成立一个协会，以便将印度侨民的苦处陈述给相关当局，并答应尽可能抽出时间为这个协会服务。

看得出来这次会议让他们印象深刻。

演讲完以后，人们便进行讨论。有人表示愿意给我提供一些实际情况。我倍受鼓舞。

我发现听众中懂英文的寥寥无几。我觉得在这个国家英文知识是很有用的，我劝那些有时间的人学习英文。我告诉他们就算是上了年纪的人，还是可以学会一门语言，并举出几个例子讲给他们听。我打算开办一个英文培训班，此外，我还答应单独教授那些愿意学习英文的人。

英文培训班没有开成，但是有三个年轻人表示愿意在方便的时候学习，不过前提是我去他们住的地方上课。其中两个是穆斯林，一个是理发员，另一个是职员，第三个是印度教徒，是一个小店员。我一一满足了他们的要求。我毫不怀疑自己的教学能力，也许我的学生会感到厌倦，但我绝不会。有时候我去了他们那里，却发现他们正各忙各的，但我并没有因此失去耐性。他们都不想把英文学得多深，但有两个学了大约八个月以后，可以说大有进步。有两个人学会了用英文记账和写普通的商业信札。那个理发员只想学些英文应付他的顾客。他们学习英文后，有两个还创造了可观的收入。

我以为那次会议还算差强人意吧。就我记忆所及，那次会议还决定了以后每周或者可能的话每月开一次这样的会。这种会大体是按时举行了，会上大家畅所欲言，自由交流。从那以后，但凡当时住在比勒陀里亚的印度人，没有一个我不认识的，他们的情况我也知之甚详。这就促使我后来结识比勒陀里亚的英国监督官贾科布斯·戴·韦特（Jacobus de Wet）先生。他很同情印度人的处境，但他没有什么影响力。不管怎样，他答应竭尽所能帮助我们，还请我需要的时候随时去找他。

这时我便写信给铁路当局，告诉他们，就算根据他们自己的规章，印度人所受的旅行限制也是不公正的。我收到一封回信，大意是说：印度人只要衣着得体，都可以买头等和二等车票。这远不能解决问题，因为谁的衣着才算"得体"，决定权仍然操之于站长。

这位英国监督官给我看过一些有关处理印度人事务的文件。铁布先生以前也给我看过类似的文件。我从这些文件中得悉，印度人如何残酷地被驱逐于奥伦治自由邦（Orange Free State）之外。

总之，我在比勒陀里亚的居留使我可能就德兰士瓦和奥伦治自由邦的印度人的社会、经济和政治情况进行深入的研究。我并没有想到这个研究以后会对我有多大的价值，因为，如果那个案子年前可以结束的话，我打算年底就回国，或者再早点。

然而，上苍却另有安排。

第十三章　"苦力"

在这里要全面描述印度人在德兰士瓦和奥伦治自由邦的情况是不合时宜的。如果谁想充分了解那里的情况，我建议他读一读我写的《我在南非二十年》。不过在这里提纲挈领地谈一谈还是大有必要的。

根据 1888 年或更早订立的一项特殊法律，奥伦治自由邦的印度人被剥夺了所有的权利。如果他们想在那里住下去，就只能去旅馆当招待员或者做一些其他类似的卑贱工作。做生意的都被赶走了，虽然也给了一点点名义上的赔偿。他们请愿、递交申诉书，但都石沉大海。

1885 年德兰士瓦通过了一项严酷的法律，1886 年略有修改。据该修正法，所有的印度人到德兰士瓦都得缴纳三英镑的人头税。除非在特别划给他们居住的地区，否则他们不得拥有私有土地，而实际上即使是在这种地区，他们也没有土地的私有权。他们没有选举权，所有这一切都是根据那个为亚洲人而立的特殊法律，其他适用于有色人种的法律对他们也有效。根据这些法律，有色人种、印度人都不得在公共人行道上行走；如果没有许可证，晚上 9 点以后不得出门。这最后一项规定，对印度人来说，是很随意的。凡被认为是"阿拉伯人"

的人，作为一种优待，都可以免受这项规定的约束。这么一来，谁能享受优待自然是警察说了算。

那时，我也受这两项规定的约束。我常常在夜间和柯慈先生外出散步，我们很少在 10 点以前回家。倘若警察把我抓起来，该怎么办呢？这个问题，柯慈先生比我还担心。他给他的黑人仆人们发通行证，可是他又不能发给我。只有主人才可以发通行证给他的仆人。即使我要一张通行证，而柯慈先生也打算发给我，他也不能这么干，因为这是违法的。

于是柯慈先生或他的某位朋友便带我到当地的检察长克劳斯（Krause）博士那里，结果发现原来我们竟是校友。听说我需要有一张通行证，才能在晚上 9 点以后出门，他觉得实在是不可思议。他非常同情我的遭遇，然而，他并没有下令发给我通行证，而是给了我一封信，批准我随时都可以出门，警察不得干涉。每每出门时，我总是不忘带上这封信。不过我从来都没有用过这封信，这只能说是纯属巧合。

克劳斯博士经常邀我去他家，我们可以说是朋友了。我偶尔也会拜访他，由于他的介绍，我得以结识他声名显赫的哥哥——约翰内斯堡的检察官。布尔战争①（Boer War）期间，他因密谋刺杀一个英国军官而被军事法庭判处七年的徒刑，还被剥夺律师从业资格。战争结束后，他被释放并恢复了名誉，重新获准在德兰士瓦担任律师并开展律师业务。

---

① 布尔战争，英国人和布尔人之间为争夺南非殖民地而展开的战争。历史上共有两次布尔战争，第一次发生在 1880 年至 1881 年，第二次发生在 1899 年至 1902 年。这里指第二次。

这些关系在我后来的公共生活中使我受益匪浅，并且大大方便了我的工作。

使用人行道的规定，也使我深受其扰。我常常穿过总统大街（President Street）到一块空旷的地方去散步。克鲁格（Kruger）总统的房子就在这条街上，那是一栋朴实无华、毫不惹眼的建筑，没有花园，与周边建筑没有区别。比勒陀里亚很多百万富翁的房子要比他的豪华得多，而且四周都是花园。众所周知，克鲁格总统的俭朴是有口皆碑的。要不是门前有一名警察巡逻值勤，别人都不知道原来这里住着一位官员。我总是沿着人行道不声不响地走过这个值勤的警察。

值勤的警察通常是轮班调换的。有一次，一个警察没有任何警告，甚至没有喊叫让我离开人行道，便踢了我一脚并把我推到街上。这使我惊慌失措，我还没有来得及责问他，便遇上骑马经过的柯慈先生，他招呼我说："甘地，我什么都看见了。如果你想去法院告他，我很乐意做你的证人。你受到这样粗暴的驱打，我觉得非常难过。"

"你不必难过，"我说道，"这个可怜的人懂什么呢？对他而言，任何一个有色人种都一样。毫无疑问，他对待黑人就像他对待我一样。我已立意不为任何个人的疾苦打官司，所以我不打算告他。"

"你这个人就是这样，"柯慈先生说道，"不过你还是好好考虑一下吧，像这种人我们就应该给他们一点教训。"于是，他便和这个警察谈起来并对他加以训斥。由于警察是布尔人，他们讲的是荷兰话，谈些什么我听不懂。但他却向我道歉了，我认为这是没有必要的，因为我已经原谅他了。

但自此以后，我再也不走这条马路了。总归会有别人来接替这个人的工作，由于不知道发生过这件事情，他们还会干出同样的事。为什么我还要再吃一次不必要的亏呢？因此，我选择去另一条路散步。

这件事加深了我对印度侨民的同情。我为这些规章条例会见了英国监督官以后，便和侨民研究，如果有必要是否可以就这一类案子进行控告。

因此我深入研究了印度侨民的艰苦情况，不但就此广泛阅读了很多材料，听了很多谈话，而且亲历了一些事。南非不适宜自尊自爱的印度人居住，我心里开始越来越多地考虑如何改善这种状况。

不过，当时我专注的还是达达·阿卜杜拉的案子。

第十四章　准备打官司

住在比勒陀里亚那一年，是我人生最宝贵的一段经历。在这里，我有幸学习了如何开展公共工作并获得相关工作能力。在这里，我内在的宗教精神变成了一种活力。也是在这里，我学会了怎么打官司。在这里，资历尚浅的我得以向久经沙场的律师学习。在这里，我收获自信，相信自己做律师不至于总失败。也是在这里，我获得了律师成功的秘诀。

达达·阿卜杜拉的案子不是一个小案子，金额达到四万英镑。由于它是由商业交易引起的，因此里面涉及许多错综复杂的账目。一部分索赔是基于约定支付金额，另一部分是根据答应支付约定金额后的特别承诺。被告辩护，这笔约定支付金是用不合法手段取得的，而且缺乏充分的理由。这个案子事实要点多，牵涉许多法律问题，因此错综复杂。

原告和被告双方都聘请了最优秀的律师和法律顾问，我也因此有机会向他们学习。当时，我负责给律师准备原告的案由并整理一些对这个案子有利的事实与证据。因此，我能够看到我准备的材料有多少是被律师采纳的，又有多少是被舍弃的，同时也可以看到律师准备的材料究竟哪些被法律顾问采用，这使我受益匪浅。这样通过诉讼案由的准备，我可以充分检验自己的理解力及证据收集能力。

我对这个案子颇感兴趣，于是便全身心地投入其中。我看过了所有关于这些交易的文件。我的当事人是一个能力超群的人，他对我极其信任，这使我的工作容易了很多。我仔细研究了簿记知识。我的翻译能力也有提高，因为来往信件大部分是古吉拉特文，需要翻译。

虽然我在前面已经说过，我对宗教团体和公共工作有着浓厚的兴趣，也常常匀出一些时间专注于这些事务，但我当时最主要的兴趣还是为这个案子做好准备工作。首先我要阅读法律书籍，必要时还要查阅法律案例。以至于后来，我对这个案子的了解恐怕连原告和被告都望尘莫及，因为我手头有双方所有的文件。

我想起已故的宾卡特先生的话，他说法律的四分之三都是事实。这种说法后来被已故南非著名律师李昂纳（Leonard）先生充分证实。在我经手的一个案子里，我发现我当事人的理由虽然是充足的，然而法律却似乎不利于他。我无计可施，便去请教李昂纳先生。他也觉得这个案子的事实方面理据十足，他突然喊道："甘地，我知道该怎么办了。如果我们关注一个案子的事实方面，法律方面就可以顺其自然。让我们更深入地钻到这个案子的事实方面去吧。"说完这几句话后，他让我先进一步研究这个案子，再去找他。后来我重新推敲了一番，完全从一个全新的角度看待这个案子。我还无意中找到了一件与这个案子颇为相似的南非旧案例。我喜出望外，跑去见李昂纳先生，告诉他这一切。"对了，"他说道，"我们会打赢这场官司。不过我们要弄清楚，是哪个法官经办这个案子。"

当我准备达达·阿卜杜拉的案子时，还不能充分理解事实竟有那么大的关系。事实就是真理，只要我们坚持真理，法律自然会对我们

159

施以援手。我知道达达·阿卜杜拉的案子，事实方面是极为有利的，因此，法律方面自然也会有利于他。然而我也知道，如果官司继续打下去，原告和被告双方就会两败俱伤，毕竟他们彼此不仅是同乡还是亲戚，实在没有必要这样。谁也不知道这个案子什么时候才能了结。如果非得在法庭上弄个水落石出，这个官司可能要无限期地打下去，这对双方来说，都是有百害而无一利的。所以，如果可能的话，双方都希望立即了结这个案子。

我找到铁布先生，劝他找人仲裁。我建议他去见他的法律顾问。我向他提议，如果能找到一个双方都信任的仲裁人来调解，这个案子就可以迅速得到解决。律师费此增彼涨，当事人虽都是大商贾，但也承受不了这么庞大的开支。这个案子占用了他们太多的时间和精力，使他们无暇顾及其他工作。此外，两人的仇意也愈演愈烈。我变得对这种职业感到厌恶。双方的律师和法律顾问当然是各自找寻法律根据以支持他们的当事人。这是我第一次看到胜诉的一方破费如此之大，无可挽回。根据诉讼费法规规定，双方当事人之间有固定的费用比例，然而律师和当事人之间的实际费用却高得多。这是我不能接受的。我感觉我的责任是使双方重归于好，于是我费了九牛二虎之力使他们和解。最后，铁布先生总算同意了。仲裁人委定好后，双方在他面前申述案情，结果达达·阿卜杜拉获胜。

然而，这个结果并不让我满意。如果我的当事人要求对方立刻赔偿，铁布先生一定不可能全数付清。旅居南非的博尔本德尔弥曼人有一条不成文的法律，就是宁死不愿破产。要铁布先生全部付清三万七千英镑的诉讼费是不可能的。他绝不会少付一个铜板，但他又不愿意宣布破产。那就只有一个办法，就是达达·阿卜杜拉同意他以合理分期付款的方式支付赔偿。这一点他倒是慷慨地答应了，而且也给予了很长的付款期。取得分期付款的让步，对我来说，比促使他们同意仲裁还要困难。不过双方对这个结局都很满意，双方也因此获得舆论的推崇。我的快乐是不可言喻的。我已经学会如何进行法律实践，学会如何掌握人性之善良面并深入人们的心灵。我懂得了律师的真正职责是使有嫌隙的双方言归于好。这点我始终铭刻于心，因此在从业的二十年间，我将大部分时间花在促成成千上万案件的私了方面。我这样做毫无损失——甚至我的收入也没有受到影响，更不必说我的灵魂了。

第十五章 宗教的召唤

现在可以回过头来谈一谈我和基督教朋友的经历了。

贝克先生越来越关心我的前途。他带我去威灵顿大会（Welling-ton Convention）。新教派的基督教徒每隔几年便召开这样的大会，使信徒得到宗教启迪或自我净化。这也可以说是一种宗教维新或宗教复兴。威灵顿大会就属此类。大会主席是当地声名显赫的牧师安德鲁·穆莱（Andrew Murray）。贝克先生满心希望会上浓厚的宗教气氛及赴会者的热忱与诚笃会使我皈依基督教。

然而他最后的希望却寄托在祷告上，他对祈祷的信心亘古不变。他坚信凡是热诚的祷告，造物主都会倾听。他举出很多例子，像布里斯托尔（Bristol）的乔治·缪勒（George Muller）就是全靠祈祷，甚至他自己的世俗需要也是如此。我抱着毫无成见的态度倾听他讲述祈祷的功效，并向他保证：如果我感受到召唤，便会义无反顾地皈依基督教。我给他这个保证时，毫不犹豫。因为我早就学会听从自己内心的声音。我乐于顺从这种声音。违背内心所愿，于我绝非易事，也会使我痛苦万分。

于是，我们便动身前往威灵顿。贝克先生陪着我这样"一个有色人种"赴会实在是有些为难，很多次因为我的存在给他带来了诸多不便。其中有一天碰巧是星期日，由于贝克先生和他的同伴不愿意在安息日前行，我们便在途中逗留下来。虽然经过几番周折后车站旅馆的经理同意收留我住宿，但他绝不让我进餐厅吃饭。贝克先生不是一个轻易让步的人，他要为旅馆的客人争取权利，但我知道他也无能为力。到了威灵顿我还是和贝克先生住在一起，尽管他竭力隐藏种种不便，但我心知肚明。

这个大会是虔诚的基督教徒的一种集会，我对于他们的诚心感到高兴。我结识了穆莱牧师。我看到很多人在为我祈祷。我喜欢他们唱的一些圣诗，这些歌非常美妙动听。

大会持续了三天，我可以理解并欣赏那些赴会的虔诚教徒。然而，我看不出有什么理由需要我改变自己的信仰。要我相信只有成为基督教徒才能进天堂或得到解脱，这是不可能的。当我坦率地告诉几个相处得好的基督教朋友我的想法时，他们都很吃惊。然而，这也是没有办法的事情。

我的困难远不止这些。我实在不能相信耶稣是造物主化身的独生子，不能相信只有信奉他的人才能得到永生。倘若造物主能有儿子，我们都可以算他的儿子。若耶稣像造物主，或者就是造物主本身，那么所有的人都像造物主，或者就是造物主。我的理智并没有准备叫我相信，像字面上说的那样，说耶稣的确是以他的死亡和鲜血来赎救世界的罪恶。也许当它是个寓言，还有几分道理。另外，根据基督教的教义，只有人类才有灵魂，其他生物没有，所以对它们来说，死亡就等于完全毁灭；而我的信仰却恰恰相反，我认同耶稣是个殉道者，是无私奉献者，是神圣的导师，但不认为他是空前完美的人。他死在十字架上，对世人来说，是一个伟大的精神榜样，但我不认为这件事本

163

身有什么玄妙或奇异之处。虔诚的基督徒的生活并没有带给我其他教派信徒生活不能带给我的。我在其他教派信徒的生活中也看到了类似基督徒说过的改革。倘若从牺牲精神而论，我觉得印度教徒远胜于基督教徒。所以我不认为基督教是完美无瑕的，更不认为它是最伟大的。

一有机会我便把心中这些翻来覆去的想法告诉我的基督教朋友，然而他们的回答却没能让我满意。

印度教徒的缺点我耳熟能详。如果"不可接触制"①可以成为印度教的一部分，只能是腐朽的部分，或者说是一个瘤子。我不能理解无数的宗派和种姓为什么存在。说《吠陀》②是神灵所启示的，这是什么意思？如果它们真是由于神灵的启示，为什么《圣经》和《古兰经》不是？

不仅基督教的朋友在设法改变我的信仰，伊斯兰教的朋友也是如此。阿卜杜拉先生就一直劝我研究伊斯兰教，当然，伊斯兰教的美妙，他总是知无不言、言无不尽。

我写信告诉赖昌德巴伊我的困难。我还与印度其他的宗教部门书

① 不可接触制（Untouchability），印度教的一种社会制度。在印度教社会中，人们被分成四大种姓，即婆罗门（僧侣）、刹帝利（武士）、吠舍（农、商）和首陀罗（奴隶）。但在这四大种姓之外，还有一个不可接触者阶级，通常被译为"贱民"。他们被认为是不洁的、有罪的人，不能用公共的水井，不能进寺庙，不能在大路上行走，人们也避免与他们接触，以免受到"玷污"。

② 《吠陀》（Vedas），印度教的经典，完成于公元前1500年到公元前1000年，是印度文学最早的作品，也是印度文学的渊源。《吠陀》共有四部，即《梨俱吠陀》（Rig-veda），是颂神的赞歌；《娑摩吠陀》（Sama-veda），是《梨俱吠陀》的副本，都是祭祀时供司祝念的诗篇；《夜柔吠陀》（Yajur-veda），性质同前两种吠陀，但是夹杂了一些散文；《阿闼婆吠陀》（Atharva-veda），是祈祷的诗歌，包含很多符签咒语。

信往来，并收到他们的回信，赖昌德巴伊的来信多少使我平静一些。他要我耐心点，更深一步地研究印度教。他有这么一句话："若以冷静的眼光看待这个问题，我相信印度教思想之深远，心灵之洞察，精神之博爱，是其他宗教无法比拟的。"

我买了一部谢礼（Sale）译的《古兰经》，并且开始读起来。我还弄到了关于伊斯兰教的其他书籍。我和住在英国的基督教朋友通信，其中一个朋友把我介绍给爱德华·麦特兰（Edward Maitland），我和他也开始了信札往来。他寄给我一本《完美的道路》（*The Perfect Way*），这是他和安娜·金丝福特合著的书。这本书对当前的基督教信仰提出了反面的看法。他还给我寄了一本《圣经新诠》（*The New Interpretation of the Bible*）。这两本书我都喜欢，它们似乎是支持印度教的。托尔斯泰的《天国在你的心中》令我爱不释手。这本书使我刻骨铭心，它独立的思考、深奥的道德及求真的精神似乎使柯慈先生给我的所有书籍变得黯然失色。

我进行的研究就这样把我带到基督教朋友料想不到的方向。我与麦特兰的通信往来持续了很长一段时间，与赖昌德巴伊的书信往来则一直持续到他去世。我读了他寄给我的几本书，包括《五业》（*Panchikaran*）、《珍珠环》（*Maniratnamala*）、华斯陀的《瑜伽论》（*Yogavasistha*）中的"解脱章"、哈利班德罗·苏立（Haribhadra Suri）的《妙见集》（*Shaddarshana Samuchchaya*）等。

我虽然走了基督教朋友不想让我走的道路，但我对于他们在我内心唤起的宗教向往，却是永远感念不忘的。我将一直怀念与他们的往来。未来的岁月里，像这种美好而神圣的关系，相信只会多不会少。

第十六章　事与愿违

这个案子既已了结，我便没有理由再在比勒陀里亚住下去。于是我回到德班，并开始筹备回国的各项事宜。然而阿卜杜拉先生却说要为我饯行，否则就不让我走。他在西登罕（Sydenham）大摆筵席，为我饯行。

他们打算在那里消磨一整天。我在那里随手翻阅几份报纸时，偶然看到一份报纸的角落里有一则题为《印度人的选举权》的新闻，谈到当时立法议会正在讨论的法案，该法案企图剥夺印度人选举纳塔尔立法议会议员的权利。我还不知道有这么一个议案，其他参加筵席者亦是如此。

我特地问了一下阿卜杜拉先生，他说："这种事我们怎么懂？我们只懂做生意。我们只知道我们在奥伦治自由邦的所有生意都要泡汤了，对此我们感到焦躁不安，但也无济于事。毕竟我们都是一些无足轻重、没什么文化的人。我们看报纸，一般只是为了了解当天的市场行情等，哪儿懂得什么立法不立法？我们的耳目就算是这里的欧洲律师了。"

"可是，"我说，"这里有那么多本地出生的印度青年受过教育，难道他们不帮助你们吗？"

"他们呀！"阿卜杜拉先生绝望地叹了一口气，"他们从来不屑于到我们这里来，而且老实告诉你吧，我们更不愿买他们的账。他们都是基督教徒，都得看白种人牧师的脸色行事，而这些牧师又得受政府的管辖。"

这使我大吃一惊，我觉得这一帮人应该算是我们的同胞。难道这就是传播基督教的意义吗？难道他们成为基督教徒之后就不再是印度人了吗？

然而我就要回国了，我犹豫着要不要把自己的所思所想表达出来。于是我只是简单地对阿卜杜拉先生说："如果这个法案通过并成为法律，我们的处境会极为困难。这是钉入我们棺材的第一个钉子，它会沉重打击我们的自尊心。"

"可不是嘛，"阿卜杜拉先生也附和道，"让我告诉你选举权问题的来龙去脉吧。我们本来也是什么都不懂的，但我们最要好的一个律师艾斯坎比（Escombe，已故）先生，这人你也认识，把这件事的来龙去脉告诉了我们。事情是这样的：他是一位伟大的权利斗争者，他与码头工程师钩心斗角极为猛烈，他怕这个工程师抢走他的选票而在选举中打败他，所以就告诉我们他的处境，而我们也在他的指引下全都登记为选民，并且投了他的票。现在你该明白对于我们来说，选举权并没有像你估量的那样有价值了吧。不过我们懂你的意思。依你看，我们该怎么办呢？"

到会的人都非常专注地听着，其中一个人说："要不要我告诉你该怎么办？退掉你的船票，在这里多住一个月，然后我们按照你的吩咐去斗争。"

其他人齐声说道："好主意，好主意。阿卜杜拉先生，你一定得把甘地留下。"

阿卜杜拉先生是一个机敏的人，他说："现在不用我留他了，因为你们也有权利留他。不过你们说得很对，我们都劝他留下来吧。不过你们不要忘了他是一名律师，他的费用该怎么办呢？"提到费用我就不高兴了，我打断他的话说道："阿卜杜拉先生，费用不是问题。为公众服务怎能收费？如果能成为大家的一个公仆，我可以留下来。不过你要知道，我和这些朋友都不熟，如果你相信他们会合作，我可以多住一个月。可是有一样，虽然你们不用给我什么钱，但我们打算进行的这种性质的工作，如果没有一点儿资金是无法启动的。譬如我们也许要发电报，也许要印发文件，也许要派人到处走动走动，也许要与当地的律师商量商量，而且由于我还不熟悉你们的法律，也许需要几本法律书籍参考。所有这些事情没有钱是万万不行的。而且这项工作显然不是一个人做得了的，得有很多人出来帮忙才行。"

于是他们异口同声地说："阿拉（Allah）是伟大而仁慈的。钱会有的，人有的是，你要多少有多少。只要你同意住下来，一切就会有办法。"

这个钱别宴会就这样变成了一个工作委员会。我提议快点吃完晚饭回家。我在心里打好了发起这项运动的纲领文件的腹稿。我查清楚了那些选民名单上的人，决心再住一个月。

神灵就这样奠定了我在南非生活的基础，并撒下了为民族自尊而斗争的种子。

第十七章　定居纳塔尔

　　1893 年，哈齐·穆罕默德·哈齐·达达（Haji Muhammad Haji Dada）先生是纳塔尔印度侨民中深孚众望的领袖。在财政方面，阿卜杜尔·卡利姆·哈齐·阿丹（Abdul Karim Haji Adam）先生是其中的主要人物，但在公共事务方面，他和其他人总是推举哈齐·穆罕默德先生主持大局。因此，穆罕默德先生在阿卜杜拉先生的家里主持了一次会议，会上决定对选举法提出反对意见。

　　同时，志愿工作者也开始了登记工作。出生于纳塔尔的印度人，大部分是信奉基督教的青年，他们应邀参加了这次会议。德班法院的译员保罗先生和教会学校的校长苏班·戈夫莱先生都出席了会议，他们负责带来一大批基督教青年，这些青年都主动登记为志愿工作者。

　　当地许多商人自然也登记了，其中值得一提的有达乌德·穆罕默德（Dawud Muhammad）先生、穆罕默德·卡山·康鲁丁、阿丹吉·米耶汗、阿·科兰达维鲁·皮莱（A. Kolandavellu Pillai）、西·拉契朗、兰格沙密·巴提亚齐（Rangasami Padiachi）及阿玛德·齐华（AmadJiva）。帕西·罗斯敦吉当然也在其中。担任职员工作的有马尼克吉（Messrs Manekji）、约希、纳辛赫朗（Narsinhram）等人，还有达达·阿卜杜拉公司和其他大商行的雇员。当他们发现自己有幸参与到公共工作中时，都惊喜万分。受邀参加公共服务工作是他们人生中的一次全新体验。此刻整个侨团面临着苦难，大家忘却了高低贵贱、主仆身份地位之别，以及印度教徒、穆斯林、拜火教徒、基督教徒、古吉拉特人、马德拉斯人、信德人等宗教种族之分。这里有的只是祖国的儿女和公仆。

当时，这个法案已通过或者说即将二读通过[①]。从议会上的讨论发言来看，印度人没有对这个严苛的法案提出任何反对意见，而这竟被当作印度人不配享有公民选举权的佐证。

我在会上就上述情况做了说明。我们要做的第一件事是给议会的议长发一封电报，要求他延期讨论该法案。我们还发了类似的电报给当时的总理约翰·罗宾逊（John Robinson）爵士以及达达·阿卜杜拉的朋友艾斯坎比先生。议长很快便做出答复，同意将该法案顺延两天再议。我们对此喜出望外。

准备提交给立法议会的请愿书早已拟好，得誊写三份，此外还需提供一份给新闻媒体。同时，我们还要征集尽可能多的签名，而所有工作必须一夜完成。懂英文的志愿工作者和其他几个人加班加点，忙了一整夜。一位因书法闻名的老人亚瑟（Arthur）负责誊写正本，其余副本则由一人口述，其他人执笔。就这样，五份副本同时拟好。经商的志愿者，有的坐自己的马车，有的花钱雇马车，挨家挨户征求请愿书上的签名。这个工作很快就完成了，请愿书也随之发出。有几家报纸刊载了请愿书，并发表了支持的评论。请愿书给议会留下深刻印象，并引起了相关讨论。法案的支持者针对请愿书中的观点进行了反

---

① 资本主义国家议会的民主形式，一个议案必须经两院三读通过才算合乎程序。

驳和辩护。尽管这种辩护软弱不堪，可法案最终还是通过了。

我们早就预料到了这个结果，但由此激发的强烈情绪却给我们的团体注入了新的活力。大家因此坚信：印度侨团是不可分割的一个整体，誓为谋政治及商贸权利而斗争，义不容辞！

当时英国的殖民地国务大臣是里庞（Ripon）勋爵。我们决定向他递交一份巨幅请愿书。这项任务不是一朝一夕即可完成的。我们又招募了一些志愿者，大家各有分工，共同工作。

为了起草这份请愿书，我费尽心思，读遍了关于这个问题的所有书面资料。我的观点主要集中在一个原则和一项权宜之计上。我提出，就像在印度享有选举权一样，在纳塔尔我们也应享有选举权。我呼吁当局保留这种选举权，以此作为权宜之计。因为在纳塔尔能够行使选举权的印度人，为数甚少。

半个月内，我们便征集了一万人的签名。要在全省征集到这么多人的签名实属不易，尤其是许多志愿工作者此前完全不了解这份工作。我们特别挑选了几个能干的志愿者来承担这份工作，因为我们决定，除非签名者充分理解此次请愿活动，否则绝不勉强任何人签名。再加上有些村庄分布在偏远地区，倘若没有一群全心全意投入工作的志愿者，这项工作根本无法迅速顺利地完成。志愿者都倾心协力，积极完成了分配的任务。写到这里，达乌德·穆罕默德先生、罗斯敦吉、阿丹吉·米耶汗和阿玛德·齐华的形象又鲜明生动地浮现在我眼前，他们是征得最多签名的志愿者。其中，达乌德先生整天马不停蹄地四处奔走。所有志愿者都出于对这项工作的热爱而付出艰辛的劳动，没有一个人索求过报酬，甚至连报销事宜都无人问津。达达·阿卜杜拉的家立刻成为公共的大旅馆和办公室。大量帮助过我的有教养的朋友以及其他人一起都要在那儿就餐，因此每个帮手都有不少开销。

这份请愿书最终递交上去了，我们还印了一千份散发出去，纳塔尔印度侨民的情况第一次被公之于世。同时，我还将请愿书的复印件寄给了我知道的所有报社和出版商。

《印度时报》（The Times of India）就这份请愿书发表的社论，大力支持了印度侨民的要求。同时，我们还给英国各党派的报刊和出版社寄去了数份请愿书的复印件。伦敦《泰晤士报》（The Times）发文支持我们的要求，于是我们萌生了一丝希望，原以为这个法案会被否决。

这时我已不可能离开纳塔尔了。当地的印度朋友联合起来，要求我长期住在这里。我表明了我的难处。其实我早就打定主意，不依靠公共经费维持生活。我觉得我需要单独配备一个品质与地段兼优的公寓，但除非我继续从事律师工作，否则这会增加公共开支，因为一年没有三百英镑的租金，是租不下这房子的。于是我决定，只要印度侨团给我提供最低限度的律师业务，我就能够住下来，并把这个决定知会了大家。

他们说："但我们希望你从公共工作中领取酬劳，这笔钱对我们而言是个小数目，不足挂齿。再说这是你从事私人律师工作收费之外应得的收入。"

我回答道："不行，我不能为了公共工作要你们的钱。这项工作不需要律师的多少才能，何况我的工作不过是动员大家共同参与，我怎可为此收钱呢？何况今后我还要经常向你们筹集公共工作的经费。如果我需要靠你们的捐款来维持生活，今后怎么向你们筹集大笔款项呢？最后我们会举步维艰。再说，我还希望侨团每年为公共工作筹措

172

三百多英镑的经费。"

"可是经过这段时间，我们已经很清楚你的为人，相信你不会购置那些你不需要的东西。既然是我们要求你留下来的，难道不该由我们承担你的开销吗？"

"你们能这样说，是出于你们的关爱和眼下的热情，我很感激。但谁能保证这种关爱和热情永远维持下去？身为你们的朋友、公仆，我可能时常向你们诉苦，天知道到时候我能否继续保有你们的关爱。无论如何，我都不能因公共工作而接受任何报酬。你们肯信任我，把案子委托给我办理，已是对我莫大的信任。你们能这么做已属不易。毕竟我不是一个白人律师，也不知道法院会不会支持我。况且，我也说不准我做律师的前景如何。因此，即使你们聘我当法律顾问，也要承担风险。对我而言，大家肯把法律事务委托给我，就是对我从事公共工作的认可与支持了。"

讨论一结束，就有大约二十名商人聘我担任他们的法律顾问，为期一年。此外，达达·阿卜杜拉用他原本为我准备的饯行费，替我购置了必要的家具。

就这样，我在纳塔尔定居了。

第十八章　对有色人种的歧视

象征法庭公正性的徽章是一架不偏不倚的天平，由一位公正不阿、双目失明但洞察敏锐的妇女掌管。上天有意让她双目失明，使她公正裁判，不以貌取人。然而纳塔尔法律协会却想让最高法院逆此原则而行，背弃法庭徽章象征的宗旨。

事情如下：我要申请纳塔尔最高法院颁发的律师从业证。我已持有孟买高等法院的从业证书，而我的英文证书在孟买登记时就交存孟买高等法院备案了。这一次申请，我还需要附上两份品行鉴定。考虑到欧洲人的鉴定更有分量，我就找到阿卜杜拉先生介绍我认识的两位颇负盛名的欧洲商人为我开具品行鉴定。申请必须通过法律协会的一名律师提交上去，按照规定，如果由检察长提交是不收费的。当时的检察长是达达·阿卜杜拉公司的法律顾问艾斯坎比先生。我专程拜访他，希望他为我呈递申请书，他欣然同意了。

这时法律协会却通知我，我的申请被否决了，对此我颇为惊讶。他们反对的理由之一竟是我的申请没有附上英文证书的原件。其实主要原因是这样的：当初在制定律师入会申请条件和规则时，他们未曾料到有色人种的律师可能申请入会。纳塔尔的发展得力于欧洲企业，因此欧洲人在律师界占绝对优势。一旦接受有色人种加入，他们的数量便会逐渐超过欧洲人，而欧洲人苦心经营的法律保护壁垒就要垮掉。

法律协会还聘请了一名杰出的律师来支持他们的做法。因为这名律师和达达·阿卜杜拉公司也有往来，他便托阿卜杜拉先生带话给我，邀我去见他。他坦率地与我交谈，还问起了我的家世，这些我都一一作答。后来他说："我没什么和你过不去。只是担心你是那种在殖民地土生土长的冒险家，而你的申请书未附英文原件一事也令我生疑。现在有不少人冒名使用别人的证件，而且欧洲商人为你开具的品行鉴定，我看不出有什么意义。他们了解你多少？你们之间的交情又能有多深？"

我辩驳道："可对我而言，这里的每个人都是陌生的，就连阿卜杜拉先生也是来这里后才认识的。"

"可你刚刚不是说你们是同乡吗？如果你父亲做过你们那儿的首相，阿卜杜拉先生一定了解你的家庭。如果你能拿到他的书面证明，我就绝不再反对。到那时我自会向法律协会说明，我无权反对你的申请。"

这一番话激怒了我，但我还是努力克制了自己的愤慨。我想，即使我附上了达达·阿卜杜拉的证明，也还是会被拒绝的，那时他们可能会要欧洲人的证明。况且，我的申请与我的出身、家世又有什么关系呢？难道我出身卑微或令人不耻就不能加入律师协会吗？

尽管如此，我还是克制自己，泰然答道："虽然我认为法律协会无权要我提交这些材料，但我还是会尽力准备，呈上你要求的书面陈述。"

阿卜杜拉先生为我准备好了书面陈述，并及时送交给了法律协会的这位辩护律师。他表示满意，但法律协会仍不以为然，并在最高法院的法庭上反对我的申请。但最高法院甚至没有传艾斯坎比先生出庭作答，便否决了法律协会的申请。首席法官宣布：

"因申请人未附上英文证书原件而驳回其申请的理由不充分。倘若申请人伪造证件，他将被起诉；倘若申请人被证明有罪，他将被除名。法律对白种人和有色人种本无差别，故本法庭无权阻止甘地先生登记为律师。我们接受他的申请。甘地先生，现在你可以宣誓了。"

我站起身，在登记官面前宣誓。宣誓完毕首席法官立即对我说：

"甘地先生，现在你必须摘下头巾。你必须遵守法院对于执业律师穿着的有关规定。"

我意识到自己会受限制。为服从最高法院的命令，我摘下了在地方法庭上曾经坚持不摘的头巾。我这么做不是担心抵制后会被判作行为不当，而是想保存力量以应对更大的斗争。我没必要为坚持戴头巾而与他们争斗不休耗尽气力。为了更重要的事情，这样做是值得的。

阿卜杜拉先生和其他朋友对我的妥协（或者软弱）颇有微词。他们认为我应当坚持出庭时戴头巾的权利。我设法说服他们，告诉他们有一句格言叫"入乡随俗"。我说："这句话很有道理。如果是在印度，英国官员或法官令你摘下头巾，拒绝是对的；但在纳塔尔，作为法院的一名官员，若我无视当地法院的有关规定，就是我的不对了。"

我用类似的说法在一定程度上平复了朋友的情绪，但我知道，我并没有完全说服他们从中接受因时因地制宜的处世之道。在我的一生中，对真理的坚持已经教会我懂得欣赏妥协之美。在以后的生活中，我明白了妥协就是非暴力抵抗运动的必要组成部分。尽管这种灵活变通的策略常常使我陷入困境，招致朋友的不满，然而我们必须理解：

真理坚如磐石，又柔美如花。

法律协会反对我登记注册的举动，无疑又为我在南非做了一次宣传。大部分报纸都在谴责他们的做法及其嫉妒心理，这种免费宣传也在一定程度上便利了我的工作。

第十九章　纳塔尔印度国大党

律师工作一直是我的副业，过去是，现在依然是。当时我必须集中精力从事公共工作，毕竟这是我继续留在纳塔尔的目的。仅仅发放反对褫夺印度人选举权的请愿书是不够的。要给殖民地国务大臣留下印象，我们必须坚持鼓动印度侨民起来抗争。为了达到这个目的，我们需要成立一个永久性组织。于是我便和阿卜杜拉先生及其他朋友一起商量，最后一致决定成立一个永久性的公共组织。

为了给这个新组织命名，我花了不少心思。我们并不是要突出它和其他政党的不同。我知道，在英国保守党中，"大会"（Congress）这个词臭名昭著，可它确实是印度这个国家的生命前途所系。因此，我要在纳塔尔大力推广它。为使大家敢毫不犹豫地采用这个名字，我充分地阐释了我的理由，并提议将该组织定名为"纳塔尔印度人大会"①。1894 年 5 月 22 日，我们的组织宣布成立。

那天，达达·阿卜杜拉宽敞的大厅挤满了人。大会得到了全体与会者的热烈支持。会章较简单，但会费负担却很重。只有每个月付得起五先令的人才能成为会员。我们劝服经济情况稍好的人尽量多交会

---

① 纳塔尔印度人大会，即纳塔尔印度国大党。

费。阿卜杜拉先生每月交两英镑，名列前茅；我的另外两个朋友也交了同样数额。我想自己不能太落后了，便决定每月交一英镑会费。于我而言，这可不是一笔小数目，不过只要我省吃俭用，就不会入不敷出，何况还有神灵在保佑我。后来，我们有了一大批每月交一英镑会费的会员，每月交十先令的人也在逐渐增多。此外，还有一些捐款，我们都满怀感激地接受了。

实践证明，单靠催收，谁也不会主动交纳会费。我们也不可能频繁地催促住在德班以外地区的会员交纳会费。看来一时的热情很快就要消失殆尽。即便是住在德班的会员，如果不再三催收，他们也不会主动交纳。

我是大会的秘书，收取会费的任务便落在我的肩上。我不得不专门让一个职员全天专职收取会费。最后这位职员也变得厌恶这份工作了。我意识到，要改善这种情况，就得把月费改为年费，而且还得严格执行预付才行。于是我动员大家召开了一次会议。大家都支持把按月收取改为按年收取，每年交纳至少三英镑会费的提议，由此收取会费的工作就大为便利了。

一开始我就意识到不能靠举债开展公共工作。我们可以在大部分事务上相信别人的诺言，但金钱除外。我从没见过谁抢着交纳会费的，纳塔尔的印度人也不例外。因此，手头没有经费时我们便不开展工作，这样纳塔尔印度国大党就从未负债。

我的同事们对招募会员的工作表现出异乎寻常的热情。他们对这份工作很感兴趣，并且觉得价值非凡，很有意义。多数会员都愿意以现金交纳会费。在偏远的内地山庄，由于人们不甚了解公共工作的性质，工作开展起来十分困难。不过我们还是会接到来自远方的邀请，每到一处，当地的知名商人都热情招待，殷勤有加。

但有一次，我们在类似的拜访中遇到了相当棘手的情况。我们希望那家人捐助六英镑会费，但无论如何他都只答应至多交三英镑。如果我们接受了这个金额，别人就会仿效，那我们收取会费的有关规定就会被打破。那时夜已深，我们饿得饥肠辘辘。然而计划收取的费用还没收到，我们又怎能吃饭呢？好话说尽了，而这家主人的态度似乎极为坚决，当地其他商人都在劝他，我们在那里坐了一个通宵，双方都不肯退让。我的大部分同事都很愤怒，可是他们都克制住了自己。最后，破晓时分，主人终于让步，交了六英镑会费，还请我们吃了一顿饭。这事虽然发生在东卡特（Tongaat），但其影响波及北海岸的史丹泽（Stanger）和内地的查理斯镇，同时也促进了我们筹集会费的工作。

而筹措会费并不是我唯一的工作。其实我早已明白这个道理：钱不在多，够用即可。

会议通常每月一次，若有必要，则每周一次。开会时按惯例要宣读上次会议的会议记录，然后就各种问题进行讨论。很多人都缺乏在公共场合发言的经验，不知道如何简明扼要地发言。每个人站起来讲话时都犹豫不决。我详细阐述了会议的程序规定，他们都加以遵守。大家都意识到这是对他们的一种教育，许多以前不习惯在大庭广众发言的人，不久便养成了就公共利益问题独立思考、公开发言的习惯。

我知道，在公共工作中，开支会积少成多，于是从一开始，我便厉行节约，连收据也不铅印。我的事务所里有一台油印机，无论收据还是各种文件都采用油印。直到后来，国大党有了充足的经费，会员和工作量都有所增加，才改为铅印。节约对每个团体都很必要，但我知道并非每个团体都能做到。正因如此，从这个不断成长的小组织成立之初，我就提倡节约。

会员交纳会费并不在意有没有收据，而我们总是坚持要开收据。每笔账都记得清清楚楚，有据可查。我敢说，直到今日，1894 年的账簿还能在档案中完整无缺地查到。对任何组织来说，妥善保存账目都是必要的。做不到这一点，这个组织就会失去公信力，很难维持其纯洁性。

大会的另一特点是让当地侨生并受过教育的印度人为大家服务。在大会的领导下，侨生印度人教育联合会（The Colonial-born Indian Educational Association）成立了。绝大部分成员是受过教育的侨生印度青年。他们象征性地交纳一点会费，联合会帮助他们解决困难，满足需求，进行思想启迪，为他们提供与印度商人接触的机会，以及整个侨团范围内的服务项目。联合会还是一个思想碰撞与交流的场所；会员们定期集会，研读或讨论关于各种问题的论著。此外，联合会还建立了一个小型图书馆。

大会的第三个特点是宣传，包括向身处南非和英国两地的英国人以及向印度国内的人民宣传纳塔尔的印度侨民的现实处境。为实现此目标，我写了两本小册子：一本是《向南非的每个英国人呼吁》，里面有一篇以事实说明纳塔尔印度侨民普遍状况的声明；另一本为《印度人的选举权——一个呼吁》，其中以翔实的事例和数据介绍了纳塔尔印度人选举权的前后经过。为了写这些小册子，我付出了很多心血，研究大量资料，虽然很伤脑筋，结果却令人欣慰。两本小册子都广为流传。

我们开展的这一切活动都为南非的印度人赢得了很多朋友，并得到了印度各党派的深切同情，也为南非的印度人今后斗争的开展明确了行动路线。

第二十章　巴拉宋达朗

人们心中热诚而纯洁的愿望往往是可以实现的。以我自己的经验而言，这个规律屡试不爽。为劳苦大众服务一直是我的心愿，这常使我置身于穷人中间，与他们打成一片。

大会尽管包括侨生的印度人和职员阶层，但非技术人员和契约工人仍被排斥在外。大会还不是他们的组织，他们没钱交纳会费，无法成为会员。然而大会只有为他们服务，才能得到他们的拥护。当我和大会都没有做好准备开展这项工作时，一个机会悄然而至。在我开始执行律师业务不过三四个月，大会也还在草创阶段时，一个衣衫褴褛、手拿头巾、掉了两颗大门牙、满嘴鲜血的泰米尔人，颤抖着跑到我跟前哭泣。原来他遭到了主人的毒打。我有一个职员，也是泰米尔人，经他转述，我了解了眼前这个人的情况。来访者名叫巴拉宋达朗，是德班一个有名的欧洲人家里的契约工人。主人对他发脾气，失去理智，狠狠地捧了他，打掉了他两颗门牙。

我把巴拉宋达朗送到一位白人医生那儿，那时只有白人医生执业。我向医生要了一张巴拉宋达朗受伤的证明，然后带着伤者直接去找地方官，向他交了起诉书。地方官读完后，极为愤慨，当即传讯雇主。

183

让雇主受惩罚不是我本意。我只是想让他还巴拉宋达朗一个自由。我读过有关契约工人的法律：若普通工人不知会雇主就擅自离守，雇主完全可以将他告上民事法庭；而一个契约工人这么做，情况就完全不同，他的雇主会把他告上刑事法庭，判他监禁。因此，威廉·汉特尔（William Hunter）爵士认为契约工人制几乎和奴隶制一样糟糕。契约工人像奴隶一样，也是雇主的私有财产。

当时解救巴拉宋达朗的办法只有两个：或请求契约工人的保护人取消契约，将他转让给别人；或请求他的雇主放弃雇佣他。我拜访了巴拉宋达朗的雇主，对他说："我不想控告你，让你受罚。我想你也很清楚，你痛打了他。如果你答应将契约转让给别人，我就不再追究了。"雇主立刻同意了我的要求。接着我又去见了保护人，他也同意了，条件是我能为其找到一个新雇主。

于是，我便到处寻找雇主。新雇主必须是一个欧洲人，因为印度人不能雇佣契约工人。那时我认识的欧洲人不多，但我还是找到了一个。他欣然答应雇佣巴拉宋达朗，对此我深表感谢。地方官判定巴拉宋达朗的雇主有罪，责令他把契约转给其他人。

巴拉宋达朗的案子传到每个契约工人耳中，我被他们当成了朋友。我非常高兴能够建立这层关系。于是契约工人开始源源不断地涌入我的事务所，我由此获得了倾听他们喜乐哀愁的绝佳机会。

巴拉宋达朗的案子的反响远至马德拉斯。从马德拉斯各地去纳塔尔从事契约劳动的工人，都从他们的朋友那儿听说了这桩案子。

其实案子本身没什么特别之处，然而纳塔尔有人维护契约工人的利益，并公开为他们工作的这个事实，使契约工人又惊又喜，深受鼓舞，充满希望。

之前我已提到，巴拉宋达朗初次走进我的事务所时，把头巾拿在手上。那情形显示了特别的伤感，也体现了印度人民所受的屈辱。前面我已叙述过自己被要求摘下头巾的经历。事实上，每个契约工人和陌生的印度人见到欧洲人时，都被迫摘下自己的头饰，无论是帽子、头巾还是缠在头上的毛巾，甚至连双手合十行礼还嫌不够。巴拉宋达朗想当然地认为对我也要遵循这种规矩。这是我生平第一次遇到这种情形，我顿时感到惭愧，要他马上缠起头巾。他照做了，虽带着一丝迟疑，但是从他的脸上我看出了欢喜之情。

　　我始终想不通的是，当自己的同胞遭受羞辱时，为什么还有人自以为荣？

第二十一章　三英镑人头税

巴拉宋达朗的案子使我得以与印度契约工人接触。然而，与那企图向他们征收苛捐杂税的行为做斗争，才是我深入研究他们生存状况的动力。

就在同一年，即1894年，纳塔尔政府准备对印度契约工人征收二十五英镑的年税。这项提案使我震惊。我将此事提交大会讨论，大会当即决定组织必要的反抗行为。

首先，我必须简要说明一下捐税的起因。

大约在1860年，纳塔尔的欧洲人发现当地大有种植甘蔗的发展空间，只是缺少劳工。由于纳塔尔当地的祖鲁人（Zulus）不适合做这种工作，所以没有外来劳工就不可能种植甘蔗，发展制糖业。于是，纳塔尔政府联系印度政府，获准招募印度劳工。招募的方式是与劳工签订在纳塔尔工作五年的劳动契约，期满之后，契约工人就获得人身自由，可以在当地定居，并拥有购买土地的权利。这些条件是对工人们的引诱，因为那时白人期望通过印度劳工提高他们的农业水平，期满之后技术还可以留下来改进农业。

然而，印度劳工带来了意外的结果。他们在纳塔尔种植大量蔬菜，引进大批印度农作物品种，使当地品种变得便宜。他们还引进了杧果。他们从事的产业不仅限于农业，还进入了商界。他们买地建房，不少人因此由工人一跃成为土地和房产所有者。印度国内的商人也纷至沓来，在此定居经商。阿布巴卡尔·阿莫德（Abubakar Amod）先生（已故）就是其中的头号人物，他很快便拥有了规模庞大的生意。

这种局面令白种商人心生戒备。最初他们欢迎印度劳工前来，并未料到他们竟有经商的才能。他们可以容忍印度人作为独立的小农生产者存在，但无法忍受这些人和自己在商场分羹。

当地白人就此在心中埋下了仇视印度人的种子，而其他诸多因素也促使这种情绪滋长。我们印度人生活方式与众不同：我们生活简朴，小富即安，对清洁卫生的各种规定满不在乎，疏于保持周围环境的卫生与整洁，吝于整修房屋使其保持良好外观——凡此种种，加上宗教信仰上的分歧，致使敌对的火焰愈燃愈烈。从剥夺印度人的选举权，到对印度契约劳工征收重税的法案，无不体现了这种敌对思想。除立法之外，其他欺压印度人的做法也初见端倪。

第一个提议是强行遣返印度劳工，使他们的契约期在印度终止。不过印度政府不大可能接受这项提议。因此又有人提出其他议案，内容如下：

1.契约期满后，印度契约工人必须返回印度；

2.若工人不愿返回，则每两年签订一个新契约，每签一次契约，涨一次工资；

3.若工人既不愿返回印度，又不愿签新契约，每年就得缴纳二十五英镑的税款。

由亨利·宾斯爵士和马逊（Mason）先生组成的纳塔尔代表团前

往印度，为上述提案谋求印度政府的同意。当时的印度总督是叶尔金（Elgin）勋爵，他虽反对征收二十五英镑的税款，却同意征收三英镑的人头税。当时乃至现在，我都认为这是印度总督方面的严重错误。他在同意这种提案时，完全置印度的利益于不顾。他完全没有义务向纳塔尔的欧洲人让步。在三四年的时间内，一个印度契约工人和他的妻子，加上一个十六岁以上的男孩和一个十三岁以上的女孩，都得纳税。一对夫妇和两个孩子组成的四口之家，每年要缴十二英镑的税，而丈夫的每月平均收入不过十四先令。这种重税残酷不堪，闻所未闻。

为反对征收这种重税，我们组织了激烈的斗争。倘若纳塔尔印度国大党对此问题保持缄默不语，说不定印度总督连每年二十五英镑的苛捐杂税也会同意。税款从二十五英镑减至三英镑，也许完全出于国大党的不满。不过也许是我想错了。无论国大党反对与否，印度政府可能从一开始就不赞成征收二十五英镑，所以把它降至三英镑。总之，印度政府这一次大失人心。作为印度利益的代表者，总督绝不该赞成这种不人道的税款。

这项捐税已从二十五英镑降为三英镑，但国大党并不认为这是什么重大胜利。国大党仍为不能彻底捍卫印度契约工人的利益而抱憾，并一直抱着要完全免除这种捐税的决心，但这个愿望直到二十年后才得以实现。它的实现不仅是纳塔尔印度人，更是旅居南非的全体印度人共同努力的结果。由于戈克利先生（已故）背信弃义，打破了原先的约定，导致最后一次大规模斗争的失败。印度契约工人全都参与了这次斗争，一些同胞因当局开枪丧生，还有一万余人遭受监禁。

然而，真理最终取得了胜利。印度人经历的苦难正是真理的表现。如果没有大无畏的信念、坚韧不拔的耐性和持之以恒的努力，我们就永远不会取得胜利。如果侨团都放弃斗争，顺命屈从缴纳重税，那么印度契约工人将一直承受这可恶的捐税，带给旅居南非的印度人乃至整个印度永恒的耻辱。

第二十二章　关于宗教的对比研究

　　我感到自己已全身心投入印度侨团的服务工作中，其深层原因是我强烈渴望自我实现。我把服务当作自己的宗教信仰，因为我觉得只有通过服务，我才能感知神灵的存在。于我而言，服务即为印度服务。我无须刻意寻求服务途径，这是我的服务天性使然。我去南非本是为了旅行，躲避卡提亚华的政治纷争以及谋生。然而后来，如我之前所言，我却发现自己走上了寻求福祉与自我实现的奋斗道路。

　　基督教的朋友激起了我的求知欲，这种追求几乎是永无止境的，即使我想淡然处之，这些朋友也不容我安然懈怠。在德班时，南非传教总会的会长斯宾塞·华尔顿（Spencer Walton）先生十分器重我，几乎把我当成他们家的一员。我之所以能认识他，自然是由于我在比勒陀里亚与基督教徒的往来。华尔顿先生有自己独特的处事方式。印象中他从不邀我加入基督教，然而他却把他的生活像一本书一样完全展现在我面前，举手投足皆在眼下，让我自行观察判断。华尔顿夫人是一位极其贤淑能干的女性。我很喜欢这对夫妇为人处事的态度。我们非常了解彼此之间的本质差异，而这种差异是任何争论都无法消除的。不过只要抱着容忍、博爱和求真的态度，存异即是有益的。我欣赏华尔顿夫妇的谦逊、毅力及其对工作的热爱，所以我们经常见面。

这种友谊使我对宗教的兴趣勃然不衰。现在，我已不可能像在比勒陀里亚时那样有那么多闲暇时间研究宗教了。但只要一有空，我就会充分利用时间。我的有关宗教问题的通信持续不断，赖昌德巴伊一直通过书信给予我指导。有位朋友送我一本纳玛达尚卡（Narmadashanker）写的《达摩维伽》（*Dbarma Vichar*），这本书的序言使我受益匪浅。我曾听说这位诗人过着波西米亚式放荡不羁的生活，序言中也谈到他的生活因宗教研究发生了巨大改变，这些内容令我神往。我渐渐地爱上了这本书，开始从头到尾专心研读。我还喜欢读麦克思·缪勒（Max Muller）的书《印度：教给我们什么？》（*India-What Can It Teach Us?*）以及神学会出版的英译本《奥义书》[①]。这些书使我越发推崇印度教，并逐渐认识到它的优美精妙。然而，我并不因此对其他宗教抱有偏见。我读过华盛顿·欧文（Washington Irving）的《穆罕默德的一生及其继承者》（*Life of Mahomet and His Successors*）及卡莱尔对这位先知的颂词，阅读增强了我对穆罕默德的敬仰之情。此外，我还读了《查拉图斯特拉语录》（*The Sayings of Zarathustra*）。

这样，我对各种宗教的了解与日俱增。宗教研究促使我自我反

---

① 《奥义书》（*Upanishads*），阐释吠陀经典的一种著作，着重哲学思想的阐释，多采用散文体裁。奥义书种类甚多，有一百五十多种，最早的著作可以追溯到公元前6世纪。

省，学有所得便付诸实践。比如，我从印度典籍中了解到了瑜伽①，就开始做一些瑜伽练习。但我学习得慢，于是决定回印度后跟着专家学习。然而，此愿终未实现。

我还钻研了托尔斯泰的著作，他的《简明福音书》(*The Gospels in Brief*)、《怎么办？》(*What to do?*)等书给我留下深刻印象，我开始越来越深地认识到博爱具有无限的可能。

与此同时，我与另一个基督教徒的家庭有了往来。在他们的建议下，我每个礼拜天都去卫斯理（Wesleyan）教堂做礼拜。那段日子，他们总邀请我去家里吃晚饭。我对教堂的印象没那么好，那儿的布道听起来索然无味，会众似乎也不那么虔诚，没有那么浓厚的宗教气氛。他们看起来更像是世俗之人，去教堂仅是消遣或者遵守习俗罢了。我在这儿有时会不由自主地打瞌睡，为此我倍感羞愧，可一看旁边的人也这样，心情就轻松了许多。我不能再这样下去了，很快我便不去做礼拜了。

后来，我与过去每周日都去拜访的那个基督教家庭的关系也忽然破裂了。事实上，主人暗示我不要再去他家了。事情是这样的——那家的女主人是个善良单纯的女性，但有点心胸狭窄。我们时常讨论宗教问题，那时我在重读阿诺德的《亚洲之光》，有一次我们就耶稣和佛陀的生平做了对比。我说："你看，乔达摩②是多么仁慈！他的

---

① 瑜伽（Yogo），印度古代哲学的一个学派，是公元前 2 世纪由帕坦伽利（Patanjali）创立的。瑜伽派的学说建立在所谓四品的理论基础上，即三昧品、方法品、通神品和独存品。其中以达到三昧，即禅定的方法（八支行法）的学说最为发达，尤以坐法、静虑二支行法最为一般人接受。现在瑜伽派的实用哲理在印度仍然很普遍，到处都可以看见静坐入定的人。

② 乔达摩（Gautama），释迦牟尼的名字。

仁慈不仅普惠人类，而且推及一切生灵。当我们一想到那快乐地蜷伏在他肩上的羔羊，心里怎能不洋溢着怜爱之情？可耶稣就没有做到普惠众生。"这个对比让这位善良的夫人伤心，我能理解她的心情。我终止了这个话题，和她一起去进餐。她那不到五岁的天使般可爱的儿子，和我们一同就餐。我最喜欢和孩子在一起了，而这个孩子与我早就成了朋友。席间，我调侃他盘里的肉，却尽情赞美我盘里的那份苹果。这天真的男孩就被我说服了，和我一齐赞美水果的鲜美。然而，孩子的母亲却开始惶然不安了。她马上警告了我。我理了理自己的思绪，换了个话题。和往常一样，第二个周日我又去了他们家，但心里总有点惴惴不安。当时我没意识到自己不该去了，只是觉得就此不去也不好。不过，这善良的夫人的一席话解决了我的难题，让我如释重负。

她说："甘地先生，如果我不得已说了不中听的话，请别见怪。我儿子和你在一起，没什么好处。他每天都不肯吃肉，要吃水果，拿你的道理来和我顶嘴。这怎么了得？如果他不吃肉，即使不生病，体质也一定会变差。这样我怎么受得了呢？今后你只能与我们大人讨论这些问题，和小孩说这些，影响不好。"

我答道："太太，很抱歉。我能理解您作为母亲的心情，因为我也有子女。我们可以很简单地结束这种不愉快的局面。我吃什么不吃什么肯定比我说的话更能影响孩子。我看最好的办法是，以后不来打扰你们。当然，这不会影响我们的友谊。"

"谢谢你。"女主人说。显然，她松了一口气。

第二十三章　安家度日

安家度日于我而言已不新奇，但在纳塔尔建立门户与之前在孟买和伦敦截然不同。这次相当一部分开销是为了撑门面，因为我觉得有必要撑足印度律师和代表的面子。于是我在繁华地段购置了一栋精致的小屋，配置了舒适家具。我的饮食简单，但由于我常常邀请英国朋友和印度同事来家里做客，所以消费还是相当大。

每个家都得有个好用人，可惜我从不知道如何使唤用人。

我有个朋友兼同伴协助我，还有个厨师，已成了我们家的成员。我还叫了一些事务所的职员和我同吃同住。

我以为在居家度日上已相当有经验，可惨痛的生活经历告诉我，其中不乏问题。

我的同伴相当聪明，我一直以为他对我很忠诚，后来才知道自己被骗了。他嫉妒一位常跟我在一起的文书，就编织了谎言让我怀疑这位职员，而我居然中计了。我的文书朋友也很有脾气，很快他便意识到自己成了我的怀疑对象，便迅速离开了我家及事务所。对此我很难过，觉得自己对他不公，良心上也过意不去。

这时厨师需要请假离开数日。其间，我需要找人顶替空缺。新来了一个厨师，后面我才了解到他是一个彻头彻尾的无赖。但于我而言，他就像是神灵派来点醒我的人。他来了不过两三天，就发现家里有人背着我干不正当的勾当，便决定提醒我。我是出了名的轻信、直率之人。他知道这一点后，更加吃惊。每天下午 1 点，我都会离开事务所回家吃饭。一天，大约中午 12 点，新厨子气喘吁吁地跑到我办公室说："快回家，有件奇怪的事！"

我问道："快说，什么事？你得告诉我究竟发生了什么呀？现在这个点我怎能回家呢？"

"你不回去，会后悔的。我只能说到这儿了。"

我被他的坚持吸引了。在一名职员的陪同下，我回到了家。厨子领路，他带我们径直走上楼，指着我同伴的房门说："你自己开门看吧！"

刹那间，我心知肚明。我敲门，没人应！于是我用力敲门，敲得连墙都震动了。门终于开了，里面有个妓女。我呵斥她马上离开，再也不要回来。

我对同伴说："从今往后我不再与你共事。你彻头彻尾地骗了我，把我当个傻子。你就这样回报我对你的信任吗？"

同伴不仅不知错，反而拿我的事威胁我。

我说："我向来坦坦荡荡，你尽管去揭发吧！但现在你必须离开这儿！"

这下他还更嚣张了。没办法，于是我对站在旁边的职员说："麻烦你去叫警长，代我问好，并说我屋里有个男人行为不检点。我不要他住我这儿了，但他不肯走。我只有请他们出面帮我。"

这时他意识到我是认真的了。他那仅存的一丝愧疚令他不安，于是他向我道歉，求我不要叫警察，他自己会走。后来，他确实走了。

这事成了我生活中的一个警钟。直到现在我才清楚地意识到，自已被这可恶的家伙骗了。当初收留他，其实是好心办坏事。我曾一度希望"缘木求鱼"，我对这个同伴的品行不端早有耳闻，可我一直认为他对我是忠诚的，甚至试图改造他，不料险些毁了我自己。都怪我一度忽视好朋友的提醒，我的愚蠢痴心几乎蒙蔽了我的双眼。

要不是这位新厨子，我可能会一直被蒙在鼓里，一直被这同伴蛊惑，甚至很可能没法在已经起步的既定生活道路上正常生活。我会一直在他身上浪费时间，而他会一步步引领我走向黑暗、万劫不复的深渊。

还好，像以前一样，神灵再次拯救了我。由于我心地单纯，所以亡羊补牢，犹未晚矣。而这段早年的经历为我今后的生活敲响了警钟。

这个厨子真可谓是上天派来的使者，他不会做饭，而且作为一个厨子，不可能老待在我家。但从此再没人像他这样拓宽我的视野。后来我才知道，那次并不是我同伴第一次带女人到我家。她之前常常来，但谁都没有厨子勇敢。因为每个人都知道我有多盲目信任我的那个同伴。正如事实所描述的，厨子就是为这事而来的，因为这件事过后他就请求离开了。

"我不能住你家了，"他说，"你太容易上当了，这不是我该待的地方。"

我就让他走了。

现在我才发现，在我耳边一直挑拨我和文书之间关系的就是那位同伴。我竭尽全力想为当初对文书的不公正做出弥补，但始终不能让他满意。这也是我终生的憾事，不管我怎样弥补，裂痕始终存在。

第二十四章　回国

　　如今我旅居南非已经三年了。我对当地人民有了些许了解，他们也对我开始有所了解。1896年我请假回国半年，因为我知道，我已在南非待了很长一段时间，在当地已经建立了良好的业务关系，而且感觉到当地人民需要我待在那里。所以我决定回国，带上妻儿来南非定居。我也明白，要是我回国的话，也许可以做些公共工作，引导公共舆论，激发国内民众对南非印度人的兴趣。对南非印度人来说，三英镑的人头税是一个赤裸裸的伤疤。除非它被废除，否则印度人绝不会逆来顺受，就此罢休。

　　但我走以后，谁来负责大会工作和管理教育协会呢？我想到了两个人：阿丹吉·米耶汗和帕西·罗斯敦吉。现在商界中有很多可用之才，但既能履行日常工作，又能担任秘书职责，且在印度侨团有一定威望的人就数他们俩了。秘书工作必须要有一定的英语知识，所以我向大会推荐了阿丹吉·米耶汗，大会同意了我的推荐，任命他为秘书。事实证明，我的选择很明智。阿丹吉·米耶汗坚韧不拔，宽宏大量，和蔼可亲，彬彬有礼，每个人都对他十分满意。他还向大家证明了一个事实：秘书一职并不一定需要有法律学历或受过高等英语教育的人才能担任。

1896年中旬，我搭乘开往加尔各答的"彭格拉"（Pongola）号轮船回国。

船上乘客不多，其中两个是英国军官，我和他们交往甚密，每天我都会与其中一个军官下个把小时的棋。船上的医生给了我一本《泰米尔语无师自通》（Tamil Self-Teacher），我便开始读了起来。在纳塔尔的经历告诉我：要想和穆斯林取得紧密联系，就应当学习乌尔都语；而要想和马德拉斯印度人有密切往来，就要学泰米尔语。

应和我一起学乌尔都语的英国朋友要求，我在统舱中找到了一名乌尔都语好老师[1]。在他的帮助下，我们学习起来很快，进步神速。英国军官记忆力比我好，他看过的生词基本过目不忘，而我却连辨认乌尔都语字母都觉得困难。我耐着性子努力学习，但始终望尘莫及。

至于泰米尔语，我取得了一定的进步。当时在船上找不到泰米尔语老师，但是《泰米尔语无师自通》是一本好书，学起来一点也不吃力，也不需要什么外力帮助。

我原本希望回到印度后还能继续学习，但那是不可能的了。自1893年后，我所有的阅读都是在监狱里进行的。就泰米尔语和乌尔都语而言，我都取得了一些进步，不过也是在监狱进行的——在南非监狱里学习泰米尔语，在耶罗伐达监狱学习乌尔都语。但我从来都没有学会说泰米尔话，我学的那点知识早就因缺少练习而忘得一干二净了。

时至今日，我仍能感觉到不会泰米尔语和泰卢固语有多不便。旅

---

[1] 老师（Munshi），波斯语，原意为"立法者""作家"或"秘书"。后来莫卧儿帝国和英属印度都把其译作"本土语老师"或"秘书"。

198

居南非的德罗维达人① 对我的深情厚爱是我最弥足珍贵的回忆。每当我遇上一个泰米尔或泰卢固朋友，我就情不自禁地想起他们南非同胞忠诚厚实、坚持不懈、无私奉献的品质。这些人无论男女，大多数都是文盲。南非的战争便是为他们而战，而这场战争也是由不识字的士兵挑起的。战争为了穷苦人们，而他们也全力以赴，参与其中。我虽然不懂他们的语言，但这毫不阻碍我俘获这些单纯善良的人的心。他们讲着蹩脚的印度斯坦语或英语，这丝毫不影响我们开展工作。我曾经想学会泰米尔语和泰卢固语来回报他们对我的厚爱。就泰米尔语来说，我在上文就说过，我取得了一些进步，至于泰卢固语，我只认识字母。我怕永远也学不会这些语言了。所以，希望德罗维达人能学会印度斯坦语。后来，虽然讲得不地道，但南非那些不会英语的德罗维达人确实学会了讲印地语或印度斯坦语。反倒是那些会讲英语的人，他们不肯学印度斯坦语，好像会讲英语倒成了他们学习自己语言的障碍。

　　我扯远了，现在让我讲完我的旅程吧！在这儿我不得不向大家介绍"彭格拉"号的船长，我们已经成为朋友。这位善良的船长是普利茅斯教友会的成员，我们经常谈论的不是航海生活，而是有关精神的一些话题。他认为，道德和宗教信仰之间有明显的界限。对他来说，《圣经》中的教条就如儿戏一般，她的美在于她的质朴。他会说，让所有的人，无论男女老少，都信仰耶稣和他所做的牺牲吧，只有这样，他们的罪恶才能得到救赎。这位朋友唤醒了我对比勒陀里亚普利茅斯教友会的回忆。他认为对道德加以束缚的宗教都是不好的。我的

---

① 德罗维达人（Dravidians），亦译"达罗毗荼人"，印度最早的土著民族，现在绝大部分定居于南印度。泰米尔语和泰卢固语是他们的主要语言。

素食习惯也曾一度成为我们讨论的话题。为什么我不能吃肉呢？吃牛肉又有什么关系呢？难道造物主创造那些低等的动物不就是给人类享用吗？比如，这不是和创造种类繁多的蔬菜的目的一样吗？这些问题都无可避免地把我们引向了宗教讨论。

我们谁也不能说服谁，我坚信宗教和道德一体，而船长对自己的观点也深信不疑。

二十四天的愉快旅程就此结束了，我欣赏了胡格利河（Hooghly）沿途的美丽景色，在加尔各答上了岸，并于当日乘火车去了孟买。

第二十五章　在印度

去孟买的途中，火车在阿拉哈巴德（Allahabad）停了四十五分钟，我决定利用这个空隙时间去镇上逛逛。我还要去药店买点药。我到药店的时候，药剂师还睡眼惺忪，他慢吞吞地帮我配着药，等我赶到火车站的时候，火车刚好开走。站长好心地为我延迟了一分钟的开车时间，但还是没见我回来，只能细心地叫人帮我把火车上的行李搬下来。

我在克尔尼旅馆订了一间房，决定就地开展工作。我曾经听人说过阿拉哈巴德《先驱报》（*The Pioneer*）的许多情况，也知道该报纸反对印度民意。我记得《先驱报》当时的主编是小彻斯尼（Chesney Jr.）先生。我想争取各方的支持，便给小彻斯尼先生写了一张便条，告诉他我误了火车的情况，希望能跟他见上一面，这样第二天我就能启程离开。他立马就答应了。令我尤其高兴的是，他耐心地听取了我的意见，还答应在他的报纸上报道我所写的东西，但是他也补充说，他不能答应印度人的所有要求，因为他必须给殖民者一定的版面，发表他们的观点。

"这就足够了，"我说，"你答应探讨这个问题就很好了，我们所要求的只是原本属于我们的正义，除此之外，别无他求。"

201

余下的半天里，我观赏了宏伟壮丽的三河汇合处①，并着手准备手头工作。

与《先驱报》主编的这次意外会面为后面发生的一系列事件埋下了伏笔，最终也导致我在纳塔尔受刑。

我在孟买没有逗留，径直去了拉杰果德，准备写一本有关南非局势的小册子。这本小册子从写作到出版总共花了大概一个月的时间，由于小册子封面是绿色的，所以人们称它为"绿皮书"。在这本册子里，我特意画了南非印度人受压迫的生活状况的插图。但我所用的文字都比之前两本册子温和得多，因为我知道，道听途说往往会夸大事实。

这本小册子总共印了一万份，分发到了印度各大报纸和各大政党领导人手中。《先驱报》率先对此发表评论。路透社对此文做了摘要发送给英国，伦敦路透社（Reuter）总部又对此做了摘要发至纳塔尔。这则摘要印出来不超过三行，它只是一份摘要，却夸大了我在图中描绘的印度人在纳塔尔的生活遭遇，那根本不是我的本意，稍后我们会看到这件事在纳塔尔产生的影响。同时，各大报纸也对此纷纷做出评论，可谓铺天盖地。

要想把这些册子分发出去绝非易事，雇人又太费钱。我想到了一个简单的办法。我把当地的小孩集合起来，要他们每天早上不上学的时候，帮忙做一两个小时的志愿劳动。他们都很愿意帮忙。我向他们致以谢意并向他们承诺，把收集的邮票送给他们当作奖励。很快他们就完成了工作。这是我第一次招募儿童志愿者，其中的两三个小孩现

---

① 三河汇合处，被印度教徒认为是圣地。

在都成了我的同事。

孟买这时候暴发了瘟疫，周围地区也人心惶惶，人们担心拉杰果德也不会幸免。我想我去卫生部门会有些帮助，便向政府报名申请。我的申请得到通过，我被派去负责管理卫生的居委会工作。我特别强调厕所的清洁，居委会一致决定检查各条大街的厕所。贫穷人家并不反对我们检查他们的厕所，而且，他们还采纳我们提出的改善意见。然而，当我们去贵族阶层人家检查厕所的时候，有些人家直接让我们吃了闭门羹，更不用说听取我们的建议了。我们去检查厕所的时候，都有同感：富人家的厕所通常比穷人家的更脏。他们的厕所通常都是黑漆漆的，里面蛆虫横生，又脏又臭。我们的建议很简单：用桶盛装大小便，免得满地都是大小便；拆除厕所的围墙，让厕所内有足够的光线和空气，同时便于清洁工清扫。上层阶层的人们对后面这点建议提出了无数的反对理由，大多数人根本不会执行。

居委会还要去不可接触人群住宅区检查厕所卫生。居委会里只有一个人愿意与我同行。对其他人来说，去那种地方已经很荒谬了，更不用说检查他们的厕所了。但对我来说，却是一件令人欣喜的事情。这是我第一次去这种地方。那里的人们看到我们都很惊讶，我告诉他们，我想检查一下他们的厕所。

"我们的厕所！"他们惊讶地叫道，"我们都是在空地上大小便的，只有你们这些大人物才有厕所。"

"好吧，那不介意我们检查下你们的房子吧？"我问他们。

"欢迎欢迎，先生，您可以检查我们房子的每个角落，不过我们的房子称不上房子，只是洞穴而已。"

我走进他们的房子，发现房子里面和外面一样干净，房间的过道打扫得干干净净，地板抹得很平整，几个罐子和盘子也洗得闪闪发亮。这儿根本不用担心会有什么瘟疫暴发。

去上等人家检查厕所的时候，其中有户人家我在这儿必须得细细地描绘一番：每间房里都有一条排水沟，专门用于排水和小便的，整个房子里面都臭烘烘的；其中还有个阁楼卧室，里面有条排水沟专门用来排大小便，小沟里有根管道直接通向了楼下；房子里面臭不可挡，住在里面的人如何入睡只能留给读者想象了。

居委会还决定去检查毗湿奴教徒的哈维立神庙。哈维立神庙的住持和我家关系不错，所以他同意我们随便检查，并答应采纳我们提出的改善意见。哈维立神庙有个地方住持自己也没有去过，那个地方堆满了从墙外扔来的废弃物和当餐盘用的枯叶。那里鸦群萦绕，厕所也十分肮脏。我在拉杰果德没待多久，所以住持是否采纳建议改善卫生，我也就不得而知了。

如此神圣的地方却如此肮脏，我表示很失望。人们希望我们认真遵守这神圣之地的卫生健康条例。但就我所知，那时许多宗教经典的编写者特别注重内心与外在的洁净。

第二十六章　两种热情

我对英国宪法的忠诚几乎无人能及。现在我也明白，我对真理的热爱源自这种忠诚。对我来说，要让我假装忠诚，或者假装拥有某种美德根本不可能。每次出席纳塔尔的会议，我都能听到奏响的英国国歌。于是，我觉得必须和他们一起唱。我不是不知道英国法律也有缺陷，只是觉得总体上还是能让人接受的。那时候我坚信，英国法律总体上对于殖民地是有好处的。

我曾认为，我在南非看到的种族歧视是与英国传统背道而驰的，也一直认为这种现象只是暂时和局部的。于是，我与英国人争相表达对英国的忠诚。我以极大的耐性，学会了英国国歌，并且在国歌奏响的时候，加入吟唱国歌的行列。每逢有机会真诚地表达自己的忠诚，我都尽力表现。

在我的一生中，我从来没有滥用这种忠诚来谋取私欲，忠诚于我而言只是一种义务，我表达忠诚不求任何回报。

回到印度的时候，国内正筹备维多利亚女王在位六十周年钻石庆典。拉杰果德也为此活动成立了一个委员会，他们邀请我加入。我接受了这一邀请。我曾一度怀疑盛典活动只是作秀，事实证明，在这期间我确实发现了不少端倪，觉得很受伤。我开始反问自己是否还要待在这个委员会，但最后还是决定留下来。我安慰自己，只要做好分内之事，就问心无愧了。

其中的一项倡议活动是植树。我看到很多人植树只不过是做做样子或者取悦官员。我试图劝服他们：植树不是强制性活动，只是一项提议，要么就认真植树，要么干脆不植。当时，他们对此嗤之以鼻。我仍记得我当时很认真地种植分配给我的树苗，还小心翼翼地给它浇水、照料。

除此之外，我还教我的孩子唱英国国歌。我记得我还教过培训学院的学生，但是我忘记是在维多利亚女王在位六十周年庆典还是在爱德华七世加冕为印度皇帝之时了。后来，我发现这首歌和我心中所想有所冲突。随着我的"非暴力"理念日趋成熟，我对自己的思想和言论也更谨慎了。英国国歌里头有这么几行：

> 赶走国家之敌，彻底击垮他们，搅乱敌人政治，粉碎敌人阴谋。

这几行和我的"非暴力"理念相差甚远。我向布斯（Booth）博士吐露了心中所想，布斯博士也认为一个"非暴力"信仰者吟唱这几句有点不合常规。布斯博士完全理解我的心情，他甚至还为集会群众编了一首新歌。有关布斯博士，我稍后还会提到。

与忠诚一样，喜欢照顾他人也深植于我本性之中。我喜欢照顾他人，不管是亲朋好友，还是萍水相逢之人。

在拉杰果德忙着写这本关于南非的小册子时，我还抽空去了孟买一趟。我的初衷是通过组织集会，引导当地民众对南非问题的公共舆论。孟买是我的首选。我首先拜访了兰纳德法官，他耐心地听我讲话，还建议我去拜访费罗泽夏·梅赫达爵士。之后我又拜访了巴德鲁丁·铁布吉法官，他也给了我同样的建议。"兰纳德法官和我只能给你有限的指导，"他说道，"你知道我们的处境，我们不便过多参与公共事务，但我们会尽力支持你。真正能给你帮助的人是费罗泽夏·梅赫达爵士。"

我当然想见见费罗泽夏·梅赫达爵士。事实上，我拜访的两位前辈都建议我遵照费罗泽夏先生的建议行事。从这点就可以清楚地了解到，他在公众中具有巨大的影响力。在约定的日期，我拜访了费罗泽夏·梅赫达爵士。我已经准备好被他的威仪震慑，我早就听说了他的一些头衔，知道自己要去拜会的是"孟买之狮""无冕之王"。但他并没有摆架子，像慈父接见成年孩子般接待了我。我们的会面是在他的卧室进行的，他的身边围着一圈朋友和追随者。其中就有德·叶·瓦恰（D. E. Wacha）先生和卡玛（Cama）先生，后来有人向我介绍了他们。我对瓦恰先生早有耳闻，他被称为费罗泽夏爵士得力的左右手。维尔昌德·甘地先生还把他称作伟大的统计学家。瓦恰先生对我说："甘地，我们肯定会再见面的。"

这些介绍花了不到两分钟。费罗泽夏·梅赫达爵士很耐心地听我说话，我告诉他我已经见过兰纳德法官和铁布吉法官。"甘地，"他对我说，"我想我必须得帮帮你，我得在这儿组织一个公共会议。"说完这些，他就转向了秘书蒙希先生，要他确定大会日期。确定日期后，他与我告别，并要我在会议召开之前见他一面。这次会面消除了我的恐惧，我愉快地回去了。

待在孟买的那段日子，我还探望了卧病在床的姐夫。他没什么

207

钱，我的姐姐（他妻子）又不太会照料人。因此，他的病情愈发严重。我建议带他去拉杰果德养病，他同意了。所以，我带着姐姐姐夫一道回了家。姐夫的病比想象中拖得更久，所以我只得把他安顿到我的卧室，没日没夜地照顾他。晚上照顾他的时候，还得抽时间写写有关南非状况的小册子。最终，姐夫还是病逝了，但对我来说，在他临终之前有幸照料他，也算是令我宽慰了。

我热爱照顾人的天性逐渐转变成了一种热情，甚至经常抛开工作不管。忙不过来的时候，我还会拉上妻子甚至全家人来帮忙。

除非人们乐于照料别人，不然这项服务没有任何意义。如果只是做做样子或者因惧怕公众舆论才服务他人，那么只会损害人的身心健康。如果不是带着一份愉悦的心情进行服务，那么这种服务于人于己都没有好处。如果带着愉悦的心情服务他人，那其他的一切都会黯然失色。

第二十七章　孟买集会

姐夫去世的当天，我得赶赴孟买出席公共集会，实在没时间考虑演讲稿的事。夜以继日地操劳，我嗓子也嘶哑起来。孟买集会的演讲得听天由命了，尽管这样，我从来都没想过要写演讲稿。

我遵照费罗夏泽爵士的指示，在下午5点会议前夕到他办公室报到。

"甘地，你的演讲稿准备好了吗？"他问道。

"还没有呢，先生，"我战战兢兢地答道，"我想即兴演讲。"

"这在孟买可行不通，在这做即兴演讲不好。如果你想在这次集会上有所收获，得把演讲稿写出来，并在天亮之前打印好。你能搞定吗？"

我心里直打鼓，但还是说自己会尽力完成。

"那么，你能告诉我，蒙希什么时候可以来这取手稿呢？"

"晚上11点。"我回答道。

第二天出席会议的时候，我才明白费罗夏泽爵士的建议有多明智。会议是在柯华斯吉·捷汗吉尔爵士研究所内举行的。我曾听说，凡是费罗夏泽爵士出席的会议，通常是座无虚席。出席的主要是爱听他发言的学生，大厅被挤得水泄不通。这是我平生第一次出席这样的会议，我知道我的声音只能让少部分人听见。我一开始念稿，声音就颤抖不已。费罗泽夏爵士一直在旁边给我加油打气，要我念大声点。我感觉，这不但没有鼓励到我，我的声音反倒越来越小了。

这时候，我的朋友柯沙福劳·德希潘特（Keshavrao Deshpande）过来帮我，我把演讲稿递给他。他的声音适中，但观众却拒绝听他演讲。观众席中发出了"瓦恰！瓦恰！"的呼声，瓦恰先生便站起来念稿，演讲效果很好。观众席变得鸦雀无声，一直到最后，必要的时候还不时夹杂着喝彩声或"可耻"的喊声。这一切让我很开心。

费罗泽夏爵士喜欢这次演讲。我觉得无比快乐。

通过这次集会，我赢得了德希潘特和一位帕西朋友的大力支持。他们两人都表示，决心同我一起赴南非工作。但是当时担任小案件法官的西·姆·寇希吉（C. M. Cursetji）成功地劝阻了这位帕西友人，因为这位帕西友人正打算结婚。他得在结婚和去南非之间做出抉择，终于他还是选择了前者。帕西·罗斯敦吉由于毁约而懊悔不已，现在仍有一批帕西姊妹从事土布工作，为那位因结婚而坏事的姑娘赎罪。因此，我宽恕了那对夫妇。德希潘特并不打算结婚，但是他也没和我一道去。今天，他为当初的食言不断做着弥补性工作。返回南非的途中，我在桑给巴尔岛遇到了一位铁布吉家族的人，他答应来帮助我，但最终也没来。阿巴斯·铁布吉（Abbas Tyabji）先生现在也因为那次失信而设法弥补。所以我劝服律师到南非去所做的三次努力，都无功而返。

说到这里，我想起了贝斯敦济·巴德夏（Pestonji Padshah）先生。自我留学英国以来，我和他一直保持着友好关系。第一次见到他，是在伦敦的一家素食馆里。我听说过他的哥哥巴若济·巴德夏（Barjorji

Padshah）先生，他以"怪人"而闻名。我没有见过他，但是朋友们都说他很古怪。他因为怜悯马匹而不坐马车；他有非凡的记忆力，却不愿意考取学位；他独立自主；虽然是帕西人，他却是一个素食主义者。贝斯敦济没有他哥哥那么大的名气，但他在伦敦的时候，就以博学著称。不过我们之间的共同点是素食主义而不是学识，论学识我是望尘莫及的。

我在孟买见了他，那时他已经是高等法院的书记长。我去见他的时候，他正忙着编纂古吉拉特文高级词典（*Higher Gujarati Dictionary*）。我每去拜访一位朋友，都会劝说他们协助我在南非进行工作。可是贝斯敦济·巴德夏非但不愿意帮助我，反倒劝我不要回南非了。

"要我帮助你，那是不可能的，"他说，"老实说，连你到南非去，我都不赞成。难道国内没有工作吗？你瞧，仅在我们的语言方面就有很多事情可做。我现在要找出一些科学用语。不过，这只是其中的一部分而已。想想我们国家穷到什么样子吧，我们在南非的同胞就更不用说了。但是，我不愿你这样的人为那种工作牺牲。我们可以先争取国家自治，自然而然地就能帮助在那里的同胞了。我知道我说服不了你，但是我绝不鼓励任何人同你一道牺牲。"

我不喜欢他的建议，但是这些建议却让我更敬重贝斯敦济·巴德夏先生。他对于国家和语言的热爱，让我感动不已，也使我们彼此更亲近。我能够理解他的想法。然而这不但没有使我放弃在南非的工作，反倒更坚定了我的决心。一个爱国者不会忽视为祖国服务的任何工作。对我来说，《薄伽梵歌》中的几句话是铿锵有力的：

尽己之责，虽败犹可；

211

为人尽责，虽成犹失。
尽责而终，非由于疾；
别谋他途，彷徨无所。

第二十八章　浦那和马德拉斯

有了费罗泽夏爵士的帮助，我的工作进展得无比顺利。于是，我又从孟买奔赴浦那。那里有两个党派，我想确保自己能获取各方面的帮助。首先，我去拜见罗卡曼尼亚 [①] ·提拉克（Lokamanya Tilak，已故）。

他说："你想寻求各方面帮助的想法是正确的。在南非问题上，各派人士看法大同小异。不过你得找一个无党派人士来担任主席。你去见见潘达卡（Bhandarkar）教授吧。不过，他近来不太参加公共活动。不过南非问题或许能吸引他出山。去见见他吧，然后告诉我他说些什么。我愿尽力帮助你。当然只要你高兴，你随时都可以来见我，我将竭尽全力帮助你。"

这是我第一次会见罗卡曼尼亚。我感受到了他如此德高望重的原因。

然后我又去见戈克利，我在法古逊学院（Fergusson College）的院子里见到他。他热情地接待了我，他的态度立即赢得了我的心。这也是我第一次和他会面，可我们就像旧友重逢似的。对我来说，费罗

---

① 罗卡曼尼亚，梵文，原意是受尊敬的人，后转为对群众领袖的一种尊称。

213

泽夏爵士像是喜马拉雅山，罗卡曼尼亚像是海洋，而戈克利却像恒河。人们可以在这条圣河里接受洗礼，重获新生。喜马拉雅山却是高不可攀，至于海洋，更是遥不可及了，但是恒河却是袒胸相迎。一条船，一支桨橹，泛游于河上，该是多么惬意啊。戈克利仔细地考了我一下，就像一个校长考察求学的学生一样。他告诉我应该去找谁，并告诉我怎么找他们，他还要看看我的讲稿。他带我参观这个学院，向我保证会尽力协助我，还嘱咐我把会见潘达卡博士的结果告诉他。于是，我快乐地离开了。就政治上说，戈克利生前在我心里占据的位置，虽至今日，还是绝对无可比拟的。

潘达卡博士以慈父般的温情接待了我，去拜访他的时候正值中午。那个时刻我还忙着拜访人，这一点深深感动了这位孜孜不倦的大学者。而我坚持找一个无党派人士担任大会主席，他倒是赞成的，他不自觉地连声说："这倒是的，这倒是的。"

听我说完来意后，他说："大家都会告诉你，我不参加政治活动。可是，我拒绝不了你。你的理由这么强有力，你的努力又是如此令人欣赏，我无法拒绝参加你的大会。你和提拉克及戈克利都商量过了，这很好。你告诉他们，我乐意担任这两个组织联名举行的大会主席。你不必征求我什么时间合适，他们什么时间合适，我都可以。"他说完便和我道别，并向我表示祝贺和祝福。

浦那的这些学问渊博和大公无私的人，不费吹灰之力便在这个朴素大方的小地方举行了集会。我高高兴兴地回去了，对自己的使命也怀有更大的信心。

接着我便去马德拉斯，在那里受到了热烈的欢迎。巴拉宋达朗事件使这次集会产生了深远的影响。我的演讲稿是铅印的，而且我认为，是相当冗长的，但是听众却很用心地听每一个字。大会结束的时候，我照例出售那本"绿皮书"，拿出了二次修订版一万册，它们像新鲜出炉的糕点一样，十分热销。不过，事实上并不需要这么大印量。由于过度开心，我高估了这本小册子的需求。我的听众主要是讲英语的民众，而在马德拉斯，单是这个阶层根本不需要这么多。我受过的最大帮助来自已故的格·巴罗梅斯瓦朗·皮莱（G.Parameshvaran Pillay）先生，他是《马德拉斯旗帜报》（*The Madras Standard*）的主笔。他对南非问题有过细致的研究，常常请我到他的办公室为我指导。《印度教徒报》的格·苏布拉马尼安（G. Subrahmaniam）先生和苏布拉马尼安博士对此事也深表同情。格·巴罗梅斯瓦朗·皮莱先生却把《马德拉斯旗帜报》的专栏完全交给我打理，我不假思索地抓住了这一机会。就我记忆所及，巴才阿巴大厅的集会是由苏布拉马尼安博士主持的。我结识的大部分朋友对我的深情厚爱和对南非问题的热情是这样的伟大，我虽不得不用英文与他们交谈，却觉得毫无隔阂。爱能消除世间一切障碍。

215

第二十九章 "速归"

我从马德拉斯又奔赴加尔各答，在那里遇到很多困难。那里的人我一个也不认识。于是我便在大东旅馆开了一个房间，后来我结识了《每日电讯》（*The Daily Telegraph*）的代表叶勒妥贝（Ellerthrope）先生，他邀我去他的住处孟加拉俱乐部。当时他还不知道不能带印度人到俱乐部的客厅，得知了这一规定，他便带我到他的寝室。他因不能请我去客厅向我道歉，同时，也对当地英国人的偏见表示伤心。

我当然得去拜会"孟加拉的偶像"苏伦德罗纳特·班纳吉（Surendranath Banerji）。我去见他的时候，他正被一群朋友围着。他说："我担心人们对你的工作不感兴趣。你知道，我们这里的困难也很多。不过，你可以尽量试试看。你得尽力博取王公们的支持，还得去见一见英印协会的代表。你最好去找拉贾·皮亚立穆罕·穆克琪（Raja Pyarimohan Mukarji）爵士和泰戈尔王公谈一谈。这两个人都热爱自由，而且经常参加公共工作。"我一一拜会了这两位先生，但一无所获。他们待我很冷淡，说在加尔各答举行一次公共集会绝非易事，如果要有所作为的话，就得靠苏伦德罗纳特·班纳吉帮忙。

我明白我的任务越来越艰巨了。我去拜访《甘露市场报》（*The Amrita Bazar Patrika*）的主编，接待我的先生把我当作一个游走四方的犹太人。《孟加拉人报》(*The Bangabasi*)就更糟了,主编让我干等了一个钟头。他显然要接见很多人,但即使闲下来,也懒得看我一眼。当我苦等之后鼓起勇气向他说明来意时,他说道:"你没看见我们都没空吗?像你这种访客总没个完。你还是走吧,我没有工夫听你胡扯。"我当时觉得受了侮辱,但很快便谅解了这位主编的处境。我早就对《孟加拉人报》的大名有所耳闻,我知道去那里的客人是络绎不绝的,而且都是他认识的人。他的报纸不怕没有事情讨论,而南非问题在当时又鲜为人知。

在当事人看来,不管他遭受了多少痛苦,只不过是众多访客中的一员,而且每位访客都各有自己的苦恼。这位主编怎么能够一一洽谈呢?何况这些访客总以为报馆主编是地方上最有权力的人。只有主编自己才明白,他的权力仅仅局限在自己办公室内。不过我并没有气馁,还是继续拜访其他各报的主编。像过去一样,我也去找英印混血的主笔。《政治家报》(*The Statesman*)和《英吉利人报》(*The Englishman*)认识到南非问题的重要性,我和他们进行了长谈,他们全文予以发表。《英吉利人报》主编宋德斯(Saunders)先生把我当作自己人看待,把他的办公室和报纸交给我打理。他甚至准许我随意修改他写的有关南非问题的评论,把校样尽量先给我送来。毫不夸张地说,我们之间建立了深厚的友谊。他答应竭尽所能帮助我工作,而且言行一致,我们都一直保持着联系,一直到他病重为止。

我这一生享有很多这样的友情,这些友谊都是在不经意间产生的。宋德斯先生之所以喜欢我,是由于我对自由的执着和对真理的热爱。他在对我的事业有所同情之前,曾对我进行了详细的询问,他觉得我对南非白种人的情况做了不夹杂个人恩怨的公正说明和评价。

经验告诉我，待人公正便能很快地得到公正。

宋德斯先生给予我的意想不到的帮助，开始使我有勇气设想在加尔各答举行一次公共集会或许也能成功。不过这时我却接到德班发来的一个电报："议会一月开会，速归。"

于是我写了一封信给报馆，告诉他们我匆忙离开加尔各答的原因，并立即启程赴孟买。在动身之前，我发了一个电报给达达·阿卜杜拉公司的孟买代理行，请他们帮我订一张最早开往南非的轮船舱位。达达·阿卜杜拉当时刚好买了一艘"戈兰"（Courland）号汽轮，他要我一定搭那条船，并答应给予我和我的家眷全部免费。盛情难却，我愉快地接受了他们的好意。12月初我第二次远渡南非，带着我的妻子、两个儿子和我的寡姐的独子。"纳德利"（Naderi）号也在同一时间开往德班，这家轮船公司的代理行就是达达·阿卜杜拉公司。这两条船的乘客总共八百人左右，其中一半是到德兰士瓦去的。

第三部分

第一章　暴风雨来临

这是我和妻儿的第一次航行。在叙述这段经历的时候，我常常发现，在印度中产阶级童婚中，丈夫往往是识字的，而妻子实际上还是文盲。于是在他们之间就横亘了一道鸿沟，丈夫通常得做妻子的老师。于是我就得考虑诸如此类的琐事：妻儿该穿什么，该吃什么，以及该采取什么礼仪以适应新环境，等等。当时的一些往事，今天回想起来还是趣味盎然。

印度妻子总是把对丈夫百依百顺当作最高的宗教信仰。印度丈夫也把自己当作妻子的太上皇和主人，认为妻子必须对他笑脸相迎。

就在写这一章的时候，我认为，要想看上去显得文明开化点，我们的服饰和仪表应该尽可能接近欧洲标准。因为我认为只有这样，我们才能有所影响；要是没有影响，想服务侨团更是不可能的。

因此，我为自己的妻儿决定了服装的款式。我才不愿别人知道他们是来自卡提亚华的班尼亚呢！但是，纯粹的欧洲款式并不合适。那时候，帕西人往往被认为是印度人中最文明的，所以，我们就选定了帕西式样。于是，我的妻子穿上了帕西"纱丽"[①]，而孩子穿上了帕西

---

① 纱丽（Sari），一般印度教徒在通常情况下，不论男女终年赤足，尤其是在室内，如果穿上鞋袜，便被认为是大不敬。男的通常不穿裤子，只围一条白布，叫作"拖地"。女的通常也不穿裤子，只围上一条长布当裙子，有一端还可以披罩上身，叫作"纱丽"。"纱丽"有各种各样的色彩和质料。

衣裤。当然，他们还必须得穿上鞋袜。我的妻儿费了好长的时间才习惯。鞋子磨破了他们的脚，袜子也经常被汗浸湿，脚趾也经常受伤。每次他们提出反对，我总有一套说辞反驳他们。但是我有一种感觉，与其说我说话有道理，不如说被我威慑到了。他们最终答应改变服装，因为除此以外，别无办法。同样地，他们也极不情愿地用起了刀叉。[①] 等到我对这些象征性文明的迷恋消逝以后，他们立即放弃了使用刀叉。好不容易习惯了这些新方式，再回到那些旧方式，这对于他们恐怕也是同样困难的。但是现在我明白了，抛弃这种华而不实的"文明"，我们却觉得更加自由和轻松。

与我们同船的，还有些亲戚和熟人。因为这条船属于委托我办案的当事人朋友所有，因此我可以随意走动。所以，我常常能见到他们和统舱乘客。

这条船直开纳塔尔，中途不停，所以航程就只用十八天。然而就在距离纳塔尔只有四天航程的海上，我们遭受了一场可怕的风暴，这仿佛是对即将到来的陆地真正风暴的一种警告。在南半球，12月是夏天的雨季月份，所以这个季节的南海上，大大小小的暴风骤雨是司空见惯的。然而我们碰到的那次风暴却是那么猛烈而漫长，以致乘客全都惶惶不安起来。那是一个严肃的场面，面临着共同的危险，大家同舟共济，万众一心。他们忘记了彼此之间的分歧，无论是穆斯林、印度教徒，还是基督教徒或其他人，都只想到唯一的神灵。有的人甚至发出誓言，船长也和乘客一起祷告。他向他们保证，虽然这次风暴有一定的危险，但他有过几次比这更严重的经历。他还向他们解释，

---

① 一般印度人，不论他的宗教信仰是什么，都是用手抓饭吃；刀叉、筷子甚至调羹都是舶来品，习惯上是不用的。

一条建造得好的轮船，可以顶得住任何天气。可是这些话都安慰不了他们。每分钟我们都听得见像是爆裂和漏水的响声。这条船颠簸得非常厉害，仿佛随时可能沉没。甲板上早就没有人了。"神灵保佑啊！"是每个人嘴里唯一的呐喊。我还记得，我们当时被困了一天一夜。最终天空变得明朗起来，太阳也露出了笑脸，船长告诉大家暴风雨已经过去了！人们的脸上洋溢着快乐的笑容，脸上的危机感不见了，嘴里也不念叨神灵了，吃喝玩乐又成了每天的主旋律。人们不再害怕死亡，短暂而真诚的祈祷如幻觉一般。当然也还有一些祈祷和祈福，但少了些危急时刻该有的严肃感。

但暴风雨让我和乘客成为一体。我不怕暴风雨，因为我之前有过类似经验。我是个不错的水手，而且也不晕船。所以我英勇无畏地在乘客中穿梭，给他们安慰和鼓励，并定时传报船长的通知。我也因此和他们建立了稳固的友谊关系。

船于 12 月 18 日或 19 日到达德班港，"纳德利"号也在同一天到达。但真正的暴风雨将要来临。

第二章　另一种风暴

前面已经提过，12 月 18 日左右，两艘船在德班港口抛锚进港。按照规定，所有乘客未经彻底的健康检查不得在南非的任何港口登陆。如果船上有乘客患传染病，整艘船就必须被隔离一段时间。我们启程时，孟买疫情肆虐，我们担心可能被暂时隔离。检查之前，每艘船上都会升起一面黄旗，经医生检查健康之后，才会降下黄旗，随后乘客的亲戚朋友才能登船接他们。

医生来检查的时候，我们的船上也照例升起了一面黄旗。在医生看来，疫情的病毒最多可以生存二十三天，他要求隔离我们五天。就这样，我们的船必须要被隔离到我们从孟买出发后的第二十三天。但这隔离的背后除了卫生原因，还有其他因素。

听说我们要被遣送回去，德班的白人感到很震惊，我们被隔离也有这方面原因。每天达达·阿卜杜拉公司的人定期告诉我们城里的情况。白人每天召开许多会议，极尽威胁恫吓之能事，甚至利诱达达·阿卜杜拉公司，即如果船只被遣返，他们就赔偿公司的损失。然而达达·阿卜杜拉公司并不惧恐吓。阿卜杜尔·卡利姆·哈齐·阿丹先生当时是商行的股东。他决定不惜任何代价把船停靠在码头，让乘客上岸。他每天写信把详情告诉我。幸运的是，已故的曼苏克拉尔·纳扎（Mansukhlal Naazar）先生当时在德班，他特意来接我。他才华横溢，勇敢无畏，是当时印度侨团的领袖。他们的律师劳顿（Laughton）先生同样无畏。他不仅仅是他们请来的律师，也是他们真正的朋友，他谴责白人的行径，给侨团提建议。

这么一来，德班便上演了一场实力悬殊的较量。一方是许多印度穷人和他们的英国朋友；另一方是一些白人，他们武器精良，人数众多，教育良好，财富雄厚，同时还有政府的支持，纳塔尔政府也公开支持他们。内阁里最有影响力的哈里·艾斯坎比先生公开参加他们的会议。实际上，隔离的主要目的是在一定程度上恐吓乘客和代理行公司，迫使乘客返回印度。现在又有人恐吓我们了。

"如果你们不回去，就把你们扔下船，让你们沉入海底；如果你们同意返回，甚至可以拿回旅费。"我常常在同船的乘客间走动，为他们打气加油。我常常安慰"纳德利"号船上的乘客，他们都沉着镇定，勇敢无畏。

在船上，我们准备了各种游戏供乘客消遣。圣诞节那天，船长邀请船上的乘客一起吃晚饭，受邀的主要是我和我的家眷。吃完饭后，我谈到西方文明，我知道这不是正式演讲的场合，但是我控制不住自己。我和他们一起娱乐，但是心里却牵挂着德班的斗争。我是他们攻击的主要目标，他们反对我的两个理由如下。

第一，在印度，我常常肆意谴责在纳塔尔的白种人。

第二，为了让印度人挤满纳塔尔，我特意带领两船乘客定居在那里。我意识到自己的责任。我知道由于我的原因，达达·阿卜杜拉公司陷入严重困境，船上乘客的处境岌岌可危。我把家人带在身边，也把他们置入了危险境地。

225

但我完全是无辜的。我没有劝任何人去纳塔尔。乘客上船的时候，我还不认识他们。除了一对夫妇是亲戚之外，船上成百上千乘客的名字和住址，我都不知道。在印度时，我也没说过我在纳塔尔不曾说过的有关纳塔尔白人的任何话。有无数事实证明我说的话。

因此，对于纳塔尔白人们创造、代表以及拥护的文明，我不得不感到悲哀。我的脑海里早就形成了对这种文明的看法，因此，在那场小小的宴会上，我谈到对于这种文明的看法。船长和其他的朋友都耐心地听完了，并且接受了发言的精神。我不知道这一席话将以哪种方式影响他们的生活，但后来我和船长以及其他官员促膝长谈西方文明的问题。我在演讲中提到，与东方文明不同的是，西方文明主要依靠武力。在提问的人中，我记得船长针对我的观点问我，如果白人用武力解决问题，你将如何支持"非暴力原则"？我回答说："希望神灵给我勇气和理性来原谅他们，不用法律手段来解决问题。对于他们的行径，我并不愤慨，我只是对他们的无知和狭隘感到抱歉。我知道，他们真心相信自己现在所做的都是正确和恰当的。因此，我没理由对他们愤慨。"

提问的人微微一笑，不置可否。

因此，日子就这么一天一天地拖下去。隔离什么时候结束还不确定。执行隔离的官员说事情超出了他的职责范围，只要政府下令，他就会让我们上岸。

最后通牒下来了，如果我们要想性命无忧的话，就必须服从。乘客们和我在答复中说，保留我们登陆纳塔尔港口的权利，暗示了我们不惜任何代价进入纳塔尔的决心。

二十三天期满的时候，船只获准入港。允许乘客上岸的命令也下来了。

第三章　考验

就这样，船只开进码头，乘客纷纷上岸了。但是艾斯坎比先生通知船长说，由于白人对我很愤怒，我的处境还很危险。他建议我的家人和我在黄昏上岸，港务警司图姆（Tatum）先生将护送我回家。船长把信息传达给我，我同意照办。但是不到半个钟头，劳顿先生就找到船长，说："如果甘地先生不反对的话，我愿意领他一起入城。作为这家代理行公司的法律顾问，我认为你不一定非要照着艾斯坎比先生的意见办。"然后，他到我这里来，大致是这样说的："如果你放心的话，我建议，甘地夫人和孩子可以乘车去罗斯敦吉先生家里，你跟我一起步行紧跟其后，我不想让你像贼一样夜晚入城。我认为，不应该担心任何人会伤害你。现在风平浪静，白人都很分散。总之，我认为你不应该偷偷溜进城里。"我立刻同意了。我的妻子和孩子一起平安地到了罗斯敦吉先生家中，得到船长的许可之后，我和劳顿先生一起上岸，罗斯敦吉先生的家距离码头有两英尺远。

我们刚一上岸，就有许多年轻人认出我，喊着"甘地，甘地"。六七个人跑到码头，跟着他们一起喊。劳顿先生害怕集聚的人群扩大，就招手叫了一辆人力车。我不喜欢坐人力车，这是第一次坐。但是，那些年轻人不让我上车。他们恐吓车夫要他的命，车夫就赶紧拉着车跑了。我们继续往前走，集聚的人越来越多，甚至无法前行了。他们先抓住劳顿先生，把我们分开。然后有人开始朝我扔石头、砖头和腐烂的鸡蛋。有人抢走了我的头巾，打我耳光、踢我。我头晕目眩，抓住一栋房子的扶手想喘一口气，但是这对我来说也很艰难。他们又对我拳打脚踢。碰巧，一位警长夫人认识我。那位勇敢的女士走近我，尽管没有太阳，她还是打开伞，站在我和人群的中间。这么一来，要是打我，就不可避免地会伤害到亚历山大夫人，这样就制止了这群暴徒的躁动。

这时，有个印度青年看见了这个情景，连忙跑到警察局报告。亚历山大警长派了一队警察护卫在我周围，要把我安全无虞地送到目的地。警察及时赶到了。警察局就在我们去罗斯敦吉家的路上。到了警察局，警长要我在那儿避避风头，但我婉言谢绝了。我说："他们意识到这个错误以后，情绪就会平复下来，我相信他们是讲道理的。"在警察的护送下，我平安无事地到了罗斯敦吉先生的家里。那会儿我遍体鳞伤，不过除了一个地方以外，其他地方并没有破皮流血。船上的达迪巴若（Dadibarjor）医生当时也在场，他尽心尽力地为我医治。

室内很安静，但是房子外面被白人包围了。夜色渐浓，吵闹的白人叫嚣着："我们一定要抓住甘地。"得到消息的警长先生已经赶到现场，他没有疾言厉色地威胁呵斥，而是用幽默的方式尽力控制住了那些群众。他给我捎了这样一条口信："如果您想保住您朋友的房子、财产及您的家人，我建议您乔装打扮，从房子里逃出去。"

就这样，同一天我便面临两种截然不同的处境。当危及生命的事对我来说遥不可及的时候，劳顿先生建议我公开上岸，我同意了；当危险近在咫尺的时候，另一个朋友给了我相反的建议，我也接受了。

谁又能说我这样做是因为我处于危险境地，或者是因为我不想把妻儿和朋友的生命置于危险境地呢？我第一次勇敢面对人群和我第二次乔装打扮逃走，谁又能肯定地说这两种做法都是对的呢？

断定一件已经发生的事的对错是毫无意义的。重要的是理解它们，可能的话从中为将来汲取教训。断定一个人在某一特定情况下一定采取某一特定的行动，是很困难的。由于依据不充分，从一个人的表面行动判断一个人的行为是不可靠的。

不管怎样，为逃跑做准备让我忘记了伤痛。按照那位警长的建议，我穿上印度警察的制服，戴上马德拉斯的头巾当作头盔。两个警察陪着我，其中一个打扮成印度商人，他的脸涂成印度商人的样子。我忘了另一个人打扮成什么样子了。我们从一条小道走到隔壁商店，穿过堆满麻袋的仓库，从商店大门逃出来，穿过人群到街尾坐上为我们准备的一辆马车。就这样，我们来到之前亚历山大先生为我提供的用于避难的警察局。我对他和其他警察致以谢意。

在我逃跑的过程中，亚历山大先生一直唱着"把老甘地吊在酸苹果树上"的小调娱悦围堵的人群。

得知我安全到达警察局，他立刻就把消息公布给人群："你们的猎物已经从隔壁商店逃走了。现在你们最好都回家吧。"人群中有些人很愤怒，有些人笑了起来，有些人则难以相信。

警长说："那好吧，如果你们不相信我，可以指派一两个代表，我可以把他们带到房子里。如果他们能够成功地找出甘地，我很乐意把他交给你们；如果不能，你们就解散吧。我相信你们无意破坏罗斯敦吉先生的房子或者伤害甘地的家人吧。"

这群人果然派代表来搜查房子，但无功而返。人群最终解散了。

很多人都赞赏警长先生巧妙地处理了整件事情，有些人则很恼怒，气得直冒火。

张伯伦（Chamberlain）先生（已故）是当时的殖民地国务大臣，他发电报给纳塔尔政府，要他们严惩闹事的人。艾斯坎比先生把我找去，表达了他的歉意，并说道："相信我，你受到任何伤害我都会感到难过。面对最糟的情况，你有权接受劳顿先生的建议。我能肯定的是，你要是考虑了我的建议，这些坏事就不会发生了。如果你能认出攻击你的人，我准备逮捕并起诉他们，张伯伦先生也希望我这样处理。"

对于他的建议，我答复如下：

"我并不想起诉任何人，也许我能认出一两个，但是惩罚他们又有什么意义呢？而且我也不想惩罚那些闹事的人。他们听信了别人的话，以为我在印度发表的有关纳塔尔白人的言论言过其实，是在诽谤他们。他们相信了这些报道，难怪会对我感到愤怒。如果你让我说的话，这些领导人，包括你，你们才是应该受谴责的人。你们应该正确引导民众，但是你相信路透社的报道，认为我的话夸大其词。我不想责备任何人，我相信，当真相大白的时候，他们会为自己的行为感到羞愧。"

艾斯坎比先生问："你能不能把你刚才的话写成书面的东西？我会照此给张伯伦先生发电报，我不想你这样仓促地做出声明。如果你愿意的话，你可以和劳顿先生以及其他的朋友商量一下，然后再下结论。然而，毋庸置疑的是，如果你放弃起诉那些攻击你的人，就会在很大程度上帮我恢复这里的平静局面，并会提高你的声誉。"

我说："谢谢你。我不用和任何人商量，在来这里之前，我已经拿定主意。我确信不打算控告殴打我的人。现在我准备把这个决定写成书面材料。"

说完这些，我把需要的声明写给了他。

第四章　风暴过后的平静

两天后，艾斯坎比先生派人来找我的时候，我还在警察局。尽管无须这么谨慎，他们还是派了两个警察来保护我。

上岸的那天，黄旗一降下，《纳塔尔广告报》(*The Natal Advertiser*)的一个记者就来采访我，他问了我许多问题，针对各种不实的指控我在回答中一一反驳。多亏了费罗泽夏·梅赫达爵士，我在印度所做的报告都有讲稿，而且和我其他文章的副本一起都带在身边。我把这些文件都交给这位记者，向他们展示我在印度所说的全都是我在南非已经说过的，而且不及在南非的措辞强烈。我也向他表明"戈兰"号和"纳德利"号上的乘客并不是我劝到南非的。他们中有许多人都是老侨民，他们不想待在纳塔尔，想去德兰士瓦。那时候，德兰士瓦对这些来寻宝的人（主要是印度人）提供了比纳塔尔更好的前景，因此人们更愿意去那里。

这个采访和我拒绝控告闹事人的做法，在德班的欧洲人中产生了强烈反响。新闻界宣布我是无辜的，并谴责那些暴徒。最终这次迫害对我来说变成了件好事，它扩大了南非印度侨民的声望，使我的工作更好开展。

三四天后，我回到了家。没多久，我便安顿了下来。这件事也促进了我律师业务的发展。

然而，一方面，它加强了侨团的声望；另一方面，也煽动了对它的偏见。一旦印度人能进行一场英勇的斗争，它就被认为是一个威胁。纳塔尔立法议会提出了两个法案：一个对印度商人产生了不利影响，另一个对印度移民进行更严厉的限制。值得庆幸的是，大会做出了一个决定：不得通过类似反对印度人的法案。也就是说，在立法中，不可因为种族不同而加以区别对待。上述法案人人适用，但是毫无疑问，它们的目标是对在纳塔尔的印度人施加更多限制。

这些法案大大增加了我的工作量，也使侨团成员更有责任感。这些法案被翻译成印地语，并加以详细说明。这样侨团就能体会到其中微妙的含义。我们向殖民地大臣呼吁，但他不愿意干涉，最终法案变成了法律。

公共工作占据了我的大部分时间。之前提到的曼苏克拉尔·纳扎先生当时在德班，他和我待在一起。他也致力于公众工作，这多少减轻了我的负担。

在我回国期间，阿丹吉·米耶汗将工作开展得卓有成效。他扩充了会员，给纳塔尔印度国大党增加了大约一千英镑的资金。我利用两个法案激起的觉悟和人们反对那两条船的乘客的示威游行，作为吸收会员和募集资金的机会，取得了很好的效果；现在会员增多了，资金也已经增加到了五千英镑。我想确保有永久资金，这样一来，它就可以收购资产，并用资产的租金来开展各项工作。这是我第一次经营公共机构。我向同事提出我的建议，他们都很赞成。购买的资产租赁出去了，租金足够当时大会的开销。这份资产委托给了一个很大的托管机构，那个机构今天依然存在，却已经成为争吵不休的根源，租金现在都累积在法院里。

自从我离开南非以后，这种情况就不断恶化。但在这场变故发生很久以前，我关于公众机构建立永久资金的想法就改变了。现在我经营了许多机构，积累了很多经验，我深信公众机构拥有永久资金并不合时宜，它会在机构内部埋下道德沦丧的种子。公共机构是一个得到了公众赞成和基金支持的机构。一旦一个机构不能得到公众的支持，它就失去了存在的必要。拥有永久资金的机构往往会忽视民意，经常与民意背道而驰。在国内，我们实施每个步骤都会经历这些。一些所谓的宗教托管会往往不出具账目，受托人成为所有者，不对任何人负责。毫无疑问，理想状态是让机构像大自然一样日复一日地存活。得不到公众支持的机构就没有存活的必要了。一个机构每年得到的捐款就是对其声望和经营诚实与否的考验。我认为每个机构都应该经受这种考验，希望大家不要误解我的意思。我的这种观点并不适用于那些从本质上来讲没有永久资金就不能运行的机构，我说的是目前的经费应该年复一年地从捐款中得到。

这些观点在南非的非暴力抵抗运动中已经得到证实。尽管需要数十万卢比，但那场历时超过六年的盛大运动是在没有永久资金的情况下进行的。我仍然记得，常常有这种情况，即如果第二天没有人捐款，就不知道会发生什么事情。但这都是后话，我没必要在这里说这么多。从接下来的论述中，读者就会发现上面的观点已得到充分的论证。

第五章 儿童教育

我于 1897 年 1 月抵达德班，当时我带着三个孩子，我姐姐十岁的儿子，我自己的儿子，一个九岁，一个五岁。把他们送到哪里去接受教育呢？

我本可以把他们送到为欧洲孩子办的学校，但要有特别的优待和许可才进得去，印度孩子都进不去。还有一些基督教会办的学校，我不喜欢那些学校给孩子们灌输的思想，所以不准备把孩子们送到那里去。一方面，他们只用英语或不标准的泰米尔语、印地语教学；另一方面，即便有这样的课程，校方安排起来也困难重重。我难以忍受这条和其他的不利因素。因此，我准备自己教他们，但是很多时候，我的时间无法保证，我没办法找到一个合适的古吉拉特文老师。

没有办法，我招聘了一位英语老师，但他必须在我的指引下教孩子。这位老师定期给孩子们上课。我也不时地给他们上一些课，这让他们兴奋不已。我找了一位英国女老师，月薪七英镑，这种状况持续了一段时间，但我还是不太满意。孩子们通过和我交谈学到一些关于古吉拉特文的知识，学习地道的母语。我不愿意把孩子们送回印度，因为我觉得小孩子不能离开父母。孩子从秩序井然的家庭中自然汲取的知识，是宿舍中学不到的。所以，我时常把孩子带在身边。我曾经把我的外甥和大儿子送到印度的寄宿学校待了几个月，但不久我就把他们接回来了。后来，大儿子长大后和我分开，去了印度艾哈迈达巴德中学。我记得我外甥对我提供给他的教育很满意。其他三个儿子从没上过公立中学，尽管他们确实在我为那些父母参加南非非暴力抵抗运动的孩子开办的临时学校中定期上过一些课。

这些教育试验都不尽如人意，我不能一直给孩子上我理想的课程，我不能一直关注他们，还有一些其他原因让我不能给他们上我设想的文学课。我的孩子都在这方面抱怨我，一旦他们要考学士或是硕士学位，甚至要得到入学许可，就都感觉到缺乏学校教育的不利。

然而，我认为，如果我坚持让他们在公立学校上学的话，他们只能从学校获取知识，缺少从父母言传身教中学到的知识。我就不会像现在这样，不必为他们的分数担忧。从我的经验来看，他们在英国和南非得到的那种矫揉造作的教育，远不能教会他们淳朴及现在生活中展示的服务精神。而且，他们矫揉造作的生活方式也许会影响我的公众生活。因此，尽管我不能给予一种让他们和我都满意的文学教育，但回首过去，我认为我尽到了自己的责任。我也不后悔没能送他们去公立学校。我总觉得，如今我在我大儿子身上看到的不尽如人意的性格特点，是我自己早期生活无规律、不成体统的反映。我把那段时期看作一知半解和放纵不羁的阶段，这个时期与我大儿子最重要的时期不谋而合。自然而然地，他拒绝认为这段时期是我放纵不羁和青涩的时期，反而认为这段时期是我人生中最辉煌的时期，那些后来影响深远的改变是因为错觉和对启蒙的误解，随他怎么想吧。为什么他不承认我的早期代表一段自我觉醒的时期？后期的巨大改变代表多年的自我欺骗和以自我为中心的时期呢？朋友们常常质疑我：如果我给孩子们学术教育的话，会对他们造成什么伤害？我有什么权利剪断他们的翅膀呢？我为什么要阻止他们考取学位，然后自己选择职业呢？

我认为这些问题没什么值得争论的。我和许多学生接触过，我尝试通过自己或者通过他们把我的教育"理念"传授给其他孩子，并产生了有目共睹的结果。我知道，许多年轻人和我儿子同龄。从人与人的关系来看，我并不认为他们比我的儿子强或者我儿子有什么需要向他们学习的。

但试验的最终结果仍在孕育之中，有待时间的检验。我在此讨论的目的是，作为一个文明史的研究者，在严格的家庭教育和学校教育之间能有一个衡量。同时对于父母生活中的变化在孩子身上产生的影响，也可以有所估计。这篇文章主要是讲，一个信奉真理的人在体验真理的时候，要有多大的耐性，自由的崇拜者在追求自由时，需要付出多么大的牺牲。如果我缺乏自尊心，并且满足于我能给我的孩子别的孩子得不到的教育的话，我就会剥夺他们因牺牲文字教育而得到的自由和自尊的学习机会。在获得自由和接受教育之间做选择的话，谁能说前者不比后者好上一千倍呢？

1920 年，我呼吁年轻人跳出奴隶制的大本营——他们的中学和大学。我建议他们，与其套在奴隶的锁链中寻求文字教育，不如目不识丁，为自由冲出囹圄。现在，人们或许可以找到该建议的源头了。

第六章　服务精神

我的工作进展得很顺利，但是还远远不能让我满意。想要继续简化生活并为我的追随者具体做点事情的想法一直激励着我，这时一位麻风病患者找到我。我不想用一顿饭打发他，所以我为他提供住所，清理伤口，照顾他。但我不能一直这样做，我负担不起这些，我也不愿意让他一直跟我在一起。所以我把他送到为契约工人而设立的政府医院。

但我仍然感到不安，我想要做些永久的人道主义工作。布斯医生是圣爱丹教会的负责人，他心地善良，免费为病人看病。多亏了帕西·罗斯敦吉先生的捐献，才可以开一家由布斯医生负责的慈善医院。我很想在那家医院当护士，听说他们每天分发药物需要两个小时，我决定从我的工作时间里抽出两个小时去那家医院的下属诊所当配药师。我的工作——参与财产转移或仲裁案件，大多是室内的。当然，偶尔我也会去地方法庭，他们中的大多数都是没有争议的人物。可汗先生追随我去了南非，当时我们住在一起，我不在的时候，他帮我处理这些工作。就这样我挤出了去医院的时间。也就是说，包括路上的时间，每天早晨，我要花两个小时。这些工作让我很心安。工作的内容就是听听病人的意见，告诉医生，分发处方。这份工作让我可以近距离地接触印度病人，他们中大多数是契约制泰米尔人、泰卢固人和北印度人。

这份工作益处良多。布尔战争期间，我还照顾那些生病和受伤的战士。

我一直很关注养育孩子这个问题，我有两个儿子是在南非出生的。我在医院的工作对于解决他们成长中的问题很有裨益，我的独立精神也是经得起考验的。我决定在妻子生产的时候给予她最好的医疗帮助，但如果医生和护士正好在我们陷入困境时离开，我们该怎么办呢？护士一定要是印度人，但在南非，要找到一个训练有素的印度护士跟在印度一样难。于是，我研究了安全生产的必要知识。我读了特立普望达斯（Tribhuvandas）医生的一本叫作《母亲须知》的书，这本书提供给母亲们许多建议。我根据书中的指导养育我的孩子，把我从别的地方得到的经验全都用上了。我找了一个护士，时间不过两个月，主要是帮助妻子。我则负责照顾孩子。

最小的孩子的出生，对我来说是一次严峻的考验。妻子突然感到阵痛，当时医生不在，找助产士花了一些时间。即便她在场，也不能帮助接生。我必须亲眼看着孩子降生，我从特立普望达斯医生的书中学到的知识给了我很大帮助，我并没有感到紧张。

我深信，为了孩子的健康成长，父母必须对护理和照顾婴儿有大概的了解。孩子成长的每一步，都让我看到仔细学习这本书带来的益处。如果我不学习那些知识、不运用那些知识，我的孩子现在就不可能拥有健康的体魄。我们一直有个迷信的观点：认为孩子五岁前学不到什么知识。事实正好相反，五岁前学到的知识以后他再也不可能学到。孩子的教育始于怀孕，父母在母亲怀孕期间的身体和精神状态在婴儿身上都会重现。怀孕期间，母亲的情绪、欲望和脾气及其生活方式对胎儿也有影响，出生后孩子会模仿家长，前几年则会完全依赖他们而成长。

意识到这一点的人会学习那些对于后代的身体、精神以及灵性安宁来说是必备的知识，并且把这些知识的好处传递给后代。

第七章　禁欲（上）

讲到这里，我开始认真考虑实行禁欲誓言。结婚以来，我就一直过着一夫一妻制生活，对我的妻子很忠诚，这也是热爱真理的一部分。在南非，我意识到禁欲的重要性，对我的妻子来说也是这样。我不能确定是哪种环境或哪本书指引我到这个方向，但回想起来，主要是我之前提到的赖昌德巴伊启发了我。至今我仍记得我和他之间的一次会谈。有一次，我跟他提到，我高度赞扬格莱斯顿[①]（Gladstone）夫人对丈夫的忠贞。我在别的地方读到，即使格莱斯顿先生到下院去了以后，她仍坚持给他泡茶，这也成为这对著名夫妇的人生信条，可谓琴瑟相合。我把这些告诉了这位诗人，附带颂扬了这对夫妻之间的爱情。赖昌德巴伊问我："下面这两种关系你更赞扬哪个？是格莱斯顿夫人作为妻子对丈夫的爱，还是不考虑她与格莱斯顿先生之间的关系，她为他做出的忠心服务？假设她是他的姐妹，或者他忠心的仆人，用同样的耐心来伺候他，你会怎么说？我们没有类似这么忠心的姐妹或仆人吗？如果你发现一个仆人同样忠诚地奉献，你还会像表扬格莱斯顿夫人一样赞扬他吗？想一想我的

---

① 格莱斯顿（1809—1898），英国政治家。

这番话吧。"

赖昌德巴伊是个有妇之夫。我当时觉得他的话很刺耳，但那些话却不可避免地触动了我。我觉得一个仆人对主人的忠诚比妻子对丈夫的忠诚值得表扬得多。因为妻子与丈夫之间的关系是难解难分的，所以她对他的忠诚也是理所当然的，这种忠诚很自然。但在主仆之间培养这种忠诚，就需要付出极大的努力。诗人的这种观点对我的影响越来越大。

我问自己，我和妻子之间的关系应该怎样呢？只要我不消除欲望，我的忠诚就一文不值。说句公道话，我妻子并没有引诱我。因此，如果我愿意的话，我要"禁欲"很容易。真正的障碍是我脆弱的意志和情感欲望。

即便我已经意识到这个问题，还是失败了两次。失败是因为我努力的动机并不高尚，我的主要目的是不再要孩子。在英国，我已经读了一些关于避孕的知识。在有关素食那一章，我已经宣传了艾林生医生控制生育的思想。如果说这对我有短期影响的话，那么希尔斯先生对这些方法的反对，以及反对利用外力而主要运用内心的努力——自制，对我的影响更为深远，后来我遵循了这种方法。因此，自我节制以后我就不想要孩子了，这项工作中有无穷无尽的困难。我们分床睡，只有工作一天，筋疲力尽以后我才会去睡觉。这些努力看起来一无所获，但回顾过去，我认为最终的解决办法是在之前那些失败尝试的基础上摸索出来的。

1906年我才想出最终的解决办法。那时非暴力运动还未开始，我对它还一无所知。布尔战争后不久，祖鲁人在纳塔尔发生"叛乱"，我当时还在约翰内斯堡当律师。我觉得在那种情况下，我必须为纳塔尔政府效力。政府接受了我的提议，这在另一章将会详细阐述。但这项工作让我开始强烈地思考"自制"这个问题。我把想法提出来，和同事商量。我深信生育和后续抚养孩子与公众事业背道而驰。为了在"叛乱"期间服务，我不得不取消了我在约翰内斯堡的住所。在我服役的一个月里，我被迫放弃了细心布置的房子。我把家人带到凤凰村（Phoenix），领导着分配给纳塔尔部队的印度救护队。在接下来困难重重的行军中，我突然意识到，如果我想全身心地投入印度侨团的服务，必须做到不再要孩子，不再奢求财富，我必须过着瓦纳普罗斯达式（Vanaprastha）的生活——即不再受家事的烦扰。

"叛乱"只持续了六周，但这短暂的时间成了我一生中非常重要的一个时期，我越来越意识到誓言的重要性。我认识到，誓言打开了真正自由的大门。由于意志薄弱、缺乏信心和对神灵恩典的怀疑，我仍然未能成功。因此，我的心漂浮在怀疑的狂暴海洋里。我意识到，不履行誓言，人容易受到诱惑。誓言的约束会让一个行为放纵者过上真正的一夫一妻制生活。"我相信人力，而不想受誓言的约束"是一种弱者的心态，一种想要逃避责任的微妙心态。抑或想做出最终决定，又有什么难的呢？我发誓摆脱确定会咬我的蛇，我要努力远离它，我知道单纯靠努力意味着死亡。单纯的努力意味着对一些事实视而不见，这一事实就是蛇一定会咬我。因此，事实上我对人力满意，仅仅意味着我还未完全意识到采取明确行动的重要性。但假设未来我的观点有所改变，我怎么用誓言来束缚自己呢？这种怀疑常常让我徘徊不定。但这种疑虑也显示，我对必须抛弃某一事物这一点缺乏清晰了解。这正是尼斯古兰纳唱的：

243

不厌不弃，终难持久。

因此，一旦欲望消失，禁欲的誓言也就顺理成章。

第八章　禁欲（下）

经过仔细讨论和深思熟虑，我于1906年立下禁欲誓言。直到那时，我才和我妻子讨论我的观点，征求她的意见之后我才真正实行。她并未反对，但最终的决定则困难重重。我决心不足，怎么控制我的情欲呢？与自己的妻子断绝肉体关系听起来匪夷所思。但我怀着对神力的信心开始新体验。

当我回头看这二十年来的禁欲时，我极其高兴，十分惊奇。我从1901年以来开始进行或多或少的自我控制。但在1906年以前，我从没感觉到誓言实施以后产生的那种自由和乐趣。在禁欲以前，我无时无刻不受到诱惑。但现在，禁欲是控制诱惑的坚实盾牌。日常禁欲的潜力对我来说显而易见。我是在凤凰村起誓的。救护工作结束以后，我就去了凤凰村，然后去了约翰内斯堡，非暴力抵抗运动的基础是在我返回后大约一个月时间内奠定的。我丝毫不知禁欲誓言对我产生的潜移默化的影响。非暴力抵抗运动并非事先计划好的，它是在我毫不知情的情况下自然而然产生的。但我知道，我之前的每一步都是朝着这个目标迈进的。我在约翰内斯堡节俭家用，去凤凰村践行誓言。

我对尽善尽美地奉行"禁欲"誓言就意味着"婆罗门"实现的了解，并非归功于经书，而是从经验中慢慢获得的。我后来才研读这方面的宗教典籍。每天践行誓言让我越发意识到：禁欲保护身体、精神和灵魂。禁欲并非清苦的修行，它是慰藉和乐趣，每天都会有新收获。

但即使禁欲带来与日俱增的乐趣，要实现也非易事。即便我已经五十六岁了，也仍认为这并非易事。每一天，我都会像"行走在刀尖"上，时时刻刻意识到保持勤勉的重要性。

践行这个誓言的首要条件，就是"控制食欲"。我发现，完全控制食欲让遵守誓言变得容易。所以，现在我进行饮食试验并不仅仅是出于素食的角度，也是从禁欲的角度考虑。在试验中，我认为禁欲时吃的食物应该数量有限、简单、无味，甚至可以生吃。

六年的试验表明，禁欲时最理想的食物就是新鲜的水果和坚果。这些食物对激情的免疫，是我在改变饮食之后才发现的。在南非，我选择新鲜的水果和坚果，禁欲对我来说轻而易举。可是从我喝牛奶开始，禁欲就变得困难。我放弃吃水果改喝牛奶的原因将会在后文交代，只要知道喝牛奶让禁欲誓言变得困难就可以了。但不要因此推断禁欲必须禁止喝牛奶，每种食物对禁欲的影响只能由无数的试验验证。我必须找到一种可以代替牛奶的水果，这种水果必须可以满足身体需要且容易消化，印度教医生和穆斯林医生都没有给我灵感。尽管我认为牛奶有部分刺激作用，但暂时还不敢劝人放弃食用牛奶。

作为对禁欲的外部辅助，绝食如同对食物的挑选和控制一样重要。情感是一种压倒性的力量，只有它从四面八方被团团包围的时候才能被控制住。常识认为不吃饭就没有力气，所以我毫不怀疑，有节制的绝食很有益处。对一些人来说，绝食毫无益处。假设机械的绝食可以给他们免疫，他们不吃任何食物，但在精神上享用各种珍馐美食，想象着绝食过后可以享用饕餮大餐，这种绝食既不能帮助他们控制食欲，也不能帮助他们控制欲望。只有当精神和饥饿肉体合作时，也就是说，对身体上拒绝的东西，精神上也能培养出一种对其厌恶的情感，绝食才有效。因此，绝食的作用极其有限，因为绝食的人可能因情欲而动摇。可以这样说，如果不绝食，情欲的消失通常是不可能的，而奉行"禁欲"誓言的人，不绝食是不行的。许多狂热的禁欲者都失败了，因为他们在其他感官上像非禁欲者一样。因此，他们的努力就像在盛暑求寒冬一样徒劳。禁欲者和非禁欲者之间界限分明，两者之间的相似只是表面的，区别像白昼一样清楚。他们都用眼睛看，禁欲者用眼睛看神灵的荣耀，而非禁欲者用眼睛观察身边的琐事。他们都用耳朵听，但不同的是，有的人只闻天上赞歌，别的人听到的却是人间鄙语。他们都深夜未眠，一个在夜里祈祷，另一个在狂热而无聊的欢乐里消磨时间。他们都注重内心，一个对寺庙善加保养，另一个则饱食终日而弃精神于不顾。两者如同两极，他们之间的距离随着时间的消逝而越来越远。

禁欲意味着控制思想、言语和行动。每天我都愈发认识到对上述详述部分进行控制的必要性。放弃"禁欲"有无限可能，就像坚持"禁欲"有无限可能一样。对于大多数人来说，它只能作为一种精神的信仰。一个禁欲的狂热分子常常意识到自己的缺点，会在内心找到徘徊已久的激情，而且不遗余力地摆脱它们。只要思想不完全受意识的控制，完全的禁欲就是天方夜谭。不自觉的想法是内心情感的一种反映，因此，控制思想就意味着控制心灵，而这比捕风捉影还要困难。然而，内心神灵的存在让控制情绪变得可能。不要让人们觉得因为困难所以就不可能。这是至高无上的目标，我们也应该付出最大的努力。

然而，直到回国以后，我才发现这种禁欲非人力所为，在那以前，我还天真地以为仅靠吃水果就可以摆脱所有情欲，还以此庆幸，以为除此方法以外，我什么也做不了。

不过，我应该先在这一章谈我的斗争。同时我想表明，凡是希望奉行"禁欲"从而认识神灵的人，都不必失望，只要他们对神灵的信仰不亚于对自己努力的信心就行了。

> 色之于味，
> 如影随形。
> 色离绝欲之人，
> 味绝得道之士。[1]

所以，神灵的名义和他的恩惠便是立志禁欲者最后的精神源泉。我回到印度以后才悟到这个真理。

---

[1]　见《薄伽梵歌》第二章五十九节。

第九章　简朴的生活

我曾经有过一段很舒适轻松的生活，但时间不长。尽管我精心装修了房子，它也丝毫不能使我留恋，所以我一开始过那种简朴生活就精简家用。洗衣工的费用很高，工人也不准时，两三打衬衣和衣领都不够我用。衣领每天都要换，衬衣即使不是每天都换，也要两天换一次，这就意味着双倍的开销。然而，这却没太大必要。所以，我买了洗衣设备自己洗。我还买了一本关于洗衣服的书，研究洗衣服的技巧并教给我妻子。但这无疑增加了我的工作量，然而这份新奇的工作也不失为一种乐趣。

我永远记得自己洗的第一条衣领。我用了太多浆粉，熨斗不够热，害怕烫坏衣领又没有使劲熨。结果就是，尽管衣领很干挺，多余的浆粉却不断地掉下来。我戴着这条衣领到法庭上遭到了同事们的嘲笑，但当时也不在意。

我说："好吧，这是我第一次洗衣领，浆粉放太多了，但没关系，我给你们带来了快乐。"一个朋友说："确定不需要洗衣工人吗？"我说："洗衣费用太贵，洗一个衣领的价钱几乎可以买一个新的衣领了，也许将来我需要洗衣工，但现在我宁愿自己洗。"

但我不能让我的朋友了解自助的快乐。就我洗衣服的技术而论，我快成浆洗专家了。我洗的衣服并不比洗衣店里洗的差，我的衣领和别人的一样直挺、一样光亮。

戈克利来南非的时候，戴了一条围巾，是马哈迪夫·戈温德·兰纳德先生送他的礼物。他很珍视，小心呵护，只有在特殊场合才戴。有一次在约翰内斯堡的印度人宴会上，围巾皱了，需要熨一下。但是，送去洗衣店熨好再拿回来时间就不够了，我便毛遂自荐。

戈克利说："你当律师的才能，我是信得过的，但是作为洗衣工的能力我却不相信。弄脏了怎么办？你知道它对我来说多么珍贵吗？"

他很开心地说了礼物的事。我仍然坚持自己能做好，得到他的允许后，我熨了围巾，并得到了他的赏识。自此以后，我不介意别人是否认可我熨衣服的能力。

同样地，我不再依赖洗衣工人，也不再依赖理发师。所有去英国的人都学会了刮胡子，然而，就我所知，没有人会自己理发，我也要学。有一次，我去比勒陀里亚的英国人的理发店，他轻蔑地拒绝为我理发。我觉得伤心，立刻自己买了剪刀，在镜子面前自己剪了头发。前面部分剪得还可以，后面却是一团糟。在法庭上，朋友捧腹大笑道："甘地，你的头发怎么了？被老鼠啃过了？"

我说："不是的，白人理发师不肯屈尊帮我这黑人剪头发，不管多么糟糕，我只能自己剪了。"这回答并不会让我的朋友们感到奇怪。理发师拒绝剪我的头发并没有错，如果他给黑人剪头发，很可能砸了自己的招牌，我们不应该让理发师为黑人理头发。我在南非多次碰到这种情况，我坚信这是对我们原罪的惩罚，这样我就不会生气了。

我对自助的热情和简朴生活的其他例子将会在合适的时机进行介绍。种子早就种下了，只需要浇水，自然会生根、开花、结果，而浇水的工作后来我也做了。

第十章　布尔战争

我必须把 1897—1899 年的许多经历从略，直接谈谈布尔战争。当宣战的时候，我对布尔人感到很同情。但我认为在那种情况下，我还没有权利执行我的个人信念。对于这个问题，我在《我在南非二十年》中详细说明了内心的斗争，这里就无须赘述。我请那些对此感兴趣的人去翻一翻那些内容。正是出于对英国的忠心，我与英国人共同参与了这场战争。我觉得，如果我享有英国公民的权利，那么保卫大不列颠帝国就是我的职责。当时我还以为印度只有通过大不列颠才可能得到完全的解放。所以我尽量去召集同志，费了九牛二虎之力劝他们加入服务队。

一般英国人认为印度人是懦夫。他们认为印度人不具备冒险精神，除了当下不敢往远的方面想。因此，许多英国朋友对我的计划泼冷水。可布斯医生却全力支持我，他还训练我们做救护队的工作。我们也获得了相应的医务工作资格。劳顿先生和艾斯坎比先生也很热情地支持这项计划，最终我们申请去前线工作。政府很感谢我们的服务，不过说我们的服务在当时并不那么必需。

然而，我并不甘心于这个回绝。通过布斯医生的介绍，我拜访了纳塔尔的主教。在我们的救护队里有许多信奉基督教的印度人。主教对我的提议很满意，并答应帮助我们到前线服务。

时机对我们也很有利。布尔人的表现比人们想象的还要勇敢，最终我们的服务派上用场。

我们的救护队有一千一百多人，有接近四十名队长。大约三百人是自由印度人，其余的都是契约工人，布斯医生也加入了我们的队伍。救护队表现得很好。尽管我们的工作是在交火线以外，也受到了红十字会的保护，但是紧急情况下还是要去前线工作。我们自己并没有要求这种保护，而是当权者不想让我们在炮火射程之内。然而，在斯比昂·柯柏（Spion Kop）战役失败后形势发生了改变。布勒将军告诉我们，尽管我们没有义务冒这个险，但是如果我们去救护伤兵的话，政府会感激不尽。我们并没有犹豫，所以我们在斯比昂·柯柏的活动处于交火线内。这段时间我们每天行军二十到二十五英里，还用担架抬着那些伤兵。在这些伤兵中，我们有幸救过伍盖特（Woodgate）将军那样的军人。

历经六个星期的工作后，救护队解散了。英军总司令被击退到斯比昂·柯柏和瓦耳克朗茨（Vaalkranz）后，放弃攻取莱迪史密斯（Ladysmith）和其他地区的部署，决定缓慢行军，等待来自英国和印度的援兵。

当时我们微不足道的工作得到了赞扬，印度人的声誉也因此提高了。报纸上一直用赞美的韵律歌颂着我们，说"我们终究是帝国的儿女"。

布勒将军在他的信件中用很感激的口吻提到救护队的工作，队长们也荣获了作战勋章。

印度侨团的组织也更完善了。我跟那些印度契约工人有了进一步的接触。他们已经有了更高的觉悟，认为印度教徒、穆斯林、基督教徒、泰米尔人、古吉拉特人、信德人都是印度人。这种观念在他们心中已经根深蒂固。每个人都深信印度人可以解脱了。那时候白人对印度人的态度似乎也有明显的转变，也是印度人与白人关系最和谐的时候。我们与成千上万的士兵接触，他们对我们很友好，也很感激我们给予他们的服务。

这里我忍不住要提起一件往事，人类在经受考验的那一刻表现出来的天性是多么美好啊！我们向齐弗里兵营（Chievely Camp）进发，那里罗伯茨（Roberts）勋爵的儿子罗伯茨中尉受了重伤，在等待救护，我们有幸把他救下来。我们行军那天，天气酷热，大家都非常渴。路边有一条小溪可以解渴，不过谁先喝呢？我们想让士兵先喝，可他们不愿先喝，一定要我们去喝，于是一场温馨的谦让持续了好一阵子。

第十一章　卫生改革和饥荒救济

要我去做任何一个不起作用的政治团体的会员是根本不可能的。我不愿隐藏或默许侨团的缺点，也不愿侨团不改进自身而提出各种权利要求。因此，我在纳塔尔定居下来以后，就致力于消除人们对侨团的指责。这些指责也不是空穴来风的，说印度人很邋遢，屋里屋外总是不干净。因此，侨团的主要人物已开始把他们的屋子收拾得干干净净，但是德班即将发生鼠疫的报告公布后才进行挨家挨户的检查。我与城里的神父进行商量，得到了他们的赞同，他们本来也希望和我们合作。我们的合作使他们的工作变得顺利，也减轻了我们的负担。因为城里一旦暴发传染病，当局就会按照惯例采取过分的措施，以高压手段招致人民的不快。侨团主动采取卫生措施避免了这种情况。

但我还经历了更苦的事。我发现，不能那么轻易地指望侨团履行它的职责。在有些地方我受到了侮辱，而在有些地方受到了客气的轻蔑。要人们保持环境卫生，对他们来说太麻烦了。指望他们出钱做事，那更不可能。这些经验教会了我：没有极大的耐心是不可能让人们做任何事情的。迫切需要改革的是改革者，而不是社会，社会所能给予他们的不是别的，而是比反对、憎恨甚至残酷的迫害好不了多少的东西。为什么社会要把改革者视作生命般珍爱的东西当作一种退

255

步呢？

然而这次鼓动的结果是，印度侨团或多或少懂得保持他们屋里屋外清洁的必要性了。我受到了当局者的敬重，他们明白，虽然我会为他们打抱不平，为他们争取权利，但我还是坚持自我净化。

然而还有一件事情要做，那就是唤醒印度侨民对祖国的责任感。印度是个贫穷的国家，印度侨民为了寻找财富来到了南非，当他们国内的同胞处于逆境的时候，他们应该拿出一部分钱帮助他们。在1897年和1899年可怕的饥荒里他们做到了。他们捐献了不少救济金，1899年比1897年捐的还要多。我们呼吁英国人捐钱，也得到了他们积极的响应。就连印度契约工人也捐了钱，为应对这次饥荒所建立的制度持续了下来。而且我们知道，当印度遇到大灾难的时候南非的印度人总会慷慨解囊，捐出一大笔善款。

就这样，南非的印度侨民提供的服务在每个阶段都揭示了真理的新含义。真理就像一棵大树，你越是细心培植，它就越硕果累累。在真理的矿藏中，寻觅得越深，发掘的宝藏越丰富，这就意味着为人民服务开辟出更多种类的服务形式。

第十二章 返回印度

战时任务结束后，我就觉得我的工作不再是在南非，而是在印度。在南非并非无事可做，而是我担心我的工作仅仅是为了赚钱。国内的朋友也再三催我回去，而我也觉得应该为印度多做一些事。至于南非的工作，自然会由可汗先生和曼苏拉克尔·纳扎先生负责。于是我请求我的同事解除我的工作。几经周转，我的请求被有条件地接受了。其条件是：如果一年之内侨团需要我的话，我就得回南非。这是个让我很为难的条件，但是我对侨团的热衷使我接受了它。

真主用爱的纱线，紧紧地拴住了我，我是他的奴隶。

密罗白唱道。而我也不例外，爱的纱线使我跟印度侨团紧紧地连在了一起，它是那么坚韧，无法断裂。人民的声音就是真理的声音，而朋友的声音如此真实以至于不能回绝。我接受了这个条件，并在得到他们的准许后离开。

这时我和纳塔尔有密切的联系。纳塔尔的印度侨民使我沉醉在爱的甘露里，到处都在为我举行送别会，并赠送给我许多珍贵的礼品。

1899年我回印度时，他们也给我送了不少礼物。但这一次的送别会非常隆重，礼品中还包括金银的东西，也有珍贵的钻石。

我有什么权利接受这些礼物呢？接受了它们，我怎么能说服自己是不计报酬为侨团服务的？所有礼品中，少数是我当事人送的，其他都是感谢我为侨团所做的工作而送的。而我也无法区分我的当事人和同事，因为在公众工作中我的当事人也帮了忙。

其中一件礼品是一条金项链，价值五十基尼，是送给我妻子的。这件礼品也是因我为公众工作而送的，所以不能与其余的礼品分开。

收到一大堆东西的那晚，我久久不能入睡。我很彷徨，在房间里走来走去，可就是想不出解决办法。让我放弃这些价值连城的礼品很难，但让我心安理得地接受它们更难。

就算我能收下，我的孩子们怎么办？还有我的妻子呢？他们正在接受训练去过一种为人民服务的生活，并理解服务本身就是一种奖赏。

我家里没有什么值钱的首饰，我们很快就简化了自己的生活。

我们怎么能戴上金手表、戴上金链子和钻戒呢？我还呼吁人们不能贪恋珠宝，可现在这些珠宝都跑到我身边，我该怎么办？

我决定不接受这些东西，便起草了一封信。把这些礼品转送给侨团，并为之成立一个托管会，由帕西·罗斯敦吉和其他几个人当托管人。第二天早上我跟妻子和孩子商量，最后终于卸下了这个沉重的包袱。

我知道说服我妻子有些困难。可我觉得说服孩子们不成问题，所以决定先从他们入手。

孩子们马上接受了我的建议。他们说："我们不需要这些礼品，我们必须转送给侨团。如果我们需要，可以自己去买。"

我听了很高兴，就问他们："那你们会说服妈妈，对吧？"

"当然，"他们说道，"那是我们的事情。妈妈不戴首饰，她一定是想为我们留着。如果我们不要了，她为什么还要留着这些东西？"

然而，说起来容易做起来难。

"你也许用不着这些东西，"我妻子说道，"你的孩子或许也不需要。你哄哄他们，他们就会听你的话。我可以理解你不让我戴首饰，但是我将来的儿媳妇们怎么办？她们肯定要用到的。谁知道明天会发生什么事情？人家好心送这些礼品，我可舍不得把它们退回去。"

一场激烈的争辩开始了，最终惹得妻子痛哭流涕。孩子们很坚定，我也绝不动摇。

我说道："孩子们还没到结婚的年龄，我们都不愿看到他们那么早结婚。他们长大了会照顾好自己，而且我们绝不能给孩子们找那种喜欢首饰的媳妇。再说，如果需要给她们买，到时候你向我要好了。"

"向你要？这回我算是认识你了。你剥夺了我的首饰，我有首饰你让我不得安宁。亏你想得出来给媳妇们买首饰，从今天起你就让我们的儿子们当'沙陀'①好了！不行，首饰绝对不能退回去。再说，你有什么权力干涉我收项链？"

"可是，"我反驳道，"这项链是为了答谢我的服务还是你的服务而送的？"

"我同意，但是你的服务相当于我的服务，我日日夜夜为你操劳，难道那不算服务吗？你使唤孩子们来逼我，弄得我痛哭流涕，我却还要为他们做牛做马！"

这倒是一语道破，有些话确实很有道理。但我还是决定把礼品转

---

① 沙陀（Sadbus），泛指刻苦修行的人。

259

送出去，总算勉强得到了她的同意，从 1896 年到 1901 年收的礼品全都退还。我准备了一份托管契约，将这些首饰存到一家银行里，根据我的意愿或托管人的意愿，为侨团服务。

当公众需要基金，并觉得需要这笔基金的时候，我常常设法另外募集，尽量不动用这笔钱。这笔钱到现在还存在那里，用来应对紧急情况，必要时也提取过，但总是有增无减。我从来没有后悔过做这件事情。随着时间的流逝，我妻子也觉得这是一个很明智的选择。这使我们免除了很多诱惑。

我始终觉得公众工作者不应接受昂贵的礼物。

第十三章　重返印度

　　然后我乘船回国了。船在毛里求斯（Mauritius）的港口停泊很久，于是我上岸了解一些当地的情况。作为这个殖民地的总督——查理斯·布鲁斯（Charles Bruce）爵士的客人，我在他那里住了一晚。

　　回到印度后我花了一些时间，各处看了一下。当时是1901年，在丁绍·华恰（Dinshaw Wacha）先生（后来受封为爵士）的主持下，国民大会党在加尔各答召开会议，当然我也参加了，这是我第一次参加国民大会。

　　离开孟买时我和费罗泽夏·梅赫达爵士乘坐同一趟列车，因为我想告诉他南非的情况。我知道他过着高贵阔气的生活，他包了一个特等厢房，我奉命到他的包厢里跟他进行谈话。因此，在指定的车站我上车到他的包厢，在座的还有华恰先生和金曼拉尔·谢达华（Chimanlal Setalvad）先生（现在是爵士）。他们在商谈政治，费罗泽夏爵士一看见我就说："甘地，似乎帮不了你多少忙，当然我们想通过你的议案。但是我们在自己的国家又有什么权利呢？我相信，只要我们在自己的国家里没有政权，你们也不会在殖民地得到好的待遇。"

　　我很惊讶，谢达华先生貌似也同意这种看法，华恰先生用怜悯的眼光看着我。

我试图说服费罗泽夏爵士，但我这样的人想说服一位孟买的"无冕之王"是无可能的，我只能以议案获准这件事聊以自慰了。

"当然，你会把提案拿给我看，对吧？"华恰先生说道，这应该算是对我的鼓励。我很感谢他，在下一站我便和他们告辞了。

我们抵达加尔各答。大会主席受到了接待委员会的热烈欢迎，并被接到给他安排的住处。我问了一位工作人员我该去哪儿，他把我带到了里彭学院，那里住了很多代表。我的运气还不错。罗卡曼尼亚跟我住同一座楼，我还记得他晚到了一天。

罗卡曼尼亚和往常一样，免不了要接受人们的拜见。如果我是画家，我会把他坐在床上的样子画下来——整个场景在我记忆里是那么地栩栩如生。那时数不胜数的人来拜见他，但现在我只记得其中一个人，就是《甘露市场报》的主编，已故的莫提拉尔·戈斯（Motilal Ghose）先生。我永远都忘不了他们纵声大笑、高谈阔论、针砭时弊的情形。

安顿下来以后，我想仔细考察这个驻地的情况，发现志愿工作者之间互相推托工作。你让他们中的一个人做某件事，他会推托给另一个人，而另一个人又会推给第三个人。这样推来推去，当代表要他们工作的时候就找不到人了。

我跟几个志愿者交朋友，跟他们说了一些关于南非的事，他们觉得有些惭愧。我想让他们懂得为人民服务的意义，他们貌似有些理解，不过服务并不会像雨后春笋般那么容易改进提高。它不仅需要意志力，还需要经验。对那些心地单纯的年轻人来说，他们不缺乏这种意志力，不过他们的经验却是零。国民大会党每年开三天的会，之后便什么事也没有了。一年才三天的表现机会，他们怎么可能受到训练呢？而代表们和志愿者差不多，因为代表们自己也没有受过更好、更长期的训练。他们自己什么事也不干，却经常发号施令，让志愿者做这做那。

在这里我也面临着不可接触制的陈规。泰米尔人的厨房与其他人的厨房隔得好远，对于泰米尔代表而言，在他们吃饭的时候，如果看见别人也算是一种玷污。在学院的空地上给他们弄了一个专门的厨房，就是用柳条板把墙围起来。房间里烟熏缭绕，简直令人窒息。厨房、餐厅、洗衣间都在一起——一个密不透气的小房间。在我看来，这就像是对"梵尔纳羯摩"①极其歪曲的表现。我在想，如果国民大会党的代表之间也有这种不可接触制的陈规，人们就不难想象选民中存在的隔阂有多大。想到这点，我不禁叹了口气。

卫生情况也差到了极点。到处都有水沟，厕所也只有几个。一想起这臭气冲天的味道，我就觉得很恶心。我指给志愿者看，他们直接说："那不关我们的事，那是扫厕所人的事。"我要借一把扫帚，那个人就很诧异地看着我。我找了把扫帚打扫厕所，但只为我自己。人那么多，厕所却那么少，所以需要经常打扫，显然这已经超出我的能力范围。其他人似乎毫无知觉，不觉得脏臭。

这还仅仅是一部分。有些代表夜里干脆就在他们房外的走廊里行方便，第二天早上我指给志愿者看，却发现没有一个人愿意去打扫。而且，我觉得即使我去打扫，也没人愿意与我分享这种光荣。情况虽然有了很大的改进，但时至今日不用脑子随地自行其是从而毁坏国民

---

① "梵尔纳羯摩"（Varnadhalmal），印度教社会四大基本种姓的职责。——原注

263

大会开会场所的代表还大有人在。而且，所有的工作人员不会老跟在他们后面打扫。

如果拖长会期，这种情况肯定会引发传染病。

第十四章　文书和听差

离国民大会还有两天，为了积累经验我决定去国民大会办事处提供些服务。到加尔各答后我完成了每日斋戒沐浴，便赶到国民大会的办事处。

普本德罗纳新·巴素（Bhupendranath Basu）先生（已故）和戈沙尔（Ghosal）先生是那里的秘书。我毛遂自荐到普本德罗纳新·巴素先生那里工作，他看着我说："我没有工作给你做，但戈沙尔可能有，所以请去他那里吧。"

于是我去了戈沙尔那里，他仔细看着我并微笑着说道："我只能给你一个文书的工作，你干吗？"

"当然，"我答道，"我可以做任何我能力范围内的工作。"

"这是很棒的精神，年轻人。"他说道。他对身边的志愿者说道："你们听见这位年轻人说的话了吗？"

他转过来说："这里有一大堆信件要处理，坐在那椅子上开始看吧。就像你看到的一样，成千上万的人来看我。我能怎么办？我接见他们，还是回复这些源源不断的信？我没有文书可以处理这件事。大部分信件没什么意思，但请你把它们看完。回复那些该回复的信件，有需要考虑的信件交给我。"

265

我很高兴他那么信任我。

当他让我干这活儿的时候还不知道我是谁，只是后来他问起我的来历。

我发现我的工作很简单，就是处理那些信件。我很快就做完了，戈沙尔先生很高兴。他是个健谈的人，一聊就是好几个钟头。他了解了一点我的情况后，对给我文书的工作感到抱歉。我安慰他说："请别多心，在您面前我算什么？您为大会服务头发都白了，而且您是我的长辈。我只不过是个没有经验的晚辈而已。您让我干这活儿就是我的义务。您给了我这么宝贵的机会，让我了解到详细的工作内容。"

"说实话，"戈沙尔先生说，"这就是正确的态度，不过如今的年轻人没有意识到这一点。当然，自从国民大会诞生以来我就认识到了这一点。事实上，大会的成立，除了休姆（Hume）先生外我也出了一份力。"

就这样我们成了好朋友，他坚持要我跟他一起吃午饭。

以前，戈沙尔先生的衬衫纽扣都是他的用人帮他扣的。但我愿意承担用人的职责，而且我乐于那样做，因为我向来对长辈很尊重。得知此事后，他不介意我为他做一点点个人的小事，反倒很高兴。他叫我扣扣子的时候会说："你看，秘书忙得连扣扣子的时间都没有。"戈沙尔先生的天真让我觉得很有趣，但我没有任何不愿意干的想法。这件事让我受益匪浅。

这几天我大致了解了国民大会的工作，也见到了大部分领导人。我观察了戈克利和苏伦德罗纳特那些人物的言行，也意识到在那里浪费了大量的时间，同时看到了英文在我们工作中占主要地位，这使我感到很悲伤。没人想要做节约精力的事情，每个人都在干同一件事情，而许多重要的事情又没人做。

　　我对看到的这些事情是颇有微词的，还好我足够的仁慈，我总以为在那种情况下，我难以做得更好，免得低估任何工作。

第十五章　在国民大会上

最终我参加了国民大会，宽大的帷幕和穿着得体的志愿者及坐在台上的德高望重的前辈都令我肃然起敬，我简直不知所措了。

主席的讲稿像一本书那么厚，读完整本是不可能的，因此他读了其中的几段。

到了提案委员会的选举，戈克利就带我去参加这个委员会的会议。

费罗泽夏·梅赫达爵士自然会采纳我的提案，我只是在想在哪个时间段向提案委员会提出。因为每个提案都要用英语进行冗长的发言，而且所有的提案需要一些名人支持。在这些老手的鼓声中，我的只不过是微弱的笛声。随着夜幕的降临我的心跳开始加速了。据我所知，最后的提案往往会被快速略过。已经11点了，每个人都急着走。我没勇气去演讲，我已经见过戈克利，他也看过我的提案。我靠近他的座位，低声地说："请您帮我。"他说："我没忘记你的提案，就算他们会草率地看完，我也不允许忽略你的提案。"

"那么，我们已经完事了？"费罗泽夏·梅赫达爵士问道。

"没有，还有关于南非的提案呢。甘地先生已经等了很久了。"戈克利叫道。

"你看过那提案了吗？"费罗泽夏·梅赫达爵士问道。

268

"当然。"

"那你觉得怎么样？"

"相当好。"

"那么，请提出来吧，甘地。"

我颤抖地宣读了我的提案，戈克利附议。

"一致通过。"大家叫起来。

"甘地，你有五分钟的陈述时间。"华恰先生说道。

这程序让我很不满意。谁都不耐烦去了解这个提案，他们都急着走。因为戈克利看过我的提案，其余人觉得没必要看，没必要了解。

那天早上我一直为我的发言担心，我在想五分钟里应该讲些什么。我做了充分的准备，但一时说不出来，我决定不读我的演讲稿而即席发言。但我在南非练出来的演讲能力竟发挥不出来了。

轮到我的提案时，华恰先生叫了我的名字。我站起来，觉得头在眩晕，不过我好歹把提案宣读完了。当时有人刊印并在代表中散发一首他写的赞颂移民的诗，我把这首诗念了出来，并诉说了南非人民的疾苦。这时候华恰先生按了铃，但我确定还没讲完五分钟。我不知道第一次按铃是提醒我只有两分钟，此前别人讲了三四十分钟都没人按铃。我觉得很伤心，按铃后我马上就坐下了。当时我还稚气地以为，这首诗的内容包含了对费罗泽夏·梅赫达爵士的回答。提案通过是不成问题的，那些天，来宾和代表没什么区别，每个人都会举手一致通过提案，我的提案也这样通过了，这对于我来说失去了它原本的重要性。不过大会通过了我的提案，这足以让我高兴，大会的认可就意味着全国的认可，这也足以让整个国家高兴。

第十六章　寇松勋爵的召见

会议结束了，但我还要去见商会及其他各界人士，谈南非的工作。我在加尔各答住了一个月，这一次不是住旅馆，我在印度俱乐部找了一个房间。俱乐部的一些成员是有名的印度人，我很想跟他们接触，让他们关注南非的情况。戈克利经常去俱乐部打台球，他得知我要在加尔各答待一段时间，就邀请我去他那里住。我心怀感激地接受了他的邀请，不过我认为自己不适合去那里，一两天后他就亲自来接我了。他发现我比较客气，就跟我说："甘地，你要待在城里的话，这样客气是不行的。你必须接触更多的人。我想让你去国民大会工作。"

在我叙述跟戈克利的相处之前，想在这里谈一谈印度俱乐部的事情。

寇松（Curzon）勋爵大概在这个时候举行了召见会，被邀请的一些印度王公贵族是俱乐部的成员。在俱乐部，我总是发现他们穿着孟加拉"拖地"和衬衫，并戴着围巾。在被召见的那天，他们会穿上"坎沙玛"①的裤子和闪闪发亮的皮靴。我觉得很难过，就问了其中一个成员为什么要穿成这样。

---

① "坎沙玛"（Khansamas），招待员。

270

"只有我们知道自己不幸的处境，只有我们知道自己忍受的侮辱，这是为了保全我们的财富和头衔。"他答道。

"但是，这些'坎沙玛'的头巾和亮靴呢？"我问道。

"你在'坎沙玛'和我们之间看到了什么区别吗？"他问道，接着又说："他们是我们的'坎沙玛'，我们是寇松勋爵的'坎沙玛'。如果我不那样打扮，就必须承担其后果。如果我的穿着和平时一样的话，就是一种不敬。那你想想我还有什么机会跟寇松勋爵讲话。"

我很同情这位直言不讳的朋友。

这让我想起了另一次召见。

那时候是哈定基（Hardinge）勋爵为印度教大学奠基而举行的一次召见。当然了，印度的王公贵族也都出席了，但潘迪特·马拉维亚特地邀请我参加，所以我就去了。

我很难过地看到那些打扮得像女人一样的王公——穿着丝绸做的裤子和上衣，脖子上戴着珍珠项链，手腕上戴着镯子，头巾上面全是珍珠和钻石做成的流苏。除此之外，腰上还挂着金柄的宝剑。

我觉得这些没有体现他们的忠诚，而是体现了他们的奴隶身份。我在想佩戴这些首饰应该是出于他们的本意，但后来得知这些王公贵族必须以这样的方式佩戴所有的珠宝，这是他们的义务。我还得知他们中的一些人除了召见这样的场合外，其他时间都不愿佩戴这些珠宝。

我不知道我了解的情况是否属实，他们是否在其他场合佩戴这些珠宝，但佩戴一些女人的首饰出席召见确实令人烦恼。

人们为金钱、权力和声誉的罪恶与谬论付出的代价是多么沉重啊！

第十七章 和戈克利相处一月（上）

从与戈克利相处的第一天开始，他就让我感到很自在。他待我就像待他的弟弟一样。他尽量了解我的需求并满足我一切，幸好我的需求并不是很多。而且我养成了自力更生的生活习惯，所以很少需要他照料我个人。戈克利对我独立生活的习惯印象很深刻，我的个人卫生、坚持不懈的精神及规律的生活习惯都得到了他的赞扬。

他似乎对我没有任何隐瞒，他会把所有来拜访他的重要人物都介绍给我认识。其中，让我印象最深刻的是皮·西·罗伊（P. C. Ray）医生（现在是爵士），实际上他住在隔壁，是一位常客。

他是这么向我介绍罗伊医生的："这是罗伊医生，他每月有八百卢比的薪水，但只会给自己留四十卢比。其余的都捐给公众事业，他还没有结婚，也不打算结婚。"

我看不出罗伊医生和当年有什么差别，他的穿着和当年一样朴素。当然，与现在不一样的是，他当年穿的是印度细布，可现在穿的是土布。我觉得自己从来都听不够他们之间的谈话，他们所谈的都是关于公众利益或教育的意义。有时他们怀着痛惜之情，像批判自己一样批判公众人物，其结果就是我原本以为坚强的战士现在也觉得微不足道了。

272

与戈克利一起工作，会觉得像受教育一样令人愉快。他从来不会浪费一分钟，他的私人关系与友情全都是为了公众的利益。他所有的言论都是为了国家的利益，绝无半点不忠。印度的贫困和疾苦是他一直关注的事情。很多人想用不同的方式吸引他，但他给所有人以同样的答复："你做自己的事情，我做我的工作。我想要的是我们国家的独立，只有这样我们才能想其他的事情。而今天，这项工作足以把我所有的时间和精力占尽。"

我随时都能感受到戈克利对兰纳德的尊重。他常常引用兰纳德的话，他的话就是最权威的。兰纳德的逝世纪念日（或诞生日，我记不清了）那天，我正与戈克利住在一起，他照例举行了纪念活动。和戈克利在一起的除了我，还有他的朋友卡达瓦特（Kathavate）教授和一名法官。他邀请我们参加这个纪念活动，追述兰纳德的生平事迹，顺便对兰纳德、戴朗（Telang）和曼德拉克（Mandlik）三人进行比较。他赞颂了戴朗的风度，歌颂了改革家曼德拉克的伟大，还引用了曼德拉克关心客户的例子。他举例说明曼德拉克如何全心全意为当事人服务。当时曼德拉克误了火车，竟然雇了个专车，以便及时出庭为他的当事人辩护。兰纳德是个多才多艺的天才。他不仅是正义的法官，也是伟大的史学家、经济学家和改革家。他虽是一位法官，但不惧怕出席国民大会。每个人都相信他的贤明才智，所以没人怀疑他的决定。当戈克利描述先辈的智慧及心地的品质时，他充满了无限的欢乐。

那时候戈克利有一辆马车，我不觉得他需要马车，于是我问他："你不能坐电车吗？这有失一个领导人的尊严吗？"

他有点难过地说："可惜，你还不够了解我呀！我不会挪用公家的资金。我很羡慕你可以自由地坐着电车，但是我不能这么做。当你成为我这样被广泛关注的公众人物时，坐电车是很困难的。不要把领导所做的所有事情都当作出于个人舒适的目的，我欣赏你简朴的生活习惯。我自己也尽量过着简单的生活，但对于我这样的人来说一些花销是不可避免的。"

我很满意他的回答，但是还有另一个问题无法解惑。

"你甚至都不出去散步，"我说，"奇怪的是，你的身体状况也不错，难道公共工作者连锻炼的时间都没有吗？"

"你觉得我什么时候有工夫出去散步啊？"他答道。

我对戈克利的尊重使我没再与他纠缠下去，虽然他的回答远远不能使我满足，但我还是保持了沉默。我始终认为，不管一个人从事什么职业，总应该抽点时间锻炼，就好比吃饭一样。我认为这不仅不会影响工作，反而会提高工作效率。

第十八章　和戈克利相处一月（中）

住戈克利家的时候，我常常出门。

我对南非的基督教徒说过，在印度我会结识一些基督教徒并去了解他们的情况。我久仰卡立恰朗·班纳吉（Kalicharan Banerji）先生的大名，对他倍加钦仰。他积极参加国民大会的工作，这与一般的印度基督教徒不参加国民大会的活动，而且把自己从印度教徒和穆斯林中孤立出来的情况是不相同的，因而我对他没有非议。我告诉戈克利我很想见他。他说："你见他有什么好处？他是非常好的一个人，不过我担心他不会令你满意。我跟他很熟，如果你想见他，当然可以。"

我和他约个时间见面，他立刻答应了。我去见他的时候，发现他的妻子卧病在床，生命垂危。他家里布置得很简单。在大会上，我见他穿的是西服。但我很高兴他这回穿着孟加拉"拖地"和衬衫。我喜欢他简朴的穿着，虽然我当时穿的是一件帕西外套和裤子。过了一会儿，我告诉他我的困难，他问道："你相信人的罪恶是与生俱来的吗？"

"我相信。"我说道。

"那很好，印度教徒不能从此得到解脱，但基督教徒却做到了。"

我引用《薄伽梵歌》中虔诚的含义来反驳，但他没有理会。我谢

275

谢他的好意，虽然他的回答并没有让我感到满意，但这次会见对我有颇多的好处。

这些日子，我常常在加尔各答的街上走来走去。我步行去了很多地方。我见过米特（Mitter）法官和古鲁达斯·班纳吉（Gurudas Banerji）爵士，我需要他们赞助我在南非的工作。这个时候，我还见过拉贾·皮亚立穆罕·穆克琪爵士。

卡立恰朗·班纳吉跟我说过迦梨神庙的事，我急切地想要去看看，特别是当我读完关于这座寺庙的书籍以后。所以，有一天我过去看了看。米特法官的房子也在同一地区，我去拜访他的那天顺道去了神庙。一路上我看到，成群的羊被赶去屠祭迦梨神。成群结队的乞丐在沿着通往神庙的路边乞讨，还有一些拿着钵的僧人。甚至那些天，我反对向那些健壮的乞丐施舍。他们成群地跟着我，其中一个人坐在走廊里。他拦住我，上前对我说道："去哪啊，孩子？"我告诉了他我要去哪儿。

他想让我和同伴坐下来跟他谈，我们就坐下了。我问他："你认为这种牺牲就是宗教吗？"

"谁会把杀生当作宗教啊？"

"那你为什么不反对它？"

"那不关我们的事，我们的工作就是去拜神灵。"

"那你不会找另一个地方去拜神灵吗？"

"所有的地方对我们来说都是一样的。人们就像一群羊，跟着主人走。这不关我们'沙陀'的事。"

我们没有纠缠下去，便走向了神庙。我们看到了血流成河的景象，便无法继续在那儿待下去了，觉得很恼火、很不安，我永远都忘不了那个场景。

那天晚上我应邀出席孟加拉朋友的聚餐会，我向一个朋友提及了这残忍的拜神方式。他说："羊不会感觉到什么，那里的嘈杂声和雷鼓声把一切痛苦都僵化了。"

我接受不了这种说法。我对他说，如果羊会说话的话，它们说的肯定和你说的不一样。我觉得这种残暴的风俗应该予以制止。我想到了佛陀的故事，但我明白，对于这个问题我是心有余而力不足。

我今日的态度与昔日相同，我觉得小羊羔的生命如同人的生命一样宝贵，我不愿为了一个人而牺牲羊羔。我觉得越是无助的生命越应该受到人类的保护，不去杀害它们。但一个人没具备为此服务的条件的话，就没有能力为它们提供任何的保护。当我想要解救这些羊羔时，必须首先进行自我净化和牺牲。我觉得，我可以为自我净化而牺牲自己。我永恒不变地祈祷一位伟大的神灵降生（无论是男是女），用他充满慈悲的心把我们从这滔天罪孽中解救出来，拯救那些无辜的生命，以净化神庙。

拥有所有的知识、智慧、牺牲和情感的孟加拉怎能忍受这血淋淋的屠杀呢？

第十九章　和戈克利相处一月（下）

以宗教的名义献给迦梨神的祭品，激发了我想了解孟加拉人生活的强烈愿望。我曾经读过和听过关于孟加拉梵社[①]的不少事情。我知道有关普拉达布·昌德罗·马俊达（Pratap Chandra Mazumdar）的生平事迹，也参加过几次他发表讲话的集会。我有他所写的关于克沙夫·昌德罗·森生平的书，且兴味盎然地读过那本著作，从中了解了沙达朗梵社（Sadharan Brahmo Samaj）和阿迪梵社（Adi Brahmo Samaj）的区别。我见过潘迪特·湿瓦纳斯·萨斯特立（Pandit Shivanath Shastri），还与卡达瓦特教授结伴而行，去探望玛哈希·戴文德拉纳特·泰戈尔，但是因为当时不准许他会客，我们并没有见到他。不过，我们受邀参加了在他家举行的一场梵社庆祝会，这使我们有机会欣赏到了动听的孟加拉音乐。从那以后，我一直爱听孟加拉音乐。

参观完梵社以后，不去看看斯瓦米·维卫康纳（Swami Vivekanand）

[①] 孟加拉梵社（Brahmo Samaj），成立于1828年。1886年戴文·德罗纳斯（Devon Dranas）担任社长，其影响力大为增强。他与克沙夫·昌德罗·森（Keshav Chandra Sen）二人共同为梵社设立了一个神学院，从事高等神学研究。梵社主要从事印度教的宣传教育工作。

就称不上尽兴了。于是我便兴高采烈地去贝禄·玛斯（Belur Math），一路上大部分是步行的。我很喜欢玛斯那样的僻静之地。但当我听说斯瓦米现正在加尔各答的家里卧床不起，不能受访时，我顿时怅然若失。

后来我知晓了尼维蒂妲（Nivedita）修女的住处，便去乔林居（Chowinghee）寓所拜访她。我惊讶于她富丽堂皇的居室，与她交谈过后才发现我们话不投机。我把这些情况告诉了戈克利，他说我与浮华的她没有共同语言，不足为奇。

我再次见到她是在贝斯敦济·巴德夏先生家里。我进门时，正好听到她在与巴德夏先生年迈的母亲谈话，于是我便成为她们两人的翻译。尽管我不太苟同她的观点，但我很欣赏她对印度教的热爱。后来，我又读了她写的书。

通常我的时间都用在为南非的工作而拜访加尔各答的名人，以及参观和调研这座城市的宗教和公共机构上。有一次，在穆立克（Mullick）博士主持的会上，我做了一场有关布尔战争中印度救护队的工作报告。我与《英吉利人报》有过一段渊源，对我那次报告大有裨益。尽管当时宋德斯先生身体抱恙，但他还是像1896年那样给了我很大的帮助。戈克利喜欢我这一次的报告，并且乐于听到罗伊医生赞赏我这次报告。

这样，居住在戈克利家使我在加尔各答的工作进展顺利，也使我与孟加拉颇负盛名的家族有了交情，并开始了我与孟加拉的第一次亲密接触。

这充满回忆的一个月，很多事情我不得不略过不谈。在这里，我只简单说说我匆匆的缅甸之行及那里的和尚，我对他们那种懒散的样子感到痛心。我参观了大金塔，不喜欢神庙里点着无数的小蜡烛，而殿内老鼠东逃西窜的情形使我想起了斯瓦米·达衍纳德（Swami Dayanand）在摩尔维（Morvi）的经历。缅甸妇女洋溢的自由和活力让我流连忘返，而男人的懒散令人痛心疾首。在短暂的逗留期间，我也意识到，正如孟买并非印度，而仰光（Rangoon）并不代表整个缅甸，正如我们是英国商人在印度的代理人一样，我们竟与英国商人联手把缅甸人变成了我们在印度的代理人。

我从缅甸回来以后便向戈克利辞别。这次离别虽很揪心，但我在孟加拉或者说在加尔各答的工作已告一段落，已经没有必要再住下去。

我想在定居下来之前乘坐火车三等车厢游遍印度，亲自体会一下三等车厢旅客的苦楚。我把这个想法告诉了戈克利，起初他对我的想法嗤之以鼻，但是等我表明意图以后，他欣然同意了。我打算先去贝拿勒斯探望当时身体欠佳的贝桑特夫人。

要坐三等车厢旅行，就得重新装备一番。戈克利送给我一个金属的点心盒，里面装满了甜点心和油饼。我花了十二安纳买了一只帆布袋，还买了一件恰亚①羊毛长外衣。帆布袋里就装着这件外衣、一条"拖地"、一条毛巾和一件衬衫。我有一条刚好盖住自己的毯子和一个水壶。准备妥当以后，我便动身去旅行了。戈克利和罗伊医生来为我送行，我本来请他们不用特意前来，但他们坚持要送。"如果你坐头等车厢，我可能不会来送行，但是现在我必须得送送你。"戈克利说道。

---

① 恰亚（Chhaya），博尔本德尔邦的一个地方，以出产粗羊毛织品著称。——原注

没有人阻挡戈克利进入车站月台。他戴着丝绸头巾，穿着夹克短外衣和"拖地"，而罗伊医生穿的是孟加拉服装。检票员拦住了罗伊医生，但戈克利说明罗伊医生是他的朋友以后，罗伊医生也进了月台。

就这样，我带着他们的美好祝愿，开始了环游印度之旅。

第二十章　在贝拿勒斯

这次旅行是从加尔各答到拉杰果德，我打算在贝拿勒斯、阿格拉（Agra）、斋浦尔（Jaipur）和巴伦布尔（Palanpur）稍作逗留，而且我也没有多余的时间再去别处了。我在每个城市只停留一天，并且像普通的教徒一样住在福舍①，只有在巴伦布尔时例外。如果我没有记错，这一趟旅行花费不足三十一卢比（包括车费）。

坐三等车厢旅行，我偏爱坐普通火车，而不喜欢搭邮车，因为我知道邮车总是比普通火车更拥挤，车费也更贵。

现今，三等车厢确实很脏，摆设凌乱，与过去没有差别。虽有了些许改善，但头等车厢和三等车厢设备的悬殊与车票的差价，完全不成比例。三等车厢的旅客被当作羊群对待，羊群拥挤成堆的舒适就是他们所体验的舒适。我在欧洲也坐过三等车厢——坐过一次头等车厢，纯粹是想看看头等车厢是什么样的——但是我发现头等和三等车厢并没有这么大区别。在南非，三等车厢的乘客大都是黑人，可是比这里舒适多了。南非有些地方的三等车厢还有卧铺和靠垫座，限定座位可以防止过分拥挤，而在这里我发现乘客人数常超过座位的限额，

---

① 福舍（Dharmashalas），教徒免费的休息所。

282

车厢里异常拥挤。

铁路当局才不管三等车厢乘客舒适与否，再者乘客本身的邋遢与不良习惯，对于一个衣着整洁的三等车厢旅客来说，的确是一个不小的挑战。这种不良习惯通常是乱扔垃圾、随时随地抽烟、嚼槟榔叶子和烟叶，把整个车厢变成一个大痰盂，喧嚣吵闹，满口污言秽语，完全不在乎别人是否方便和舒适。于我而言，1902年坐三等车厢的经历和1915—1919年坚持坐三等车厢的经历没有什么不同。

只有一个办法能解决这种糟糕的情况，那就是让有教养的人坐三等车厢，这样既可以改正人们乘车时的坏习惯，又可以通过必要的纠纷、投诉督促铁路当局认清自己的职责，切勿为了自己耳根清净而收受贿赂或采取任何非法手段放任任何有关的人违反规定。我相信，这样做会有喜人的成效。

1918—1919年我不幸生了一场大病，迫使我放弃乘坐三等车厢旅行的想法。这件事一直让我耿耿于怀，主要是因为呼吁解决三等车厢乘客乘车困难的工作正顺利进展到节骨眼上，而我生病了。乘坐火车和轮船的贫困乘客，他们的苦楚，加上他们的坏习惯，以及政府给予对外贸易过分的便利，诸如此类的因素，造成一系列重大的社会问题。这些问题需要一两个有抱负且有毅力的人，全身心地投入进行改革。

不过关于三等车厢乘客的问题我想就此停笔，下面谈一谈我在贝拿勒斯的经历。我是早晨到达那里的，我决定去找一家有"潘达"①的地方住宿。我一下车，便有无数的婆罗门将我团团围住，我选了一

---

① 潘达（Panda），婆罗门僧侣兼圣地的向导。

个相对而言比较干净、印象较好的人。事实证明，我的选择很明智。他院子里有一头母牛，两层楼的房子，我就住在楼上。按照正统的规矩，没在恒河沐浴洗礼之前，是不能吃任何东西的。这位"潘达"便为我做了准备。我之前就告诉过他，我最多能给他一卢比四安纳的小费，希望他按这个标准为我准备。

这位"潘达"立刻同意了。"不论教徒的贫富，"他说道，"我们的服务都是一样的。不过我们的小费取决于教徒的心意和经济能力。"我没有发现这位"潘达"对我有任何接待不周之处。"普佳"[①]在 12 点的时候便结束了，我便到迦尸的毗湿奴神庙参拜。然而，我在那里的所见所闻，使我痛心至极。

1891 年我在孟买当律师时，曾有幸到普罗坦纳梵社（Prarthana Samaj）的礼堂听过一次关于"到迦尸去朝拜"的演讲。因此我已做好思想准备，不抱任何奢望，没想到却让我失望透顶。

通往神庙的小巷又狭窄又湿滑，那里绝不是安静之地，成群的苍蝇、小贩和教徒的嘈杂声实在令人难以忍受。

很显然，人们想在这里找到冥想和神交的气氛是一种奢望，只能用心感受这种气氛。我的确看到了虔诚的姐妹专注于冥想，丝毫不受周围环境的影响。要不是有这种情形，寺庙主事很难赢得人们的信任。无论是物质层面还是道德层面，创造并维持寺庙内外一种纯洁、宁静而神圣的气氛，寺庙主事都责无旁贷。然而，我发现的却是狡猾的小商人贩卖甜点心和充斥着新潮玩具的市场。

我一到达寺庙，就有人在门口献给我一大束已经凋谢的花。寺庙

---

① 普佳（Puja），印度教的礼拜或者拜神。

284

的地面是用上等的大理石铺成的，可是却被一些毫无美学观念的教徒打碎了，他们用善款造了一座精美的垃圾箱。

我走近"旃纳–伐辟"①，想寻找神灵的踪迹，却一无所获。因此，我的心情很低落。"旃纳–伐辟"周围的环境也很脏，我也没有心情参拜了，所以我只给了一个铜板。负责收小费的"潘达"很生气，扔掉铜板，对着我咒骂道："对神灵不敬会让你直接下地狱的。"

他的话没有影响我。我说道："不论我的命运如何，你这一阶级的人怎么会说出这种话来呢。你要么收下这个铜板，要么一个铜板也得不到。"

"滚开，"他答道，"我才不在乎你的铜板呢。"接着便是连声咒骂。

我捡起那个铜板走了，暗自庆幸那个婆罗门损失了一个铜板而我省下了一个铜板，然而这位"潘达"绝不甘心损失一个铜板。于是，他叫我回去，说："好吧，把你的铜板留下，我才不会和你计较。如果我不收下，对你也不好。"

我一声不吭地给了他那个铜板，叹着气离开了。

此后我又去了迦尸毗湿奴神庙两次，但都是在我获封"圣雄"②的称号以后，像上文提到的经历，没有再发生过。人们要来参拜我，我也不能再去庙里参拜了。只有"圣雄"懂得做"圣雄"的苦恼。否则，过往的那种肮脏和喧腾依然如故。

如果有人质疑神灵的大慈大悲，那么请来看看这些圣地吧！瑜伽

① 旃纳–伐辟（Jana-vapi），智慧井。据说凡是喝了这口井水的人都能够得到智慧，不过现因宗教原因已被围住。

② Mahatma（摩哈德玛），译为伟大的灵魂或圣雄，是印度人对甘地的尊称。

派神祇的伪善和背教令神灵蒙受多大的冤屈啊！他早就向世人宣告：

种瓜得瓜，种豆得豆。

"羯摩"法则是亘古不变且无法规避的，神灵也没有必要干涉。事实上，他立下法则，便功成身退了。

参拜过神庙以后，我便等候贝桑特夫人的接见，我知道她身体刚刚康复。刚一报上我的名字，她立刻出来相迎。因为我此行的目的只想问候一下她，我便说道："我听说您身体欠适。我只想前来问候问候，但您身体欠佳还愿意接见我，这种盛情礼待，我不胜感激。我不想耽搁您太多的时间。"

说完这话，我便向她辞别了。

第二十一章　定居孟买？

戈克利很急切地要我在孟买定居，一方面从事律师行业，另一方面帮助他从事公众事务。那时所谓公众事务就是国民大会党的工作，而他负责的主要工作是大会的行政事务。

我接受了戈克利的建议，但没信心当好律师。过去那些不愉快的失败经历还历历在目，我对利用谄媚手段开展业务的憎恶不亚于对毒药的憎恶。

所以我决定先在拉杰果德开展工作。柯华尔朗·马福济·达维对我寄予厚望，当时就是他劝我去英国留学的，他马上给了我三个案子办理。其中两个是去卡提亚华政治监督官的司法助理官那里上诉，最后一个是嘉姆纳伽（Jamnagar）的旧案件。最后这个案子相当重要。我告诉他我没有多大把握，柯华尔朗·马福济·达维大声说："你不用管是胜诉还是败诉，只要尽力而为就行，我一定会帮助你的。"

对方律师是沙玛兹（Samarth）先生（已故）。我已做好充分准备。这倒不是因为我精通印度法律，而是柯华尔朗·马福济·达维对我的精心指导。去南非之前，朋友告诉我，费罗泽夏·梅赫达爵士通晓证据法，那是他成功的秘诀。我记下了这一点，并在去南非途中仔细研究了印度的证据法案及其评注。同时，我在南非获得的法律经验也派上了用场。

我赢了这场官司，信心倍增。至于那两个上诉的案件，我无所畏惧，也胜诉了。这些都激励着我，燃起了即便在孟买当律师也不会失败的希望。

但是在我叙述自己是在何种情况之下决定去孟买以前，我想先谈一谈英国官员无视民间疾苦的情况。原来司法助理官的法庭是巡回性的，到处迁移，律师和当事人也得跟随。律师一离开本部就会加收更高的律师费，当事人自然就得出双份钱，而法官不会管这些。

上文所说的案子据说在维罗瓦尔（Veraval）开庭，那里瘟疫正在肆虐。如果我没记错，那个地方的人口为五千五百人，但每日疫情却有五十起之多。维罗瓦尔确实很荒凉，我就住在离城较远的一个福舍里，可是当事人住在哪里呢？如果他们没有钱打官司，那就只有听天由命了。

我朋友也在维罗瓦尔出过几次庭，他发电报给我，由于维罗瓦尔闹瘟疫，建议我向法庭申请移到别处开庭。我一递上申请书，那位官员便问我："你害怕吗？"

我回答说："这不是我怕不怕的问题。我可以适应，可是当事人呢？"

"在印度，这种瘟疫早就司空见惯了，"这位官员答道，"有什么好怕的呢？维罗瓦尔气候宜人（这位官员在离城很远的海边搭起宫殿般的帐篷），人们一定要学会露天营生。"

与他争论这种不合逻辑的人生哲学徒劳无益。这位官老爷对他的文书说："记下甘地先生所说的话吧，然后告诉我律师和打官司的人是不是感到很不方便。"

这位官员当然就自以为是地办事了，然而他又怎么知道印度穷人的疾苦呢？他又怎么了解印度人民的生活需要和风俗习惯呢？一个习惯于以金币衡量一切的人，又怎么会适应忽然改用铜板来计量呢？尽管世间存在美好的意愿，但正如大象不会考虑蚂蚁的利益一样，英国人不会为印度人谋利，更谈不上为印度人民立法。

不过我还要继续说说我未完的故事。尽管小有成就，但我还想在拉杰果德再多住些时日。突然有一天，柯华尔朗·达维告诉我说："甘地，你的才华不应该埋没在这里，你应去孟买定居。"

"可是谁会帮我在孟买找到工作呢？"我问道，"你能帮我解决开销问题吗？"

"当然，我可以，"他说道，"我们会时不时请你这个大律师过来帮帮忙，写诉讼书的工作会送到你那里。大律师成功与否，关键在于我们这些律师。你已经在嘉姆纳伽和维罗瓦尔的案件中大显身手，所以我也不用再为你操心了。你注定得做公众事务，我们不会让你在这里埋没才华的。那么，告诉我你什么时候去孟买？"

"我在等纳塔尔的汇款，钱一到账我就走。"我答道。

两个星期以后，钱汇到了，我便启程去孟买了。我在裴尼（Payne）、吉尔伯特（Gilbert）和沙衍尼（Sayani）的事务所挂了牌，似乎是在孟买定居了。

第二十二章　信仰经受考验

尽管我在福特（Fort）地区租了事务所，也在齐尔关租了房子，但神灵硬是和我作对似的，偏偏不让我安定下来。才刚搬进新房子，我的二儿子曼尼拉尔（Manilal）便患上了严重的伤寒病，还有肺炎和夜间昏迷的症状。几年前他还得过严重的天花。

我们请来了医生，他说吃药没多大疗效，但鸡蛋和鸡汤却大有裨益。

曼尼拉尔只有十岁，不可能自己做决定。作为他的监护人，我得替他做决定。这位医生是帕西人①，人很好。我告诉他，我们全家人都不吃荤，我不可能给孩子吃这两样东西，能不能改吃其他的东西呢？

"你儿子有生命危险，"医生好心说道，"我们可以给他喝掺水的牛奶，但他无法摄取足够的营养，你也知道，我给许多印度教家庭看病，他们并不反对我开的药方。我想在对待你儿子的疾病上（为你着

---

① 帕西人，一群生活在印度的伊朗先知琐罗亚斯德的教徒。为了逃避穆斯林的迫害而从波斯移居印度的琐罗亚斯德的后裔。他们主要住在孟买市及市北一带的几个城镇和村庄，但在巴基斯坦的卡拉奇（Karachi）和印度的班加罗尔（Bangalore）也有一些。虽然严格来讲他们并不是一个种姓，但因为他们不是印度人，所以明显地自成一个社会集团。

想），你就别顽固坚持礼教了。"

"你说得很对，"我说道，"作为医生，你别无选择，但是我的责任重大。如果这个孩子已经长大成人，我一定会征求他的意见，尊重他的决定。可是现在我得为他着想，替他做出决定。我认为，真正考验一个人信念的时候到了。无论对错，在我的宗教观念里，人不能吃肉、鸡蛋之类的东西。即便是为了生存，也不能那样做。就生命本身而言，有些事情我们断不能去做的。我所理解的宗教，即使是在性命攸关的场合，也不允许我或我的家属用肉或鸡蛋求生，我不得不冒那种潜在的危险拒绝这种治疗方案。不过我得求你一件事，尽管我不太认可你的疗法，我打算试一下我恰巧知道的水疗法。但我不会检查孩子的脉搏、胸腔、肺部等。如果你能抽空为他检查并把他的情况告诉我，我将感激不尽。"

这位好心肠的医生理解我的难处，答应了我的请求。尽管曼尼拉尔无法自己做决定，我还是把我和医生的对话告诉了他，并征求他的意见。

"就请您试一试水疗法吧，"他说道，"我不吃鸡蛋，也不喝鸡汤。"

我很高兴他那么说，虽然我也知道，如果我给他吃，他也一定会吃的。

我懂得库赫尼疗法[1]，以前也试过。我也知道，绝食大有裨益。于是我便按照库赫尼疗法让曼尼拉尔进行坐浴，每次坐浴不超过三分钟，并且连续三天不断给他喝掺水的橘汁。

---

① 库赫尼疗法（Kuhne's treatment），最重要的贡献在于坐浴与摩擦浴。

然而他的体温居高不下，达到四十摄氏度。夜间他就陷入了昏迷，我开始坐立不安。人们会怎么说我呢？我哥哥又会怎样看我呢？我们能不能另找高明呢？为什么不找个"阿育吠陀"^①的医生呢？父母凭什么将自己的意愿强加给儿女呢？

这些想法困扰着我，于是我心里产生了另一种念头。如同治疗我自己一样，我用同样的方法治疗我儿子。我相信水疗法，不太相信对抗疗法。医生也不能保证可以治好，他们顶多试试罢了。

这两种冲突的想法折磨着我。已经深夜了，我躺在曼尼拉尔身边，决定给他裹一条湿被单。我起身去将被单淋湿，拧掉水后，便把曼尼拉尔包裹起来，只露出他的头，然后再盖上两条毛毯。我把湿毛巾蒙在他的头上，他的身体像热铁一样，又烫又干焦，没有一丁点儿汗。

我已筋疲力尽，把曼尼拉尔交给他的母亲后，我走去乔巴底（Chowpati），以使自己头脑清醒。已经 10 点了，路上行人很少。我陷入沉思，无心关注过往行人。"神灵啊，在这关键的时刻，我的荣誉掌握在你的手中。"我不断对自己说，嘴里反复地念着"罗摩那摩"。过了一会儿我回来了，心怦怦地跳着。

我一进门，曼尼拉尔便说："您回来了吗，巴布^②？"

"是的，好孩子。"

"请您把我从被单里拉出来吧，我感觉自己快要着火了。"

"你出汗了吗，孩子？"

---

① 阿育吠陀（Ayurvedic），印度草药按摩。其以古印度人体组成的概念为基础，包括以锻炼身体和精神为目的的入静和瑜伽练习，以及草药、洗礼和手法等。

② 巴布（Bapu），父亲。

"我全身都湿透了，请您放我出去吧。"

我摸了一下他的额头，的确满头大汗。已经退烧了。感谢神。

"曼尼拉尔，你现在肯定在退烧。再出一点汗，我就放你出来。"

"不，我求求您。快点把我从这个'火炉'里救出来吧，以后再裹吧。"

我想方设法将他安抚下来，他额头上大汗淋漓。我解开了被单，擦干了他的身体，父子俩终于能睡个好觉了。

大家都睡得很沉，第二天一早曼尼拉尔不再发高烧了。他就靠掺水的牛奶和果汁过了四十天。现在我不害怕了，我们终于打败了这顽固的高烧。

今天，曼尼拉尔是几个孩子中最健康的一个。谁能说清他的康复是受恩于神灵，还是水疗法抑或是细心照料呢？让大家根据自己的信念判断吧。对我而言，我相信是神灵挽救了我的荣誉，时至今日，我的信念仍旧没变。

第二十三章　再赴南非

曼尼拉尔康复以后，我觉得齐尔关的房子潮湿，光线不好，不宜居住。与拉维尚卡·贾格吉凡先生商量过后，我决定在孟买郊区租一栋通风的洋房。我去班德罗（Bandra）和珊塔·克罗兹（Santa Cruz）两地四处找房子，班德罗有一个屠宰场，我们不能在那里租住。喀特科巴（Ghatkopar）及其附近区域都远离海边。最后珊塔·克罗兹一栋漂亮的洋房符合我们的租住要求，卫生方面算是最好的了，于是我们租了下来。

我买了从珊塔·克罗兹到赤契喀特（Churchgate）头等车厢的季度票，我还为头等车厢里只有我一个乘客而感到自豪。

我常常步行到班德罗，搭直达赤契喀特的特快火车。

律师事务所比我预想中的还要繁荣，我在南非的当事人常给我一些工作，收取的律师费用足够我开销了。

我在高等法院里还没有找到什么工作，却参加了当时常规举行的"辩论会"，只是我一直鼓不起勇气参与辩论。我记得贾米亚特朗·纳纳巴伊（Jamiatram Nanabhai）很积极地参加。我也像刚做律师的人一样，去高等法院旁听，与其说是为了增长见识，不如说是为了享受从海上吹来的沁人心脾的微风。我发现，不止我一个人在享受这种乐

294

趣。这似乎是一种潮流，没什么好羞愧的。

但是，我开始利用高等法院的图书室，并结交一些新朋友，我觉得不久的将来我一定会在高等法院里找到工作。

就这样，一方面我开始感觉我的事业渐渐步入了正轨，另一方面对我寄予厚望的戈克利忙着为我制订计划。他每星期会来事务所两三次，并常常带些他的朋友介绍给我，希望我结识他们，而且他总是让我熟悉他的工作方式。

但是，可以这样说，神灵从不容许我实现自己的计划，总是以他的方法迫使我放弃。

正当我觉得可以一偿夙愿地定居下来时，我意外地接到了发自南非的一封电报："张伯伦有望到访，请速回。"我遵守我的诺言，于是回电说他们的经费一汇过来，我就即刻启程。他们很快就把钱汇来了，我关了事务所，前往南非。

我估计至少得在那里工作一年，于是继续租下那栋房子留给妻子和孩子住。

那时，我相信但凡有上进心的青年，如果在国内找不到出路谋生，就应该到国外寻求发展。于是，我带了四五个这样的青年去南非，摩干拉尔·甘地（Maganlal Gandhi）便是其中之一。

甘地家族一直是个大家族，我要挑选出那些迷途知返、敢于出国的人。我父亲常常给许多人安排一些政府的工作，我想让他们摆脱这种依赖。我不能也不会为他们找工作，我希望他们自食其力。

当我的想法提出来的时候，我设法说服他们与我的想法保持一致。我成功地指导了摩干拉尔·甘地。不过，这以后再谈吧。

与妻子儿女分离，刚刚安顿下来的家又要拆散了，境遇漂泊不定——所有这一切都令人难过，然而我已习惯于不安定的生活。我认为，在这个世界上指望安定简直就是奢望，除了神灵是真理以外，其他一切都是不确定的，我们眼前和周围发生的一切都是不确定的、暂时的。然而，至高无上的神灵本身就代表着确定。如果有人能看见他并遵照他的指引，那么就有福可享了。追求那种真理，是生命的最高境界①。

我如期赶到了德班，那里已有工作等着我。代表团迎接张伯伦先生的日期已经定了，我得起草一份备忘录上交给他，还得和代表团一起去迎接他。

---

① 最高境界（Summun bonum），至善（Highest good）。

第四部分

第一章 "爱的徒劳？"

张伯伦先生此次来南非是为了那三千五百万英镑的礼物，并收买英国人和布尔人的民心。因此，他对印度代表团非常冷淡。

"你们也知道，"他说，"帝国政府没有干涉自治领的事务。现在看来，你们确实很困苦。我将竭尽全力帮助你们，但如果你们想融入欧洲人群，就得尽可能和他们友好相处。"

这无异于向代表团成员浇泼了冷水，我也倍感失望。我们都大失所望，我认为得重新开始我们的工作，我向同事们阐释了这种状况。

平心而论，张伯伦先生的答复无可厚非。他直言不讳倒也很好。他以一种相当文雅的方式让我了解了强权即真理或刀枪法则。

然而，我们没有刀枪，甚至连承受刀枪的资格都没有。

张伯伦先生在这块次大陆上停留的时间很短。如果从斯林纳伽（Shrinagar）到科摩林角（Cape Comorin）有一千九百英里之遥，从德班到开普敦有近一千一百英里，那么张伯伦先生就得以旋风的速度走完全程。

他从纳塔尔赶赴德兰士瓦。我得为当地的印度人准备好备忘录并上交给他。可是我怎么才能赶到比勒陀里亚呢？那里的同伴无法保证我能合法、便利地到达那里。战争已使德兰士瓦满目疮痍，那里既没有食物供应，也没有多余的衣服可穿。商店倒有不少，要么空无一物，有待填补货品；要么暂停营业，等待重新开张，而这仅仅只是时间问题。除非商店里货品充足，否则逃难的人难以回来。因此，每个德兰士瓦人都要获得一张许可证。欧洲人不费吹灰之力就可以领到许可证，但印度人很难获得。

战争期间很多军官和士兵纷纷从印度和锡兰①来到南非。英国当局有义务安置那些打算在南非定居下来的军官和士兵。反正英国当局得委派一些新的军官，这些有经验的人正好可用，其中一些机敏、很有心思的人成立了一个专门为黑人而设的新部门。那么，为什么不能有一个为亚洲人而设的部门呢？这种观点似乎合情合理。当我到达德兰士瓦时，这个新部门已经挂牌办公并逐渐扩大其管理范围。给归来难民签发许可证的官员可以给所有人发许可证，但是如果没有这个新部门的批准，他们怎么会签发给亚洲人呢？而且，如果许可证经由新部门推荐而发出，发证官员的责任和负担就轻得多。这就是他们争论的问题。然而事实是，这个新部门需要有工作可做，而发证官员需要金钱。如果没有工作可做，那么新部门就没有必要存在，因而很快会被撤销。于是，他们就为自己找到了这样的工作。

印度人必须向这个部门提交申请，很多天以后才会有答复。而当时太多人要回德兰士瓦，于是出现了一大批中介机构或皮条客，他们与官员相互勾结，敲诈成千上万的印度穷人。我听说没有门路就弄不到许可证，有时即便有门路，也得花费一百英镑。看来我是没有办法了。我向我的老朋友德班警察局的警长求助，对他说："请你将我引

---

① 锡兰（Ceylon），今斯里兰卡，以红茶著称。

荐给发证官，帮我弄一张许可证。你知道我就住在德兰士瓦。"他立即戴上帽子出门，帮我拿到了一张许可证。当时离火车出发还不到一个小时，我带上早已收拾妥当的行李，谢过亚历山大警长，赶赴比勒陀里亚。

现在，我清楚地知道前方的困难。我一到达比勒陀里亚，就起草了备忘录。在德班的时候，我不记得曾有人要求印度人预先提交代表名单，但这里有这个新部门，它要求提交一份代表名单。比勒陀里亚的印度人早已听说，这个新部门的官员们想方设法要把我赶走。

不过，需要另写一章来叙述这件令人痛心又有趣的事。

第二章　来自亚洲的专权者

这个新部门的负责人对我怎样进入德兰士瓦百思不得其解，于是盘问那些常去找他们办事的印度人，这些人也说不出个所以然。那些官员就胡乱猜测，认为我没有许可证，而是靠关系非法进城的。要果真如此，那正好有理由拘捕我了！

当时的惯例就是，一场大战结束后，政府便会享有很多特权，南非就是这种情况。政府颁布了《维护和平条例》(*Peace Preservation Ordinance*)，规定任何人未经许可而进入德兰士瓦，都将受到拘捕和监禁的处罚。根据这项规定，应不应该逮捕我困扰着这些官员，可是谁也鼓不起勇气要求我出示许可证。

当然，那些官员肯定发了电报到德班查证。当他们得知我是持许可证入境时大失所望，但是他们绝不会心甘情愿承受这种失望。虽然我设法进入了德兰士瓦，但是他们还是会想方设法阻止我见到张伯伦先生。

于是，他们通知当地的印度侨团上交印度代表团名单。在南非，种族偏见随处可见，但是令我万万没想到的是，我在这里也会碰上像印度那种龌龊卑鄙的官员。南非的公众部门是为民谋利而设立的，并且对公众舆论负责，因此负责的官员对人谦逊有礼，而有色人种也或多或少从中获得一些好处。随着亚洲官员的到来，他们的专权及其专权本能也随之带来。南非是责任政府或民主政府，而从亚洲过来的官员却如此专制，因为亚洲没有责任政府，外国政权统治着他们。来自欧洲的移民已在南非定居，他们已经是南非公民，有权监督政府官员。然而，来自亚洲的专制人物现在粉墨登场了，结果印度人被夹在魔鬼和汪洋大海中间，进退维谷了。

我尝到了专权的个中滋味。起初，我"应召"去见来自锡兰的部门负责人。我说我是"应召"去见这位负责人，并没有夸大其词，这个我来澄清一下。我并没有收到书面命令。印度侨民领袖常常去见亚洲人事务署（Asiatic Department）的官员，铁布·哈齐汗·穆罕默德先生就是其中之一。那位负责人问他我是什么人，为什么来这里。

"他是我们的顾问，"铁布先生说道，"他是应我们之邀而来的。"

"既然如此，那要我们干什么呢？我们不是被委派来保护你们的吗？甘地对这里的情况又了解多少？"这位专权者问道。

铁布先生小心翼翼地回答："你们当然是来保护我们的啊，但甘地也是印度人，他懂印地语，而且了解我们，再怎么说你们也是官员呀。"

这位官员命令铁布先生把我带到他跟前，于是铁布先生和其他人陪我一同去觐见这位官员。没有椅子可坐，我们只好全都站在那里。

"你来这里干什么？"那位官员对着我质问道。

"我是应我的同胞的请求来这里给他们提些建议和帮助的。"我答道。

"可是难道你不知道你无权来这里吗？你的许可证是发证官的失误造成的。你不能在这里常住，必须回印度。你不能在这里迎接张伯伦先生，我们特地成立亚洲人事务署，就是为了保护这里的印度人。好了，你可以走了！"说完这话，他便遣我离开，丝毫不容我置辩。

但他却留下了我的同伴，痛骂了他们一顿，命令他们将我遣返回国。

他们愤愤不平地回来了。现在我们面临着一种意想不到的局面。

第三章　忍辱负重

这次侮辱令我异常难受，但鉴于我已忍受过多次类似的侮辱，早就习以为常了。因此，我决定不计较这次侮辱，尽量做到心平气和。

我们收到了亚洲人事务署主任的一封信，说是由于我在德班已经见过张伯伦先生，他们认为我没有必要再向张伯伦先生请愿了。

我的同事无法忍受这封信的内容，提议索性取消代表团。我向他们指出了侨团面临的尴尬处境。我说："如果你们不去请愿，那么外界就会认为你们根本没有什么问题。毕竟请愿总得要提出书面申请，更何况我们也准备妥当了。无论是我来念还是别人来念请愿书，都无足轻重。张伯伦先生不会和我们计较这件事的。恐怕我们还是得忍气吞声。"

我话没说完，铁布先生便叫嚷起来："对你的侮辱就是对侨团的侮辱，我们绝不会忘记你是我们的代表。"

"你说得很有道理，"我说道，"但是即便是侨团也得忍受这样的侮辱，除此之外还有其他办法吗？"

"不管怎样，我们为什么要忍气吞声呢？还怕什么更坏的事发生？我们还有多少权利可丧失呢？"铁布先生问道。

这个回答鼓舞人心，可是对事态有什么帮助呢？我深知侨团权力有限。我平息了他们的怒火，并建议他们找印度律师乔治·戈夫莱先生代替我。

于是，戈夫莱先生带着他们去请愿。张伯伦先生在他的答复中提到我没有参加请愿的事情。"与其听同一个代表反复诉说，换一个新人岂不是更好？"戈夫莱说道，想极力缓和气氛。

然而，这一切非但没有了结这件事，反而为侨团和我们自己增加了工作量，我们必须重整旗鼓。

"正是你的建议，侨团才在战争中出手相助，现在自食其果了吧！"有人调侃道。可是，这种调侃无济于事。我说道："我不后悔我的建议，我认为参战是正确的选择。我们这样做只不过是在履行自己的责任，我们并不是为了获得报酬才付诸行动，而是我坚信，一切好事最后一定会开花结果。就让我们忘记过去，考虑一下当前的任务吧。"大家一致同意了。

我又说道："说实话，你们让我做的事情我已经做完。即便你们准许我回国，我认为我也不应立即离开德兰士瓦，我还得尽可能多待一段时间。我不能再像以前在纳塔尔工作那样，而是必须搬到这里来工作。一年之内我不考虑回国，而是打算注册成为德兰士瓦最高法院的律师。我有足够的信心应付这个新成立的亚洲人事务署，如果无法做到这一点，侨团就会被赶出南非，进而被洗劫一空。侨团每天都可能遭受各种侮辱。张伯伦先生拒绝见我，那个官员肆意侮辱我，这些事情同整个侨团受到的侮辱相比是微不足道的，我们绝不愿再过猪狗不如的生活。"

于是我趁热打铁，与比勒陀里亚及约翰内斯堡的印度人讨论这些事情，最后决定在约翰内斯堡成立事务所。

我能否注册成为德兰士瓦最高法院的律师还是未知数，不过律师协会并未反对我的申请，法院也接受了。对一个印度人来说，当时要在合适的地点找几间办公室是有困难的。但是，我与当地一个商人里琪（Ritch）先生往来密切，他通过一个熟悉的房屋中介，在城里司法区内帮我找到了几间合适的办公室，于是我开始重操旧业了。

第四章　令人振作的牺牲精神

在我叙述为德兰士瓦印度侨民争取权利而斗争以及他们如何与亚洲人事务署周旋以前，我必须先谈一谈我生活中的其他方面。

时至今日，我的心情仍难以平复。着眼于未来，冲淡了我原本的自我奉献精神。

大概在孟买开设事务所的时候，一个外形讨人喜欢、巧舌如簧的美国保险经纪人也在那。他像一个老朋友一样和我讨论未来的幸福，"在美国，像你这样有地位的人都买了人寿保险。难道你不想为自己的未来保驾护航吗？生命无常，我们美国人把投保视作宗教义务。你就投一张小小的保单吧！"

在这之前，在南非和印度遇见的经纪人，我都冷眼相待，因为当时我认为人寿保险意味着惧怕和质疑神灵。然而现在，我却屈服于这个美国经纪人的诱惑了。当他继续高谈阔论时，我的脑海浮现了我妻子和儿女的画面。我对自己说道："你这个人啊，差不多卖光了老婆所有的首饰。万一你有什么不测，那么照顾妻子和儿女的重担便会落到你可怜的哥哥身上，他已经义不容辞地承担了父亲的责任，你忍心这么做吗？"基于以上理由，我终于说服自己，投了一万卢比的保单。

然而，当我在南非改变生活方式以后，我的观念也随之发生了变化。在这经受考验的时刻，我所做的一切都是以神灵之名义并为之效劳的。我不知道我会在南非待多久，担心自己永远也回不了印度，于是我决定把妻子和孩子接来并赚钱养活他们。这个计划使我对购买人寿保险感到悲哀，为自己掉入保险经纪人的圈套感到羞愧。我对自己说，假如真有那一天，哥哥担负起父亲的责任，他必定不会因要养活我妻子和孩子而感到困扰。况且，我有什么理由假定自己比别人先死呢？归根到底，真正的保护者既不是我自己，也不是我的哥哥，而是万能的神灵。我投了人寿保险，就剥夺了妻子和儿女自立的权利。他们为什么不能自力更生呢？世界上无数的贫苦人家又该怎么办呢？为什么我不把自己当作其中的一员呢？

　　这种想法不断萦绕在我脑海，但是我并没有立刻采取行动。我记得，我在南非至少交了一次保险费。

　　里琪先生是位通神学者，通过他我开始接触约翰内斯堡的通神学者团体。基于不同的信仰，我虽没有加入这个团体，但几乎与每个通神学者都往来密切。我们每天都进行宗教讨论。他们常常诵读一些通神学的书，有时我还会在他们的集会上讲话。通神学主要培养和促进兄弟之谊，关于这个问题我们有很多争论，有些教众的行为与其教会思想不符，我指责了他们。这种指责对我来说有利无害，它引发我自省。

第五章 自省的结果

1893 年，我和基督教朋友有着密切往来，而我对宗教一无所知。朋友试图让我认识基督教，想让我接受耶稣的福音，而当时我是一个谦逊、恭敬且没有偏见的听道者。那时我自然是在尽我所能研习印度教并努力了解其他的宗教。

1903 年，情况有了一些变化。通神学的朋友打定主意要把我拉入他们的团体，但他们那样做是想从我这样一个印度教徒身上得到一些宗教研究上的指导。由于通神学文学深受印度教的影响，这些朋友指望我能对他们有所帮助。我解释说，我所进行的梵文研究不值一提，我没有阅读过印度教经文的原著，对于其译本也知之甚少。但是，作为"沙姆斯迦罗"（Samskara，前生注定的）和"普纳建摩"（Punarjanma，转世）的信奉者，他们认为我至少可以给他们提供一些帮助。因此，与他们相比，我就显得与众不同。我开始和一些朋友阅读辨喜（Swami Vivekananda）著的《瑜伽论》（*Rajayoga*），并和其他朋友阅读姆·恩·德维卫迪（M. N. Dvivedi）的另一个版本的《瑜伽论》。我还得和一位朋友阅读帕坦伽利的《瑜伽经》（*Yoga Sutras*），而和另一大群人阅读《薄伽梵歌》。我们成立了一个"求证教徒俱乐部"（Seekers' Club），我们会定期诵读经文。我之前就推崇《薄伽梵歌》，它对我很有吸引力，而现在我意识到有必要深入研究它。我手头有一两种译本，试图借助这些译本理解梵文的原意。我也曾决定每天背诵一两篇，为实现这个目标，我占用了早晨沐浴的时间。每天早晨我洗漱要花三十五分钟，即刷牙十五分钟，洗澡二十分钟。我过去常常按照西方的风格行事，因此刷牙时我在墙上贴了几张写有《薄伽梵歌》的纸条，不时地看看它们，这样有助于我背诵。这十五分钟足以让我背诵新的诗篇并复习已背诗篇。我记得用这种方法背诵了十三章。然而，由于要做其他的工作，背诵《薄伽梵歌》的时间被挤占了。创立和发展非暴力抵抗运动，占用了我所有的时间，甚至到如今依旧如此。

诵读《薄伽梵歌》对我朋友的影响只有他们自己清楚，但于我而言，它已成为指导我行为的指南，成为我日常生活参考的宝典。正如我遇到不认识的英语单词会去查字典一样，当我遇到困难和考验时，也会从《薄伽梵歌》中寻找解决方法。《薄伽梵歌》中"阿巴里格拉哈"（Aparigraha，不占有）和"萨摩婆瓦"（Samabbava，平等）这类词汇引起了我的兴趣，而如何培养和保持这种"平等"是个难题。对傲慢无礼的贪官提出一些毫无意义的反对意见的昔日同事以及时时处处与人为善的人们，我们如何做到"平等"对待呢？一个人如何才能放弃自己拥有的一切呢？难道拥有肉体本身还不够吗？难道妻儿不是你的财富吗？难道我要毁掉书柜中存放的所有书吗？难道我要放弃所有才能追随神灵吗？答案显而易见：我必须放弃所有才能皈依神灵。我对英国法律的研究在此派上了用场。我想起了斯内尔关于《平衡法》的讨论，《薄伽梵歌》的训诫使我更加理解"受托人"这个词的含义。我更加关注法律知识了，并从中发现了宗教的痕迹。我明白

《薄伽梵歌》中的"不占有"是指，渴望救赎的人们应该像受托人一样，即使拥有控制许多事情的权力，也不把任何东西占为己有。这个道理如白昼般清晰：一个人要想做到不占有和平等，就必须先拥有一种乐于改变的心态。于是，我写信给拉维尚卡巴伊，请他容许我终止保险单，把能拿回来的拿回来，否则就只能把已经支付的保险费当成损失了，因为我相信我的妻儿及我定会受到创造我们的神灵的妥善安排。我写信给像父亲一样待我的哥哥，向他解释道，我已经把我目前积攒的所有钱都给了他，但今后他不该指望我再寄钱给他。如果我以后有任何存款，都会把它用于侨团的事务。

想要让我的兄弟明白这一点并非易事，他言辞冷峻地向我说明我该尽的义务。他说我不该渴望比父亲还睿智，我必须像他一样养家糊口。我对他说，我做的恰恰就是父亲曾做的事情。对于"家庭"的理解，这里稍稍有所扩展，但将来他会明白我的所作所为的。

我的哥哥不再理我，确切地说是断了我们之间所有的通信往来，我十分痛苦。但如果要让我停止做我认为是自己责任的事情，我会更加痛苦，所以我宁愿承受更少的痛苦。但这不影响我对他的热爱，我对他的爱还是一如既往的单纯和热烈。他对我的伟大的爱是他不幸的根源，与其说他想要我的钱，不如说他认为我应该对我们的家尽职尽责。然而，在他生命的最后一段时光中，他认同了我的观点。

他临终前意识到我的选择是正确的，就给我写了一封信。这是他写过的最伤感的信。他向我道歉，就像一位父亲在向自己的儿子道歉。他把儿子托付给我照顾，让我以自认为合适的方式把他们抚养长大，并且表示他迫不及待地想见到我。他发电报说想来南非，我回电报表示赞成。但这次旅行最终未能成行，他对儿子的愿望也未能实现，他在动身来南非之前就过世了。他的儿子们是在旧社会的氛围中成长的，他们的生活方式无法改变，我无法让他们按照我的思维行事，这不是他们的错。"迄今为止，谁敢说能预知自己的未来呢？谁又能抹去与生俱来的东西？"一个人如果期望孩子按照他自己的生活轨迹生活，这只是空想而已。

在某种程度上，这个例子说明，父母亲要承担的责任多么重大。

第六章　为素食主义牺牲

　　随着自我牺牲和生活简朴的理想逐渐实现，宗教意识在我的日常生活中变得日益活跃，把素食主义当作一种使命的热情与日俱增。我只知道一种进行传教工作的方法，即讲述亲身的事例并与追求知识的人进行讨论。

　　约翰内斯堡有一家素食餐馆，由一个信仰库赫尼水疗法的德国人经营。我独自去过这家餐馆，还帮它招揽了一些英国朋友去那里吃饭。但我知道这家餐馆维持不了多久，因为它常常处于财务困境。我认为这家餐馆需要我去帮助，我就尽自己所能帮助它，并花费了一些资金，但它最终还是关门歇业了。

　　大多数通神学者差不多都是素食主义者，这时一位来自通神学团体的事业型女性开了一家规模宏大的素食餐馆。她热衷于艺术、奢华，但不懂理财，她的朋友圈相当广。刚开始，她经营的规模很小，但之后她决定冒点风险扩充门面，扩大经营，并向我寻求帮助。她来找我的时候，我对她的财务状况一无所知，理所当然地以为她的估算肯定相当准确，而我有条件帮助她。我的当事人常常把大笔数额的存款放在我这里，在得到其中一位当事人的许可后，我以他的名义借了大约一千英镑，这位当事人真的是非常热心又真诚。他刚到南非的时

314

候，还只是一个契约工人。他说："如果你需要，就把钱拿走吧。我对这方面一无所知，我只信你。"他名叫巴德立（Badri），之后在非暴力抵抗运动中起了重要的作用，也遭受了牢狱之灾。我以为只要他同意就够了，于是我就这样把钱借走了。

两三个月后，我才意识到这笔钱收不回来了。我无法承担这么大一笔损失，我本来可以把这笔钱用在很多其他事情上的，现在这笔贷款收不回来了，但我怎么能让信任我的巴德立蒙受损失呢？他只信我啊，我必须补偿他的损失。

我向一位当事人也是我的朋友说起这件事，他委婉地斥责我，说我太傻。

"老兄"（Bhai）——我很庆幸当时还没有成为"圣雄"，或是"巴布"，朋友们常常亲密地称呼我"老兄"——他说，"这不是你该做的事情。我们在很多事情上都依赖你，你不可能要回这笔钱的，我知道你永远都不想让巴德立难过，你会倾尽所有偿还他这笔钱，但如果你继续通过借用其他当事人的钱进行你的改革计划，这些可怜的人就遭殃了，你也会变成乞丐。可是你是我们的委托人，你必须明白，如果你沦为乞丐，我们所有的公众工作就都完了。"

我感激这位朋友，他如今还健在。无论是在南非还是在其他任何地方，我都未见过比他还纯洁的人。我知道当他怀疑别人而又发现自己的猜疑没有事实根据时，会向人们道歉并反省自己。

我意识到他对我的警告是正确的，因为虽然这次我补偿了巴德立的损失，但我再也无法承受任何类似的损失了，也不能忍受常年负债——这是我从来都不曾经历的事，也是我一直厌恶的事情。我意识到：即使一个人有改革的热情，也应该量力而行，不该打破自己的原

315

则底线。我也明白，在借用当事人寄存的钱这件事情上，我已经违背了《薄伽梵歌》的基本教义，即凡事但求付出，不求回报，这才算为人的美德。这次的错误成为我一生的警示。

为素食主义做出的这一次牺牲不是我有意为之，也不是我能预料的。这是一种必要的美德。

第七章 土疗和水疗试验

随着生活方式的日趋简单化，我越来越反感药物。当我在德班执业时，有一阵子我身体虚弱，患上了风湿性炎症。皮·捷·梅赫达医生为我治疗后，情况就好转了。从那之后一直到我回到印度，我不记得再患过什么疾病。

但在约翰内斯堡时，我常常便秘和头疼。我偶尔会吃泻药，并节制饮食，但我的身体说不上健康，我一直在想究竟什么时候才能摆脱这些烦人的泻药。

就在这时，我从报纸上得知，曼彻斯特成立了一个"不吃早餐协会"（No Breakfast Association）。协会的倡导者认为，英国人吃东西的频率太高且吃得太多，甚至到了午夜还会吃东西，这使他们要承担高额的医药费。如果人们想要改善这种现状，至少不该吃早餐。虽然这篇报道不是针对我的情况，但我却可从中有所借鉴。我过去每天都是三顿饱餐外加下午茶，吃东西向来不加节制，遇到喜欢吃的素食和清淡的饮食时，总是放开胃口大吃一顿。我很少在六七点之前起床。因此，我想如果我也不吃早餐，我可能就不会头疼了。于是我进行了尝试，刚开始几天相当痛苦，但头疼完全消失了。于是我便得出结论，我吃的太多，超出了身体所需。

但这种改变还是无法让我摆脱便秘的困扰。我尝试了库赫尼的坐浴疗法，确实有点效果，但不能完全治愈。与此同时，那个开素食餐馆的德国人还是别的什么朋友，我忘记是谁了，给了我一本贾斯特（Just）的《重归自然》（*Return to Nature*）。我在这本书中读到了土疗法，作者还提倡把新鲜水果和坚果作为人类的天然饮食。我并没有马上只吃水果，而是立刻进行了土疗试验，并且取得了极佳的效果。这种方法是，把干净的土用冷水浸湿，像把药膏铺在质地较好的亚麻布上那样，把土铺在绷带上，然后敷在腹部。我晚上睡觉时敷，夜里或早上醒来后就取掉。这种治疗的效果非常好。从此以后，我用这种方法治疗，并推荐给我的朋友，效果从未令人失望。回到印度后，我却没能以同样的信心继续尝试这种治疗，原因之一就是，我一直居无定所，无法进行这种试验。但我一如既往地相信土疗和水疗法。直到今天，必要的时候，在一定程度上我还会尝试土疗，并且会向我的同事们推荐这种方法。

虽然我一生中患过两次重病，但仍然相信人还是应该少服用药物。一千个病例中，九百九十九例都可以通过规律的饮食习惯、水疗、土疗和一些类似的家常办法治愈。只要生点小病就跑去找医生（无论是印度教土医，还是伊斯兰教土医），服用各种草药或矿物做成的药物，这样做不仅会缩短自己的寿命，还会使自己沦为肉体的奴隶，而不是成为它的主人。一旦丧失身体的自控能力，最终就会失去自我。

希望人们不要因为这是我在生病时写的就不予以重视。我清楚自己为何生病，充分意识到自己要对此负全责，并且正因为我有这样的意识，才没有失去耐心。事实上，我很感激神灵让我从中得到教训，并成功抵制了服用大量药物的诱惑。我知道我的固执常常让医生感到无奈，但他们愿意包容我，从没有放弃对我的治疗。

不管怎样，我不该将话题扯远。在我进一步说明之前，我该给读者一些忠告。因为读了这一章而去买贾斯特那本书的人，千万不要把这本书中说的所有内容都当成福音书中的真理。作者往往只从某一个角度来谈论事物，而每一种事物我们至少可以从七个角度观察，可能所有的角度从它自身来说都是正确的，但是不可能在同时或同样的情况下都正确，许多书籍是为赢得消费者和获取名利而写。因此，人们读这类书时，要有一定的识别能力，采用书中所说的试验之前，先咨询一些有经验的人，或者在仔细研读并完全消化吸收书中的所有内容后再进行试验。

第八章　警告

这一章恐怕还是不能进入正题。我在进行土疗试验的同时，也在进行饮食方面的试验，虽然以后应该还有机会谈到这个问题，但现在谈谈或许也算合适。

无论是现在还是将来，我可能都不会细谈有关饮食的问题，因为多年前我曾在《印度舆论》上用古吉拉特文写了一系列文章探讨此话题，之后还结集出版为一本英文书，书名叫《健康指南》(*A Guide to Health*)[①]。在我写的几本书中，这是一本在东方和西方都很畅销的书，对此我至今都无法理解。这本书是为《印度舆论》读者而写的，但我知道这本书已深深影响了许多人的生活，影响了东方和西方从来没有阅读过《印度舆论》的人的生活，因为他们常常就饮食方面的问题与我通信。因此我觉得有必要在此谈谈这本书，虽然我没有什么理由改变书中的观点，但在实际生活中我做了某些内容上的重大改变，这是所有读者都不知道的，但我认为应该让他们知道。

像我其他的作品一样，我是在一种精神终极目标的支持下完成写作的，这种精神终极目标一直激励着我的每次行动，而如今我为自己

[①]　新版名称改为《健康之匙》(*A key to Healh*)，纳瓦吉万出版社出版。——原注

不能将书中的某些理论完全运用于实践而感到深深的不安。

我坚信一个人除了在婴儿时期要喝母乳外，根本不需要再喝牛奶。他应该只吃晒干的果子和坚果，从葡萄和杏仁这类坚果中获得身体组织和神经生长所需的充足营养。对依靠这类食物为生的人们来说，节制性欲和其他的冲动会变得容易。印度有句谚语："吃什么，像什么。"我的同事和我都深有体会，觉得这句话富于真理。这些观点在书中都有详细阐述。

但不幸的是，在印度我发现自己不得不在实践中否定某些理论。当我在凯达①（Kheda）从事募兵运动时，一次吃错东西让我生命垂危，险些丧命。我试图通过不喝牛奶重新恢复健康的体魄，但是徒劳无功。我便向认识的医生、印度教土医和科学家寻求帮助，希望他们推荐一种牛奶的替代品。有人推荐喝豆汤，有人推荐喝"茅赫罗"油，还有人推荐喝杏仁露。我费尽心力尝试了这一切，但没有任何一种东西能让我恢复健康。印度教土医为我读查罗克②的诗歌，并告诉我宗教上的饮食禁忌在治疗上毫无意义，除非我喝牛奶，否则他们无能为力。而那些毫不犹豫推荐我喝牛肉茶和白兰地的人又怎能帮助我活下来并保持不喝牛奶的饮食习惯呢？

我曾发誓，不喝黄牛的奶或水牛的奶。这誓言当然指的是不喝所有的牛奶。但我在发誓时，脑海里想到的只是不喝黄牛的奶和水牛的奶，因为我还想活着，我只能自欺欺人地认定，我只是从字面上强调我的誓言，于是我决定喝羊奶。我心里很清楚：一旦我开始喝羊奶，

① 凯达，孟买省中部的一个县。

② 查罗克（Charaka），印度吠陀时代的医学家，在夜柔吠陀中自成一派，为印度教医学之宗。

就违背了誓言。

但是，我一心想着要领导反对罗拉特法案的运动，这使我想要活下去的念头愈加强烈。结果，我人生中最伟大的一次试验就此终止了。

我知道，有人认为，灵魂与我们的吃喝没有任何关系，因为灵魂是不吃不喝的，重要的不是你摄入了什么，而是你内心传达出了什么。毫无疑问，这种说法有一定道理，但与其寻根究底，我宁可坚定自己的信念。对于那些敬畏神灵、愿意直面神灵的人来说，节制饮食的数量和质量与节制思想和言论同等重要。

然而，对于那些如今我看来是错误的理论，我不应该仅仅指出它的错误，也应该发出严重的警告，阻止大家运用它。因此，我要劝诫那些因相信我的理论而不喝牛奶的人，不要再坚持这样做了，除非他们觉得这样做确实是有益处的，或者是有经验颇丰的医生建议他们这样做。直到今天，我的经验告诉我，对于那些消化不良和常年卧病在床的人来说，没有比牛奶更清淡、更富有营养的食物了。

如果和我有同样经历的人正巧看到这一章，并愿意告诉我他根据亲身体验而非书本知识得知一种和牛奶一样既有营养又易于消化的素食替代品，那我定当感激不尽。

第九章　与权势斗争

现在来谈谈亚洲人事务署吧。

约翰内斯堡是管理亚洲人事务署官员的大本营。我发现，这些官员不但没有好好地保护印度人、中国人和其他亚洲人，反而压榨他们。每天都有人向我抱怨说："有权利进城的人们拿不到进城的许可证，而那些没有权利的人只要花上一百英镑就可以溜进城。如果你不出来主持公道，那还有谁能呢？"对此，我深有同感，如果我无法消灭这种恶势力，那就等于白住在德兰士瓦了。

于是我开始收集证据，当收集到很多证据时，我找了警察局长。他看上去是个正直的人，不但没有对我冷眼相对，还耐心地听我说，并让我把收集的所有证据拿给他看。他亲自询问了证人，并对结果很满意，但他和我都清楚，要在南非找到一个白人陪审员对侵犯了有色人种权益的白人进行定罪非常困难。"但是，"他说，"无论如何，我们都要尝试。如果因为担心陪审团会无罪释放那些罪犯而让他们逍遥法外，这就太不应该了，我一定要把他们绳之以法。我向你保证，我将不遗余力地让他们认罪伏法。"

我并不需要这样的保证。我怀疑大多数官员，但我没有确凿的证据指控他们所有人，只能申请逮捕其中的两个人，对于他们的罪行，我有确凿的证据。

我所做的事不再是秘密，许多人都知道我几乎天天跑警察局，那两个将要遭到逮捕的官员手下倒是有几个办事效率不错的暗探，他们常常在我的事务所外盯梢，并把我的行踪报告给那两个官员。不过，我必须承认这两个官员实在太坏了，他们不可能雇到许多暗探。要不是印度人和中国人帮助了我，他们永远都不可能被抓捕。

他们中有一个潜逃了，警察局长发了一张引渡的传票，又把他拘捕并遣送回了德兰士瓦。他们受到了审判，尽管有充分的证据证明他们犯罪，而且陪审团也知道其中一人曾经潜逃的事实，但这两个人仍被宣判无罪释放了。

我感到极其失望，警察局长也感到很遗憾，这使我对律师这个职业感到厌恶。曾经在我看来代表着智慧的一种职业，如今让我感到厌恶，因为它不是用来惩治罪犯的，而是庇护犯罪的。

然而，这两个官员的犯罪事实昭然若揭，即使他们被无罪释放，政府也无法庇护他们，他们都被革职了。亚洲人事务署变得相对干净了，印度侨团在某种程度上得到了安定。

这件事情使我名声大震，我的业务也因此增多。之前，印度侨团每个月在跟官员打交道上都要花掉几百英镑的冤枉钱，现在这笔钱虽然没有全部省下，但至少省下了一大部分，因为仍然有些贪污的官员想利用职权捞一笔。完全不花钱是不可能的，但现在正直的人也许能够保持正直。

坦白说，虽然这些官员贪污腐败，但我对他们个人并无任何偏见。他们自己也清楚这一点，当他们身处困境而向我寻求帮助时，我也帮助了他们。只要我不反对，他们就有机会进入约翰内斯堡市政厅工作。他们的一个朋友为此事来找我，我同意不对此加以阻挠，他们就得到了市政厅的工作。

我的这种态度使我与有往来的官员相处融洽，虽然我常常与他们的部门起争执并用一些犀利的言辞，但他们仍然待我很友好。我当时并没有意识到这种行为方式是出自我的本性，之后我才明白这是非暴力抵抗运动的必要部分，是"非暴力"的一种属性。

人与人的行为是截然不同的。好的行为值得赞扬，恶的行为要受到谴责。对于做出这些善行或是恶行的人，无论具体情况如何，都值得尊重或同情。"恶其行而非恶其人"，虽然是一个易于理解的观念，但要付诸实践却非易事，这就是憎恨的种子能够遍布全世界的原因。

这种"非暴力"观念是追求真理的基础。我逐渐意识到只有建立在非暴力的基础上，这种追求才不会是一场徒劳。抵制和抨击一种制度是正当的，但去抵制和抨击它的创立者相当于抵制和抨击我们自己。因为我们都是被创造出来的人，我们同是一个造物主的孩子，正因如此，我们内在的神圣力量是无限的。轻视任何一个人都是对这些神圣力量的亵渎，所以说，伤害的不仅仅是某一个人，而是包括他在内的整个世界。

第十章　神圣的回忆和忏悔

生活中发生的许多事情使我与持不同宗教信仰、来自不同团体的人们有了密切的联系。我与所有人的接触证明了一点：无论是熟人还是陌生人，同胞还是外来者，白人还是有色人种，印度教徒还是信奉其他宗教的印度人，如穆斯林、帕西人、基督教徒或犹太人，我都对他们一视同仁。可以说，我的心无法有区别地对待他们。我不敢把这称为一种特殊的美德，但它确实出自我的本性，而不是我刻意努力的结果。而对于"阿希姆萨"（非暴力）、"婆罗摩恰立亚"（禁欲）、"阿巴里格拉哈"（不占有）等美德，我充分意识到这需要我不断努力培养。

我在德班当律师时，事务所的职员往往和我住在一起。他们中有一些是印度教徒和基督教徒，如果从他们的来源省份划分，有古吉拉特人和泰米尔人。我一直把他们当作亲朋好友对待，把他们当作我家的一分子。如果我的妻子对此有异议，我就会与她发生争执。职员中有一人是基督教徒，出生于潘查摩①种姓家庭。

我们住的房子是按照西式建筑建造的，房间里没有污水排出口，

---

① 潘查摩（Panchama），在印度教社会中从事铁工劳动的，被认为极不干净的人。

因此每个房间里都放了一个夜壶。这些夜壶不是由仆人或扫地的人清洗，而是我的妻子和我清洗。那些完全把这里当成自己家的职员自然会清洗自己的，但这个基督教徒是新来的，打扫他的房间是我们的责任。我的妻子清洗其他人的夜壶，但让她去清洗潘查摩人用的夜壶似乎超越了她的极限，于是我们争吵起来。她既不让我去清洗，也不愿意自己干。直到今天，她当时斥责我的画面还历历在目，她一边下楼一边流泪，手中拿着夜壶，眼睛气得通红，泪水顺着她的脸颊哗哗落下。而我真是一个极其"仁慈"的丈夫，自以为是她的老师，总是以盲目的爱来折磨她。

仅仅让她收拾夜壶我并不满意，我还要让她心甘情愿地去做。于是我高声说道："我忍受不了在我屋子里出现这种荒谬的行为。"这些话像利箭一般刺伤了她的心。

她冲我吼道："你就守着自己的房子吧，让我走。"我顿时失去理智，之前的怜悯之情消失得无影无踪。我抓起她的手，把这个无助的女人拖到楼梯对面的门口，我打开门试图把她推出门外。眼泪从她的脸颊倾泻而下，她哭叫道："你难道一点都不羞愧吗？你忘了你是谁吗？我要去哪儿？我在这里没有父母或其他亲人可以投靠。作为你的妻子，你认为我就一定要忍受你的拳打脚踢吗？看在神灵的份儿上，你自己检点一些吧，把门关上，免得让人看笑话！"

我表面上若无其事，但确实感到羞愧，于是关上了门。与其说我的妻子离不开我，其实是我也离不开她。我们常常会争吵，但最终都会重归于好。我的妻子有着惊人的忍耐力，她总是胜利者。

今天，我可以这样淡然地回忆这件事情，因为这是我过去幸福时期的见证。我不再是一个盲目地迷恋着妻子的丈夫，也不再是我妻子的老师。如果嘉斯杜白愿意，她可以对我不客气，就像我以前对她那样。在我患病期间，她一直是个尽职尽责的看护，毫无所求地照顾着我。

我所说的这件事发生在1898年，那时我脑中还没有"禁欲"这个概念，也未认识到不应发泄情欲，而应将妻子看作与丈夫同甘共苦的伙伴、同志或搭档。

1900年，这些想法发生了翻天覆地的改变。到了1906年，我的思想观念定型，但有关这一点我打算在适当的时机谈论。这里要说的一点是，随着肉体欲望的逐渐消失，我的家庭生活变得越来越和谐、甜蜜和幸福。

听我这样说，你们不要以为我们是一对理想的夫妻，或者推断我们的思想完全一致。嘉斯杜白自己也许都不清楚她和我的思想有什么不同。时至今日，我的许多做法她可能还是不赞同。我们从未讨论过这些事，我觉得没有必要。因为她既没受过父母的教育，且在我应该教她的时候，也没有受到我的教导。但在相当大的程度上，她有一种可贵的品质，这种品质大多数印度教徒的妻子基本上都具有。这种品质就是：无论是出于自愿还是出于刻意，无论是出于自觉还是非自觉，她都认为应该跟随我的脚步，从来没有阻碍我为了过上一种有节制的生活而做的努力。因此，虽然我们在文化程度上存在很大的差距，但我一直感觉我们的生活美满幸福、蒸蒸日上。

第十一章　与欧洲人的密切往来（上）

写到这一章，我认为有必要向读者解释我是如何一周接着一周将这个故事写出来的。

刚开始写作时，我并没有明确的计划，没有日记或文件可作为写作的基础，我只是受神灵的指引而写。我并不敢明确声称，所有有意识的思想和行为都是受到神灵的指引，但在认真审视我一生中所做出的重大决定以及那些被认为不值一提的小事后，我认为要说它们都是受到神灵的指引而为之也未尝不可。

我信仰神灵，而这种信仰是不可磨灭的，我把这种信仰视为一种体验。然而，有人也许会说把信仰视为一种体验就是篡改真理，但也许这样说更为准确：我无法用言语来描述我对神灵的信仰。

也许现在比较容易理解，为什么我相信是神灵激励着我写下这个故事。当我开始写上一章时，我把这一章的标题用在了上一章，但当我写作的时候，我意识到在我叙述与欧洲人来往的经历之前，我有必要写一些什么作为序言，于是我便更改了标题。

现在，当开始写这一章时，我又遇到了一个新问题。对于将要写到的那些英国朋友，我该提哪些事情，该略去哪些事情，这是个严肃的问题。如果忽略了那些相关联的事情，事实真相就会被湮没。并且要判断哪些故事是相关联的是很难的，因为就连我自己也不确定该怎么写。

很久以前，我读到一种观点：不应该把所有的自传当作历史。如今，我更加明白其中的道理。我知道，我并没有把记得的事情全都写进这部自传。谁能告诉我为了保证故事的真实性，我必须要写什么，省略什么？可如果仅仅写下人生中的某些事，那写这部自传又有何价值呢？若是有哪个好管闲事的人一章章地检查我已经写好的部分，他可能会发现不少问题。若是遇到某个挑剔的批评家来检查的话，他甚至可能因为指出了"我许多主张的空洞之处"而扬扬自得。

因此，我曾经犹豫是否继续写下去。但只要我的内心没有放弃，就必须继续写下去。我必须恪守圣人格言，凡事不能半途而废，除非被证明有道德上的错误。

我写自传不是为了取悦那些批评家，写这部自传本身就是对真理的一种实践，目的之一自然在于为我的同事们提供一些慰藉和回忆。事实上，我也是为了满足他们的愿望才开始写这部自传的。如果不是叶拉姆达斯和斯瓦米·阿南德坚持他们的建议，我可能就不会写这本书了。所以说，如果我写这部自传有什么不妥的话，他们也难辞其咎。

还是言归正传吧。就像之前与许多印度朋友如同家人般同住一样，在德班时，我也与一些英国朋友如同家人般住在一起。并不是所有和我同住的人都喜欢和我住，但我坚持要他们和我住在一起。我并不是没有出过错，我有过一些痛苦的经历，包括与印度人和欧洲人的经历，但我从不后悔经历这些。尽管有过这些经历，尽管我常常给朋友们带来不便和苦恼，我也从来没有改变过自己的行为方式，而朋友一直都包容着我。当我与陌生人的交往使朋友感到不悦时，我总会毫不犹豫地责怪他们。我坚信，那些信仰神灵的人，如果想要在别人身上看到与他们心中同样的神灵，就必须带着包容和理解与他人共同生活。这种与他人共同生活的能力是可以培养的，不要因为害羞而回避这些接触的机会，而要以为他服务的精神来相处，这样才不会让大家感到拘束。

因此，布尔战争爆发的时候，尽管我的屋子里住满了人，我还是收留了两个从约翰内斯堡来的英国人。他们两个都是通神学者，其中一位就是吉特庆（Kitchin）先生，下文我们将有机会对他作进一步的了解。这些朋友常常使我妻子泣不成声，不幸的是，由于我的原因，她常常要忍受这种煎熬。这是我第一次与英国朋友如同家人一般亲密地生活在一起。我在英国留学时住在英国人的家里，但我要遵循他们的生活方式，常常觉得自己像住在公寓里似的。现在情况正好相反。这些英国朋友成为我的家人，他们在很多方面都要适应印度的生活方式。虽然屋子里的陈设都是西式风格的，但我们内部的生活还是印度式的。我还记得，把他们当成家人的过程并不是一帆风顺的，但我敢说，他们住在我家就像住在自己家里一样自由，并没有遇到什么难处。与在德班相比，在约翰内斯堡时这样的交往更多了。

第十二章　与欧洲人的密切往来（下）

在约翰内斯堡，我一度雇用了四个印度职员，与其说他们是我的职员，不如说更像我的儿子。即使有这么多人手，也不能满足我的工作需要。工作中不用打字机是不可能的，但除了我，没有人知道怎么打字。我曾试图教会其中两人打字，但他们英文太差，一直达不到要求。而后来，我又想训练他们中的一人成为会计。我不能到纳塔尔找人帮忙，因为没有通行证，任何人都不得进入德兰士瓦，而我为了省事，并不打算去找负责发证的官员帮忙。

我真的是分身乏术。工作上的事情和公共事务越积越多，多到无论我多么拼命，似乎都很难应付过去。我倒是很想雇用一位欧洲人做我的职员，但我不确定是否有白人（无论男女）愿意为我这样的有色人种工作。不过我决定试试。于是我找到一个我认识的打字机经纪人，并拜托他帮我物色一位速记员。当时确实有几个女速记员，他承诺尽力从中帮我找一个合适的。他遇到一个刚从苏格兰来的名叫狄克（Dick）的苏格兰姑娘。她需要工作，认为只要以正当的工作谋生，去哪里工作都可以。于是经纪人便让她来见我，我一眼就觉得她是一个不错的人选。

我问她："你不介意为一个印度人工作吗？"

她很坚定地回答说："一点也不介意。"

"你期望的薪水是多少？"

"十七镑十先令，是不是太多了？"

"如果你能按我的要求做得很好，那就不算多。你什么时候可以来上班？"

"如果您需要的话，现在就可以。"

我感到很满意，立刻就口述信件让她打字。

不久之后，她对我而言不再仅仅是个速记员，更像我的女儿或妹妹。对于她的工作，我几乎挑不出毛病。我常常委托她管理数额高达几千英镑的巨款，还让她管理账本。她完全赢得了我的信任，不仅如此，她向我倾诉内心深处的想法和感受，甚至在选择丈夫的问题上，她也来征求我的建议，我还有幸成为她婚礼的证婚人。狄克小姐成为麦克唐纳（Macdonald）夫人之后，不得不离开事务所。但即使是在婚后，但凡我工作上实在忙不过来而向她寻求帮助时，她也一定是随叫随到。

但我现在需要一位固定的速记员来填补她的空缺，幸运的是，我又找到一位姑娘，她是史丽新（Schlesin）小姐，是卡伦巴赫（Kallenbach）先生介绍给我的。关于卡伦巴赫先生，我们会在下文谈到。史丽新小姐现在是德兰士瓦一所高中的老师，当初她到我这里来的时候大约十七岁，她的脾气有些古怪，时常让卡伦巴赫先生和我受不了。与其说她是来做速记员的，不如说她想积累经验。她从未有过种族歧视的观念，对于他人的年龄和经历，她似乎都不在意。她总是心直口快，甚至毫不犹豫地当面侮辱别人、训斥他人。她的直性子常常使我陷入窘境，但她坦白率真的个性又常常能当场化解尴尬。她打的信件，我常常不需要核对就直接签字，因为我觉得她的英文比我好，我也绝对相信她对我的忠诚。

为了这份工作，她做出了巨大的牺牲。在相当长的一段时间里，她每月的薪水不超过六英镑，她拒绝接受每月超过十英镑的薪水。每当我劝她多拿一些薪水时，她总会责怪我说："我来这儿工作不是为了向你要薪水的，而是因为我喜欢同你一起工作，我欣赏你的理想。"

有一次她在我儿这支取了四十英镑，但她坚持把这当成她借的，并且已在去年把钱还清了。她的勇气和她的牺牲一样大。我平生有幸遇到过这样几位女性，她们有着如水晶般纯洁的品质及令勇士深感汗颜的勇气，而她就是其中之一。如今她已经是位成熟的女性，我不像从前与她共事时那样了解她的想法了，但我与这位年轻女士的交往将永远成为我神圣美好的回忆。所以说，如果我隐瞒有关她的事情，就违背了事实的真相。

她不分日夜地为非暴力抵抗运动辛苦忙碌着，总是独自在黑夜中冒险外出办事，如果有人提议派人护送她，她总是生气地加以拒绝。数以千计的印度人坚决拥护她，听从她的领导。在开展非暴力运动的那段时间里，几乎每位领导人都被关进监狱，是她独自领导这场运动。她领导着数千人，处理大量的信件，还要管理《印度舆论》，但她从未倦怠过。

关于史丽新小姐的故事多得不胜枚举，但我必须在这里以戈克利对她的评价来结束这一章节。戈克利认识我所有的同事，并与大多数人相处甚欢，他常常会对他们做出评价。在所有印度和欧洲的同事中，他给予史丽新小姐的评价最高。"我在史丽新小姐身上看到的牺牲精神、纯洁和无畏是我之前几乎没见过的，"他说，"在你所有的同事中，我最尊重和欣赏她。"

334

第十三章 《印度舆论》

在我继续讲述与其他欧洲人的亲密交往之前，先提两三件重要的事。不过，我跟其中一人的交往必须马上提一下。狄克小姐的入职还不足以协助我完成所有的工作，我需要更多的援助。

我已经在前面的章节里提及里琪先生，对其知之甚深。他是一家贸易公司的经理，对我的提议欣然同意，他离开公司来我这儿做事，大大减轻了我的负担。

与此同时，马丹吉特（Madanjit）先生找上我，提议创办《印度舆论》，并就此事征求我的意见。他已经创办了一家出版社，因此，对于他的提议我表示赞同。这份刊物创刊于1904年，曼苏克拉尔·纳扎为首任主编。然而，刊物的主要工作由我负责，事实上我的大部分时间都花在了这份刊物上。这并不是说曼苏克拉尔·纳扎办不了，他在印度办过许多报刊，但只要我在那里，他绝不会冒险为错综复杂的南非问题写文章。他对我的见解极为信任，因此让我负责社论专栏的工作。时至今日，这份刊物仍为周刊，初始有古吉拉特文、印地文、泰米尔文和英文四种版本。不过，我觉得古吉拉特文和印地文版本没有什么实际意义。它们并没有起到应有的作用，因此我停止了这两种版本的发行，免得继续给人自欺欺人的印象。

我没想到自己会在这份刊物上花什么钱，但是不久我就发现，倘若没有我在经济上的资助，继续出版将难以实现。印度人和欧洲人都知道这点：我虽然不是《印度舆论》的正式编辑，但实际上，经营管理都是我在负责。如果还没创刊倒也无所谓，可一旦已经出版却又停止发行，那就不只是一种损失，更是一种耻辱。于是，我不断给予资助，直至几乎花光我所有的积蓄。我还记得有一段时日，我每个月都要汇出七十五英镑。

然而，经过这些年，我觉得这份刊物很好地服务了侨团，从来没有打算让它成为一种盈利工具。由于一直在我的管理之下，这份刊物发生的改变也说明了我生活的改变。当年的《印度舆论》就像今天的《青年印度》和《新生活》一样，是我真实生活的一面镜子。一周又一周，我把我的灵魂都灌注到这一专栏，按我所知尽可能阐释非暴力抵抗运动的原理和实践。《印度舆论》出版的十年间，即从 1904 年到 1914 年，除了我在监狱被迫间断外，几乎每期的《印度舆论》都有我的文章。

这些文章，就我所记得的，每一个字都经过精心琢磨、深思熟虑，没有刻意夸张，也没有曲意逢迎。事实上，这份刊物成了我锻炼自我克制的好平台，成了朋友和我在思想上保持联系的媒介。爱好吹毛求疵的批评家对此也无可挑剔，实际上，《印度舆论》的论调已使批评家无从下笔。倘若没有《印度舆论》，非暴力抵抗运动也就无从谈起了。读者希望能从这份刊物得悉非暴力抵抗运动的可靠信息，了解南非印度人的真实情况。于我而言，这是我研究人类天性各方面的一种手段，因为我一直志在建立编者与读者间的一种亲密而纯净的联系。我时常沉浸在读者真情流露的信件中。由于写信人的性情各异，来信中有的是亲切的关怀，有的是严正的批评，还有的是痛诋。研究、消化和答复这些信件，对我是一种很好的教育。通过这些信件，我仿佛看见了侨团的思想，清晰认识到作为一个新闻工作者的责任，以此方式稳稳抓住这个侨团，使未来的运动能够见诸实践、富含尊严而又不可抗拒。

在《印度舆论》出版的第一个月，我便认识到新闻事业的唯一目的就是服务。报刊是一种强大的力量，正如奔腾的湍流能把乡村和庄稼荡然摧毁一般，一支不加控制的笔也能起到摧毁作用。如果控制来自外界，那比没有控制更加有害。只有内在的监督，才能有所裨益。如果这种说法是对的，世界上有多少报刊经得起这种考验呢？而谁能终止那些无用的报刊呢？谁又来担任裁判？有用和无用，正如好与坏，必须相互依存，人们必须自己做出选择。

第十四章　苦力区还是隔离区？

　　有一些对社会做出了巨大贡献的阶级，却被我们这些印度教徒视为"不可接触"的贱民，被赶到城镇或乡村的偏远居住区。这种地方古吉拉特语叫作"德瓦度"（Dhedvado），含有侮蔑之意。尽管如此，在基督教的欧洲，犹太人也曾一度被视为"不可接触"的贱民，划分给他们的居住区也有一个侮辱性的名字，叫"隔离区"。同样地，今天我们也被视为南非"不可接触"的贱民。为了我们的复兴，安德鲁斯（Andrews）和萨斯特里（Sastri）的"魔棒"做出了多大的牺牲，以后就会知道了。

　　古时候的犹太人自认为是造物主的选民，有别于其他一切民族，结果导致他们的后代遭受了一种莫名甚至不公平的报复。无独有偶，印度人也自视为雅利安人或文明人，视一部分亲朋好友为非雅利安人、"不可接触"的贱民。结果，不仅在南非的印度教徒遭受一种莫名的或者不公平的对待，穆斯林和帕西人也受到同样的对待。这一切只因他们同属一个国家，有着与印度同胞同样的肤色。

　　读者现在多少能明白这章标题的意思了吧？在南非，我们得了个蔑称，叫作"苦力"。"苦力"这个词在印度是指挑夫或者雇工，但在南非有种侮蔑的含义，就像我们所说的贱民或者"不可接触者"，而

338

划给这些"苦力"居住的地方叫作"苦力区"。约翰内斯堡就有这样一个地区，但又有别于印度人拥有租佃权的其他地方。在约翰内斯堡这个地区，印度人拥有九十九年租期的一小块土地。在这个地区，人口拥挤不堪，然而这个地区的面积并没有随人口的增加而扩大。除了随便安排人打扫一下公厕外，市政当局再没有为供应卫生设施做过什么努力，更不用说修筑公路和提供照明设施了。市政当局对居民的福利漠不关心，要它保障公共卫生根本就无从谈起。缺乏市政当局的帮助和监督，人们对市政卫生规则置若罔闻。如果生活在那个地区的人都是罗宾逊·克鲁索（Robinson Crusoes），那定当是截然不同的。然而，我们从未听闻这个世界上有过罗宾逊的殖民区。一般说来，人们移民国外是为了追求财富和生意，但是大部分涌往南非的印度人是无知的、贫苦的农民，需要给予一切的关怀和保护。跟随他们去的商人和受过教育的印度人为数甚少。

市政当局罪恶的漠视和印度居民的无知，共同导致这个地区极不卫生。市政当局不但没有采取任何措施改进当地卫生，反而想以他们的漠视造成的肮脏为借口来取得当地立法机构的批准，从而驱逐当地居民，进而消灭这个地区。这是我在约翰内斯堡定居下来时的情况。

这些居民拥有土地所有权，自然有权要求赔偿。一个特别的法庭被委任审判这些地产官司。如果租用人不打算接受市政当局给予的赔偿，他有权向法庭提请申诉。倘若法庭宣判的赔款额超过市政当局提出的赔款，市政当局就得承担法庭宣判的赔款。

大部分住户都请我担任他们的法律顾问。我不打算通过这些官司赚钱，因此我告诉他们，无论法庭判决多少赔款，我都满足，也不管结果怎样，只要他们胜诉，每单官司我只收十英镑的酬劳。我还告诉他们，我打算把所得酬劳的一半用于建立一所为穷人服务的医院或者类似机构。对于这个提议，他们自然是高兴的。

在大约七十宗官司里，仅有一宗是败诉的，因此我的酬劳达到一个相当大的数字。然而当时《印度舆论》非常需要钱，我记得它花掉了一千六百英镑。为了这些官司，我竭尽全力工作。委托人整天围着我，他们大多是来自比哈尔及其周围地区，以及来自南印度的契约劳工。为了消除贫苦，他们自己组成了一个独立于自由印度商人的协会。他们中的一些人思想开明、不受拘泥且品德高尚。他们的领导人是蔡朗新先生，是协会主席；还有巴德立先生，相当于主席。现在他们两位已与世长辞。他们于我有莫大的帮助，巴德立先生与我来往密切，是非暴力抵抗运动中的重要角色。通过他们和一些其他的朋友，我与来自南北印度的无数侨民有了亲密的联系。我成为他们的同胞兄弟（不仅仅是一名法律顾问），分担着他们所有的公私悲愁和困苦。

说起过去印度人对我的称呼，还是很有趣的。阿卜杜拉先生不愿叫我甘地。幸而也没有人称我为"萨希布"来羞辱我。阿卜杜拉先生想出了一个很好的称谓——巴伊，即"兄弟"。其他人跟着他一起一直喊我"巴伊"，直到我离开南非。那些当过契约工人的印度人这样称呼我，我心里头别有一番甜蜜滋味。

第十五章　黑死病（上）

虽然市政当局收回了这个地区的所有权，却没有马上要求印度人搬离。要叫他们搬离，得先给他们找到一个合适的新居住区。但是这件事，市政当局无法马上办妥，印度人唯有继续在这个"肮脏的"地区住下去。不同的是，他们的情况比以前更糟了。失去了土地所有权，他们成了市政当局的佃户，环境比以前更恶劣了。当他们还是土地所有者时，即使仅仅因为惧怕法律，他们多少还会保持一点洁净。然而市政当局没有这种威慑力，住进来的佃户越来越多，随之而来的是加剧的肮脏和混乱。

印度人为这件事发愁之时，突然暴发了黑死病，这种病也叫肺炎性鼠疫，比鼠疫更加可怕、更加致命。

幸好这种传染病不是在这个地区暴发，而是在约翰内斯堡附近的一个金矿。这个金矿的工人大部分是黑人，他们的白人雇主独自承担他们的清洁卫生。有些印度人也从事与这个金矿相关的工作，其中二十三人突然感染了这种疫病。一天晚上他们回到这个地区的住所，病发得很厉害。马丹吉特先生当时正在为《印度舆论》征求订户，碰巧也在这个地区。他真是一个大无畏的男子汉，看见这些害病的人，心里大为不安，用铅笔给我写了一张便条："黑死病突然暴发，请速来此地，及早设法，否则后果不堪设想。请即来。"

马丹吉特先生勇敢地打开一间空房的门，把所有病人安置在那里。我骑自行车赶到那个地区，写了封信给城里的书记官，告知他我们为什么占用了这间房子。

当时正在约翰内斯堡行医的威廉·戈夫莱医生，一听到这个消息便赶来救护，为了病人又当医生又当护士。然而，二十三个病人可不是我们三个人就能应付的。

根据经验，我有一种信念：倘若一个人心灵纯洁，灾难就总有相应的人和办法对付。当时我的律师事务所有四名印度职员：卡利安达斯（Kalyandas）、马尼克拉尔（Maneklal）、甘樊特莱·德赛（Gunvantrai Desai）先生，还有一位，名字我已经记不清了。卡利安达斯的父亲托我照应他，我在南非几乎碰不到像他那样肯做事又听话的人。幸好那时他还未婚，于是我便毫不犹豫地把事情交给他办，无论这些事情有多大危险。马尼克拉尔是我从约翰内斯堡找来的，就我的记忆所及，他当时也未婚。所以我决定牺牲他们四人——称他们职员、同事，或者我的儿子都可以。卡利安达斯的意见无须征求，而其他三人，我一问他们，他们也是满口答应。"你到哪里，我们也跟到哪里。"这就是他们简单而甜蜜的回答。

里琪先生有一个大家庭。他也打算加入我们的工作，但是被我阻止了。我不忍心让他冒险，因此让他在危险区外工作。

那是一个可怕的夜晚——既要守夜，还要看护。以前我也照料过不少病人，但从未看护过黑死病病人。戈夫莱医生的胆量富有感召力。护理工作并不多：给他们吃药，满足他们的需要，把他们的床收拾干净，鼓舞他们——这就是我们所需要做的一切。

这几个年轻人不倦的热忱和无所畏惧的精神，使我高兴不已。戈夫莱医生的勇敢、马丹吉特先生的丰富经验我们很容易理解，而这些入世未深的青年人的精神着实不易理解。

我记得，那一晚我们把所有病人都安置在一起了。

然而整个事件，除了它带来的苦难外，都极为引人入胜，而且对我来说，富含宗教意义，因此我至少得花上两章的篇幅记述。

第十六章　黑死病（下）

市政书记官对我们安置病人于空房内并加以照料之事表示感谢，他坦率地承认市政委员会无法即刻想出办法应付这一紧急事件，但承诺尽力帮忙。市政当局认识到自身责无旁贷，毫不延误地迅速采取了措施。

第二天，他们安排了一座空置的仓库供我使用，建议将病人转移到那里。但市政当局没有清理仓库，里面蓬乱肮脏，我们便自行打扫干净。通过几位好心印度人的帮忙，我们筹集了几张床和其他必需品，搭建成一间临时医院。市政当局派了一名护士来帮忙，她带来了白兰地酒和其他医疗器械。戈夫莱医生仍然总管一切。

这名护士是一位和善的妇人，她很乐意看护病人。但我们很少让她接触病人，以免她受到感染。

我们按照说明，经常给病人喝一点白兰地。这名护士嘱咐我们像她那样，也喝一点，以预防感染，可是我们谁也没有喝。白兰地对病人有什么好处，我甚是怀疑。征得戈夫莱医生的同意之后，我把三个不打算以白兰地进行治疗的病人分出来，进行土疗，把湿土带绑在他们的额头和胸口上。其中有两个人治好了，其余的二十人死在仓库里。

与此同时，市政当局正忙于采取其他措施。离约翰内斯堡七英里的地方有一所专门负责传染性疾病的检疫所。我们将那两个被救活的病人送到那所检疫所附近的帐篷里，并准备把新的病号也送到那里。这样我们就从这个工作中抽出身来了。

过了几天，我们听说那位善良的护士也被传染，随即很快死亡。那两个病人是怎样被救活的，我们为什么没有被传染，实在无法说清。不过，这次的经历增强了我对土疗法的信心，也加深了我对白兰地作为药物功效的怀疑。我知道这种信心和怀疑都没有什么可靠的根据，但我现在仍然记得当时留下的印象，因此觉得应该在这里提一提。

疫病暴发之时，我曾经给报社写了一封措辞激烈的信，指责市政当局收回这个地区之后却又置之不理，应该对这次疫病的暴发负责。这封信使我结识了亨利·波拉克（Henry Polak）先生，也是我和约瑟夫·杜克（Joseph Doke）神父（已故）结为朋友的原因之一。

我在前面的章节已经提过，我常常到一家素食馆用餐。在那里，我认识了阿尔伯特·韦斯特（Albert West）先生。我们每晚都在这家餐馆碰头，饭后一同散步。韦斯特先生是一间小印刷厂的合伙人，他在报上看到我那封关于疫病暴发的信，在餐馆又找不到我，因而觉得忐忑不安。

我和同事在疫病暴发后便开始减少食量，因为我早就养成了一个习惯，只要在传染病期间，我就吃得很少，所以那几天我根本就不吃晚饭，午餐也是在别的客人到来之前就吃完。我跟这家餐馆的老板很熟，我告诉他，因为我正忙于照料黑死病病人，所以我将竭力避免和朋友接触。

韦斯特先生在餐馆里找了我一两天，都没找到。一大早，他便来到我家，他敲响大门时，正逢我准备外出散步。我一开门，他便说道："我在餐馆找不到你，很担心你出了什么事，因此，我决定早早来看看你，确保能在家里找到你。好了，我现在任你吩咐。我准备好了，跟你去照料病人。你知道我光棍儿一条，无牵无挂。"

我表示感激，不假思索地说道："我不打算让你去照料病人。如果一两天内没有新的病人，我们也将抽身出来。不过却有一件事……"

"请说吧，什么事？"

"你能不能到德班去管理《印度舆论》的印刷工作？马丹吉特先生多半得留在这里，德班需要有个人在那边盯着。如果你能去，那我就放心了。"

"你知道我已经有一座印刷厂了。我应该是可以去的，但是我可以晚上再给你最后答复吗？晚上散步的时候，我们可以讨论一下这件事。"

我很高兴，在我们商讨之后，他答应去了。薪金多少他并没有考虑，因为他志不在此。不过每月十英镑的工资，加上一点红利（如果盈利的话），已经说好了。第二天，韦斯特先生便搭乘晚上的邮车去德班了，他的债务委托我代收。从那天起直到我离开南非，他一直是我同欢乐共患难的朋友。

韦斯特先生出身于劳斯镇（Louth，英国林肯郡）的一个农家，他只受过普通的学校教育，但是他在社会这所大学校里通过自身的努力，学到了不少东西。我一直觉得他是一个纯洁、冷静、虔诚、仁爱的英国人。

在接下来的章节中，我们将更进一步地认识他和他的家庭。

第十七章　火烧印度居民区

尽管我和同事都从看护病人的工作中抽身出来，但是还有许多因疫病暴发引发的问题需要处理。

我已经提过市政当局对这个地区的忽视。可是市政当局对白种人居民的健康十分关注。为了确保他们的健康，政府已经花费了大量的金钱，而今为了消灭这场疫病，更是花钱如流水，倾泻而出。暂且不论市政当局置印度人于不顾的种种恶行，其对白种人居民的照应、竭尽所能的帮助，的确值得赞赏。我记得，如果我不给予合作，市政当局的工作会愈发困难，届时它将毫无顾忌地使用武力，使事情更加糟糕。

然而，这一切都得以避免。市政当局对印度人的行为十分满意，与疫病相关的后续工作也变得简单。我用尽一切力量，动员印度人配合市政当局的工作。这不是一件容易的工作，但是我不记得有谁反对过我的主张。

这个地区有人严密把守，未得许可，不可出入，而同事和我均可自由出入。这样做是为了把整个地区的人口迁出来，让他们在离约翰内斯堡十三英里的一片开阔平原之上搭的帐篷里住三个星期，然后放火烧毁这个地区。要带粮食和其他日用必需品到帐篷里住，自然要费一些时间，在这期间，必然要派人把守。

人们都很惊慌，但我的经常出现给了他们一种安慰。许多贫苦的人常常把仅有的节余埋藏在地下，现在得挖出来了。他们没有银行，也不知道银行里可以存钱。我倒成了他们的银行家——钱似水流般流入我的事务所。在这个危难时刻，我当然不可能再为自己的劳动收取费用。不过，我倒想出一个办法。我同我存款的那家银行经理很熟，我告诉他我要把这些钱存到他那儿去。别的银行当然不稀罕接受大量的铜币和银元，也有人担心银行职员会拒绝接触这些来自疫区的钱。不过，这位经理给了我一切方便。我们决定在存入银行之前所有的钱必须消毒。就我所记得的，存款差不多有六千三百三十二万英镑。我劝那些积蓄比较多的人把钱存为定期，他们都同意了。结果，他们有些人养成了在银行存款的习惯。

一列专车把这个地区的居民转移到约翰内斯堡附近的克里斯普鲁伊特农场（Klipspruit Farm），由市政局利用公共资金提供食物。整座城市搭满了帐篷，俨然一座军营。不习惯这种露营生活的人对这种安排自然充满不安、惊恐，但是他们没有什么特别的不便之处。我天天骑自行车去看他们。他们还没待够二十四个小时，便已忘却所有疾苦，开始快乐地生活起来。每次我到那里，总能看到他们有说有笑、欢乐无穷。三个星期的户外生活，明显改善了他们的健康状况。

我记得，居民疏散的第二天，那个地区便被一把火烧掉了。市政当局一点儿也不想从大火中救出任何物品。就在这个时候，为了同一个目的，市政当局把市场里的所有木材都烧光了，损失大约一万英镑。采取这一激进措施，据说是因为有人在市场里发现了几只死老鼠。

市政当局虽然承担了巨额费用，但是它确实成功地阻止了疫病的进一步蔓延恶化，使市内居民得以重新自由呼吸。

第十八章　一本书的魔力

这场黑死病强化了我在贫苦印度人中的影响力，促进了我的事业发展，增强了我的责任感。我与一些新结交的欧洲人的交往十分亲密，这也大大增强了我的道义责任感。

我在素食馆里认识了波拉克先生，就像我当初认识韦斯特先生一样。一天晚上，一位年轻男士坐在离我不远的一张桌子旁，送了一张名片给我，表示希望见见我。我邀他与我同坐一桌。

"我是《评论报》的副编辑，"他说道，"我读了你在报上发表的关于疫病的那封信，十分希望能见见你。我很高兴现在就有这个机会。"

波拉克先生的直率吸引了我。就在初次见面的那天晚上，我们彼此便了解了对方。对于生活的若干本质问题，我们似乎持有相近的看法。他喜欢简单的生活，有一种知而行之的能力。他在生活上做出的一些改变，迅速而彻底。

《印度舆论》的开支一天天多起来。韦斯特先生最开始呈交的一个报告便令人震惊，他写道："我并不指望能有你所期待的利润，只是担心还要亏损。账目不清不楚。有大宗欠债应当追回来，但是谁也理不出一个头绪来。这需要经过一番整理，不过你用不着为这一切惊

349

慌。我会尽力解决这些问题。无论盈利与否，我都会留下来。"

韦斯特先生发现这工作无利可图的时候，本来可以一走了之，而我也不会怪他。其实他还可以指责我，说我无凭无据就说这个工作有利可图，但他从未抱怨一句。相反，我觉得他会因这件事而认为我是个容易受骗的人。我轻易地接受了马丹吉特先生的预算，没有加以核查便告诉韦斯特先生有望赚得利润。

现在我才明白，一个为公共事务工作的人，不应该发表连自己都没有把握的声明。尤其是一个信奉真理的人，更应该谨小慎微。让人相信未经充分证实的事情，就是对真理的损害。我虽然懂得这一点，却还不能完全改掉轻信他人的毛病，因为我渴望多做工作，却又能力有限。对于这一点，我不得不承认，这实在令人难过。这种渴望经常引起我同事们的不安，虽然我倒不在意。

一接到韦斯特先生的来信，我便前往纳塔尔了。我把波拉克先生当心腹看待。他到车站来送行，留给我一本书在旅途中阅读，并表示这本书我肯定喜欢。这就是拉斯金的《给那后来的》。

我一开始读这本书，就爱不释手了。它把我吸引住了。从约翰内斯堡到德班是一段二十四小时的旅程，火车到达那里已经是晚上了。那天夜里我无法入睡，决定按照书中的理念改变自己的生活。

这是我首次阅读拉斯金的书。上学期间，除了教科书，我没有读过什么课外书。从业之后，读书的时间又很少。因此，谈不上有多少书本上的知识。然而我认为自己并没有由于这些外在的原因损失太多。相反，正因为我读书很少，倒使我可以更彻底地消化读过的书。这些书中，使我的生活立刻发生实实在在的变化的，就是这本《给那后来的》。后来我把它翻译成古吉拉特文，起名《萨沃达亚》（万人

350

之福）。

我觉得我从拉斯金这部伟大的著作中找到了反映我内心深处的一些信念，这就是它如此吸引我并使我的生活发生变化的原因。诗人就是一个能够唤起人们心中内在良善的人。诗人并不能感染所有人，因为每个人的造就有深浅之别。

我所理解的《给那后来的》中包含如下原则。

一、个人利益融于众人利益之中。

二、律师工作同理发师的工作具有同等价值，因为人人都有以工作谋生的同等权利。

三、劳动者的生活，如种地的人和做手工的人的生活，都是有价值的生活。

第一点我知道，第二点我只有模糊的认识，第三点我却从未想到过。《给那后来的》清清楚楚地让我明白，第二和第三点都包含于第一点之中。我如梦初醒，准备把这些原则付诸实践。

第十九章　凤凰村

我把发生的这一切告诉了韦斯特先生，也跟他说了《给那后来的》一书对我的影响。我还建议把《印度舆论》搬到一个农场里去，在那里每个人都要劳动，领取同样的生活费，利用业余时间为这个刊物工作。韦斯特先生赞同我的提议，于是我们决定无论什么人种，不管肤色和国籍，每人每月一律支取三英镑的生活费。

但是印刷厂里的十多个工人是不是都愿意搬到偏僻的农场住，是不是都能够以维持生活为满足，实在是一个问题。因此我们提议凡是不同意这个提议的，都可以照旧领工资，希望他们能够逐渐成为这个新定居点的一分子。

我把这个计划跟工人们谈了。马丹吉特先生认为我的提议是愚妄的，他说这会把他全力以赴的事业毁了，工人们也不会干，《印度舆论》会停刊，出版社最终也会关门大吉。

印刷厂工作人员中有我的一个堂弟，叫恰干拉尔·甘地（Chhaganlal Gandhi）。我把这个建议告诉韦斯特先生的同时，也和他一同商量。他有妻子和儿女，但他从小就被选在我手下受训工作，对我绝对信任。所以他毫无异议，对我的计划表示赞成，从此一直与我在一起工作。机械工人戈温达斯瓦米（Govinda swami）也同意了我的提议。其他人没有同意我们的计划，但都答应无论我将印刷厂搬到哪里，他们都会跟到哪里。

我想我不过只用了两天的工夫便与这些人把事情安排就绪，于是我立刻刊登广告征求德班附近靠火车站的一块土地。有人推荐凤凰村的一块地，韦斯特先生和我去看了一下，在一个星期内便买下了二十英亩的一片土地。这里有一小股幽然的泉水，还有几棵橘子树和杧果树。附近还有一片八十英亩的土地，上面栽种了更多的果树，另外还有一所破败的农舍。我们把这一片土地也买了下来，一共花了一千英镑。

现已故去的罗斯敦吉先生一直支持我搞这种事业，他很喜欢这个计划。他把一个大仓库的旧波形铁板和别的建筑材料给我使用，有了这些我们就开始动工了。有几个曾经在布尔战争中跟我一起工作的印度木匠和泥水匠，帮我盖了一座印刷厂。这座七十五英尺长、五十英尺宽的建筑物，不到一个月就建成了。韦斯特先生和别的几个人冒着极大的个人危险，跟木匠和泥水匠们住在一起。这地方当时杳无人烟，杂草丛生，还隐伏着无数的蛇虫，住在那里显然是危险重重的。最初，大家都住在帐篷里。大概在一个星期内，我们便把大部分的东西用牛车拉到那里去了。这地方离德班有十四英里，离火车站有两英里半。

只有一期的《印度舆论》是在外面由水银出版社（Mercury Press）承印的。

现在我致力于动员那些与我一起从印度到这里来碰运气且正在从事各种生意的亲戚朋友来凤凰村。他们来是想发财致富的，所以要说服他们很难。但还是有一些人同意了。在这些人中，我只提一下摩干拉尔·甘地①的名字，其他人都回去做生意了。摩干拉尔·甘地永远地放弃了他的生意，与我一块儿做事。由于他的才干、自我牺牲和虔诚，他在我进行道德试验的最初一批同事中表现最突出。若论他那无师自通的手艺，在他们中他的地位是独一无二的。

就这样，凤凰村定居点在 1904 年建成了，《印度舆论》也在排除万难之后照常出版。

然而，开始时遇到的挫折、进行的改革、寄予的希望和产生的失落，一言难尽，需要另章叙述。

---

① 摩干拉尔·甘地（1883—1928），甘地的侄儿，是甘地的追随者。

第二十章　第一夜

要在凤凰村发行第一期《印度舆论》绝非易事。如果我没有做两手准备，第一期不是发行不成，就是延期出版。我是不大愿意用发动机驱动印刷机的，村子里的农业都是手工完成的，所以我认为靠人力印刷才符合这里的气氛。然而，这种想法不切实际，我们还是装了一台柴油发动机。不过，我曾向韦斯特提议，我们应做一些准备，以防止那台发动机不好使，因此，他准备了一个手摇的轮子。太大的报纸尺寸在凤凰村这么一个偏僻的地方是不适用的，因此就把它裁小了，以便必要之时靠一部踏板机印刷。

开始的时候，每出版一期，我们都要工作到深更半夜。无论老少，人人都得动手折纸，我们常常要工作到 10 点甚至半夜才完工。然而，第一夜令人刻骨铭心。版排好了，但发动机却丝毫不动。我们从德班找来了一名工程师，维修这部机器。他和韦斯特先生都想尽了办法，但机器还是不动，大家都着急了。最后，韦斯特垂头丧气地来找我，眼泪都快掉下来了。他说："机器动不了，恐怕这期报纸不能按时出版了。"

我安慰他说："既然这样，我们也无能为力。流泪于事无补，让我们看看还能不能做点什么。手摇轮子试过了吗？"

"我们哪有人来摇它？"他答道，"我们的人手不够。那个轮子要四个人才摇得动，还要轮流摇，可我们的人都累了。"

当时建筑工程还没有完成，木匠还和我们待在一起，他们就睡在印刷厂的地板上。我指着他们说："这些木匠用不上吗？我们大概得干一个通宵，我想这个办法还可以试试。"

"我不敢叫醒这些木匠，而我们的人也真的太累了。"韦斯特答道。

"好吧，我去跟他们谈谈。"我说道。

"如果他们答应，我们也许可以完成这次印刷。"韦斯特说。

我把木匠叫起来，请求他们给予帮助。他们表示非常乐意，说："如果我们不能在紧急的时候帮你的忙，那我们还有什么用呢？你们去休息吧，我们来摇这个轮子，这对我们来说轻而易举。"我们自己的人当然也准备好了。

韦斯特非常高兴，当我们工作起来的时候，他哼起了小调。我跟木匠们一起工作，其他人也轮流干。就这样，我们一直干到早上7点，还有很多事没干完呢。因此，我建议韦斯特去叫工程师起来，看看能不能把机器发动起来，如果这次成功了，我们就可以按时出版了。

韦斯特把他叫醒后，他马上跑到机房里。看啊！看啊！他一摸，机器便轰隆轰隆地响起来了，厂里所有的人都欢呼起来，整个印刷厂洋溢着欢笑。"这是怎么回事？怎么昨晚我们费了那么大力气都没有用，今天早上却这么容易就开动了，好像没出过什么岔子似的？"我不禁问道。

"很难说，"我不记得是韦斯特还是工程师说道，"机器有时候就像我们一样，也需要休息休息。"

我看，这一次发动机发生故障，对于大家都是一种考验，而它在紧要关头再次工作起来，则是我们踏实努力的结果。

刊物按时派发出去了，大家都乐坏了。

这种开创时期的毅力，保证了刊物的按时出版，并且在凤凰村营造了一种自力更生的氛围。后来有这样一段时间，我们故意放弃使用机器而单独使用人力。我认为，那些日子正是凤凰村中道德最高尚的时刻。

第二十一章　波拉克毅然而来

我虽然建立了凤凰村定居点，但在那里待的时间很短，这是我一直引以为憾的。我原来的想法是逐渐摆脱律师行业，去那里住下，用体力劳动维持我的生活，以服务凤凰村为乐。然而，这个愿望并没有实现。经验告诉我们，人们所定的计划往往被神灵推翻，但是如果寻求真理就是我们的最终目的，那么不管人们的计划受到什么挫折，其结果不但不糟糕，而且往往比预期的还要好。凤凰村意料不到的转变和意料之外的事件当然没有害处，虽然也很难说它是否比我们原来设想的好。

为了让大家都能靠体力劳动生活，我们把印刷厂周围的土地按三英亩一块分开，我自己也分到了一块。在这些地块上，我们用波形铁板搭建起房子，而这其实违背了我们的原本意愿。我们原本想用小泥砖和茅草盖一些土草房子，像普通农民住的那样。可是这不可能，因为这样更费钱、更费事，而大家都渴望早点安顿下来。

编辑还是曼苏克拉尔·纳扎先生。他没有接受这项新计划，还是留在德班负责《印度舆论》分社。我们虽然有雇用的排字工人，但我们的想法是让村里的每个人都学会排字；这是印刷作业中最轻便的一种工作，然而也是最烦琐的一道工序。因此凡是不懂得这种工作的

358

都学起来了，而我自己一直没有学好。摩干拉尔·甘地学得最好，超过了我们所有人。虽然他以前没有做过印刷工作，但他现在却成了一名排字能手，不但速度快，而且使我感到高兴和惊奇的是，他很快便精通了印刷工作的所有业务。我始终觉得，他还未意识到自己的潜力。

我们还没安顿好，房子也没有完全造好，我却不得不离开新居去约翰内斯堡，我不能再把那里的工作置于一旁不闻不问了。

回到约翰内斯堡之后，我便把我所做的重大变革告诉了波拉克先生。当得知他借给我的那本书居然产生这样的效果，他感到无比喜悦。他问道："我可以参加你们的新体验吗？"我说："当然可以。如果你愿意的话，就搬去那个村子。"他回答说："我已经准备好，就等你收留我了。"

他的决心，我很是佩服。他向他的上级提交了一个报告，请求在一个月内解除他在《评论报》的职务，之后他确实按约定日期到了凤凰村。他善于交际，不久便大得人心，成为那个大家庭的一员。他生性纯朴，因此他对凤凰村的生活，不但不以为苦，而且习以为常，如鱼得水。然而，我不能让他留得太久。里琪先生决定去英国念完他的法学课程，而我一个人实在承受不起事务所的重担，于是我便劝波拉克来我的事务所担任律师。我当时还以为我俩退休后可以住在凤凰村，然而这个想法一直没有实现。波拉克如此信赖他人，他一旦相信一个朋友，就会竭力赞同而不与他争论。他从凤凰村写了一封信给我，说他虽然喜爱那里的生活，也很快乐，并且希望把居住地建设得更美好，但他还是打算离开那里来我的事务所做一名律师，只要我认为这样做更能实现我们的理想。收到这样一封信我满心欢喜，于是波拉克离开凤凰村到约翰内斯堡来与我签订合同。

就在这个时候，一位苏格兰神学家本来在我的指导下打算参加当地的法律考试，我请他效仿波拉克之后，他也来到我的事务所当了合同文书，他的名字叫马新泰（Mac Intyre）。

这样一来，我虽然大肆渲染要尽快实现凤凰村的理想，却似乎在相反的急流中越走越远。如果没有神灵指引，我就会迷失在这个以简单为名的罗网里而不可自拔。

再过几章，我会描述我和我的理想是怎样以一种人们无法想象或预料不到的方法得到拯救的。

第二十二章　神灵庇佑之人

我想近期回印度绝无可能。回国希望已然落空，但我原本答应妻子一年之内便能回家，可这一年过去了，回国之日却遥遥无期，于是我决定把她和孩子们都接来我身边。

妻儿们坐船来南非，可在路途中，我排行老三的儿子兰达斯（Ramdas）和船长打闹时把手臂弄折了。船长悉心照料着他，也让船上的医生给他治疗。船靠岸后，我看到兰达斯一只手包着挂在脖子上，医生嘱咐我们一到家就得找个靠谱的大夫重新包扎。可恰好我这时对于土疗法极其信赖并寄予厚望，我的一些客户甚至都被我说动，相信了我，并尝试过我这"江湖术士"的土方子。

可我要为兰达斯做些什么呢？他才八岁呀。我问他愿不愿意爸爸给他治疗，他绽开笑脸表示十分愿意。这么小的孩子压根就不懂对他来说怎样做才最好，不过要区分土方子和专业医疗，他心里可跟明镜似的。而且孩子也知道爸爸惯于家庭医护，所以就放心地把受伤的手臂交给我治疗。我心里打着鼓，颤抖着双手把包扎的绷带解开，清洗伤口，敷上干净的泥土，又包扎好。大概这样每天坚持，过了一个月，手臂十分顺利地复原了。船上的医生说，在正常治疗的情况下伤口愈合也不会比这快多少。

361

这次和一些其他实践经历加在一起，使我对家庭疗法信心十足，坚定了继续实行的念头。我拓宽了它的治疗范围，试着用泥土、清水和禁食之法来医治发热、外伤、消化不良、黄疸病和一些其他病症，大多数的治疗都很有效。然而到了今天，我却没有了在南非时的信心，经验证明，使用这些土方子明显存在风险。

我在这里提及这些家庭疗法的试验，并不是想展示给大家它们的运用有多成功，任何一个我做的试验我都不敢说是百分之百的成功，就算是专业医护人员也不敢如此断言吧。我只是想告诉大家，一个人如果要进行一些他人不曾涉足的试验，就一定得"从我做起"，这是发现真理的捷径，神灵也会庇佑这些可靠的试验者。

尝试与欧洲人密切接触的试验所冒的风险与治病的试验所冒的风险同样严重，只是风险性质不同，但我在与欧洲人相处时从未想过这一点。

我请波拉克住在我家里，我们就如亲兄弟般生活在一起。波拉克订婚已有一些年头了，但一个合适的婚期还迟迟未订。我注意到波拉克想在成家前存些积蓄。要说拉斯金，波拉克可比我懂得多。但是真要把拉斯金的学说立即贯彻执行，他所在的那种西方环境就是种阻碍。我劝他说："像你和你未婚妻两个心心相印的人，仅仅因为经济因素就推迟婚期，这可不对。如果贫穷是结婚的阻碍，那穷苦人家就永远别想结婚了，而且你现在住在我家，日常开销并不成问题。我看你还是尽早办婚礼比较好。"我在之前的章节已经说过，我和波拉克不会在一个问题上争论两次。在我的劝说下，他终于"投降"了，立即写信给身在英国的未婚妻商定婚事。她开心地答应了，没过几个月就赶来了约翰内斯堡。婚礼本身并没花什么钱，这对夫妇认为一件特制礼服也不需要，也无须举行什么宗教仪式来达成这一生之约，波拉克太太一出生就是基督教徒，波拉克则信奉犹太教，于他们而言，伦理道德是彼此共同的信仰。

我想顺便讲下与婚礼有关的一件趣事。在德兰士瓦，负责办理欧洲人婚姻登记手续的婚姻登记官不肯为黑色人种和其他有色人种办理婚姻登记手续，那婚礼还怎么举行？而我被选作伴郎，不是因为我们找不到一个欧洲人来做伴郎，而是因为波拉克不肯另择他人。因此，我们三人一起去找了婚姻登记处的人，但他怎会相信邀我做伴郎的夫妇会是两个白人呢，于是他建议等经过调查后再做登记。可第二天是周日，接着就到了新年，是大家竞相庆祝的公共假日了。要为这点小事就推迟这神圣庄严的婚礼，我实在是无法忍受。我认识县长，婚姻登记处归他管，所以我携这对新人去拜会他。他听说了之后，笑着给我开了一张条子拿去交给婚姻登记官，随即登记手续就办妥了。

至今与我们同住的这些欧洲人，我们之前对他们或多或少有些了解。但现在一个完全陌生的英国女士，也要来加入我们这个大家庭了。我记得我们和这对新婚夫妇没有什么分歧，而且就算波拉克太太与我妻子有时闹些不快，那也不过是和一些正常的融洽相处的家庭一样罢了。而且，要知道我的家庭本来就是"种族大杂居"，性格不一的人都可以自由加入，当我意识到这点，发现尽管大家人种不同，但实际上却没什么差异，可谓四海之内皆兄弟也。

我在这里对韦斯特的婚事也一并庆祝了吧。我的人生到了此刻，禁欲观还未完全成熟，所以我乐意看到单身汉都能成家。有一次，韦斯特去劳斯镇看望父母，我建议如果可能的话，让他在回来前结束单身生活。凤凰村是一个大家庭，我们本来就是农夫，因此并不惧怕婚姻会带来什么。韦斯特果然携了太太一同归来，这位太太来自莱斯特（Leicester），年轻美丽。家里人都在莱斯特一家鞋厂做鞋，她自己也干过这行，有些经验。我夸她美丽，因为她高尚的品格吸引了我，真正的美丽是褪去所有外衣后只剩下本真。韦斯特的岳母也随两口子一起来了。老人家现在还算健康。她很勤劳，手脚也麻利，并且成天乐呵呵的，让我们都自惭形秽。

我也劝说这些欧洲伙伴赶紧结婚，还鼓励印度朋友把家中亲眷都接来。随着半数家庭迁居而来，凤凰村定居点慢慢发展成一个小村落，人们在这里定居，繁衍生息。

第二十三章　家务一瞥

家里开支繁重，但我们在德班时就开始倾向于俭朴的生活。由于拉斯金的教诲，我们在约翰内斯堡的房子也严格从简翻修了一番。

身为律师，我的家里已经简朴至极。除了必需的家具，更多的改变来自家庭内部。家庭之主们渐渐喜欢自己干些体力活，我也开始这样要求我的孩子。

我们不再在面包师那儿买面包，而是自己对照库赫尼的食谱自制死面全麦面包。普通的细面粉不能满足我们的需求，我们认为自己手磨的面粉更有利于健康，也更经济实惠，因此花七英镑购置了一台手推磨。一个人磨不动，两个人就很轻松了。波拉克、我，还有孩子经常一起磨面粉，虽说这时我妻子一般都在厨房忙活，她也会时不时来搭把手。波拉克太太来了以后，她也加入了这个行列。磨面粉这项活动对孩子十分有益。我们这些大人并不是逼着他们干活，我让他们只把这当作消遣，累了随时都可以跑开去歇会儿，但是这些孩子（除我自己的孩子之外，其他我有机会在下文介绍）从不让我失望。虽然不是说个个都很卖力，但大多数都干得很有劲，没有哪个小孩说累逃避干活的。

我们雇了一个用人看管房子，作为家里的一员，他与我们同住，

365

孩子们经常帮忙分担他的家务。街上的清道夫会清理各家各户夜里排泄的粪便，我们家会把厕所打扫干净，从不让用人做。这对孩子是一种很好的锻炼，后来我的孩子没有一个厌恶清道夫的活儿，同时养成了爱卫生的好习惯。在约翰内斯堡居住时，家里很少有人生病，如果有的话，孩子会自愿照顾看护病人。对于孩子的文化教育，我并非漠不关心，但是我没有丝毫犹豫就牺牲了文化教育，而让他们把时间花在别处。儿子们对我颇有怨言，有时会表现得很明显，我也承认这点我做得不对。我也想让他们受教育，自己也很努力地去教他们，但每次都被这样或那样的事情耽搁。我没有给他们安排私人补习，所以我常常带着他们一起走去办公室，再走回家——这来回的路程大概五英里。这给了我们足够的身体锻炼，如果中途没有别的事情吸引我的注意力的话，我试着边走路边和他们聊天，利用这些谈话教育他们。在这群孩子里，除了我的大儿子哈里拉尔远在印度，这些在约翰内斯堡的孩子都接受了这种形式的"教育"。既然我已经每天严格抽出至少一小时的时间来教育他们，我希望会取得良好的成效。但是这称不上是理想的文化教育，这成为孩子和我共同的遗憾。大儿子经常私下对我表示不满，在媒体上也公开发泄这种难过的心情；其他的儿子则大度地认为这结果难以避免，原谅了我。我并不是很难过，令我悔恨遗憾的是自己并不是一个好父亲。但我坚持一点，我真心认为是为了公众服务才牺牲他们的文化教育的，也许这种想法是错误的吧。我清楚的是，自己对于塑造他们的良好性格半点也不疏忽，这是每个家长应尽的责任。而当我发现他们有什么缺点的时候，不是我不够努力，也不是缺乏我的关心，而是父母自身的缺点作祟。

正如孩子的身体特征遗传自父母，他们的个性气质也遗传自父

366

母。环境在塑造他们性格方面确实起着重要作用，但是一个孩子开始生活的习性却是祖先赋予的。我曾见过有些孩子成功地克服了长辈的劣根性，我想他们应该生来就是纯洁的灵魂吧。

波拉克和我经常就是否要为孩子提供英文教育这个问题展开激烈的争论。我一直认为，作为印度人，如果教导他们的孩子从小和英国人一样吃饭、一样思考，那就背离了他的祖国和孩子，这样的父母剥夺了孩子接受民族精神和社会文明的权利，还让他们因此成为不合格的祖国服务者。抱着这些信念，我总是坚持用古吉拉特语和孩子们聊天说话。波拉克对此一直不以为然，他认为我会毁了他们的未来。他认定孩子如果学习了一门英语这样的国际语言，就会在人生的竞争中取得别的孩子没有的优势。不过他说服不了我。大概二十多年过去了，我也忘了是我正确的态度说服了他，还是我的顽固让他放弃了争执，总之我的信念一如既往，甚至与日俱增。尽管孩子缺乏完善的文化教育，而自然而然学会的母语于他们自身有益，于祖国也有益。这样他们就不会像外国人一样对待自己的祖国了。多亏与一大堆英国朋友的日常接触，也由于他们待在一个以英语为官方语言的国家，慢慢地他们就会说两种语言了，还能轻松自如地用英语写作。

第二十四章 祖鲁人的"叛乱"

　　尽管我认为自己已在约翰内斯堡定居，能过段安稳日子了，而事实总是不尽如人意。就在我觉得自己呼吸着和平的空气时，一件意外的事情发生了。报纸新闻报道，纳塔尔发生了祖鲁人的"叛乱"。我对祖鲁人毫无恶意，他们没有伤害过印度人民，我只是对"叛乱"这个词有所怀疑。但是不管这次"叛乱"是真是假，是对是错，都不会影响我的决定。纳塔尔有一队志愿防卫军还在招募新兵，我知道这支军队已经行动起来去平息叛乱了。

　　因为与纳塔尔关系密切，我已把自己视为它的国民。因此我写信给省督，表示如有需要，我愿意组织一支印度救护队。他随即回复，批准了我的请求。

　　我没料到回复如此迅速，幸亏写信之前我就做了一些必要的安排。一旦请求批准，我就解散约翰内斯堡的大家庭，留给波拉克一所稍小的房子居住，我妻子则迁往凤凰村居住，她对我这一决定毫无异议。在此之前，她在类似的事情上总是站在我这边的。当我接到回复时，我就告知房东房子想在一个月之内退租。房内的东西一些寄去了凤凰村，一些留给了波拉克。

　　我则前往德班呼吁大家加入救护队。我们不需要组织大队人马，最后组成了一支二十四人的队伍。除我之外，有四个古吉拉特人、一个帕坦人，其余的都是南印度契约期已满的工人。

为了便于开展工作，我得加个头衔，依照现有惯例，医务长任命我暂时担任上士，由我挑选三个人做中士，一个人做下士。我们还从政府那儿领了制服。我们的救援队积极服务了近六周，在赶往叛乱现场的路途中，没有看到一处反抗痕迹。原来被定义为"叛乱"的骚乱，缘由是祖鲁首领拒不支付强加于族人头上的一个新税目，并用长矛刺死了一个收税的小长官。不过无论如何，我的心都向着祖鲁人。因此到了司令部后，当被告知我们主要是护理祖鲁伤员时，我十分高兴。而之前负责的医护人员也十分欢迎我们的到来。他告诉我们，白人不乐意照顾祖鲁伤员，而伤员的伤口正在溃烂化脓，他也无计可施了。他把我们的到来视为这些无辜之人的天降福星，并提供给我们绷带、消毒剂等，带我们到临时医院。祖鲁人看到我们，十分欣慰。白人士兵常常透过隔离两方的栏杆窥视这边的情况，并努力劝阻我们照料那些伤员。看到我们对此不加理会之后，他们十分生气，用十分难听的话语辱骂这些祖鲁人。

渐渐地我与这些士兵接触多了起来，他们也就不再干扰我们的医疗工作。白人士兵的指挥官之中，有史巴克斯（Sparks）上校和威礼上校，他们在1896年曾激烈地反对过我的观点。他们惊讶于我的态度，特别来看我并表示感谢，他们把我介绍给马庚（Mackenzie）将军。你们千万别认为他们都是专业军人，威礼上校本是德班大名鼎鼎的律师，史巴克斯上校是德班一个有名的屠宰场的老板，马庚将军则是纳塔尔的一位知名农场主。这几位先生都参加了志愿军，随即接受了军事训练，获得了一些作战经验。

我们照料的伤员并不是在战场上受伤的。有一部分人被当成嫌疑人抓起来，被将军判了鞭刑，由此造成了重伤，伤口没有得到及时处理而溃烂了。其他人则是祖鲁良民，尽管他们领到了把自己与"敌人"区别开的徽章，但还是被那些士兵开枪误伤了。

除了护理祖鲁伤员，我还得给白人士兵配药，并分发给他们。由于之前在布斯医生的诊所里接受了一年的训练，做所有这些事情对我来说可谓小菜一碟。这项工作让我结交了许多欧洲人。

我们隶属于一支快速响应的队伍。它的任务是哪里有危险就到哪里去。这支队伍大部分由骑兵组成。一旦营地转移，我们就得扛着担架步行跟上。有两三次我们得每天步行四十英里。但无论我们走到哪里，我都很感谢神灵给了我们好工作，让我们能抬着这些无辜受伤的祖鲁良民行军，并护理他们。

第二十五章　心灵历程

这次祖鲁人的"叛乱"让我有了一次全新的体验，我也因此思绪万千。那次布尔战争并未让像这次"叛乱"令我深刻地感受到战争的恐怖。其实这并非战争，而是人与人的猎杀。不仅是我，很多我攀谈过的英国友人也这样认为。每天早上都听到士兵的枪声，这些枪声像在宁静安逸的小村响起的刺耳爆竹声。在这种环境下生存也是一种磨炼。我吞咽着令人痛苦的苦酒，尤其是在照顾祖鲁伤员时，我清楚地认识到，如果没有我们，他们将无人照顾。想到这一点，我的良心好受了些。

这里的很多其他事也让我深思不已。此地人烟稀少，在这些遥远的山谷中散乱地分布着三三两两的祖鲁人部落。这些祖鲁人不谙世事，被称为所谓的"未开化"。在行经这些庄严寂静的地带时，不管有没有伤员，我经常陷入沉思。

我久久思考着"禁欲"这个词及其蕴含的意义，这更加坚定了我的这种信念。在我与同事探讨之时，并未意识到人要实现自我价值，禁欲非常重要，甚至缺其不可。但当时我很明了，一个人要想全身心地服务整个人类，就必须禁欲。我觉得以后要为大家服务的机会更多，如果我沉溺于家庭之乐，就无法胜任肩上的工作。

总之，享受世俗或追求圣灵，鱼和熊掌不可兼得。举个眼下的例子吧，假如我的妻子正怀着孕，我就不能冒险做事。如果做不到禁欲，家庭义务就会与社会义务脱节。如果禁欲成功，两者就会互为一致。

所以我有点迫不及待地要做最后的宣誓了。一旦完成这一程序，前景将一片光明，思想将自由倘徉，我将不受任何束缚地服务大众。

就在我进行紧张的体力和脑力工作时，一个报道说对"叛乱"的镇压已接近尾声，我们这支队伍不日将解散。一两天后我们的队伍解散了，几天后我们各自回到家里。

没过多久，我收到了省督的来信，他对我们的救护队表示特别的感谢。

我一到达凤凰村，就急不可待地与恰干拉尔、摩干拉尔、韦斯特等人分享我禁欲的想法。他们欣然赞同，也认为誓言之举十分必要，但他们也提出了一些禁欲的困难。他们中一部分人勇敢地表示要遵守禁欲条款，我知道，有一些已经成功了。

我也决定全力一试——发誓将终生实行禁欲。我必须承认，发誓时我还没完全意识到它的重要性和广泛性，其中有些困难今天还横亘在我面前。宣誓的重要性越来越显现，我已牢记在心。如果不禁欲苦修，生活于我而言就如禽兽一般了无生趣。人之所以为人，是因为人有能力自制，并且因此实践了自制。以前看宗教书籍时，我觉得其中对禁欲的赞扬太过，而今自己经历过，发现这些赞扬的描述愈加明确清晰，并在实践中完全对应，别无二致。

我认为禁欲充满了神奇的力量，要做到绝非易事。它当然不只是肉体上的禁欲，禁欲始于对肉体的约束，但终于精神修行。要达到至善境界，脑海里一个肮脏念头都不能有。一名真正的禁欲者甚至不能放纵口腹之欲。

对我而言，肉体上遵循戒律已经困难重重。今天我也许能说，我有了相当的把握，但关键的一步还有待完成，即对精神的完全掌控。其实我并不是意志薄弱之人，也不是不够努力，而是还存在一个问题，那些无聊的念头总是不知道从哪里冒出来，但人人都应追溯其源头，并关闭其大门。圣徒和先知给我们留下了宝贵的经验，但其中并没有绝无谬误、永恒不变的指示，因为毫无谬误的完美，或毫无瑕疵的自由只凭借神灵的无边慈悲而来，因此神灵的信徒把祷文留给我们，《罗摩衍那》便是其中之一，信徒用自己的朴素苦修和纯洁精神镀给祷文神圣的光环。如不紧紧跟随圣人的高贵慈悲，将不可掌控自己的精神。每本宗教典籍都有如上教导。在追求婆罗摩恰立亚的征程中，我正在领悟其真理。但这挣扎与奋斗的有关部分，将会在接下来的章节提到。我会以自己如何开始苦修结束此章，由于一开始的热情使做起来十分容易。首先，我人生中的第一个改变就是停止与妻子同床而眠，也不与她独处。

1900 年我还对禁欲存有疑虑，但 1906 年，我庄重地为之立下誓言。

第二十六章 非暴力抵抗运动的诞生

在约翰内斯堡，一切事情似乎都水到渠成，我的禁欲纯洁行动好像是为非暴力抵抗运动做准备。我现在明白了，当我发誓要婆罗摩恰立亚时，我的人生开始孕育将要发生的大事，我自己也在不知不觉中准备迎接这些大事的到来。非暴力抵抗运动思想形成伊始是没有名字的，事实上当这一主张出现在我脑海中时，我也不知该如何称呼它。在古吉拉特文中，我们曾用一个英文短语"消极抵抗"描述，而后来在与欧洲人开会时，我发现这个"消极抵抗"的意义太狭隘了，仅仅被定义为弱者的武器，具有仇恨的特征，并且最终被证明也是一种暴力。我要反驳所有上述之言，并解释印度独立运动的真正性质。很明显，印度人要创造出一个新词描述他们的抗争。

但我绞尽脑汁也找不出一个恰当的名称，于是便在《印度舆论》这一杂志上向读者进行有奖征集，看他们是否有好的提议。最终，摩干拉尔·甘地获得了奖项，他提供的词是"萨达格拉哈"（"萨达"意为真理，"格拉哈"意为坚定）。为了使之意义清晰明了，我又做了修改，改为"萨提亚格拉哈"，现在已成为古吉拉特语中描述抗争运动的通用词。

这一抗争历史，即我在南非生活的历史，特别是我在那里体验真理的历史。这段历史中的大部分经历是我在耶罗伐达监狱中写下的，出狱后才完成全部内容。这些手稿最先发表于《新生活》，之后印成单行本发行。瓦尔吉·戈文德吉·德赛（Valji Govindji Desai）先生曾将其译成英文发表在《思潮》（*Current Thought*）杂志上。不过我现在要尽早安排出版完整英译本，这样大家就能熟悉我在南非的经历和实践。我建议没有看过那本书的读者读一读，我不会重复书上的内容大意，但是以下章节会提及那本书中没有提到的我在南非的一些个人遭遇。在我把这些工作做完以后，会继续和你们分享我在印度的实践经历。因此，若想把这些经历理出一个时间次序，读者就要好好读一读《我在南非二十年》一书了。

第二十七章　关于饮食的一些体验

我迫不及待地要把禁欲融入我的思想和言行，同样迫切地想穷尽时间献身于非暴力抵抗运动，并通过自我纯洁的手段使自己成为一名合格的斗争者。因此我做出了一些其他的改变，在饮食上也为自己制定了更严格的要求。过去做改变的动机是出自养生保健的需要，但现今的实践是以宗教立场为出发点的。

绝食及饮食限制在我的生活中越发重要了。一般说来，一个人的激情和味觉是相伴相随的，我也不例外。在控制对食物的这种热情时，我遇到了不少困难，甚至直到现在我都不敢说能完全控制它。我一向认为自己是个大胃王，朋友从不认为我会把自我约束限制到食物上。如果我不能把这种自我约束力达到现有程度，就连畜生都不如，我也早就完蛋了。然而，正是因为我清楚地意识到自己的不足之处，才能努力地改掉它们。正是由于这些努力，这些年来我才能振作起来工作。

意识到自身的弱点，并意外地与志趣相投的人交朋友，我开始以水果果腹，在"叶迦达希"斋戒日绝食，也在"建摩斯达密"①和其他

---

① 建摩斯达密节（Krishna Janmashtami），印度重要的节庆日，每年 9 月初举行，据称这天是印度黑天神克里希纳的生日，孩子们打扮成克里希纳的模样，参加各种庆祝活动。

类似的节日绝食。

一开始我只吃水果，但从自我约束这个出发点来说，我发现水果膳食和谷物膳食没有什么区别，我对这两种食物都能大吃特吃。一旦习惯的话，水果会吃得更多。因此我更加注重绝食，或在节假日时一天只吃一顿饭，而且只要遇上忏悔之类的场合，我总会将此作为绝食理由。

但我也发现身体的能量被更有效地利用了，我品尝到了更多的食物滋味，食欲也越发好了。我由此领悟到绝食既可作为放纵的有力武器，也可作为自我约束的有力武器。后来，很多相似例子可为这个令人惊讶的事实举证。我想锻炼身体，使之更健康，但当前第一要务是能做到自制，征服自己味觉享受的欲望。我先挑选了一种食物，然后是另一种，并控制食量。但是我的胃口还是一如既往的好。当我放弃一种食谱而改用另一种食谱时，往往发现后者更新鲜美味。

在进行这些尝试时，我并不是孤身一人，其中带头的是赫尔曼·卡伦巴赫。我在《我在南非二十年》一书中提到过他，这里不再赘述。卡伦巴赫先生无论是绝食还是改变膳食，都与我一起试验。在非暴力抵抗运动达到巅峰时，我在他家与他同住。我们谈论膳食的变化，并探讨、发现新膳食与上一种比起来独特的美味和品尝它们的乐趣。当时我们说得兴味盎然，我也没觉得这有什么不恰当。然而经验告诉我，沉溺美食是不对的。人们不应为了享受食物味道而食用它，而应为了果腹。当每个感官都在辅助肉体的工作而支持灵魂时，它特殊的美味就消失了，然后开始以大自然赋予的方式发挥作用。

要实现与大自然和谐共处，做再多的试验也不足以为人道，做任何的牺牲都显得渺小。但不幸的是，现今的潮流正朝着相反的方向转化。我们为了装饰行将消灭的肉体，并让它能多苟活一些时日，不惜牺牲大量其他的生命，还毫不羞愧，结果就是：我们正在终结自己的生命，从肉体到灵魂。为了治好一种已有疾病，我们让上百人染上这种病；为了追求感官愉悦，我们放纵其中，最后甚至失去了享受的能力。所有这些事都在我们眼前发生，视而不见的人就是最为盲目之人。

在陈述了膳食改变的目标和思想轨迹之后，下文我要详细谈谈关于饮食的体验了。

第二十八章　嘉斯杜白的勇气

　　我妻子一生中曾生过三次大病，最终都侥幸逃出死神的魔掌，这多亏了家庭疗法。第一次病魔袭来时，非暴力抵抗运动正在进行抑或即将开始，她频繁出血。一位懂医学的朋友建议进行外科手术，一番犹豫后我妻子同意了。由于嘉斯杜白身子太虚弱，医生只能在没有麻醉的情况下做手术。手术进行得很顺利，不过嘉斯杜白承受了很大的痛苦，但她坚强、勇敢地挺过来了。医生和他妻子也无微不至地照料着术后的嘉斯杜白。事情发生在德班，医生让我先回约翰内斯堡，不用担心我妻子，他们会照料她。

　　我回家寥寥数日，便接到来信，说嘉斯杜白的病情恶化，身体虚弱只能卧床，并一度失去意识。医生知道没有我的许可，不能给她饮用葡萄酒或吃牛肉。因此，他打电话询问我是否同意她喝牛肉汤。我回答说自己无权干涉，但如果他能够与嘉斯杜白本人协商，她可以自由决定。"但是，我拒绝咨询病人在病情上的自主意愿，你必须亲自来一趟，如果你不让我按需要给病人开食谱，那我便无法保证病人性命无忧了。"医生如是说。

　　当天我就搭火车去了德班，见到医生后，他平静地告诉我，在通电话时他就已经给我妻子服下了牛肉汤。"医生，你这是欺骗。"我说道。"给病人开药方或食谱谈不上什么欺骗，其实作为医生来说，只要能治好病人，对家属和患者善意的谎言就是一种美德。"医生义正辞严地说道。

我内心十分受伤，但表面上还是装作若无其事。这位医生是个好人，私下和我们也是朋友。我一直对他和他夫人悉心照顾我妻子心怀感激，但我并不赞同他所谓的医者道德。

"医生，告诉你你接下来的打算吧，就算我妻子不吃荤食会丧命，我也不允许再给她进食肉类，包括牛肉。当然，如果她自己愿意吃，我不反对。"

"你有你的说辞，可我告诉你，只要你继续把妻子交由我医治，我就有权力让她吃任何食物，如果你对此不满，很遗憾，请你带走病人，我无法看着她死在我家里。"

"你是让我现在就把我妻子带走吗？"

"我什么时候让你这样做了？我只是想按照我的方式医治她，这样我和我的妻子就可以尽全力照顾她，你也大可放心了。但是，如果你连这么简单的道理都不懂的话，那你就是强迫我赶你们走。"

我儿子也完全站在我这边，认为他母亲不该被医生喂食牛肉汤。我接下来和嘉斯杜白聊天，她简直虚弱到话都说不出来，但我觉得我有责任，非告诉她不可。我把与医生的争执说与她听，她坚决地说："我不要喝什么牛肉汤，投胎为人本就难得，我宁愿死在你的怀里，也不让这些我厌恶的东西脏污了我的身体。"

我恳求嘉斯杜白，表示她不必一切都追随我，还举了几个我印度教朋友的例子，告诉她他们会把牛肉和葡萄酒当作药服用。但她十分坚持："我不吃，求你，快带我走吧。"

我很开心，激动地想带她离开。我把她的决定告诉了医生，他勃然大怒："你怎么会这么冷血，在她病情这么严重的情况下居然把难题推给她解决！我和你说过你妻子不宜再受奔波之苦，她经不起一丁点儿折腾了。如果她在路上死掉，我一点儿都不会觉得奇怪。但如果你非要这样做，那请便吧！如果你不让我给你妻子喝牛肉汤，我就不会冒险将她留在家里，一天也不行。"

因此，我们决定立即离开此地。外边正下着毛毛雨，这儿离车站还有段距离。我们必须坐火车去凤凰村，下车后还要走两英里半的路。毫无疑问，我是在冒险，非常冒险。但我相信神灵，于是继续完成着这项艰巨的任务。我提前派人传信给韦斯特，让他准备好吊床、牛奶和热水，再带六个人来凤凰村车站接站。我自己则雇了一辆人力车载我和嘉斯杜白到车站赶车，就在这危险的境地中，我们出发了。

嘉斯杜白不需要任何鼓励。相反，她安慰我说："放心，我没事的。"

她好些天没有摄取营养，已经瘦得皮包骨头了。站台很大，可人力车不能进去，我们得走一段距离才能上火车。我只得抱着嘉斯杜白上了火车。下车后用吊床把她抬回凤凰村，在水疗法作用下她慢慢恢复了一点力气。

在我们回到凤凰村两三天后，一位哲人来到我们家，他听闻我们坚决拒绝医生的牛肉食疗，出于同情来劝说我们。记得这位哲人来时，我的二儿子曼尼拉尔和三儿子兰达斯都在家。这位印度教哲人从宗教立场上宣扬吃肉无害，还举了摩奴的例子。我不喜欢他在我妻子面前作这番长篇大论，但出于礼貌，我克制住了。我早知道《摩奴法典》有此典故，不过我不需要它作为指导我的信条。而且，还有一些学派认为，该典故是经人篡改的。可即便它是真的，我也不盲从宗教教义，会继续坚持我的素食主义观。嘉斯杜白的信仰也不会动摇半分。对她而言，信条和教义都未被证实，她只遵循自己祖辈传下来的信仰。我的孩子也发誓遵循我的信仰，因此他们对这个印度教信徒的滔滔不绝不屑一顾。嘉斯杜白干脆利落地结束了对话："您好，不论您说什么，我都不愿意喝牛肉汤来医治我的疾病，求求您不要再让我徒增烦恼了，要是您愿意，去和我丈夫、孩子谈这些吧，我心意已决。"

第二十九章　家庭的非暴力抵抗

　　我生平第一次坐牢是在 1908 年。我发现犯人在监狱必须遵守的一些规定，也是一个禁欲的人应该遵守的。举几个关于这些规定的例子吧，犯人必须在太阳下山之前吃完晚餐；印度犯人和非洲犯人没有茶也没有咖啡喝，不过可以依据自己喜好加盐，但是监狱可不会提供什么美味的食物。我问监狱的医生要一点咖喱粉，还问可不可以让我们在烹饪时把盐加进去，他却不允许，还说："你们到这儿来不是来讲究吃的。第一，从健康角度看，咖喱粉并不是必需之物。第二，在食物煮熟前还是煮完后再放盐，并无多大区别。"

　　后来这些规矩都有所改动，即使实施起来并不容易，但这对锻炼自制力是大有裨益的。强迫施行的禁令很少能有收效，但如果是自制之人给自己定的规矩，那就截然相反了。因此我出狱后就给自己订立了两条规矩："如非特殊情况，不再饮茶；要在太阳下山前解决晚餐。"时至今日，这两点我仍能轻松做到。

　　但后来有一件事使我连盐也不吃了，并且延续了十年之久。我读了一些谈论素食主义的书，上面说盐不属于人类的必需食物，相反，少盐或无盐对健康才有益。我因此得出结论，认为禁欲之人少吃有盐食物为宜。我还读到书中说，并且自身也意识到，身体羸弱之人勿食豆类，我却十分爱吃豆类。

嘉斯杜白做完手术后，身体状况稍有好转，又开始出血了。这种病症十分顽固，使用水疗法也不见起色。她对我的家庭疗法半信半疑，但也不予拒绝。当然，她也不去找外面的医生看病。因此，在我用尽所有疗法束手无策之后，我恳求她不要再吃盐和豆类。

但不管我如何恳求或是加上一些权威例子和自己的现身说法，她都不听。最后她反驳我说，如果是我得到这种建议，我也不会遵从。我又痛心又开心，开心的是得到机会在嘉斯杜白面前表达我对她的爱。我对她说："你错了，如果我生病了，医生劝我这样做，或叫我戒食其他食物，我会毫不迟疑地照做。但你看吧，我现在没生病，也没有医生劝我这样做。可我还是要发誓在接下来的一年内不吃盐、不吃豆子，随便你和不和我一起。"

嘉斯杜白大为震惊，懊恼道："原谅我吧，我原本了解你，不应该这样刺激你的，我向你保证远离这些食物，但是看在老天爷的份儿上，你收回你的誓言吧，否则我会很难过。"

"你放弃这些东西就好，我百分之百肯定你很快就会好起来。我自己呢，既然已经郑重地发誓了，那就绝无收回之理。况且这对我也十分有益，因为无论动机是什么，节制对个人的意志锻炼都是有好处的，所以你就别管了，就让它考验一下我，也支持一下你。"

因此她不再劝说我："你太倔了，什么都听不进去。"说着，流下了两行伤心泪。

我把这个小插曲当作非暴力抵抗的一个例子，这也是我一生中最甜蜜的回忆之一。

在这之后，嘉斯杜白的身体慢慢好了起来——这是由于不吃盐和豆类的效果，还是她的饮食方式有了其他改变；是由于我严守生活规则的效果，还是由于这个事件引发的精神喜悦带来的效果，若是这样，那这效果又达到什么程度，我不知道。但嘉斯杜白逐渐恢复，也不再出血了，这也让我这"庸医"的一点名声显赫一时。

对自身而言，我觉得整个人都因为这些节制而获益良多。凡是放弃的东西，我决不再回头渴求。这一年过去了，我发现我愈加能征服自己的感官。这一试验使我对禁欲自制更为青睐。因此，尽管回到印度已经有段日子，我还是遵循着这些规矩。仅有一次，1914 年，我在伦敦吃了这两样食物，关于这是在什么情况下发生的，我会在之后章节谈到。

我在南非也努力劝说同事戒盐戒豆，成效很好，这两项戒律对人的健康是否有益在医学上暂时没有统一意见，但是从精神上讲，自制对人是极好的。一个自制的人的膳食和一个为了口腹之欲的人的饮食绝对不一样，他们的生活方式也是不同的。想要禁欲之人往往因享受生活之乐而让自己禁欲失败。

第三十章　谈自制

　　上一章我谈到嘉斯杜白的病情让我的饮食有所改变，而之后为了禁欲自制，我的饮食发生了更大的变化。

　　第一个就是戒食牛奶，我认识了赖昌德巴伊才知道，牛奶里含有的成分会激发人的性欲，一些谈论素食主义的书中也强调过这一点，但那时我没立下禁欲誓言，因此下不了决心不喝牛奶。我很早便意识到牛奶不是维持人体健康的必需之物，但是要我不再喝牛奶实在很难做到。当我认为出于自制不喝牛奶越来越有必要时，恰好看了从加尔各答寄来的几本书，书中描述了母牛遭到主人虐待的种种悲惨境况，这让我大受触动，并和卡伦巴赫先生讨论了这个问题。

　　尽管我在《我在南非二十年》一书中向读者介绍过卡伦巴赫，并在这本书之前的章节里也谈及他，我认为还是有必要在这儿让大家更多地了解卡伦巴赫。我们的结识纯属意外。他是可汗先生的朋友，可汗发现他不同于世俗之人，便介绍给我。

　　认识卡伦巴赫先生之初，我便被此人对奢侈的迷恋及其放肆的言行所震惊。但在我们第一次见面时，他询问了我一些关于宗教的问题。不经意间谈到了乔达摩佛陀的出家，我们越来越投缘，成了非常要好的朋友，好到我们对问题的见解都一致，他坚决地随我一起践行生活上做的改变。

那时他还是个单身汉，一个月的花销竟有一千二百卢比之多，还不包括房租。现在他过着俭朴的生活，每个月的花费只需要一百二十卢比。在我解散了大家庭和我第一次出狱后，我和他住在一起。那时生活相当艰苦。

在此期间我们谈论牛奶，卡伦巴赫先生说："我们老说牛奶这不好那不好，干脆以后不喝算了，喝牛奶实在没必要啊。"对这个建议，我是又惊又喜，十分赞同。因此，我们俩都决心不再喝牛奶。这是1912年发生在托尔斯泰农庄的事情。

但我并不满足于这一改变，在此之后没多久，我就决定只以水果和坚果为食，并且只吃最便宜的水果，我们想过最贫穷之人所过的生活。

吃水果和坚果十分省事，完全不必烹饪，生花生、香蕉、枣、椰子、柠檬和橄榄油就是我们的日常食物。

在这儿，我必须警告那些想禁欲的人：虽然我通过改变饮食禁欲，但是精神和思想上的克制才是正道。如果你做不到心灵的净化，那么在饮食上怎么变花样都没用。耽于情欲的人，除非自省，向神灵忏悔，才能得到恩典净化心灵。精神和肉体是紧密相连的，而充满欲望的思想总贪求美味和奢华。为了避免这一倾向，节制饮食和绝食十分必要。充满贪欲的头脑无法控制自己的感官欲求，反而沦为它的奴隶，因此一个人的身体需要的是洁净清淡的食物和定期的绝食。

在饮食上仅仅"小打小闹"地节制和绝食，和完全依靠节制、绝食来锻炼自制力的人犯的错如出一辙。以我的经验来说，那些一心想要自制的人，节制和绝食确实有效。事实上，没有它们的帮助，人的欲望是不可能从头脑中彻底消除的。

第三十一章　绝食

就在我不喝牛奶、不食谷物，只吃水果时，我把绝食当作自制的一种手段。卡伦巴赫先生也与我意见一致，并与我一起实践。之前纯粹因为健康的关系，我偶尔会绝食。后来从朋友那儿知道，绝食是自制的一种必要手段。

我的家族信奉毗湿奴教，母亲又是一个严格遵守自己誓约的人。因此我在印度时就奉行"叶迦达希"和其他的绝食。但当时我只是效仿母亲的做法，以此获得父母欢心罢了。

当时我并不懂，也不信绝食能给我带来什么好处。但是当看到我之前提到的那个朋友从绝食中获益后，我为了让自己遵守立下的禁欲誓言，便学他的样子，开始"叶迦达希"绝食。印度教徒在绝食日照样可以喝牛奶、吃水果，但我把绝食纳入了自己的日常生活，因此我要全面奉行这种绝食，只喝水。

当我开始绝食时，印度教历的司罗梵月 ① 和伊斯兰教历的兰赞月在时间上刚好一致。我的家族不但信奉毗湿奴教，也遵循赛义德的誓约，因此我们既会去赛义德的教堂，也会去毗湿奴的神庙。一家人过

---

① 司罗梵月（Month of Shravan），在公历七八月间。

去经常在司罗梵月一整个月都奉行普拉杜萨①绝食，我也想这样做。

我和卡伦巴赫先生还有几户一同进行非暴力抵抗的家庭一起（包括年轻人和孩子），在托尔斯泰农庄把这些意义重大的绝食付诸实践。为了这些年轻人和孩子，我们又兴办了一所学校。他们中有几个人是穆斯林，我向来都鼓励他们遵守自己的宗教礼俗。我还检查他们是否每天都做礼拜。还有一些年轻的基督教徒和拜火教徒，我也认为出于职责，我必须鼓励他们遵守各自的宗教礼俗。

因此，到了印度教的司罗梵月，我就劝说穆斯林的年轻人进行兰赞月绝食。当然，我决定进行普拉杜萨绝食，但现在我想让印度教、基督教和拜火教的年轻人也加入这个行列。我对他们解释说，和别人一起进行自我克制的事项总是对自己有好处的。农庄里的很多人都赞成我的建议。印度教和拜火教的年轻人并不是事事都做到和穆斯林一样，也没什么必要。穆斯林年轻人绝食时，要等到太阳落山才吃早饭，但是其他人不必这样，他们可以做些美味以飨这些穆斯林朋友。印度教徒和其他年轻人绝食时得在第二天太阳升起前吃完他们一天的最后一餐，他们也不需要穆斯林陪伴。当然，除了穆斯林之外，其他人在绝食时都可以喝水。

这些试验结果让众人大大信服了绝食的价值，而且通过绝食，大家具有了一种集体精神。

这些住在托尔斯泰农庄的人都是素食主义者，我必须满怀感激地承认，大家都在乎并尊重我的感受和情绪，我得感谢他们。穆斯林年轻人在进行兰赞月绝食时，定是十分怀念肉的味道吧，但他们从来都

---

① 普拉杜萨（Pradosha），日间绝食，入夜才进食。

不表露这点，而是很开心地享受着素食，印度教朋友也会为他们准备一些美味素食，以符合农庄简单纯朴的生活。

我有意在这章绝食的内容里扯开话题，因为我没法将这些开心的回忆安插到别的地方，我之前也间接提到我性格的一方面，即我爱把同事们叫来和我一起做我认为好的事情。对他们来说，绝食是新鲜的事，但幸亏碰上了普拉杜萨和兰赞月绝食，这让我劝说他们把绝食作为一种自我节制手段变得很容易。

因此，这种自制的氛围在农庄里自然而然形成了。农庄里的人现在开始加入我们的行列，进行部分绝食或全部绝食，我想这必定是一个良好的走向。当然，要确切地说这种自我节制对他们的心灵影响究竟有多大，在他们战胜自己欲望时究竟有多大帮助，也是说不准的。但在我看来，我确信自己无论是于肉体还是于精神都获益颇深。可我也知道，并非所有人都有必要进行绝食或遵守类似的戒律，它们也不会对所有人都产生同样的效果。

绝食能帮助人们克制性欲，不过仅在以自我节制为目的的时候才有效果。一些朋友进行绝食之后，性欲和食欲反而有所增强。这便说明如果一个人不是坚持不断地自我节制的话，绝食对他来说毫无用处。以《薄伽梵歌》中的名句来说明吧：

绝食之人，

节之外露，

六尘清净，

欲渴尚存，

但见圣洁，

欲念湮灭。

因此，绝食和类似的戒律不过是一个人自我节制的手段而已。不仅如此，如果一个人只有身体上的绝食而没有精神上的绝食支撑，则必定是缥缈而不切实际的，最终将走向穷途末路。

第三十二章　当校长

这些章节描述的是我在《我在南非二十年》一书中没有提及或极少提及的事情。我希望读者能记住这一点，这样便可轻易看出这几章之间的联系。

随着农庄的逐步发展，为孩子提供一些受教育的条件是很必要的。男孩子有信仰印度教、伊斯兰教、拜火教和基督教的，女孩子则是信仰印度教的。我觉得没必要给这些孩子请专业的教师，况且这也不合实际，因为合格的印度教师凤毛麟角，就算有，人家也不愿为了少得可怜的薪水跑到离约翰内斯堡二十一英里的地方教书。我们的经济也不算宽裕，我认为也不必非从农庄外请教师。现行的教育制度实在让我不以为然，我自己有意试验一项真正的教育制度。我只懂得一点，在理想的状况下，除去外界的一些小帮助，真正的教育只能由父母给予。托尔斯泰农庄已成为一个大家庭，而我是一家之主，因此我要承担起教育年轻人的责任。

这个想法无疑肯定存在着不足。这些年轻人不是从小就与我一起相处的，成长的背景与环境不同，所属的宗教也相异。在这种情况之下，尽管我是大家长，我该如何对待这些孩子，又怎样才能做到公平地对待这些孩子呢？

但是，我素来把心灵教化和性格塑造放在第一位。我敢说，不管大家的年龄相差几何，也不管大家成长环境如何不同，道德方面是有教无类的。于是，我决定每天二十四小时都与这些孩子住在一起，权当他们的父亲。我认为性格塑造是孩子以后受教育的基础。如果这个基础打牢了，我确信孩子们能够自学成才，或仅仅靠朋友的一些帮助即可。

另外，我也充分认识到文化教育的必要性，于是在卡伦巴赫先生和普拉吉·德赛先生的帮助下开了几个班。与此同时，体格锻炼也没有落下，这些内容就贯穿在孩子们的日常生活中。因为农庄没雇用人，所以一切事务，从煮饭到打扫卫生都由农庄居民自己完成。农庄里还有很多果树需要照看，也得做些适当的园艺工作。卡伦巴赫先生爱好园艺，他曾在政府的一个示范花园从事过相关工作，积累了一些经验。不过这属于大家共同的责任，从老到少，不在厨房帮忙，就得在园子里帮忙。孩子们在这块可帮了大忙，刨坑啊，砍树啊，搬东西啊，这给了孩子们足够的锻炼，他们也做得很开心，因此就不需要其他的锻炼了，也不需要玩游戏了。当然，有些人，甚至有时候是所有人都装病偷懒，我有时对这小把戏睁一只眼闭一只眼，但总体是严格以待的。我很明白他们不喜欢我这么严格，可是谁也没反抗过。我严厉起来的时候，总是会讲道理，试图确保他们明白不能把工作当儿戏。但是，没过多久他们便会故态重演，丢下工作跑去玩了。但我们相处得还不错，他们也锻炼出了良好的体格。农庄里几乎没人生病。不过，必须要说的是，清新的空气、洁净的水和有规律的饮食也有不小的功劳呢。

我也想就职业训练说点什么。我有意让每个年轻人都学点有用的手艺。为此，卡伦巴赫先生特地跑到名为特拉比斯特修道院（Trappist Monastery）去学习做鞋。我也从他那儿学会了这项手艺，并传授给想学习的人。卡伦巴赫先生和另一个农庄里的人都会木工，因此我们开了个小型木工班。除此之外，这些孩子个个都学会了做饭。

孩子们对这些都感到很新鲜，他们做梦都没想到有一天会学这些东西，因为通常情况下，南非的印度儿童能够得到的教育只有读、写、算而已。

在托尔斯泰农庄，我们有个规定，老师不做的事情也不会让孩子去做。因此，他们被叫去干什么事情时，总会有位老师陪同着一起做，所以孩子们做什么都兴高采烈的。

关于文化教育和性格塑造方面，下面几章再谈。

第三十三章　文化训练

上一章谈到我们在托尔斯泰农庄是怎样进行体格锻炼和附带进行职业教育的。虽然这些都并非那般尽如人意，但是勉强还算得上是成功的。

然而，文化训练可以说是一件更困难的事。我既没有相关资源，也没有必需的文学素养，想全心致力于这门功课，心有余而力不足。通常进行的体育运动，一天结束后我都会精疲力竭，而在我最需要休息的时候往往又得爬起来去上课。如果不是为了上课的时候精神好些，我也可以勉强不休息的。每个早上我们都必须辛勤耕作，做一些家务，所以上课时间就只能放在午饭之后。除此之外，再没有其他的时间适合上课了。

文化训练最多三节课。我要教他们印地语、泰米尔语、古吉拉特语和乌尔都语。教学是根据孩子的母语进行的，也教英语。古吉拉特语和印地语的孩子也有必要对梵语稍作了解。所有的学生也都会学习一些基本的历史、地理和算术知识。

我担任泰米尔语和乌尔都语的老师，对泰米尔语的浅识是在旅途和监狱中学的。除了波布（Pope）那本杰出的《泰米尔语手册》，我没有读过其他的泰米尔语作品。乌尔都语也是在一次旅途中学会的，而我对该语言的了解程度仅仅限于我和一些穆斯林朋友接触中学到的简单的波斯语和阿拉伯语的日常用语。梵文也仅仅是在高中时学到的那一点，就连古吉拉特语也不比我在学校学到的好多少。

上述这些就是我教学的资本。由于我的文学素养匮乏，相对来说，我的同事个个都比我出色。但是，我对母语的钟爱，作为教师能力的自信，学生文化知识的匮乏，最可贵的是他们的慷慨和宽容，这些都对我极有帮助。

泰米尔的几个孩子都出生于南非，所以他们对泰米尔的了解甚少，就连基本的文字都不知道。所以，我得教他们文字和基本语法，这倒是非常简单。我的学生知道，他们总有一天会在泰米尔语对话中超越我，当不懂英文的泰米尔人来看我时，他们便称要当我的翻译。我非常高兴，因为我从来都没有想在学生面前掩饰自己的无知。我将最真实的自己毫无保留地展现在他们面前。因此，即使我的泰米尔文极为匮乏，我也没有失去他们的敬爱和尊重。教穆斯林孩子们乌尔都语相对来说简单一些，因为他们对字母有一定的了解，而我要做的就是激发他们对读和写的兴趣。

这群少年绝大部分是未接受过教育的，然而我发现，除了叮嘱他们不要懈怠，监督他们学习外，在教学过程中，我真正能教他们的的确非常少。我窃喜我的课堂能够吸引不同年龄段的孩子们在同一个教室学习不同课程。

课本这一词，耳熟能详，而我却从未觉得那是多么有必要。我甚至都记不得翻阅过几次学校提供的教科书，我从不认同教学是累积书本的数量。一直以来，我都认为学生最好的教科书是他的老师。我依稀记得我的老师给我们上课时从来都是脱离课本的束缚，但是他传授的知识至今我仍记忆犹新，深谙脑海。

　　孩子通过耳朵涉猎的知识比用眼睛学到的多，也更容易。我记得我从未一页一页地翻着课本来教我的孩子，而是用自己的语言，将读过和吸收的书本知识传递给他们。我敢说，我所教授的知识，他们都牢牢地记在了脑海里。让他们背诵课本上的知识是个费力气的活儿，而通过口述知识他们能轻而易举地接受和理解。对于他们而言，阅读是个苦差事。但是，当我讲课的主题能够引人入胜时，听我讲课便成为孩子们的一种享受。而且，从他们所提出来的问题可以判断他们的理解能力。

第三十四章　精神训练

对孩子们进行精神训练，比体格和智力训练来得更加艰辛、更有难度。我几乎不借助宗教典籍来对孩子们进行精神训练。当然，我坚信每个学生都应该对自己的宗教熟悉，都应该对自己秉承的信仰有关的典籍有一定的了解，所以我也尽可能多地为他们提供相关知识。但是我认为，这只是智力训练的一部分。在我担任托尔斯泰农庄教师一职之前的很长一段时间里，我就已经意识到精神训练要靠自身才能完成。精神训练就是要锻造性格，从而认识神灵，实现自我。我坚信，这是年轻人精神训练中至关重要的一部分。我也坚信，没有精神文化陶冶的训练都是徒劳无益的，甚至可能是有害的。

我知道，有这么一种迷信，认为自我实现只有在人生的第四个阶段，即遁世期（Sannyasa）才可能实现。[①]但是，我们熟知一个道理：有些人，在一次非常宝贵的经历面前迟迟没有做好准备，直到化为尘土那一刻，那么他所得到的不是自我实现，而是时间堆积的垂垂暮

---

① 印度教徒中的婆罗门、刹帝利和吠舍又统称为再生族，一生分为四个修行期：一是梵行期，八岁就师，其后十二年学吠陀，习祭仪。二是家住期，返家结婚生子，祭祖灵，营俗务。三是林栖期，年老则家产让子，栖居树林苦修行，专心思维，入宗教生活。四是遁世期，绝世俗之执着，披粗衣、持水瓶，游行遍历。

年，犹如再度经历可悲的童年，负累在这颗星球上。我清晰地记得我还在教书的时候，也就是1911—1912年这段时间，我就已经持有这个观点，尽管我没有以相似的话语表达出来。

那么，究竟怎样进行精神训练呢？我让孩子们熟读和背诵圣诗，将有关德育的书籍念给他们听，但这种方法远远不能使我满足。当近距离接触他们时，我发现精神训练并非仅依靠书本就能获得，就如同体格训练必须通过体育锻炼，智力必须通过智能训练一样，精神训练必须通过精神熏陶方可获得。精神熏陶完全要依仗生活的磨炼和老师的性格。老师应该时时刻刻注意自己的一言一行，不管有没有学生在身边。

师者，即使远在天边，他的生活方式也可以影响学生的精神和心灵。如果我是个骗子，却试图教育孩子们要诚信，那只是白费力气而已。一个懦弱的老师是不可能教育出勇敢的学生的。一个不知道自制的老师永远不能使他的学生懂得自制的真谛。因此，我告诉自己必须持之以恒，以身作则，为身边的孩子做榜样。他们因而成了我的老师，让我学会了为了他们我应该做更好、更正直的自己。我或许可以这样说，在托尔斯泰农庄给自己强加的一条又一条准则和约束，大多正是来源于托付我的孩童们。

这些孩童中有一个非常顽劣，撒谎、打架，野性难驯。有一次，他的行为极其恶劣，我震怒了。从未惩罚过学生的我，此次怒不可遏。我试着跟他讲道理，但是他却不以为然，甚至顶撞我。最后，我拿起戒尺朝他的胳膊狠狠地抽打了一下。当我抽打他的时候，自己也战栗了一下。我敢说他肯定感觉到了。这对于所有的孩子来说，可谓是从未有过的经历。孩子痛得大叫一声，向我求饶。他叫并非因为我打痛了他，如果是这样，他完全可以以牙还牙地回敬我一拳，因为他体格结实，正值血气方刚、意气风发的十七岁，而是他意识到了我抽打他那一戒尺时我心中的痛。从那以后，他再也没有顶撞我。然而，对于那次的冲动，我一直耿耿于怀，后悔不已。我担心那天我传达出的，不是一种精神，而是一种粗暴。

我一直都反对体罚。我记得有且仅有那么一次，我体罚了我的一个儿子。直到今天，我仍然无法判断我那天用戒尺抽打学生那一下究竟是对还是错。或许，这是不正确的，因为那是由愤怒和惩罚的欲望驱使的。如果这只是表达难过的一种方式，我认为还是可以理解的。但是，这一次体罚的初衷却似乎错综复杂。

通过反省这件事，我学会了纠正孩子错误的更好方法，我不知道这种方法在当时是否行得通。那个孩子很快便忘了这件事，而我认为这次教训并没有让他改变什么。但是，这件事情让我更好地理解了身为一名教师对学生的那份责任。

那件事之后，孩子中间诸如此类的不端行为依然屡见不鲜，但是我再也没有诉诸体罚。在我竭力对孩子们进行精神训练的过程中，我更多地领略到了精神的力量。

第三十五章　良莠之分

　　还是在托尔斯泰农庄时，卡伦巴赫先生提到了一个我之前从未留意过的问题，这引起了我的关注。正如我曾说过的，农庄里的孩子有的顽劣、个性鲁莽，有的游手好闲。我的三个儿子还有跟我儿子年纪相仿的其他孩子成天和他们一起玩，这让卡伦巴赫先生很担心，但是他的注意力集中在我的孩子和那些顽劣的少年郎们身上，他认为他们混在一起不好。

　　有一天他对我说："你把自己的孩子跟那些顽劣的小子们放在一起，这种教育方法我反对。这只会有一个结果，他们将来会学坏的。"

　　我不记得他的问题是否当场让我顿生疑惑，只记得我是这么回答他的："我怎能把我的孩子和那些游手好闲的孩子加以区别对待呢？他们都是我的责任，这些年轻人之所以会来是因为我邀请了他们。如果我用钱打发了他们，那他们会毫不犹豫地逃到约翰内斯堡过他们原来的生活。实话跟你说，他们和他们的监护人都很可能认为孩子来到了这里，我理应很好地照顾他们。你我都非常明白，他们在这里要忍受诸多的不便。但是我的责任很明确，我必须把他们留在这里，我的孩子也必须跟他们生活在一起。当然，我相信你也不希望我告诉自己的儿子他们比那群孩子优越。灌输这种优越感会使他们误入歧途。跟其他孩子的交往对他们是有益的，他们将会用自己的标准区分好与坏。我们为什么不相信，如果他们身上真的有闪光点，这些闪光点就一定会影响他们的同伴呢？然而也可能像你所说的那样，但我也忍不住把他们留在这里，如果这样做是一种冒险，那这个险必须冒。"

卡伦巴赫先生直摇头。

试验结果，我认为并没有那么糟糕。我的儿子们在这次试验中并没有表现出变坏的迹象。相反，我看得出他们学到了些东西。即使在他们身上曾有那么一丁点的优越感，也已被消磨殆尽了。他们学会了与各种类型的孩子相处。他们经得起考验，他们懂得自律。

这个试验及其他类似的试验都告诉我，如果将好孩子和坏孩子放在一起接受教育，好孩子并不会失去什么。当然，这个试验必须在他们的父母和监护人的精心照料下进行。

包裹在象牙塔里的孩子，并非总是远离诱惑和污染的。然而，老实说，把用不同方式抚养的孩子们放在一起接受教育，孩子的父母和老师也在经历一场严峻的考验，他们必须时刻保持警惕。

第三十六章　把绝食当作救赎

随着时间的推移，我越来越清晰地认识到要正确地抚养和教育这些孩子是多么不容易。如果我想真正成为他们的老师或监护人，就必须触摸他们的心灵，必须与他们同欢乐、共患难，帮助他们解决问题，把他们青年时代奔放的热情引入正轨。

几名非暴力抵抗者（Satyagrahis）出狱后，托尔斯泰农庄几乎没几个人了。剩下的几个多数是凤凰村的，所以我把孩子们转移到了凤凰村。那儿还有一大难关，等着我来闯。

那段日子，我不得不穿梭于约翰内斯堡和凤凰村两地。当我身在约翰内斯堡时，得到消息称有两个孩子出现了不良行为。此消息犹如晴天霹雳，即使在接到非暴力抵抗运动彻底失败或者节节败退的消息，我都未感到这般震惊。于是就在当天，我搭上了回凤凰村的火车。卡伦巴赫先生坚持陪我一同前往。他看到我的神情，不忍心让我只身独往，因为带来这个令人惶惶不安的消息的人正是他。

行程中我对自己应承担的责任的认识似乎变得清晰明了。我认为，监护人和老师都或多或少要对被监护人和学生所犯的错误承担一定的责任。所以，这件事中谁应承担责任也顿时分外明了。关于这次事情，我的妻子早已提醒过我，只是太过相信别人秉性使我将她的提醒抛在了脑后。我觉得让犯罪的人知晓我的痛苦、了解他们偏离正轨渐渐远的行为，对我而言唯一的方法是自我惩罚。于是，我开始了为期七天的绝食，并发誓要在以后的四个半月内每天只吃一餐。卡伦巴赫先生竭力劝我放弃，但这无非是徒劳。最后他也赞同自我惩罚是一种救赎的方式，坚持加入我的行列，我无法拒绝他满溢的爱。因为这个决定，我觉得无比轻松，心中如释重负。对于犯罪者的愤怒渐渐平息，取而代之的是单纯的怜悯之情。我的心因此倍感轻松，满载着这份轻松我到达了凤凰村。我对这件事做了进一步调查，对一些细节做了更深入的了解。

自我惩罚让每个人饱受煎熬，但是气氛被净化了。每个人都意识到犯罪是多么可怕的事情，我和孩子之间的关系也因此更坚韧、真实。

不久后，这次事件引发的另一情况迫使我不得不又开始了一次为期十四天的绝食行动，其结果甚至超乎我的预期。

每每有学生有不良行径时，老师都有着不可推卸的责任，就应该绝食抵抗，其实这并非我本意。然而，我认为，在有些情况下，确实需要做些弥补。但前提是目标明确、精神健康。倘若师生间不存在真正的爱，倘若学生犯罪没有触动老师的内心，倘若学生不懂得尊师重道，那即使老师为他们绝食救赎也是徒劳，甚至会产生负面影响。尽管在这些情况下，绝食是否可行值得怀疑，但是老师对学生所犯的错误责无旁贷。

第一次自我惩罚对于任何人来说并不难，我并没有因此暂停或终止我的工作。回想起来，在绝食期间我的确恪守己任，是个十足的素食主义者。然而，第二次绝食后期，我熬得很艰辛。我并没有充分领略"罗摩那摩"的精辟和奥妙，我对痛苦的忍耐力从这个意义上说是不尽如人意的。而且，我也不懂绝食的技巧，特别是绝食期间，无论多么难以下咽、多么食之寡味也必须坚持多喝水的道理也不知晓。第一次绝食轻松度过，让我对第二次绝食掉以轻心了。第一次绝食期间，我每天都采用库赫尼方法沐浴，但是第二次绝食期间我只坚持沐浴两三天便放弃了，而且水也喝得少，因为实在难以下咽，又有呕吐感，我的喉咙变得干涩、不舒服。在绝食的最后几天里，我只能低声说话。即使如此，我的工作也还是以口述写作的方式顺利开展着。我经常听读《罗摩衍那》和其他圣籍。在一些紧急事务上，我也有足够的体力参与讨论并给出建议。

第三十七章　应戈克利之召前往伦敦

关于南非的许多记忆，在此我必须从略了。

1914 年非暴力抵抗运动结束后，我接到戈克利的指示，要我绕道伦敦返回印度。因此 7 月，嘉斯杜白、卡伦巴赫和我踏上了去英国的旅程。

非暴力抵抗运动期间，我便已开始坐三等舱位旅行。所以，这一次旅程，我同样选择坐三等舱位。但是，这一次我们坐的三等舱位提供的食宿，与印度海船三等舱位及印度国内的三等火车座位相比，简直是天差地别。印度船上几乎连坐席之地都不够，睡铺就更少，也没那么整洁干净。去伦敦的旅途则相反，舱位宽敞洁净。轮船公司还为我们提供了特别的服务，他们帮我们预留了洗漱间。知道我们是素食主义者，船上服务员给我们准备了水果和坚果类食品。通常，三等舱的乘客很少有水果及坚果类的食品供应。这些服务，让我们这十八天的海上之旅舒服且惬意。

此次海上之旅，有几件值得记录的事情。卡伦巴赫先生钟爱双筒望远镜，其中有一两个价格不菲。我们每天总会谈论到望远镜这个问题。我试着向他强调拥有此类奢侈品和我们正追求的节俭似乎南辕北辙。有一天，我们站在船舱边讨论，并进入一个白热化阶段。

"与其让这些东西夹在我们中间引发争议，不如把它们扔到海里。"我说。

"是该把这些该死的东西扔掉。"卡伦巴赫先生回应道。

"我是说真的。"我说。

"我也是。"他毫不犹豫地回答道。

我径直把它们都扔进海里，这些玩意儿价值七英镑，但是卡伦巴赫先生对它们的钟爱远远超越了其本身的价格。

然而，扔了他也从不后悔。

这是发生在我和卡伦巴赫先生间的众多事情之一。

每天我们都以这样的方式学到新的东西，因为我们都朝着寻求真理之路前行。在前行途中，愤怒、自私、怨恨等都自动绕道而行，如果不这样，我们就无法获取真理。一个人或许初衷纯良，话语真实，但是如果为情感左右，那么他将永远无法找到真理。成功地寻求到真理意味着能在爱与恨、幸福与悲伤这样截然不同的两种情感中自由穿梭。

此次旅程距离我上次绝食不久，我的身体还没有完全恢复。

我常常在甲板上散散步，做一点运动，来恢复胃口和消化所食之物。但即使是这样少量的运动，我也没法完成，那样会导致我小腿疼痛，以至于当我到达伦敦时身体反倒比以前更差了。在这里，我认识了齐弗拉兹·梅赫达（Jivraj Mehta）医生。我告诉他我的绝食史及后续引发的疼痛，他说："如果你不足够休息几日，我担心你的腿会废掉。"

直到这时我才意识到，一个久经绝食的人不要妄想一下子恢复体力，而且对于自己的饮食必须加以节制。停止绝食甚至比继续绝食更需要小心谨慎，或许需要更多节制。

船到马德拉（Madeira）的时候，我听说大战可能随时爆发。当进入英吉利海峡时，我们获悉战争已经爆发。我们途中停留了几次，船要通过布满鱼雷的海峡是不容易的，整整花了两天时间才到达南安普敦。

8月4日，英国与德国正式宣布开战，而我们于6日到达伦敦。

第三十八章　我在战争中的角色

我一到伦敦就获悉，戈克利先生身体不适，还在巴黎。因巴黎和伦敦已掐断联系，我不知道他什么时候能够回来。我不想没和他见上面就走，但是没有人说得清他什么时候能到。

此时我该做些什么呢？我又能为这场战争做些什么呢？索罗布吉·阿达加尼亚（Sorabji Adajania）是一名非暴力抵抗运动者，是我在狱中的挚友，当时正在伦敦学习法律。作为非暴力抵抗运动最出色的参与者之一，他被送到英国学习法律并考取律师执照，以便他返回南非后可以接替我的位置。普兰吉旺达斯·梅赫达（Pranjivandas Mehta）医生承担他的费用。通过索罗布吉的介绍，我还与齐弗拉兹·梅赫达医生及其他留英的学生一起开了会。通过与他们商量，我们召集了英国和爱尔兰的印度侨民聚会，会上我表达了自己的观点。

我认为，英国的印度侨民应该为此次战争做点什么。英国学生都志愿加入这场战争，印度学生也不应该落后。然而，很多人反对这种主张。他们坚持认为，印度人和英国人之间存在天壤之别。一方是奴隶，一方是主人，一个奴隶为什么要在奴隶主最需要的时候与他们合作呢？这个时候不正是奴隶挣脱束缚寻求自由的绝佳机会吗？对于这个争议我并不以为然。我知道印度人与英国人之间地位的差别，但是我并不认为我们就该贬低自己为奴。我觉得，这更多的是英国官员个人的愚见，而非整个英国国家世俗观念体系的错，我们可以用爱感化并扭转他们的看法。如若我们想通过提供帮助和与英国人合作来提高我们的地位，那么就必须在他们最艰难的时刻伸出援手。虽然整个英国的世俗观念体系出了错，但我并不认为那是无法忍受的，直到今天我依然这么认为。但如果当时我对这一体系失去信心，那我今天将拒绝与英政府合作，可是那些既对世俗观念体系失去信心，又对那些官员没好感的朋友，又该怎么办呢？

反对派朋友认为，大胆声明印度人民愿望的时刻终于来临了，我们要改善我们的地位。

我认为英国正处在最需要帮助的时刻，我们不能把这个时刻当成我们的机会。我们必须具有远见卓识，不要在战争尚在进行时提出我们的要求。因此，我坚持己见，邀请那些愿意伸出援手的志愿者，我的倡导得到了所有省市和地区志愿者的响应。

我写了一封信给克利威（Crewe）勋爵，告诉他这些情况。同时表示，我们随时准备接受急救培训，如果他可以接受我们的话。

克利威勋爵一番犹豫后，最终接受了我们的帮助请求，对我们愿意在大英帝国关键时刻予以援手表示非常感谢。

在著名的康特里埃（Cantlie）医生的指导下，志愿者们开始了伤者急救知识的初级培训。这是一个仅六周的短期培训，但是涵盖了所有急救知识。

整个班八十人，六周后参加了考试，除了一个不及格，其他全部通过。政府此时又提供军事及其他方面的训练，贝克上校负责此次培训工作。

这些日子，伦敦上演了很值得一见的一幕。没有恐惧，只有竭尽所能给予帮助的身影。健壮的成年人开始进行军事训练。老人、小孩及妇女们能做些什么呢？如果他们愿意，有许多工作能做，比如主动投身于为伤者裁剪和制作衣服。

一个妇女俱乐部竭尽所能地为军人制作衣服。沙罗珍妮·奈杜（Sarojini Naidu）夫人是这个俱乐部的一员，她全身心投入这项工作。我第一次认识她的时候，她将一堆裁剪好的布料放在我面前，让我缝好后交还给她。我欣然接受她的请求，在朋友的帮助下尽自己所能在急救培训之余缝制那些衣物。

第三十九章　精神难关

我和其他印度人民一起为大战出力的消息传到南非后，我接到两封电报。其中一封来自波拉克先生，他质疑我的行动与我提倡的"非暴力"口号是否一致。

对此质疑，我早有预料。我在《印度自治》一书中谈论过这个问题，也曾和南非的朋友彻夜长谈此事。我们都承认，战争是不道德的。如果我没有准备好反击那些诋毁我的人，就不愿意加入一场战争，尤其当我对正义和战争缘由一无所知的时候。朋友们对于我之前参加过布尔战争早有所闻，他们因此认为我的信念从那时开始发生了改变。

事实上，当时促使我参加布尔战争的原因在这次行动中也起了相当大的作用。我很清楚参加战争和非暴力是不相容的。并非每个人都十分清楚自己的责任，我们总是在黑暗中摸索前行，追寻真理。

"非暴力"一词蕴含着丰富的寓意。我们都是无助的凡人，在血雨腥风的暴力火焰中穿梭。俗话说，生命之火，生生不息，这有着非常深刻的意义。人类无时无刻不在有意或无意地诉诸暴力，日常生活中理所当然的吃喝住行活动中也或多或少地夹杂着摧残生命的暴力，哪怕它是那么微不足道。如果他所有摧残行为的初衷是一份怜悯，如果他不残害那些最微小的生物而是营救他们，拼命挣脱暴力这可怕的牢笼，那么他的非暴力信仰并不会因此改变。他将不断成长为自制和有爱的人，但他也仍然无法彻底挣脱暴力的枷锁。

另外，因为非暴力是一切生命的集合体，一个人所犯的错误将影响所有人，因此，人类不可能完全挣脱暴力。只要他是社会的一员，就必然会卷入社会为生存而进行的暴力中。当两个国家间发生战争时，一个非暴力信仰者的责任就是去停止这场战争。然而一个人是无法承担阻止战争的责任的，没有力量抵制战争，也没有资格抗拒战争，他能做的可能就是参加战争，并竭尽全力把自己、国家和整个世界从战争中解救出来。

我曾希望通过英国提升自己及印度人民的地位。在英国时我得到了英国舰队的保护，获得了武装力量的庇护，可以说，我直接参与了这场潜在的暴力行动。如此说来，如果我想继续维持与英国的关系，受他们的保护，有三条路可选：我可以公开声明反对战争，根据非暴力抵抗原则规定，抵制英国，直到他们改变军事策略；或者文明不服从一条适于违背的民事法律，然后被囚禁；或者支持英国参与战争，获得抵抗暴力战争的能力和途径。我缺乏这种能力和途径，所以我认为除了参与战争别无他法。

从非暴力角度看，我分不清战士和非战士的区别。自愿加入匪帮的人，担任搬运工或在行动中帮他们放哨，当他们受伤时看护他们，那自愿加入匪帮的人的这些行为所犯的罪与匪帮有何区别？同样地，那些在战争中只参与照顾伤员工作的人，也不能逃避战争的罪过。

在接到波拉克电报前，我已经通盘考虑了这件事。接到电报后，我和几个朋友又就此事进行了讨论，结论都是我应该参与这场战争。

即使是在今天，我仍然觉得这些说法是正确的，我也不后悔当时援助英国这一举措，正如我当时坚持的那样，现在我依然认为应加强与英国人的联系。

我知道即使今日，我仍然无法让所有朋友都认可我的立场，这个问题非常微妙。不同观点可以共存，正因为如此，我尽可能清楚地向那些相信非暴力的人、正努力在社会各个阶层身体力行的人阐述我的观点。一个信奉真理的人不应当置习惯于不顾，他必须勇于面对批评和指正。无论什么时候发现自己犯了错，都必须承认，不管付出多大的代价。

第四十章　小规模非暴力抵抗运动

就这样出于一种责任，我参加了这次战争，可惜的是，此次我不但没能亲临战场，而且在紧要关头被迫组织了一场可以说得上是小规模的非暴力抵抗运动。

我已经说过，一旦参加战争的人员名单被批准，就会任命一位指挥官负责我们的训练事宜。在潜意识里，我们一直以为这位指挥官作为我们的首长仅限于技术上的问题。至于其他事务，我才是这个小队的队长，直接负责组织内部纪律。也就是说，指挥官要通过我管理整个小队。但是，这位指挥官从一开始，便打破了我们的这种想法。

索罗布吉·阿达加尼亚先生是一个机灵的人，他早就提醒过我说："防着那个人，他想着在我们面前耍威风，我们可别任由他摆布。我们只是将他视为导师，但是他派遣过来指导我们的那些年轻人也自以为是地认为他们已成为我们的上级。"

这些来指导我们的年轻人都是牛津大学的学生，也是指挥官派给我们的小队长。

对于那个趾高气扬、目空一切的指挥官，我并非熟视无睹，我试着宽慰索罗布吉，让他不要担心。但是，他并不是那种容易被说服的人。

"你就是太容易相信别人了，那些家伙会用花言巧语哄骗你的。当你最终看穿时，又得诉诸非暴力抵抗了，那时你又该悲伤了，还得让我们同你一起悲伤。"他笑着说道。

我说道："既然你愿意和我同甘共苦，那么除了悲伤，你还指望什么呢？一个信奉非暴力抵抗的人，天生就是被欺骗的。就让那个指挥官欺骗我们吧，我不是无数次告诉过你欺人者终欺己吗？"

索罗布吉大笑道："行吧！那就继续被欺骗吧！终有一天你会在非暴力抵抗中丧生，还要拽着像我这样的可怜虫一起陪葬。"

这番话让我想起了已故的艾米丽·霍布豪斯（Emily Hobhouse）小姐曾写给我的一封关于非暴力不合作的信，信中说道："若某天你为探究真理而踏上了绞刑架，我并不会感到惊讶。愿神灵为你指示正确的道路，并保佑你！"

我与索罗布吉的谈话正是在指挥官刚被任命于我们队的时候，不到几天我们和他的关系就几近破裂。我绝食十四天以后，体力尚未恢复。当我开始参加训练时，我常常是步行至离家大约两英里的指定训练地点。我因此得了胸膜炎，身体更加虚弱。即便这样，我也得参加周末野营训练。后来别人留在了那里，而我回了家。就是在这儿，一个事件引燃了非暴力抵抗之星火。

指挥官开始行使职权，但是过于随意。他明确告诉我们他才是我们一切事务的头儿，无论是军事的还是非军事的。同时，也让我们见识了他的权威。索罗布吉跑来找我说，他忍受不了他的趾高气扬，还说："我们必须只听从你的命令。现在还只是在训练营我们就要接受这些千奇百怪、不可名状的命令。我们和那群派来指导我们的年轻人之间有很多难以忍受的差别，我们必须和指挥官就此开诚布公地谈一谈，否则，我们难以继续进行。加入我们救护队的印度学生和其他人并不是来执行这些荒谬命令的，要人们放弃他们为了自尊而从事的事业，是无法忍受的损失。"

我找到指挥官，并就我收到的那些愤愤不平的意见提醒他注意。他却让我将意见以书面的形式呈上来，与此同时，还让我"通知那些有意见的人通过正确的程序，将意见提交至新任命的小队长，他们会通过指导员向我报告的"。

对此回复我反馈道："我并不是要求什么权利，从军事意义上而言，我和其他士兵没有什么区别，不过我认为，作为志愿救护队的队长，我应当被允许作为非正式的军队代表。"我也说出了我所注意到的不满和请求，表达了对没有顾及救护队成员的感受而擅自委任小队长一事的强烈不满；这些小队长的任命应该撤销，由救护队自行选举自己的队长，然后再提请指挥官同意。

然而，这并没有说动那个指挥官，他说小队长要由救护队自己选举产生是不合军纪的，撤销已下达的任命尤其为一切法纪所不容。

于是，我们开了一个会，决定进行抵制。我把进行非暴力抵抗的严重后果告诉大家，但是大多数人还是投票赞成这个决议，即撤销已任命的小队长，并给救护队队员机会选举他们自己的队长，否则大家将停止军事训练和周末野营训练。

接着我写了一封信给指挥官，告知他我的建议被驳回是多么令人失望。我向他保证，我并不追求什么权力，而是真诚希望能脚踏实地做实事。我举了先前的例子给他。我指出，布尔战争期间，我在南非印度救护队里虽然没有官衔，葛尔威（Gallwey）上校和救护队之间却从来没有过什么不团结的事，上校要采取什么措施，总是先征求我的意见，以便弄清楚队里的愿望。另外，我还把头天晚上通过的决议附在信中给他。

但指挥官似乎对这些仍无动于衷，他认为我们的集会和决议对于纪律是一种严重的破坏。

我因此给印度事务大臣写了一封信，把全盘经过都告诉他，还把决议一并给他了。他回信解释说，南非的情形不同，要我注意，按规定，小队长是由指挥官委任的。不过他向我保证，以后如再委任小队长，指挥官会考虑我的推荐。

之后我们的信件往来还有很多，可是我不想多谈这件痛心的事。只要说明一点就够了，即我得到的经验，同我在印度日常得到的经验是一模一样的。在指挥官连威胁带哄骗下，我们的救护队被分裂了，有几个举手赞成决议的人在指挥官的威胁或劝导下屈服，收回了自己赞成决议的诺言。

就在这个时候，有一大批伤兵被意外地运到尼特利医院（Netley Hospital），马上需要我们的救护队去工作。那些接受指挥官劝告的都去尼特利，别的人都不去。我因害病躺在家里，但和队里的人员保持着沟通。副国务大臣罗伯茨先生那些日子还来看了我几次，他竭力劝我说服其他人回到自己的岗位，还建议他们成立一个单独救护队，到尼特利医院后他们可以只对指挥官负责，这样就不存在有失自尊心的问题了。政府会既往不咎，但同时救护队应该到医院里去照料那一大批伤兵。我的同伴和我都同意这个意见，因此那些没去尼特利的也都去了。

只有我没去，躺在家里养病。

第四十一章　戈克利的仁爱

我已说过我在英国得过胸膜炎的事情。不久戈克利便回到伦敦了，卡伦巴赫和我常常去拜访他，我们谈话的内容大多围绕战争的问题。由于卡伦巴赫对德国的地理非常熟悉，游历欧洲时去过很多地方，他常常在地图上为戈克利指出与战争有关的一些地点。

自从我得了胸膜炎，我的病也成了日常的谈资。我的饮食试验那个时候也在进行，我的饮食包括花生、香蕉、柠檬、橄榄油、西红柿、葡萄等，完全远离了牛奶、谷物、豆类等食物。

齐弗拉兹·梅赫达医生为我治疗，他苦口婆心地劝我喝牛奶、吃米饭，但我坚决不干。此事传到戈克利那里，对于我偏爱水果节食的理由他一向不多问，只是劝我遵照医生为我的健康而制定的食谱。

不听戈克利的劝告，对我来说，可不是一件容易的事情。他是不容许人说一个不字的，我要求他给我二十四小时的时间来考虑这个问题。那天晚上，卡伦巴赫和我回到家，我们便商量我究竟怎么办才好。饮食试验他一直都陪我一起做，他喜欢这个试验，但是我知道如果是我的健康需要的话，他是赞成我停止试验的。所以，我得听从内心真实的声音再做决定。

我彻夜未眠，辗转思考这个问题。放弃试验意味着放弃我一贯坚

419

持的信念，然而，这些信念并没有什么不好。问题是对于戈克利的爱心施压我该做出怎样的让步，对于所谓的为了健康，我又该对饮食试验做出怎样的调整呢？最终我还是决定继续我的试验，至于背后的动机主要还是宗教信仰；如果动机复杂，我就听从医生的建议。放弃喝牛奶的决定主要出于宗教信仰考虑。我眼前浮现这样一幅残忍的画面：加尔各答的养牛人是怎样从奶牛和水牛身上挤掉最后一滴牛奶的。我还有一种感觉，就像肉不是人类的食物，所以动物的奶也不是人类的食物。所以，第二天一大早起来，我便决定坚决不喝牛奶，这个决定让我如释重负般长舒了一口气。我害怕面对戈克利，但我相信他会尊重我的决定。

那天晚上，卡伦巴赫和我到国立自由俱乐部去见戈克利。他上来第一个问题便是："嗯，你已经决定接受医生的劝告了吗？"

我轻声但是坚决地回答说："所有的意见我都愿意接受，只有一点，我请求你不要勉强我。我绝不喝牛奶、不吃奶制品和肉。如果不吃这些东西会死，我宁可死去。"

"这是你最后的决定吗？"戈克利问道。

"是的，我恐怕不会改变主意了，"我说道，"我知道我的决定会让你难过，但是无论如何请你谅解。"

虽然戈克利非常难过，但还是满怀关心地说："我不赞成你的决定，因为这里面我看不出有什么宗教信仰。不过，我也不会再勉强你了。"他说完这话便转过头去，对齐弗拉兹·梅赫达医生说道："请你别再为难他了。只要是在他限定的范围内随你开什么方子都可以。"

这位医生虽有异议，却也无可奈何。他劝我喝"豆汤"，加一点阿魏树脂①，我欣然接受了这个建议。我喝了一两天，可是痛苦有增无减。我觉得这不太适合我，于是我又重新吃起了水果和坚果。当然，梅赫达医生还是要继续他的外部治疗，这多少减轻了我的一些痛苦，但是我的清规戒律确实给医生造成了很多困难。

就在这个时候，戈克利回国了，因为他受不了伦敦 10 月的浓雾。

---

① 一种独特的药材。

第四十二章　胸膜炎的治疗

胸膜炎久治不愈难免让人心生担忧，但是我知道治愈之法不能仅靠内服用药，还需改善饮食并辅之以外敷药。

我拜访了有名的素食者艾林生医生，他擅用饮食调整的方法来治病。1890 年我曾见过他。这次他给我做了彻底检查。我向他解释了不喝牛奶的原因，他安慰我说："你用不着喝牛奶，其实我还想让你几天之内不摄取任何脂肪。"他劝我吃黑面包，吃生蔬菜，如甜菜、萝卜、洋葱和其他青菜，还有新鲜的水果，主要是橘子等。蔬菜无须煮，如果我不能嚼碎的话，只需捣碎了吃。

我按照要求坚持了三天左右，但是生吃蔬菜着实不适合我。我身体的不良反应让我无法对饮食试验做出公正的判断，到了吃生蔬菜时我便心生畏惧。

艾林生医生还建议我整天都敞开房间窗户，用温水洗澡，用按摩油按摩患处，到室外步行十五至三十分钟，这些意见我都欣然接受。

我房间的窗子是法式的，如果整扇窗打开，雨水就会淋进来。而且扇形窗不好开，所以我把玻璃打破，让新鲜空气进来，并半开半掩着窗户，以免雨飘进来。

所有这些方法多少改善了我的健康情况，但是并没有完全治好我的病。

谢西丽亚·罗伯茨（Cecilia Roberts）夫人时不时地会来看我，我们便成了朋友。她极力劝我喝牛奶，但是因为我坚决不接受，她便为我四处寻找牛奶替代品。有位朋友向她推荐麦芽奶粉，而且向她保证这个和牛奶绝对没有任何关系，是一种化学制品，具有牛奶的一切营养价值。我知道谢西丽亚夫人对我的宗教顾虑极为尊重，所以我绝对相信她。我用水冲了点麦芽奶粉试喝，发现和牛奶的味道完全一样。看了瓶子上的标签说明，这才知道所谓麦芽奶粉就是牛奶制成的，可是已经太晚了。于是，我只好放弃。

我告诉了谢西丽亚夫人，我已发现麦芽奶粉其实就是牛奶，但请她不必介意。她得知后便匆匆赶来向我道歉，她说她的朋友也没注意那个标签。我让她不要担心，并为我不能接受她想方设法弄来的东西向她表示歉意。我还向她保证，由于在不知情的情况下喝了牛奶，我一点也不难过或内疚，而且也不觉得违反了誓言。

我同谢西丽亚夫人的来往还有许多美好的回忆，在这儿就不一一道来。我总记得在我历尽磨难和困苦的时候，是朋友给予了我莫大的慰藉。凡是心存信仰的人，都可以从这些朋友身上感受到神灵的慈悲，这样就可以化悲痛为欢乐。

艾林生医生第二次来看我的时候，放宽了限制，允许我吃花生酱或橄榄油以吸收脂肪，如果我爱吃的话，还可以煮些饭菜。这些改变我很喜欢，但是远不能治好我的病。细心调养仍然非常重要，所以大部分时间我不得不卧床休息。

梅赫达医生有时也来为我诊视，他提出了一个长期治疗方案，可惜我没有接受他的建议。

我的病就这样日复一日地拖下去，有一天罗伯茨先生来看望我，他强烈地建议我回国。"你这样的身体状况根本无法去尼特利，往后天气会更冷。我强烈建议你回印度，因为只有在那里你的病才能彻底治愈。你身体康复后，如果战争还在继续，届时你还是有很多机会来贡献自己的一份力量的。即使现在这样，我认为你所做的事情也绝非小小的贡献了。"

我接受了他的建议，开始准备动身回印度。

第四十三章　回国

卡伦巴赫先生原本是想去印度的，才陪我到了英国。我们相互做伴，当然是想乘同一艘船。然而，我们受到德国人的严格监管，我们担心卡伦巴赫先生不能顺利拿到通行证，为此我竭尽全力帮忙。罗伯茨先生非常愿意帮助卡伦巴赫先生，并向该区的总督发电报寻求帮助。但哈定基勋爵直接回绝："很遗憾地告诉你，印度政府不会冒此风险。"我们都明白这答复的确切含义。

与卡伦巴赫先生分开，我感到万分痛苦，这对他来说更是一种折磨。如果他不来印度，现在他在南非一定过着和以往一样的生活，当一名建筑师，生意还不错。

我们原本想坐三等舱，但"东方半岛"号轮船上没有三等舱了，我们只好坐二等舱。

我们随身携带从南非带来的干果，因为船上新鲜水果易得，却很难有干果卖。

齐弗拉兹·梅赫达医生给我的肋骨绑上石膏，并叮嘱我到了红海才能取下。头两天我很不舒服，后来实在感到难受。我想方设法取下石膏，重获进行必要洗漱的自由。

我主要以坚果和水果为食，并发现自己一天一天地好了起来。当我们进入苏伊士运河时，我感觉好多了。虽然很虚弱，但我完全不觉得有什么生命危险了，于是我渐渐增加自己的运动量。我身体状况的改观，很大程度上得益于温带清新的空气。

不知是因为过去的经验还是其他原因，之前在南非旅途中，我不曾发现英国乘客和印度乘客之间的距离，而现在却深有体会。我试着和几个英国人交流，但对话内容大都比较正式。之前在往来南非的船上与英国人交谈甚欢，可是现在的交流却索然无味。我认为这是因为在英国人的脑海中，他们有意无意地认为自己属于统治民族；而在印度人脑海中，则认为自己属于被统治民族。

我渴盼早点到家以摆脱这种氛围。

一到亚丁湾，我们便觉得自在很多。我们熟知亚丁湾人，之前我们在德班就认识了克科巴·卡瓦斯吉·丁索（Kekobad Kavasji Dinshaw）先生，并与他们夫妇有密切联系。

又过了几天，我们到达孟买。背井离乡十年后重回故土，内心的愉悦难以言表。

戈克利在孟买为我举行了一场欢迎会。虽然他的身体不好，却也赶到孟买接我。我怀着一种迫切与他相见、亲密合作的愿望到达印度，因此内心觉得无比轻松自如。然而，命运却做了另外的安排。

第四十四章　关于律师的零星回忆

在讲述重回印度的生活之前，似乎很有必要回顾一下我之前有意略过的几件自己在南非的往事。

几个当律师的朋友要我谈一谈当律师的往事。这类事情实在太多了，要是全部写下来，就得占一本书的篇幅，那就超出了我的叙述范围。但是追述一下那些具有真理性质的实践，或许还是妥当的。

在我印象中，我已经说过在自己的职业中从不捏造事实。我从事律师行业主要是为了公共利益，为此我分文未取，有时甚至自掏腰包。关于自己从事律师一职的事情，我自认为已说得差不多了。但我的朋友觉得还不够，他们似乎认为如果我稍微描述一些我拒绝捏造事实的事例，那么律师行业就会从中受益。

学生时代我听人说过律师这个职业就是说谎的职业。但这并未影响我，因为我从未打算靠说谎追名逐利。

在南非，我的这一原则经历了多次考验。我知道，我的对手通常教唆他们的证人说谎，只要我也鼓励我的当事人及证人说谎，我们也可以打赢官司。可是，这种诱惑总被我拒之门外。我记得仅有那么一次，在我赢了一场官司后我怀疑我的当事人欺骗了我。在我的内心深处，我总是希望我赢官司是因为我的当事人的案件是正当的。在收取费用上，我记得我从未以打赢官司为条件漫天要价。不管官司是赢是输，我只希望得到应有的报酬，而不会多收或少收。

对每一个新的当事人，一开始我都会提醒他：不要指望我会帮你立假案或教唆证人说谎。因此，我在律师界就有了"假案不找我"的名声。事实上，一些当事人把清白的案件交给我，而把可疑的案件交给别人。

有一个案子相当棘手。我受托于我最要好的一个当事人，因为该案件涉及极其复杂的账目，且被拖延了很久。此案之前在几个法院审过都无果，最终涉及账目的部分被法院委托给了一些有资历的会计师予以仲裁。判决本来是对我当事人有利的，可是因疏忽大意，仲裁人员在计算中出现一个错误——本来该算入借方的一个项目，却算入贷方了。无论这个错误多小，后果都很严重。对手因为其他原因也反对之前的判决。我是我当事人的初级律师顾问，当高级律师顾问意识到这个错误时，他认为我们的当事人不应该承认这个错误，他很清楚没有律师会承认对自己当事人不利的事实。我却认为，我们应该承认这个事实。

但高级律师顾问争论道："在那种情况下，法庭取消整个判决也是有可能的。明智的律师不会在那种情况下做出对当事人不利的事。如果案件要重新审理，没有人能说清我们的当事人要承担多少损失，最后的结果也是悬而未决的。"

我们争论时，当事人也在场。

我说："我觉得我们的当事人和律师都应该冒这个险。仅仅因为我们不承认计算错误而支持错误的判决，那么法庭的公道何在？假若坦白事实会给当事人带来不幸，那还会再有什么伤害呢？"

"可为什么我们应该坦白呢？"高级律师顾问质问说。

"谁来担保法庭不会发现这个错误，或者说我们的对手不会发现这个错误呢？"我说。

"那好吧，你还要讨论这个案子吗？我不打算用你的说法与对手争论了。"高级律师顾问语气坚决地说道。

我谦逊地说："如果你不想争论，那么交给我吧，只要我们的当事人同意。如果不承认这个错误，我对这个案子也无可奈何。"

说完这些，我看了看我的当事人，他有些尴尬。自始至终，我都参与这个案件，当事人对我非常信任，对我也有了深入的了解。他说："好吧。那我们就上法庭承认这个错误吧。如果我们还是输了，那就是神灵使然，他会守护真理的。"

我很欣慰，因为我期望的也不过如此。高级律师顾问再次警告了我，对我的固执表示遗憾，但他仍然祝贺我。

接下来发生了什么，请看下回分解。

第四十五章 "狡辩"的行为

我从不怀疑自己意见的合理性，但是我担心自己的身体状况，不知能否撑到整个案件结束。在高等法院前辩论如此复杂的案件，我身体吃不消。我曾经在出庭前，因害怕而瑟瑟发抖。

当我指出账目上的错误时，其中一位法官说："这不是狡辩的行为吗，甘地先生？"

听此斥责，我愤愤不平。无凭无据指责别人狡辩，实在是不能容忍。

"一开始就这样，遇到一位有偏见的法官，这个案子的成功概率是很渺茫的。"我自言自语道。但是我重整思绪，回答道：

"法官大人还没有听我讲完就怀疑有狡辩行为，实在令人诧异。"

"这不是指责，"法官说，"只是一个意见。"

"您这里所说的意见，在我看来似乎就是指责。我想请法官大人听完我的话，若有根据再来指责我。"

"对不起，我打断了你，"法官回复道，"请你继续说明错误的原因吧。"

我有足够的证据支持自己的解释。由于法官之前已经发问，所以一开始，我就能将法庭的注意力集中到我的辩护上。我信心倍增，抓紧时机进行更详细的解释。法官细心听取了我的发言，我才能够说服法官让他们相信那些账目的错误完全是由于疏忽。因此，他们觉得没必要取消花了很大精力才做出的整个判决。

对方律师相信这个错误被我方认可以后，并不需要进行多少争辩，似乎感觉很有胜算。但是，法官继续询问他，因为法官相信，这个误差是很容易可以核对检查出来的。对方律师极力推翻这个判决，但是一开始心生疑虑的这位法官现在却稳稳地站在我这方。

"假设甘地先生没有承认那个错误，那么你们将会怎么办？"他问道。

"要我们再找一个比我们指定的这个会计专家更有能力或更公正的人是不可能的。"

"法庭肯定认为你对自己处理的案子是最清楚的。如果你不能指出这个任何会计专家都可能犯的错误，那本院只好就一个明显的错误请双方重新提起诉讼，重新交诉讼费用。如果这个错误能得到修正，那么就没有必要再听双方的申诉了。"法官继续说道。

那位律师的意见就这样被否决了。法庭最终是肯定了那个纠正错误之后的裁决，还是下令仲裁人进行复查，我已记不起来了。

我非常开心，我的当事人和他的高级律师顾问也很开心。并且，我更坚定了我的信念：对真理执着的追求，是我当律师的准则。

然而，请读者记住：即使在职业操守中保持诚实，也不可能避免在工作中犯基础性的错误。

第四十六章 当事人变成了同事

在纳塔尔当律师和在德兰士瓦当律师的区别在于：在纳塔尔律师可以身兼两职，只要获得辩护士的头衔，就可以当律师；然而在德兰士瓦，和在孟买一样，辩护士和律师的职业领域是不一样的。律师有权选择自己当辩护士或者律师。所以，在纳塔尔我被认为是辩护士，而在德兰士瓦，我需要注册才能成为律师。因为作为辩护士，我是不能与印度人直接接触的，并且南非的白人律师也不会与我讨论案情。

但即使是在德兰士瓦，律师也可以在县级法院出庭。但有一次，我在约翰内斯堡的一家县法院受理一起案件，我发现我的当事人欺骗了我。我意识到他在证人席中的证言完全站不住脚，因此，未经任何辩论我便要求庭长取消这个案子。对方律师十分惊讶，而庭长却十分高兴。我斥责我的当事人让自己受理一件假案，他很清楚我从来都不受理假案。当我向他说明这件事时，他承认了自己的错误。我印象很深刻：他没有因为我请求庭长做了不利于他的判决而生我的气。不管怎样，我处理这件案件的行为并没有使我的律师生涯变得更糟，反而让我的工作更顺利。同时，我也意识到我对于真理的追求使我在律师界享有盛名。尽管受到种族歧视，可我仍然能够在一些官司中赢得他们的关爱。

我当律师时，还有一个习惯，就是从不对当事人或同事隐瞒我的无知。我如果感到困惑，就会建议我的当事人请教其他律师，如果他一定要找我，我会让他允许我寻求大律师的帮助。这种坦率的行为，让我赢得了当事人的无限好感和信任。如果必须找高级律师顾问商量的时候，他们总是愿意承担费用。这种好感和信任对我的公共事业大有帮助。

在前面的章节，我说过我到南非当律师是为了服务侨团。为了这个目的，获得人们的信任是必不可少的。心胸开阔的印度人把善于赚钱的职业精神也投入公共服务工作中，当我劝他们为了自己的权利去尝一尝坐牢的滋味时，许多人都欣然接受。这并不是因为他们懂得这样做是正确的，而是由于他们对我的信任和好感。

当我写到这里时，许多愉快的回忆涌上心头。许许多多当事人成为我在公共服务工作中的真正的朋友和同事。有了他们的帮助，原来艰难窘迫的生活变得美好了许多。

第四十七章　一个当事人如何得到解救

读者现在对帕西·罗斯敦吉的名字应该很熟悉了吧。他在成为我的当事人的同时成了我的同事。或许更确切地说，他先成了我的同事，然后成了我的当事人。他对我信任有加，就连家里的私事都咨询我，并遵从我的意见。甚至生病了也会来找我帮忙。即使我们之间的生活方式有很大不同，他也毫不犹豫地接受我的土疗方法。

这个朋友曾经陷入一次困境。尽管他大部分事情我都知晓，可他却故意向我隐瞒了一件事情。他是一个搞进口的巨商，常从孟买和加尔各答进口大量物品，干一些走私的勾当。但是，因为他和海关的官员关系很好，所以没人怀疑他。出于对他的信任，海关官员往往凭货单收税，一些人甚至默许他走私。

古吉拉特诗人阿科（Akho）有一句话说得好，小偷像水银一样无孔不入，帕西·罗斯敦吉的情况也不例外。这位好朋友有一天急急忙忙跑来，泪流满面地说："老兄，对不起，我欺骗了你。我的罪行今天被发现了，我犯了走私罪，死定了！我肯定会入狱的，我的人生就此被毁了！只有你才能把我从这种困境中解救出来。除了走私这事外，我对你毫无隐瞒。但是，我认为我不应该因为这种见不得人的勾当烦扰你，所以我从来没有跟你提起走私这件事。但是，我现在后悔莫及啊！"

我安慰他说："救不救你要看神灵的旨意了，你是知道我的处事原则的。我是能够帮你，但唯一的方法就是坦白。"这位善良的帕西人深深地绝望了。

"难道我在你跟前认错还不够吗？"他问道。

"你对政府犯了错，又没有对我犯错。你向我道歉有什么用呢？"我温和地回答道。

"当然我会按照你的建议做的，但是你要不要去和我的老法律顾问商量一下，他也是我的朋友。"帕西·罗斯敦吉说。

调查之后得知，他从事走私已经很长一段时间，但对他现在的起诉只涉及很少的数量。我们去找了他的法律顾问，他看完文件后说："这个案子会由陪审团审判，纳塔尔的陪审员肯定不会轻易放过一个印度人的。但是，我不会放弃。"

我对这个法律顾问不是很熟悉。帕西·罗斯敦吉接话说道："太感谢您了，但对于这个案件，我应该听取甘地先生的建议，他很了解我。当然，请您在必要的时候给甘地先生一些建议吧。"

这么搪塞了法律顾问以后，我们去了帕西·罗斯敦吉的店里。

接着，我对帕西·罗斯敦吉说明了我的观点："我认为这个案件根本不必拿到法院去。问题在于海关官员是起诉你还是放你一马，而他又要听检察长的指示。我们必须做好两手准备。我建议你去交海关官员开的罚款，或许他们同意放过你。但是如果他们不同意，你必须做好入狱的准备。我认为丢人的不是坐牢而是犯法，而丢人的事你已经做了。你就把坐牢当作一种忏悔吧。这种真正的忏悔在于让你决定再也不干走私的勾当。"

我不能说帕西·罗斯敦吉完全接受了我的建议。他是一位勇士，但当时他也勇气不足。他的声望岌岌可危。如果他辛辛苦苦建立起来的名望毁于一旦，那么他将何去何从？

"好吧，我曾与你说过，"他说道，"我完全听你处置。你可以按照你喜欢的去做。"

我全力以赴地为这个案件忙碌着，费尽口舌。我去找海关官员，毫无畏惧地告诉他整个事情的经过。我向海关官员保证，会把所有的账目交由他审查处理，并且告诉他，帕西·罗斯敦吉先生已经对自己的所作所为懊悔不已。

那个海关官员说："我喜欢原来的帕西·罗斯敦吉先生，他这样自作聪明我感到十分遗憾。你是知道我的职责的，我必须听命于检察长的指示，所以我建议你去说服他吧。"

"如果你坚持不起诉他，"我说道，"那我将非常感谢你！"

在得到他不起诉的承诺后，我与检察长通信，并与他见了面。他说他很欣赏我的坦率，并且相信我对他毫无隐瞒。听到这些，我非常高兴！

当时我忘了是否因为这个案子还是其他案子，我的持之以恒和坦率得到了他这样的评价："我想我会一如既往地站在你这边。"

这个不利于帕西·罗斯敦吉的案子调解解决了。他像他承诺的那样，支付了相当于他走私总额两倍的罚金。罗斯敦吉把这件事情原原本本地记录了下来，装裱进镜框里，挂在他办公室，以时刻警醒他的后人和生意伙伴。

罗斯敦吉有几个朋友提醒我，要我别上他的当，说他的这种悔悟是暂时的。当我把这种提醒告诉罗斯敦吉的时候，他说："如果我骗你，我还有什么前途？"

第五部分

第一章　初次经历

我还没有回到国内，那些从凤凰村出发的人已经到了。按照原计划，我会先于他们回到印度，可是之前我一直忙于英国的战争，所以计划全都打乱了。当我意识到不得不滞留在英国的时候，我面临的一个问题就是要找一个地方安顿这些凤凰村人。如果可能的话，我多么希望他们全都住在印度，过他们之前在凤凰村的生活。我也不知道可以推荐给他们什么地方，因此打电话叫他们去找安德鲁斯先生，并按照他的意思办。

于是，他们先在康格立的古鲁库尔（Gurukul）安顿下来，现已故去的斯瓦米·史罗昙纳吉（Swami Shraddhanandji）把他们当作自己的儿女一样看待。之后，他们又被安顿在圣提尼克坦书院（Shantiniketan Ashram），在那里诗人和他的追随者都对他们一视同仁。[①]他们在那两个地方得到的经验，对于他们和我来说都大有裨益。

我常常对安德鲁斯说，诗人、史罗昙纳吉和苏希尔·鲁德罗（Sushil Rudra）院长就是你的三位一体。在南非的时候，安德鲁斯总是不厌其烦、日复一日地聊起他们。在我众多关于南非的美好回忆

---

① 圣提尼克坦，意即和平村，在加尔各答以北一百英里的地方。诗人指泰戈尔，那里的书院后来被泰戈尔发展为有名的国际大学。

中，这点算是最甜蜜、最生动的。安德鲁斯先生很自然地就把从凤凰村来的这一帮人介绍给了苏希尔·鲁德罗。鲁德罗院长并没有书院，但是他有一个家，他把家完全交给凤凰村的人使用。不到一天的时间，鲁德罗家人就让凤凰村的人感到无比舒坦自在，他们甚至一点都不怀念凤凰村了。

我一踏入孟买就得知凤凰村的人已到圣提尼克坦。因此我与戈克利见面后便迫不及待地想见到他们。

我在孟买受到的欢迎，为我提供了一次称得上小小的非暴力抵抗的机会。

那次的欢迎晚会是在尊敬的杰罕济·贝迪特（Jehangir Petit）先生家举行的，我甚至不敢用古吉拉特语讲话。我是一个在契约工人家中生活惯了的人，在这样富丽堂皇的宫殿里，我深感自己完全是个乡巴佬儿，与这些场景格格不入。我披着卡提亚华外衣，戴着头巾，穿着"拖地"，看起来多少比今天的样子还要文明一些[①]，但是贝迪特先生家里豪华的大厅，使我浑身不自在。幸好有费罗泽夏爵士在，我才能应对自如。

后来又有一次古吉拉特人的欢迎会，是由现已故的乌昙拉尔·特立维第（Uttamlal Trivedi）组织的，因为如果不举行一次欢迎会，古吉拉特人不会轻易放我走。我事先了解欢迎会的节目安排。真纳[②]先

[①] 甘地后来习惯于赤裸上身，穿着"拖地"，踩着木屐。天冷的时候，则在上身披一块大围巾。

[②] 真纳（Jinnah，1876—1948），原国民大会党的领导人之一，后来脱党参加全印度穆斯林联盟，1940 年以后极力主张巴基斯坦脱离印度另建国家。1947 年印巴分治后成为巴基斯坦总督，被称为巴基斯坦国父。

生也参加了，他是一名古吉拉特人，不记得他是作为主席还是主要发言人了。他用英语做了简短而热烈的讲话。在我印象中，其他大部分人的演讲也都是用英语。轮到我时，我用古吉拉特语表示感谢，也表明了我对古吉拉特语和印度斯坦语的偏爱，并且谦虚地提议不应该在古吉拉特人的聚会上使用英语。我有些犹豫，但还是这样做了。对于一个久别家乡、刚刚回国且没有经历的人来说，要公然打破陈规，我害怕这样做会被别人认为粗鲁无礼。然而似乎没有人误会我坚持用古吉拉特语致答谢词的用意，事实上，我很高兴似乎每个人都很赞同我的提议。

因此，这次聚会之后，我勇气倍增，认为在国人面前提出新的想法也没什么困难。

在孟买住的时间很短，却充满了很多这样的初次经历，之后我应召去浦那见戈克利。

第二章　与戈克利在浦那

我一到孟买，戈克利就派人告诉我省督想见我，并告诉我最好在去浦那前见见省督。我按照他的意见拜见了省督阁下。寒暄过后，他说道："我请求你一件事。无论什么时候你要采取和政府有关的行动时，都要来这里见见我。"

我回答道："我答应你倒不难，作为非暴力抵抗者，我照例会了解对方意见，并且尽可能地与对方取得一致。在南非我就严格遵守这条规则，在这里我也会严格遵守的。"

省督惠灵顿勋爵向我道谢并说道："只要你愿意，你可以随时来见我，你会明白我们政府也不会任意妄为。"

听到这些，我说："正是这种信仰，才让我坚持下去。"

拜见完省督之后，我去了浦那。要写下这段宝贵时光里所有的事情，对我来说是不可能的。戈克利和印度公仆社的成员热情地欢迎我。在我印象中，戈克利早就召集好了所有成员来见我。我和他们畅所欲言，讨论每个问题。

戈克利很希望我能加入这个社团，我也希望如此。但是社团成员觉得我的想法和工作方式与他们的完全不一样，可能不适合加入这个社团。戈克利却坚持认为，尽管我坚守自己的原则，可我还是愿意容忍他们。

"但是，"他说，"社团成员还不了解你，是因为你抱着妥协的态度。他们固执于自己的原则，也十分独立。我也希望他们能够接受你，可如果他们不接受你，你也不要认为他们不尊敬你或不爱戴你。他们不愿冒险，担心这样做对你不尊敬。但无论你是否成为正式社员，我都把你当作正式社员。"

我告诉了戈克利自己的想法。不管我有没有正式入社，都希望能有一个学院，来安顿凤凰村的家人，地点最好在古吉拉特，因为作为古吉拉特人，我认为为古吉拉特服务也就是为祖国服务。戈克利很欣赏我的观点。他说："你当然可以这样做。无论你和他们商谈的结果如何，学院的经费请务必让我筹措，我会把这个学院当作自己的一样。"

我满心欢喜，因为自己既不必承担重任筹集经费，也不必一人辛苦地承担所有工作；只要我遇到困难，有可靠的指导和帮助就行了。这让我轻松了很多。

于是，他把德夫医生（现已故）请来，吩咐他在该社的账目内为我开户，把学院所需的款项和其他公共开支随时给我。

现在，我准备去圣提尼克坦。出发前夕，戈克利安排了一个只有几个朋友参加的小型茶会，亲自定做了一些我喜欢的点心，还有水果和干果等。虽然茶会离他的房间只有几步远，他却没有力气走过来参加。可能因为他舍不得我走，竟坚持来了。虽然他来了，但不久就昏倒，不得不被人抬走了。昏厥对他来说并不是什么新鲜事儿，可是他在这样脆弱的时候，还嘱咐我们茶会要照常进行。

这次茶会事实上是一次座谈会。茶会就在社团的招待所对面的一块空地上举行。我和朋友在会上一边吃着花生、枣子和水果，一边谈心。

然而，戈克利这次昏倒，在我这一生看来，是一个不寻常的事件。

第三章 这是威胁吗？

我离开浦那去拉杰果德和博尔本德尔，探望我的寡嫂和其他亲戚。

在南非进行非暴力抵抗运动期间，为了与契约工人的穿着保持一致，我大大改变了自己的穿着。在英国不出门的时候，我也保持在南非时的简单穿着。在孟买上岸的时候，我穿了一身卡提亚华服装：一件衬衫、一条"拖地"、一件外衣和一条白围巾，全都是印度土布做的。但是因为我要从孟买坐三等车厢出去旅行，我认为围巾和外衣是多余的，所以就没穿戴这两样东西，而花了八九安纳买了一顶克什米尔帽子。这样的服饰，人们一定认为我是一个穷鬼。

当时因为黑死病正在流行，我不记得是在维朗坎还是瓦德万（Wadhwan），有人上来检查三等车厢乘客的健康情况。我有点发烧，检查员让我等车到拉杰果德时自己去医务所报告，并记下了我的名字。

大概有人送信说我要经过瓦德万那里，因为当地一位知名的公共服务工作者——莫提拉尔裁缝，到站来接我。他告诉我维朗坎的风俗习惯，并告诉我火车乘客因瘟疫而必须遭受的折磨。我因为发烧，不想讲话，就想用一句简单的问话结束这次谈话：

"你打算坐牢吗？"

我把莫提拉尔当作一个轻率的年轻人，觉得他讲话不假思索。然而，莫提拉尔并不是这样的人，他以坚定的口吻答道：

"只要您领导我们，我们当然愿意坐牢。作为卡提亚华人，我们有向您提出请求的优先权。当然了，我们现在并不想把您留下，但是您得答应回来的时候在这里停留一段时间。届时您将高兴地看到，我们这些年轻人的工作和精神。您应该相信我们，只要您一声号令，我们就会立刻响应。"

莫提拉尔的话吸引了我。他的同志夸奖他说：

"我们的朋友不过是一个裁缝，但是他的手艺精湛。他每月的生活费仅为十五卢比，这只需要他一天做一个小时就可以赚得，而把自己剩余的时间都投入了公共服务。他来领导我们，让我们这些受过教育的人都自愧不如。"

后来，我与莫提拉尔有密切的往来，才知晓人们对他的夸奖一点也不过分。他决定每个月都到当时刚刚成立的学院住几天，一方面教那些孩子们学裁缝，另一方面为学院做一些裁缝活儿。他天天和我谈维朗坎的情况及乘客乘坐火车的艰难困苦，说自己已经到了无法容忍的地步。后来他因得了一场急病而英年早逝。因为少了他，瓦德万的公共生活受到了很大影响。

一到拉杰果德，第二天一早我便去医务所报告病情。那里的人都认识我，医生觉得很难为情，就生那个检查员的气。这也没必要，因为检查员那样做也是他的职责所在。他不认识我，就算认识，也得秉公处理。那个医生不让我再去找他，坚持要安排一位检查员上门看我。

在疫病流行期间，检查三等车厢乘客的健康状况是很必要的。如果大人物也愿意坐三等车厢，不管他们的地位如何，都应当遵守穷人要遵守的规矩，而铁路部门的官员也应当公正些。但我的经验是，铁路上的官员并不是把三等车厢乘客当作自己的同胞，而是把他们当作羊群看待。铁路官员态度傲慢，不容分说或争论。三等车厢的乘客必须服从官员，好像是他的奴仆。当官的还可以无缘无故地鞭打或勒索他们，而且常常把他们弄到忍无可忍的地步才把票卖给他们，有时甚至让三等车厢乘客误车误点，这一切都是我亲眼所见。除非受过教育的人和有钱人自愿屈居穷人的地位，坐三等车厢，不享受穷人没有被赋予的特殊待遇，而且不只是愿意承受这些艰难、无礼和不公道的待遇，还得下定决心，消除这些不公平的现象；否则，改革是行不通的。

在卡提亚华时，我到处听到有人诉说维朗坎海关的弊端。因此，我决定立即采用惠灵顿勋爵的建议。我搜集并翻阅一切有关这个问题的资料，亲自证实那些弊端是确有根据的，然后便和孟买政府通信。我去拜访惠灵顿勋爵的私人秘书，并求见勋爵阁下。勋爵表达了他的同情，却把责任推到德里方面。他的秘书说道："如果这件事归我们管的话，我们早就把关卡撤了。这件事你得去找印度政府。"

我于是和印度政府通信，但是除了表示收到我的信件以外，什么答复也没有。直到后来我有机会见到了蔡姆斯福德勋爵，这个问题才得到解决。当我把这些事实告诉他的时候，他表示惊讶，这些情况他一点也不知道。他耐心地听我陈述，立刻打电话调阅有关维朗坎的文件，并答应说，如果当局不能说明理由或加以辩解，他就把关卡撤销。这次会面后没几天，我便在报纸上看到维朗坎关卡已被撤销的消息。

我把这件事视为印度非暴力抵抗运动降临的标志。因为我与孟买政府沟通时，秘书长已表达了他对我在卡提亚华的巴噶斯拉（Bagasra）所做演讲中提到的非暴力抵抗的反对。

"这不是威胁吗？"他问道，"你认为一个强大的政府会屈服吗？"

"这不是威胁，"我答道，"而是教育人民。把解除疾苦的一切合法的方法都告诉人民，这是我的责任。一个想要自立的民族应该知晓一切获得自由的方法和手段，通常包括暴力，而且被当作最后的办法。然而，非暴力抵抗却是一种绝对不使用暴力的武器，我认为向人们解释它的做法和界限是我的责任。我并不怀疑英国政府是一个强有力的政府，但是我也不怀疑非暴力抵抗是一种最有效的良方。"

这位聪明的秘书怀疑地点一点头，并说道："我们将拭目以待。"

第四章　圣提尼克坦

我从拉杰果德赶到圣提尼克坦，那里的师生热烈地欢迎我。欢迎会简单朴素，充满艺术气息和友爱的氛围。在那里我结识了卡卡·萨希布·柯列卡（Kaka Saheb Kalekar）。

当时，我还不知道柯列卡为什么被称为"卡卡·萨希布"。后来我才知道，我在英国时与我年龄相仿的一个好朋友柯沙福劳·德希潘特先生曾在巴洛达邦（Baroda State）创办了一所"甘伽纳斯学院"（Ganganath Vidyalaya），为了给自己的学院营造一种家庭式气氛，他常常给教师起一些富有家庭色彩的名字。柯列卡先生在那里教过书，所以叫作"卡卡"（意即伯伯）。伐德克（Phadke）叫作"摩摩"（意即舅舅），而哈利哈尔·夏尔玛（Harihar Sharma）则叫作"安纳"（意即兄弟），别的人也有类似的名称。卡卡的朋友阿难达南德（Anandanand，斯瓦米）、摩摩的朋友巴特华昙（Patwardhan，阿巴）后来都加入了这个大家庭，并且一个个都成了我的同事。德希潘特先生自己常常被称为"萨希布学院"。被解散以后，这个家也就解散了。但是，他们精神上的联系并没有中断，他们的别名也没有改变。

卡卡·萨希布继续去各院校获取经验，我到圣提尼克坦的时候，他正巧也在那里。原来和他同一学院的金大满·萨斯特立

（Chintaman Shastri）也在那里，他们两人帮助讲授梵文。

凤凰村的那一帮人在圣提尼克坦都分到了住处，摩干拉尔·甘地是他们的负责人，他的工作是叫人严守凤凰村学院所有的规矩。我看到摩干拉尔·甘地的和善博爱、知识渊博、坚持不懈，使他在圣提尼克坦声名远扬。

安德鲁斯和皮尔逊也在那里。孟加拉教员中与我们联系比较密切的有贾格丹南德（Jagadanand）先生、尼巴尔（Nepal）先生、孙托斯（Santosh）先生、克希提穆罕（Kshitimohan）先生、纳庚（Nagen）先生、沙罗（Sharad）先生、卡里（Kali）先生。

我照例很快便和那里的师生打成一片，并且引导他们讨论自力更生的问题。我向老师提出：如果老师和学生都不雇用厨师而是自己做饭，便可以根据学生身心健康的需要管理厨房，并且可以为学生提供自力更生的实践教育。有一两个老师摇头表示不以为然，也有极力赞成我的提议的。也许是因为好奇的缘故，学生都赞同这个建议。于是，我们便开始试验。我请诗人（泰戈尔）发表意见，他说只要老师赞成，他也没有意见。他对学生说："这个试验包含重要的观念——自治。"

皮尔逊为使这次试验成功，竟不惜牺牲自己的健康。他以极大的热情全身心投入这个试验。他组织一批人切菜，一批人淘米，等等；纳庚先生和别的几个人负责厨房及其周围的环境卫生。看到他们拿着铁锹去工作，我心里很高兴。

然而，要指望这一百二十五名学生和老师如鱼得水地进行这种体力劳动，那未免是奢望。他们几乎天天都在讨论，有些人早就露出倦意，但是皮尔逊却是一个不知疲倦的人。我们常见他笑容满面地在厨房内外忙碌着，同时自愿承担洗涤较大餐具的工作。有几个学生在洗涤餐具的学生面前弹着西塔琴，以使他们忘却疲劳。大家都兴高采烈地做着各自的事，圣提尼克坦变成了忙碌的蜂房。

这样的变化一旦开始，总是会继续发展的。凤凰村的人自己做饭，他们的饭菜极为简单。做饭不放佐料，饭、豆汤、青菜甚至面粉同时放在一个蒸笼里蒸。圣提尼克坦的学生为了改革孟加拉的厨房，也着手进行类似的试验。有一两个老师和几个学生负责进行这个试验工作。

然而，这个试验进行不久便中断了。我认为这个著名的学术机构进行这个试验，时间虽短，却没有什么损失，其中取得的一些经验对于老师来说，是有利无害的。

我本想在圣提尼克坦多住一段时间，但事与愿违。我到那里还不到一个星期，便接到来自浦那的电报说戈克利去世了。圣提尼克坦陷入悲痛之中，所有人都向我表示哀悼之情。他们在学院的神庙里举行了一次特别的集会，哀悼国家的这一损失，那是一次庄严的集会。

即日我便带着妻子和摩干拉尔赶赴浦那，其余的人则留在圣提尼克坦。

安德鲁斯送我们到布德万（Burdwan）。他问我："你认为印度也可以进行非暴力抵抗吗？如果可以，会是在什么时候呢？"

"这很难说，"我答道，"我在一年之内不打算做什么。因为我答应过戈克利，要游遍全印度以广见闻、获取经验，在这个观察期内不就公共问题发表意见。即便这一年时间过了，我也不会急于演说或发表任何意见。因此，五年内我想不会爆发什么非暴力抵抗运动。"

关于这一点，我还记得戈克利常常笑我在《印度自治》一书里的一些观点，并且说："等你在印度住上一年后，就会有所改观的。"

第五章　三等车厢乘客的悲哀

在布德万的时候，我们亲身经历了一个三等车厢乘客连买一张车票都要遇上莫大困难的情况。"三等车票没那么早出。"售票员回答说。去找站长也是一件难事，好心人指引我找到站长，我便向他诉说我们的难处，他也无能为力。后来卖票的窗口一打开，我便赶过去买票。然而，买票实在不容易。力气大的人才挤得进去，上前买票的人全然不顾旁人，一个个上来不断地把我挤出去。所以，我几乎是第一批人中最后一个买到票的。

火车进站后，上车又是一次考验。已经上了车的人和要上车的人对骂起来，你推我，我推你。我们在站台上四处奔跑，可到处都碰上同样的回答："这里没有位子。"我去找列车守卫想办法，他说："只要挤得上去你就赶紧挤，要不然，你就等下一班车吧。"

"可是我有急事呀。"我恭恭敬敬地答道，他没空听我的话。我着实急坏了，就叫摩干拉尔随便找个地方挤上去，自己则带着妻子走上二等车厢。列车守卫看见我们上车了，到了阿桑索尔（Asansol）车站，他便过来要我们补足二等车厢票价。我对他说：

"给我们找个位子原本是你的职责，我们找不到位子才坐到这里的。如果你能在三等车厢里给我们找个位子，我们当然很乐意去那里。"

"你别跟我多话，"列车守卫说道，"我不能给你找位子。要么补够票价，要么下车。"

我要赶去浦那，因此不打算与列车守卫争论，就把他要求补的车费付给他，然而面对这种不公平的待遇我非常气愤。

第二天早上车抵达莫加尔沙莱（Mogalsarai）。摩干拉尔设法在三等车厢里弄到了一个座位，我便搬过去。我把情况告诉查票员，请他开个条子证明我在莫加尔沙莱便已搬到三等车厢。然而，他不肯开。我又将这情形向铁路当局申诉，得到回答如下："按例没有证件是不能退费的，但是我们对你可以例外。不过，从布德万到莫加尔沙莱的补票费是不能退的。"

自此以后，我乘坐火车三等车厢的经历，如果全部写下来，很容易就能写成一本书了。因此，我只能顺便在这几章提一提。后来由于身体抱恙，我不得不放弃乘坐三等车厢的做法，这成为我终生的憾事。

三等车厢乘客的哀苦，无疑是铁路当局的高压手段造成的。但是，乘客本身的粗野、肮脏、自私和无知也不能辞其责。可惜的是，他们往往并不觉得自己不雅、肮脏或自私，他们认为自己所做的每一件事情都是极其自然的。所有这一切的根源，都在于我们这些"受过教育"的人对他们的漠不关心。

到卡利安（Kalyan）时，我们已是疲惫不堪。我和摩干拉尔从站上的水管里弄了一点水来洗漱。我正设法找地方给我妻子洗漱时，印度公仆社的高尔（Kaul）先生认出我们并走了过来。他也去浦那，他提议让我的妻子去二等车厢的浴室。我不想接受这份殷勤的好意，我知道我的妻子没有权利去二等车厢的浴室，但最后还是接受了这种不

453

合适的做法。我明白一个崇奉真理的人是不应该这么做的，这倒不是因为我的妻子非去那里洗不可，而是丈夫对自己妻子的偏爱胜过了他对真理的尊崇。《奥义书》说：真理的脸隐藏在玛雅的金纱之后。

第六章　追求

到了浦那参加葬礼之后，我们自然而然地讨论起印度公仆社的前途以及我是否应当加入的问题。是否入社对我来说，的确是个棘手的问题。戈克利在世的时候我用不着请求入社，只需服从他的意愿就行了，这正合我意。现在，我已投身于波澜壮阔的印度公共生活，不得不需要一个可靠的舵手。戈克利就曾经是这样一个舵手，我在他的庇护之下也觉得安稳。如今他已辞世，我唯有靠自己奋斗，我认为自己应当请求入社。我想，只有这样才能告慰戈克利的在天之灵。于是我毫不犹豫、坚决地提出了请求。

当时，大多数的社员都在浦那，我向他们游说，设法消除他们对我的疑虑。但是我看得出来，他们的意见并不一致。一部分人赞成我入社，另一部分人却竭力反对。我明白这两派人对我的友爱不相上下，但他们似乎更忠于印度公仆社。无论如何，这种忠心并不亚于爱我的心意。因此，我们所有的讨论只限于原则问题，而不是意气用事。反对我入社的那一派认为，在重大问题上，他们的见解与我的想法相差甚远。他们怕我入社以后，印度公仆社原来的宗旨会大受影响，这自然是他们无法容忍的。

经过长时间的讨论，我们依然无法达成一致，便各自散了，等日后再做决定。

回到家，我内心颇为激动。如果大多数人投票赞成我入社，我是不是应当加入呢？这种做法是否依旧忠于戈克利呢？现在，社员意见如此分歧，我深知自行撤销入社申请才是上策，以免那些反对我入社的人处境为难。想来这才是我忠于印度公仆社和戈克利应当采取的行动。刹那间我决定立刻写信给萨斯特立先生，请他不必继续开会。反对我入社的那些人非常欣赏我的这个决定，这使他们不至于陷入进退维谷的地步，也使我们的友谊更深厚。撤销入社申请，倒使我成为一名真正的社员。

现在，经验证明，我不当正式社员更为恰当，而当时反对我入社的人也是有道理的。经验也证明，我们在原则问题上的看法是极不一致的。但承认这些分歧，我们之间并没有疏远或发生什么龃龉。我们仍然情同手足，而印度公仆社在浦那的家也一直是我经常出入的一个地方。

虽然不是印度公仆社的正式社员，但我始终是一名精神上的社员。精神上的关系比物质上的关系更珍贵，离开了精神的物质关系，等于没有灵魂的躯壳。

第七章　坎巴庙会 [1]

接着我便去仰光看梅赫达医生，途中还在加尔各答做了逗留。我是普本德罗纳斯·巴素先生的客人，孟加拉人的好客在这里达到极致。当时，我严格要求自己只吃水果和坚果，所以凡是加尔各答能搜罗到的水果和坚果我全都买了。主人家里的妇女通宵达旦为我去除各种坚果壳，她们还想尽办法把新鲜的水果按印度方法调制，还为我的同伴——包括我的儿子兰达斯做了很多好吃的。尽管这种盛情款待令我极为感动，但一想到她们竟全家动员忙于招待两三个客人，实在让我过意不去。然而，我却苦于没有良策避免这种左右为难的款待。

我是搭船坐统舱去仰光的。如果说在巴素先生家里受到的无微不至的款待使我们感到难为情，那么，相比我们在船上受到的最粗野的待遇——连一个统舱乘客最起码的舒适也无法保障，这简直是天壤之别。所谓浴室，脏得实在令人难以忍受，厕所更是污浊不堪，要上厕所就得踩着屎尿或者跳过去才行。

这实在令人难以忍受，于是我去找大副，但是没有用。如果说这幅又脏又臭的画面还不够，那再加上旅客无所顾忌的坏习惯，他们坐

---

① 坎巴庙会（Kumbha fair），印度教徒每十二年一次的大庙会的节日，在印度北方省的赫尔德瓦尔地方举行。

457

到哪儿便在哪儿吐痰，吃剩的东西、烟头和槟榔叶子随便乱丢，弄得周围肮脏不堪。嘈杂的声音永无休止，而且每个人都想霸占更多的地方，他们的行李占的地方更大。我们就这样经受了两天严峻的考验。

一到仰光我便写信给轮船公司的代理行，告知其船上的所有情况。由于写了这封信以及梅赫达医生在这个事情上所做的努力，我们回来虽然还是坐统舱，但没那么难受了。

在仰光，我把水果当饭吃又给主人增加了莫大困难。不过，在梅赫达医生家就像在我自己家一样方便，我多少还能控制一下奢侈的菜单。然而，由于我究竟能吃多少种水果并不受任何限制，我的胃口和眼界总难免超过应有的限度。当时吃饭的时间也未限定，我个人喜欢在日落以前吃晚饭，但是实际上往往要到晚上八九点才能吃上。

那一年，即1915年，正是坎巴庙会的年份。这种庙会每隔十二年在赫尔德瓦尔（Hardvar）举行一次。本来我对参加这种集会并没有多大兴趣，但很想去古鲁库尔见摩哈德玛·孟希朗吉（Mahatma Munshiramji）。戈克利的印度公仆社已经派了一大批志愿者去坎巴工作，潘迪特·赫立达亚纳斯·知禄（Pandit Hridayanath Kunzru）担任领队，现已故去的德夫医生是随行医官。他们请我派凤凰村的人协助他们，所以摩干拉尔·甘地早我先去了。我从仰光回来后，便与他们会合。

从加尔各答到赫尔德瓦尔的旅程特别辛苦，车厢里有时没有灯光。车过沙哈兰埔（Saharanpur）以后，我们被塞进装货物或牲口的车皮。这种车皮没有车顶，头上是炎炎酷日，脚下是烫人的铁板，我们几乎被烤熟了。在这样的旅途中，喉咙干渴难耐。如果是穆斯林提供的水，正统的印度教徒不肯喝，除非是印度教徒的水才肯喝。应当指出，正是这些印度教徒，要是生病时医生让他们饮酒或喝牛肉汤，或者一个穆斯林或基督教药剂师给他们水喝时，他们就不那么犹豫地左问右问了。

住在圣提尼克坦时，我们已经懂得自己在印度的特殊作用就是做清道夫的工作。目前由于赫尔德瓦尔志愿者都集中住在福舍里，德夫医生已经挖了一些坑作为厕所。他本来是雇用清道夫打扫这些厕所的，现在这便是凤凰村民的事情了。我们提议用土盖住粪便并加以清除，德夫医生欣然接受了我们的建议。建议自然是我提出的，但是执行这个建议的却是摩干拉尔·甘地。我大部分时间坐在帐篷里，接受无数香客的"朝拜"并与他们讨论宗教及其他问题。这样我竟连一分钟的个人时间都没有了，就连我去河边沐浴的时候，这些"朝拜"者也尾随着我，甚至我吃饭时他们也不离开。至此我才了解到，我在南非进行的微小服务对整个印度产生了多么深远的影响。

但是，这并不是一个值得夸耀的地位，我仿佛陷入进退两难之中：在没有人认识我的地方，我与国内千百万人受着同样的疾苦，如乘坐三等车座之类；但是一到有人认识我的地方，他们就把我围起来，于是我又成为"朝拜狂"的牺牲品。这两种情况哪一种更可怜呢？我常常难断高下。但至少我知道，这些"朝拜者"盲目的爱往往使我生气甚至痛心；而尽管旅行劳顿，我的情绪却很好，鲜少生气。

那时，我的身体尚可到处走动，而且认识我的人还不多，去街上并不会有多么大的麻烦。在闲逛中我看到，比起他们的虔诚，香客更多的是心不在焉、虚伪和无聊。聚集在这里的"沙陀"，像是生来专门为了享乐似的。

在这里，我看到一头五脚母牛！我感到惊讶，但是知情人很快把内幕告诉了我。这头不幸的五脚母牛成了一个坏人贪婪的牺牲品。据说第五只脚原是从一头活生生的小牛身上砍下来移植到母牛上的！这种双重残暴的产物就是为了骗取无知者的钱。除了印度教徒以外，谁也不会被这头五脚母牛吸引，而且只有印度教徒才愿意为这么一头奇异的母牛布施。

庙会的日子到了，这对我来说是个纪念日。我并非怀着香客的心情去赫尔德瓦尔的，我从来没有想过为了虔敬而经常光顾朝圣地。然而，据说一百七十万人参加了这次庙会，他们未必都是伪善者，也许仅仅是为了游玩。他们中无疑有很多人是为着功德和自洁而去那里的。这样的信仰对于人们的灵魂究竟能有多大提升，是不能或不容易断定的。

因此，我彻夜不能寐，陷入沉思。这一帮虔诚的人生活在一些伪善者之中，在神灵面前出淤泥而不染是无可厚非的。如果来赫尔德瓦尔本身是一种罪过，我就应当公开抗议这件事，并在庙会那一天离开赫尔德瓦尔。如果来赫尔德瓦尔参加庙会并不算什么过错，我就应当自动克己苦行，为那里流行着的罪恶进行忏悔以自洁。这对我来说是很自然的，我的生活是以遵守纪律为原则的。想起我在加尔各答和仰光受到的优厚款待，实在是给主人增添了不必要的麻烦。因此，我决定节制饮食，并在日落以前吃晚餐。我深信，如果我不这样克制自己，将来会给接待我的人造成很多不便。如此我便不是为人服务，而是让人为我服务了。所以我决定，在印度的时候，一天二十四小时内进食不超过五种，天黑以后绝不进食。我对可能面临的困难进行了充分的考虑，不希望有任何漏洞。我问自己，倘若我生病了，把药物当作五种食品之一而不吃其他食品会怎么样？最后我决定，不管怎样都应毫无例外。

　　我已严格遵守这些誓言十三年。这是一场严峻的考验，但我可以证明它们已成为我的保护神。我觉得遵守誓言延长了我的寿命，使我避免了很多疾病。

第八章　拉克希曼·朱拉

去古鲁库尔会见身材魁伟的摩哈德玛·孟希朗吉使我如释重负。我即刻感觉到古鲁库尔的宁静与赫尔德瓦尔的喧腾恰恰形成一种奇异的对比。

摩哈德玛待我极其友爱，禁欲之人向来很周到。在这里初次会见阿恰立亚·兰玛德福吉（Acharya Ramadevji），我就看出他是一个极有能力的人。虽然在许多问题上我们各持己见，但认识不久就成了朋友。

我和阿恰立亚·兰玛德福吉以及其他教授，在古鲁库尔引入工业培训的必要性问题上讨论了很久。临别的时候，我们真是依依不舍。

我早就听很多人称赞拉克希曼·朱拉（Lakshman Jhula，恒河上的一座吊桥），这座桥离赫里希克斯（Hrishikesh）不远。很多朋友都劝我离开赫尔德瓦尔之前一定要去看看这座桥。我想步行去瞻仰这座桥，于是将旅程分为两个阶段。

我到赫里希克斯以后，很多云游僧人来看我，其中一个与我特别亲近。凤凰村的人也在那里，这引起那位斯瓦米许多问题。

谈及宗教，他知道我对宗教有深厚的感情。看见我从恒河沐浴回来光着头也没有穿衬衣，头上没有"饰嘉"①，脖子上又没有圣环，他心里很难过。他说：

"你是一个有信仰的印度教徒，居然不束发，也不戴圣环②，我看见了实在难过。这是印度教的两种外在标志，每一个印度教徒都应当有的。"

我不戴这两样东西有一段时间了。在我十岁的时候，看见婆罗门的孩子将成串的钥匙用圣环穿着做游戏，我也很想能这样玩。当时，卡提亚华的吠舍③家族还没有戴圣环的习惯。但那时有人正提倡一种运动，即强迫前三等种姓的人遵守这个规矩。结果甘地家族便有人戴上了圣环。有个教我们几个小孩子《罗摩护》的婆罗门，给我们戴上了圣环。我虽然没有成串的钥匙，却也弄到了一把钥匙来玩。后来绳线断了，我不记得自己是不是很惋惜，但我没有再戴新圣环。

长大以后，在印度和南非，都有人一再善意地劝我重新戴上圣环，但都没有成功。我有我的理由：如果首陀罗④阶级不戴圣环，别的阶级又有什么权利戴呢？而且我也觉得，遵守自己认为没必要的风俗，理由并不充分。我并不反对戴圣环，只是戴的理由不充分而已。

我是一个毗湿奴派信徒，脖子上当然要戴项圈，而"饰嘉"是长

---

① 饰嘉（Shikha），一般印度教徒男子在脑后蓄留的一绺头发，有吉祥和避邪祛病之意。

② 圣环（Sacredthread），印度教徒前两等种姓的人达到一定年龄时在一种仪式上套在身上的一根细绳或线的环，上起左肩下至右腰，以区别其他种姓的人。第三等种姓一般不戴，第四等种姓按规矩不能佩戴。

③ 吠舍（Vaishya），印度教社会中的第三等种姓。多务农、放牧和织造，一般不受吠陀教育，身上也不戴圣环。

④ 首陀罗（Shudras），印度教社会的第四等种姓，多从事卑贱的工作，故亦称为奴隶阶级。他们无权受教育，也不能佩戴圣环，因为他们是不受神灵眷爱的。

辈们认为必备的。可是，我在动身赴英国前夕，把"饰嘉"剃掉了，因为我怕光着头被人取笑，而且当时我以为这会被英国人认作野蛮人。老实说，这种怯弱的心理愈来愈严重，竟使我在南非的时候，叫我的堂弟恰干拉尔·甘地也把他因宗教信仰而留下的"饰嘉"剃掉。我怕他留着"饰嘉"有碍公共工作，所以不顾他是否难过一定要他剃掉。

我把这一段经历向斯瓦米和盘托出，并说："我不戴圣环，因为我觉得没有必要。无数的印度教徒没戴圣环，照样是印度教徒。况且，圣环本来是精神上再生的一种象征，戴上圣环的人应当先立志追求一种更高尚、更纯洁的生活。现在印度教中和印度全国戴圣环的人，是否都能维护佩戴具有这种象征意义的标志的权利，实在是一个疑问。除非印度教本身把'不可接触'制度废除，把一切尊卑贵贱的界限取消，并把其他许多在教内蔓延着的罪恶和虚伪全都消除，不然，印度教徒就没有戴圣环的权利。所以，我现在非常反对戴圣环。不过，你劝我留'饰嘉'倒是值得考虑的。我本来是留过的，后来因为错误地怕人家笑话才剃掉。所以，我觉得还应当留起来。这件事我得和我的同志们讨论一下。"

斯瓦米并不赞同我关于戴圣环的观点。我认为不应当戴圣环的理由，在他看来，正足以说明是应当戴的。时至今日，我的态度还是和在赫里希克斯时一样。我认为，只要有各种不同的宗教存在，每一种宗教都需要某种特殊的外在象征。但是，如果把象征当作圣物来崇拜，或者把它当作比别的宗教更优越的标志，就应当摒弃。如今在我看来，圣环并不是提升印度教的一种手段，所以我认为它是无足轻重的。

至于"饰嘉"，我是因为怯弱而剃掉的，所以我和朋友们商量以后，又把它留起来了。

再说说拉克希曼·朱拉。我被赫里希克斯与拉克希曼·朱拉[①]的自然景色迷住了。我不禁向我们的祖先低头致敬，因为他们对大自然的美丽有着敏锐的感觉，他们有如此的远见以至于赋予了自然美景宗教意义。

然而，赫里希克斯和赫尔德瓦尔一样，人们把路上和美丽的恒河两岸都弄得龌龊不堪，他们甚至不惜玷污恒河的圣水。本来只要多走几步路就可以隐蔽起来大小便，可是他们偏偏要在光天化日之下的河边自行其是。看见这种情形，我不禁难过起来。

我看到的拉克希曼·朱拉，不过是恒河上的一座铁吊桥而已。听说这里本来是一座很好的绳索桥，可是有一个马尔瓦蒂（Marwadi）慈善家出了个主意，把它拆掉以重资架上一座铁桥，然后把钥匙交给政府！绳索桥我没有见过，因此不作评论，但是在这么个地方架上一座铁桥实在煞风景。尽管那时我对政府忠心耿耿，但对这种把朝圣者必经桥梁的钥匙交给政府的做法，也觉得太过分了。

过了桥便到了福舍，这个地方糟得很，除了波形铁板搭建的斑驳不堪的小屋以外，什么也没有。这种福舍，据说是为善男信女盖的。我去的时候，没有人住在那里。而住在大屋里的那些人，却给人一种不良的印象。

然而，赫尔德瓦尔的经历于我却被证明是有无上价值的，这些经历大大有助于我决定住在哪里和要做些什么事。

---

① 拉克希曼·朱拉，恒河上的一座吊桥。

465

第九章　创立学院

去坎巴庙会朝圣，是我第二次访问赫尔德瓦尔。

非暴力抵抗学院 ① 成立于 1915 年 5 月 25 日。史罗昙纳吉要我在赫尔德瓦尔住下来，加尔各答的几个朋友却向我推荐卫提亚纳士潭（Vaidyanathadham），其他人又极力劝我选择拉杰果德。但是，当我偶然经过艾哈迈达巴德的时候，很多朋友劝我在那里住下，他们自告奋勇为学院筹款，还要给我们找一所住宅。

我对艾哈迈达巴德有着偏爱，作为古吉拉特人，我认为我应该通过古吉拉特语为国家提供最好的服务。而且，艾哈迈达巴德是古代手工纺织业的中心，如果要恢复乡村手工纺织业，这似乎是一个最适宜的地方。这座城市是古吉拉特的首都，因此在这里获得有钱人的资助比别的地方更容易。

不可接触者的问题自然是我与艾哈迈达巴德的朋友讨论的话题之一。我跟他们言明应当首先找机会为学院招收一名不可接触者学生，只要他符合其余条件。

"你去哪里找一个合格的不可接触者呢？"有个毗湿奴派的朋友

---

① 译为"真理学院"，直译为"萨提亚格拉哈学院"。

不以为然地说道。

最后，我决定在艾哈迈达巴德建立学院。

至于住处的问题，艾哈迈达巴德有一个律师吉万拉尔·德赛（Jivanlal Desai）先生是我的主要帮手。他愿意把他科赤拉布（Kochrab）的一所洋房租给我们，我们就把它租了下来。

我们首先要解决的是学院的名称问题。我和朋友商量，有人建议采用"西伐士兰"（Sevashram，服务之家），还有人提议用"塔普凡"（Tapovan，俭朴之家），等等。我喜欢"西伐士兰"这个名称，只是觉得没有强调出服务的方式。"塔普凡"似乎是一个自命不凡的名称，因为俭朴虽为我们所需，却不能自命为俭朴之人。我们的信条是忠于真理，我们的任务是追求和坚持真理。我想把在南非试验过的方法在印度试用一下，而且我想看看这个方法究竟能运用到什么程度。所以，同伴和我选定了"非暴力抵抗"这个名称，因为它同时表达了我们的目标和服务方式。

为了使学院在言行上有所遵循，我们需要制定校训。因此有人提出一个草案，朋友都被邀请来发表意见。在当时收到的诸多意见中，古鲁达斯·班纳吉爵士的意见我现在还记忆犹新。他赞成我们的校训，但是建议加上"谦恭"一条，因为他认为青年一代特别缺乏谦恭。虽然我也注意到青年人有这个缺点，却担心一旦把谦恭定为人人必须遵守的校训，谦恭就不再是谦恭了。谦恭的真正含义是自卑。自卑是自救，如若不然，就得采取别的办法求其实现。如果一个奉行自救的人或者一个奴仆缺乏谦恭或大公无私的行为，自救或服务就没有什么指望了。没有谦恭的服务，不过是自私自利。

此时，我们这帮人中大约有十三个泰米尔人，其中有五个青年是从南非随我们过来的，其余则来自全国各地，男男女女共有二十五人。

　　学院就这样创立了。我们在同一个地方吃饭，并尽可能像家人一样生活。

第十章　遭遇风波

学院成立不过几个月，我们就遇到了一场始料不及的考验。我收到安立特拉尔·塔卡尔（Amritlal Thakkar）的一封信，信上说："有一个谦逊而正直的不可接触者家庭希望加入你们的学院，你们能接受吗？"

我有点为难，没想到这么快就有一个不可接触者家庭要求加入，而且不是通过别人，是由安立特拉尔·塔卡尔这么一个大人物介绍的。我把这封信给同伴看，他们都表示欢迎。

我写了一封信给安立特拉尔·塔卡尔，表示我们愿意接受这一家人，只要他们愿意遵守学院的校规。

这个家庭的成员有杜达白（Dudabhai）、他的妻子丹尼朋（Danibehn）和他们的女儿拉克希米（Lakshmi），还有一个刚蹒跚学步的孩子，杜达白在孟买当过教员。他们全都同意遵守校规，于是加入了学院。

然而，这件事却引起了那些帮助过学院的朋友很大的意见。第一个难题就是水井的使用，这个水井的管理权有一部分是属于房东的。管理吊桶的人觉得我们的吊桶里滴出的水会玷污他，于是便辱骂我们，甚至侮辱杜达白。我吩咐大家不要理会他的辱骂，不管怎样仍旧去吊水。当他看见我们并没有反骂便自惭形秽起来，也就不再为难我们。

然而，所有的资助都停止了。那位曾经问起不可接触者是否能够遵守校规的朋友，根本没想到会发生这些事情。

随着资助的停止，还有一种谣传，说有人要发起社会的封锁来对付我们。这一切我们都有准备。我告诉我的同伴，即使我们受到封锁得不到日常的便利，也绝不离开艾哈迈达巴德。我们宁可搬到不可接触者的地区，用自己的体力劳动来维持生活。

随着事情的发展，有一天摩干拉尔·甘地提醒我说："我们的基金快用光了，下个月无法维持了。"

我淡淡地回答说："那么我们就搬到不可接触者的地区去。"这一类考验我已经历过不止一次。遇到这种情况的时候，神灵总是在最后关头帮我的忙。就在摩干拉尔·甘地提醒我经济困难后不久的一天早上，有个小孩走来告诉我，有一位先生在外面的车子上等着要见我。于是，我出去见他。他问道："我要给这个学院一点帮助，你愿意接受吗？"

"当然，"我说道，"我承认我现在已经到了山穷水尽的地步。"

"我明天这个时候再来，"他说道，"你在这里吗？"

"在的。"我说完他便走了。

第二天，就在约定的时间，那辆车子又开到我们的地方，而且喇叭响起来了，孩子们进来报信。那位先生没有进来，我出去见他。他把一万三千卢比放到我手里后开车走了。

我从未奢望得到一笔捐款，而且资助的方式这么奇特！这位绅士以前从未来过学院。据我记忆所及，我只见过他一面。没有正式认识，没有交谈过，而他竟给了帮助后便走了！这是我一次绝无仅有的经历。这笔钱暂时把我们搬往不可接触者居住地区的打算搁置了起

470

来。我们一年之内可以安安稳稳地过日子了。

正如外部一样，学院内部也产生了风波。虽然在南非的时候，不可接触者朋友常到我家同吃同住，可是我的妻子和别的妇女却似乎不大喜欢在学院里收容他们。我很快便觉察出来，她们对待丹尼朋虽不至憎恶，但至少是冷淡的。经济上的困难并没有使我发愁，但这一次的内部风波却是我不能忍受的。丹尼朋是一个普通妇女，杜达白是一个受教育不多但很有见地的人。我喜欢他的耐心，有时他也发脾气，但是总的说来，我对他的善于容忍印象很深。我请他忍受细小的屈辱，他不但答应了，而且劝他的妻子也这样做。

我们接受这一家人这件事给学院上了很有价值的一课。我们一开始便向世界宣布：我们不能容忍不可接触制的存在。愿意帮助学院的人都有了精神准备，因而在学院这方面的工作就简单得多了。捐助和担负学院日益增多开支的人大多是正统的印度教徒，这个事实也许可以有力地说明，不可接触制已经从根本上动摇。这一点自然还有其他许多证据，然而印度教徒中的优秀人物肯帮助一个让不可接触者与其他人同吃的学院，这个事实本身便是不小的证据。

我很遗憾，关于这个问题，关于我们怎样处理因主要问题而引发的一些微妙的事情，怎样克服一些没有料到的困难，以及其他与体验真理有关的许多事情，在此不得不从略。接下来的章节也会从略，因为其中涉及的大部分人还健在，在叙述与他们有关的事情而必须提到他们的名字时，不取得他们的同意是不妥当的。而征求他们的意见，或者随时请他们修改与他们有关的章节，事实上是很难做到的。况且，这些超出了这本自传的范围。我的愿望是把这本书写到进行不合作运动的时日为止。

第十一章　废除契约移民

我们暂且抛开从开始就历经内外风波的学院，谈谈引起我注意的另一件事情。

所谓契约工人，就是那些签订五年左右的契约，从印度去国外做工的人。按照1914年《史沫资—甘地协议》(*Smuts-Gandhi Settlement*)的规定，纳塔尔契约移民的三英镑税废除了，但是来自印度的一般移民的问题还没有解决。

1916年3月，潘迪特·马丹·穆罕·马拉维亚吉在帝国立法议会中提出一个废除契约制度的议案。哈定基勋爵在接受这个议案的时候宣称，他已得到"英王陛下政府在适当时期内废除这个制度的承诺"。不过我觉得，这么空洞的保证无法给印度一个满意的交代。我们应当鼓动立即废除这种制度，印度之所以容忍这个制度完全是由于疏忽，我相信成功推翻这个制度的时机已经到了。我会见了一些领袖，在报纸上写了几篇文章，我觉得公共舆论已经确确实实地赞成立即废除。这不正好是非暴力抵抗的一个最好的题材吗？对此我深信不疑，但不知道从何着手。

同时，总督已不再隐讳"终必废除"这句话的含义。据他所说，这是"在合理的时间之内有了另外的办法"后再加以废除的意思。

472

因此，1917年2月，潘迪特·马拉维亚吉便要求提出一个立即废除这种制度的议案，蔡姆斯福德勋爵拒绝了他的要求。我行遍全国鼓动大家的时间已经到了。

我想我在开始宣传鼓动以前，应当先去拜会总督。于是我请求谒见，他马上答应了。马菲先生，即现在的约翰·马菲（John Maffey）爵士，是他的私人秘书，我和他有密切的往来。我和总督先生的谈话是令人满意的，虽然他答应帮忙，但没有确切的表示。

我的行程从孟买开始。杰罕济·贝迪特先生打算以帝国公民协会（Imperial Citizenship Association）的名义召开一个大会。协会的执行委员会先行开会，以便草拟一个决议案在会上提出。史丹立·李德（Stanley Reed）医生、拉鲁白·沙玛尔达斯（Lallubhai Samaldas）先生（现为爵士）、纳达罗建（Natarajan）先生和贝迪特先生都出席了委员会会议。会议讨论的题目是规定一个期限，请政府在规定期限内废除这种制度。当时有三种建议，即"尽速废除""在7月31日以前废除"，以及"立即废除"。我主张限期废除，因为如果政府在限期内没有答应我们的要求，我们便可以决定应付的办法。拉鲁白先生主张"立即废除"，他说"立即废除"比7月31日的期限更短一些。我说人民未必懂得"立即"这个词的意思，如果我们让他们采取一些行动，必须用一句更明确的话。每个人都可以根据自己的理解解释"立即"的含义，政府有政府的解释，人民有人民的解释。至于"7月31日"，这是不会使人误解的。如果到那一天政府没有采取行动，我们就可以采取进一步的措施。李德医生明白了这种说法的力度，最后拉鲁白先生也同意了，于是我们决定7月31日为政府宣布废除这个制度的最后日子。这个决议在公共大会上通过了，而印度各地的集会也都相应地通过了这个决议。

嘉芝·贝迪特（Jaiji Petit）夫人竭尽全力，组织了一个妇女请愿团，去向总督请愿。从孟买来的妇女，我记得有塔塔夫人和狄尔莎夫人（已故）。这个请愿团的影响很大，总督给了一个令人鼓舞的答复。

我到过卡拉奇、加尔各答和其他各地。到处都有很好的集会，而且人民的热情无比高涨。起初宣传鼓动的时候，我并未料到会有如此光景。

在那些日子里，我常常独自一个人旅行，因此有许多奇妙的经历。警察总是尾随着我，但是因为我没有任何隐瞒，所以他们也不来烦扰我，而我也不给他们造成麻烦。幸好那时候我还没有得到"摩哈德玛"的头衔，虽然认识我的人见了我也时常大声呼喊这个名字。

有一次，侦探在好几个车站上找我的碴儿，他们查我的车票并记下座位号。我呢，自然很乐意答复他们所提的一切问题。同车的旅客以为我是一个"沙陀"或者"法吉尔"①，他们看见我在每个车站都受到骚扰，便为我抱不平，大骂那些侦探。他们抗议道："你们为什么无缘无故老是为难这个可怜的沙陀呢？"他们又对我说："犯不着把车票给这些流氓看！"

我温和地对他们说道："把车票给他们看看也没有什么麻烦，这是他们的工作。"旅伴还是不满意，他们越发对我表示同情，并强烈反对这样虐待无辜的人。

其实，侦探倒没有什么，真正的苦处还是坐三等车厢旅行。我最难受的经历，是从拉合尔到德里。我是从卡拉奇去加尔各答的，路

---

① 法吉尔（Fakir），化缘修行的人。

上要在拉合尔换车。车上实在找不到座位，客人都满了。能够挤进去都是靠本事，如果门关了，便从窗口爬进去。我必须赶到加尔各答参加一个已确定日期的集会，如果我错过这一班车，就不能按时赶到那里，我上车的希望几乎没有了。谁也不愿意帮忙，这时有一个挑夫看到我狼狈的样子，便跑过来对我说："给我十二安纳，我替你弄个座位。""行，"我说道，"只要你给我弄到一个位子，我一定给你十二安纳。"这个青年挑夫便逐个车厢一一向旅客恳求，可是谁也不理他。车子快要开了，有的旅客说："这里没有座位了，不过如果你愿意，你可以把他推上来，他只能站着。""你看怎样？"那个青年挑夫问道。我立刻答应了，他便把我从窗口推了进去。就这样我上了车，而那个挑夫也赚到了十二安纳。

那一夜真是一场考验。别的旅客好歹是坐着的，我却站了两个钟头，一直用手抓住上铺的链子。这时候，有一些旅客不断地烦扰我说："你为什么不坐下来？"我向他们解释我是无位可坐，但是他们不允许我站着，虽然他们自己是直着身子躺在上层卧铺上。他们并不为这样烦扰我觉得腻烦，而我也总是温和地回答他们，并不以为嫌。最后，他们总算软化了。有人便问起我的姓名，并且给我让地方。忍耐就这样得到了回报。我实在累得不行了，头也开始发晕，神灵在我最需要的时候救了我。

我就这样迷迷糊糊到了德里，又由德里到了加尔各答。喀辛巴刹（Cassimbazar）王公是加尔各答大会的主席，他接待了我。这里的人也和卡拉奇一样，有着无限的热情。这次集会有几个英国人也参加了。

还不到7月31日的最后期限，政府便宣布停止从印度输出契约移民。

我抗议这种制度的第一份请愿书是在 1894 年草拟的，当时我就希望这种被亨特爵士称为"半奴隶制"的制度终有一天会结束。

1894 年发动这场斗争的时候，曾经得到很多人的帮助。但我不得不说，那具有潜在力量的非暴力抵抗实在加速了它的成功。

欲知那场斗争详情及其相关人物，建议读者读一读拙著《我在南非二十年》。

第十二章　靛青的污渍

查姆帕兰是贾纳卡王的领地。1917年以前，那里满是靛青种植园，现在却到处是杧果林。按照当时的法律，查姆帕兰的佃农每耕种二十卡塔土地，就要给地主种三卡塔靛青。这种制度便是所谓的"三卡塔"制（Tinkathia System），因为二十卡塔中的三卡塔（刚好一英亩）要用于种靛青。

必须承认当时我连查姆帕兰这个名字也没听说过，对它的地理位置知之更少，对靛青种植园更是一无所知。我曾见过小包的靛青，却完全没有想到它是无数的查姆帕兰农民费尽千辛万苦种植出的。

拉兹库玛尔·苏克拉（Rajkumar Shukla）是这些备受苦难的农民中的一员。他满腔热情，希望能为成千上万和他遭受同样苦难的人们清除靛青的污渍。

1916年，我去勒克瑙参加国民大会党大会，拉兹库玛尔一把抓住我的手说："律师先生会把我们的不幸告诉您。"他还强烈请求我去查姆帕兰。律师先生并非别人，正是布里基绍尔·普拉萨德先生。他现在是比哈尔公共工作的核心人物，后来成为我在查姆帕兰的一名可敬的同事。拉兹库玛尔·苏克拉把他带到我的帐篷。布里基绍尔·普拉萨德先生身穿黑绒衣服和裤子，他当时并未给我留下深刻印象。我认为他肯定是一个欺诈老实农民的律师。听他谈了查姆帕兰的一些情况后，我便习惯性地回答道："在我还没有亲眼看到查姆帕兰的情况前，我不能发表任何意见。你可以在大会上提出你的议案，但是我现在不发表看法。"拉兹库玛尔·苏克拉当然想得到国民大会党的支持，布里基绍尔·普拉萨德先生提交的议案表现了他对查姆帕兰人民的同情，获得了全体一致通过。

拉兹库玛尔·苏克拉对这个结果感到非常高兴，但他并不满足于此。他希望我亲自去查姆帕兰看看那里农民的困苦情况。我告诉他我会把查姆帕兰放在我的行程之内，应该会在那里住上一两天。"一天就足够了，"他说，"您会亲眼看到那里的情况。"

我从勒克瑙去坎普尔（Cawnpore）。一路上拉兹库玛尔·苏克拉也跟着我。"查姆帕兰离这儿很近。请您去那里住一天吧。"他坚决地请求我。"非常抱歉，这次真的不能去。但是我保证下次一定去。"我再次对他许诺。

我回到学院。拉兹库玛尔·苏克拉一直在我身边，我回到那里，他也跟到那里。"请您现在确定去查姆帕兰的日子吧。"他请求说。"好吧，"我说，"某天我会去加尔各答，你到时候去那儿找我。我跟你去查姆帕兰。"其实我自己那时也不知道何去何从。

布本（Bhupe）先生的家在加尔各答，我还没有到他家，拉兹库玛尔·苏克拉已经在那儿等我了，这个农民的淳朴、率直和坚定打动了我。

1917年初，我离开加尔各答去查姆帕兰。那时我们看起来像乡巴佬儿，甚至都不知道可以坐火车去。他带我上车，和我一起，早晨就到了巴特那（Patna）。

这是我第一次去巴特那。在那里，我没有任何可以投宿的朋友和熟人。我原以为拉兹库玛尔·苏克拉这位老实的农民，在巴特那总该有点影响。在路上，我对他的了解又多了些。到了巴特那，我已经对他没有任何幻想了。他几乎一无所知，他把律师当成朋友，其实他们只是在利用他。可怜的拉兹库玛尔·苏克拉像律师的奴仆。在农民当事人和他们的律师中间，有难以逾越的鸿沟。

拉兹库玛尔·苏克拉带我去拉金德拉[①]先生在巴特那的家里。拉金德拉已经去了普里或别的地方，现在我也记不起是什么地方。当时，他家里有两个仆人，但是，他们对我们不理不睬的。我只带了一点吃的东西，我想吃点枣子，随行的人就去市场买了枣子。

比哈尔的不可接触制度非常严格。仆人在井边打水时我不能去打水，因为他们不知道我是哪个种姓的，怕我水桶中流出的水玷污他们桶中的水。拉兹库玛尔带我去屋里的厕所，仆人则立刻把我带到屋外的厕所。对于这一切，我既不惊奇，也不懊恼，因为这对我来说已经习以为常。仆人只是尽职做他们认为拉金德拉先生希望他们做的事情。

这些待客之道使我更了解拉兹库玛尔·苏克拉，同时也更敬重他。现在，我明白拉兹库玛尔·苏克拉不能引导我，我必须自己掌舵。

---

① 拉金德拉（Rajendra），印度首任总统拉金德拉·普拉萨德博士。

479

第十三章　文雅的比哈尔人

　　我在伦敦时就认识马志哈鲁尔·哈克（Mazharrul Haq）大毛拉，那时他正在那里学习法律。1915 年，我在孟买国民大会党的大会上遇到他，那时他是穆斯林联盟的主席，他与我重续旧交，并对我说，如果我到了巴特那，一定要到他家做客。我想起他说过的话，就写了一封信给他，告诉他我此行的目的。他立刻开车来接我，极力要求款待我。我谢绝了他的邀请，请他告诉我如何坐最早的那趟火车去目的地。对我这样的外地人而言，火车时刻表并无多大作用。他和拉兹库玛尔·苏克拉谈了一会儿，建议我先去穆扎法尔布尔（Muzaffarpur）。当晚就有去穆扎法尔布尔的火车，他还送我上了火车。

　　克里帕兰尼（Kripalani）校长当时正在穆扎法尔布尔，我去海得拉巴（Hyderabad）访问时就认识他。蔡特朗（Choithram）博士告诉过我他的巨大贡献、他的朴素生活，以及他资助蔡特朗办学院等事情。克里帕兰尼曾是穆扎法尔布尔公立学院的教授，我到达那里时，他刚刚辞职。我发了一个电报告知他我要去那儿，尽管火车到达那儿时已是半夜，他还是带了一群学生去车站接我。他没有自己的住房，当时住在马尔康尼（Malkani）教授家。所以实际上是马尔康尼教授招待了我。当时一个公立大学的教授会招待我这种身份的人确属罕见。

克里帕兰尼教授向我讲述了比哈尔的悲惨境况，尤其是狄哈特区（Tirhutdivision）。他也向我指出了此行可能遇到的种种困难。他现在和比哈尔人联系密切，还告诉他们我来这儿的目的。

第二天早晨，一小群律师来拜访我。我至今仍记得兰纳弗密·普拉萨德先生，他的真诚令我尤为感动。

他说："如果你住在这里（马尔康尼教授家里），就不可能完成此行的任务。你必须搬过来和我们一起住，伽耶（Gaya）先生是这一带有名的律师，我代表他请你搬去他家。我承认我们都害怕政府，但是我们会竭尽全力帮助你。拉兹库玛尔·苏克拉所说的大部分情况是真的。遗憾的是我们的领导今天不在这儿。不过我已经给布里基绍尔·普拉萨德先生和拉金德拉先生发了电报。希望他们能早点回来，那时他们肯定会告诉你所有你想知道的事情，这样肯定会对你有很大的帮助。请你搬到伽耶先生那里住吧。"

我有点担心这会令伽耶先生为难，但是盛情难却。然而，他打消了我的顾虑，我便搬过去和他住。伽耶先生和他的家人都待我非常热情。

布里基绍尔·普拉萨德先生从达尔班格回来了，拉金德拉先生也从普里回来了。这次布里基绍尔·普拉萨德先生给我的印象不同于上次在勒克瑙的印象。他谦逊、简朴、善良，又有坚定的信仰，颇具比哈尔人的特征。这些都感染着我，我从心底感到高兴。比哈尔的律师都很尊敬他，这让我又惊又喜。

不久，我便与这些朋友结下了终生友谊。布里基绍尔·普拉萨德先生把这个案子的真实情况告诉了我，他常受理贫苦佃农的案子。我到这里时，他正在受理两宗这样的案子。每次打赢这种官司，他便以能为贫苦农民做些事情而感到欣慰。他并不是不向那些纯朴的农民收费。律师们认为，如果他们办案不收费，他们就没法生活，那样就不能帮助更多穷人，但是他们所收的费用与孟加拉和比哈尔的律师的收费标准相比令我大吃一惊。

有人告诉我："我们花了一万卢比请某人出主意，很少有案子的收费在四位数以下。"

朋友们听从了我善意的责备，并没有误解我。

我说："研究了这些案子后，我得出的结论是我们不能把案子告到法庭。把这些案子告到法庭毫无益处，既然农民备受欺压又对政府充满畏惧，那法庭对他们而言也毫无作用，要真正解救他们就要消除他们的恐惧。不推翻比哈尔的'三卡塔'制，我们决不罢休。我原以为两天以后就可以离开这里，现在看来这里的工作恐怕两年也做不完。必要时，我打算花两年时间做这边的工作。现在我知道我需要做什么了，但是我需要你们的帮助。"

我发现布里基绍尔先生异常冷静。他平静地说道："我们会尽力帮助你，但是请你告诉我们，你需要什么帮助。"

于是，我们坐下长谈至深夜。

"我不太需要你们的法律知识，"我对他们说，"我需要的是文书和翻译方面的帮助，必要时你们还可能有牢狱之灾。不过，虽然我希望你们必要时能冒那种险，做或不做还是由你们自己决定。在相当长的一段时间内，你们放弃律师职业，负责这样的工作，就已经算不小的事了。另外，我觉得本地的印地语方言很难懂，也看不懂凯达文或乌尔都文，我希望你们能帮我翻译。然而，我付不起薪水给你们，做这一切需要爱心和服务精神。"

布里基绍尔先生马上明白了我的意思，随即轮番问了我和他同伴的意见。他想弄清我说这些话的意思，比如他们服务的期限、服务所需的人数以及是否可以轮流工作等等。然后，又问在座的同伴究竟能做出多大牺牲。

最后，他们向我保证："我们这里有一部分人愿意做你希望我们做的任何事情，有一部分人与你工作多久都可以。至于要我们准备坐牢，对我们来说是一件新鲜的事，不过我们会尽力这么做。"

第十四章　直面非暴力

我的目的是调查查姆帕兰农民的生存状况，并了解他们对靛青种植园主的不满程度。为了达到这个目的，我必须拜访成千上万的农民。但是，我觉得在开始调查前，的确有必要弄清楚种植园主的情况，并见一见本地官员。我向这两方提出了会见请求，他们都和我约定了会见时间。

种植园主联合会秘书长坦言相告，说我只是一个局外人，没必要插手种植园主和佃农之间的事情。但是如果我有什么意见，可以用书面形式提出来。我客气地回答说："我不觉得自己是局外人，如果佃农们想要我帮忙，我绝对有权调查。"

我拜访的地方官员则恐吓我，并劝我尽早离开狄哈特。

我把这一切告诉我的同事，并告诉他们政府很可能阻挠我的进一步活动，我可能会比预料中更早进监狱。如果我被捕，被捕的地点最好是莫提哈里（Motihari），可能的话就在贝提亚（Bettiah）。因此，我认为我应该尽早去那些地方。

查姆帕兰是狄哈特区的一个县，莫提哈里则是它的县城所在地，拉兹库玛尔·苏克拉的家在贝提亚附近，而那里的"科提人"是该县最穷苦的佃农，拉兹库玛尔希望我去看看那些农民，而我也正急切地想去看看。

当天我便和我的同事赶往莫提哈里。戈拉克·普拉萨德先生招待了我们，他家变成了旅馆，但是容不下所有人住宿。就在当天，我们听说离莫提哈里五英里的地方有一个佃农受到了虐待。我们决定第二天一早由达朗尼塔·普拉萨德先生陪我去看那位佃农。第二天我们骑着象去那里。顺便说一句，在查姆帕兰骑象，就像在古吉拉特坐牛车一样平常。还没走到半路，就有一个警察局派来的差役赶来传话，说警察局长向我们问好。我明白他的意思。于是我从大象背上下来让达朗尼塔先生先行去目的地，自己则坐上差役雇来的车子。然后他递给我一份离开查姆帕兰的通知，并说会把我送到我要去的地方。警员要我写张收条，以证明我已收到离境通知。我在上面写道："在我调查完以前，我不会离开查姆帕兰。"于是，我接到了法院的传票，要我第二天去受审，原因是我没有遵从命令离开查姆帕兰。

那一晚，我通宵未眠，忙于写信给布里基绍尔·普拉萨德先生并给他必要的指示。

通知我离境和传唤我受审的消息像野火般蔓延开去。我听说，莫提哈里那天的场景前所未有。戈拉克先生的家和法庭挤满了人，幸亏前一天晚上我已经忙完所有的工作，现在才有时间应付人群。我的同事提供了很大帮助，他们忙于维持人群秩序，因为我去哪儿，人群就跟到哪儿。

官员们——税务官、地方法官、警察局长和我之间产生了一种友情。法律上而言，我可以拒绝接受他们通知上的要求，但是，我完全接受了那些要求，而且我对待那些官员的态度也非常正确。他们因而认为我个人并无意冒犯他们，只是对他们的命令进行文明的抵制而已。这样他们就放心了，不但不为难我，反而帮助我和我的同事维持秩序。但是，这充分证明，他们的权威已经动摇。人们暂时忘却了对刑罚的恐惧，而听从他们的新朋友带来的爱的力量。

大家应该记得，查姆帕兰没有人认识我，农民都是文盲。查姆帕兰位于喜马拉雅山脚，毗邻尼泊尔，远离恒河北岸，与印度其他地方隔绝。实际上，这里的人不知道国民大会党，即使那些听过国民大会党名字的人也不敢参加甚至不敢提到这个名字。现在国民大会党及其成员已经来到这里，虽然他们都不以国民大会党的名义出现，但是却具有更深远的实际意义。

我和同事商量后决定不以国民大会党的名义做事，因为我们需要的是工作而非名义，是实质而非形式，因为国民大会党这个名字是政府及其统治者——种植园主不喜欢的。在他们眼里，国民大会党代表着律师争吵的地方，代表着他们利用法律的漏洞钻空子，代表着爆炸案和无政府主义的犯罪，代表着外交和讹诈。我们必须消除他们对国民大会党的这种印象。因此我们决定不提及国民大会党的名字，也不让农民知道国民大会党这个组织。我们认为，只要他们了解并遵循国民大会党的精神就够了，不必知道它的名字。

我们没有以国民大会党的名义公开或秘密地为我们的到来做准备活动。拉兹库玛尔·苏克拉并不能号召成千上万的农民，我们也没有在民众间开展政治活动，他们并不知道查姆帕兰以外的世界，然而他们却像接待故友一样接待我。可以说，我感到这次与农民的相见，是我与神灵、"非暴力"及真理的相见。我说这些毫不夸张，而是实事求是。

实现这些的力量，我觉得是我对人民的爱。这反过来也说明我对

"非暴力"的信念不可动摇。

在查姆帕兰的那天令我终生难忘，对于我和农民都是值得纪念的一天。

根据法律，我是要受审的，但其实真正要受审的是政府。那个官员为我而设的圈套最后竟成功地把政府套住了。

第十五章　撤销诉讼

审判开始了，政府的辩护律师、地方法官和其他官员都非常着急，不知如何是好。政府律师要求地方法官推迟审判，但我请求地方法官不要推迟，因为我想因自己没有遵从命令离开查姆帕兰而认罪。随后，我宣读了如下简短声明：

"经法庭允许，我想做一个简短声明，说明我为什么采取看似如此严重的行动，这些行动似乎违背了刑法第一百四十四条的规定。依我拙见，这是一个关于地方政府和我个人意见不一导致的问题。我来到这里是出于人道主义和为国家服务，我之所以这么做，完全是受到急切邀请来帮助农民，他们正受到靛青种植园主的不公平对待。但是在没有调查问题之前，我不能给他们任何帮助。因此，我来到这里调查这个问题，如果可能的话，我希望能在政府和种植园主的帮助下工作。我没有其他动机，也绝不相信我的到来会在某种方面扰乱公共治安或危害他人生命。我自问在这方面经验丰富，但地方官员的想法与我不尽相同。我完全理解他们的难处，也承认他们只能根据收到的情报办事。作为一名守法公民，我的第一反应是遵从政府的命令。但是，我这么做一定会违背自己要帮助那些农民的责任感。我现在认为只有站在他们中间，才能为他们服务。因此，我不能自动引退。在两种不同责任感的冲突中，我只能把迫使我离开他们的责任归于政府。我充分意识到，身为印度的公共人物，我应该谨言慎行，以身作则。我深信，身处我们现在的复杂体制中，当面临类似现在的困境时，一个自尊自爱的人唯一安全而能维护荣誉的做法就是做自己决定的事，那就是接受不服从的处分，不提出抗议。

"我冒昧做这个声明，并非希望减轻我应受的惩罚，而是为了说明我违反命令并非不尊重合法的当局，而是为了服从人类更高的法则，那就是良心的呼唤。"

现在没有延期开庭的理由了，但是由于地方法官和政府律师都感到出乎意料，地方法官宣布延期判决。同时我已经把详细情况电告总督、巴特那的友人、潘迪特·马丹·穆罕·马拉维亚和其他朋友。

在接到法庭判决前，地方法官送来一份书面通知，说省督已撤销我的案子。税务官也写信告诉我，说我可以自由进行拟议中的调查，我可以从政府官员那里得到任何需要的帮助。这件事情迅速而圆满地得到解决，令所有人始料不及。

我拜访了税务官海柯（Heycock）先生，感觉他是一个很好的人，热心主持公道。他跟我说，我需要什么文件都可以去他那儿调阅，如果想见他，随时可以去找他。

印度就这样第一次接受了文明不服从运动。地方和报纸上都在纷纷议论这件事情，我的调查因而也得到出乎意料的宣传。

调查需要政府保持中立，不需要新闻记者或报纸的大肆宣扬。查姆帕兰的局势复杂而艰难，过分批评或色彩过浓的报道都容易破坏我希望做的事情。因此，我写信给各主要报纸的编辑，请他们不必派记者来，因为凡是需要发布的东西，我都会给他们送去，让他们随时掌握事情的进展。

我知道，政府容许我住在查姆帕兰令当地的种植园主不高兴。我也知道，尽管官员没有公开说什么，心里也是不高兴的。因此，不正确或令人误导的报道更容易激怒他们。他们不会冲我发泄怒火，但是一定会向那些可怜的备受恐惧压迫的农民发泄。这些都将严重阻碍我探寻事情真相。

虽然我预先有所防范，种植园主还是向我发起了恶毒的攻击，报纸上出现了对我和我同事的种种污蔑。但是由于我在每件事甚至每个细节上都极其谨慎，坚持事实，这使他们不得不收敛一些。

种植园主对布里基绍尔·普拉萨德先生的攻击，真是无所不用其极，但是他们越攻击他，人们越爱戴他。

在当时复杂的局面下，我认为邀请外省的领导来这里并不合适。潘迪特·马拉维亚向我保证，只要我有需要，随时可以去找他，但是我并没有麻烦他。这样就可以避免将斗争演变成富有政治色彩的斗争。不过，我也给其他省的领导和主要报社寄了些报告，不是用于发表，而是仅供他们参考。我明白，即使一件事情的目的具有政治性而起因不具有政治性，如果我们让它蒙上政治色彩，也不利于事情的发展，但如果我们不超越政治的界限，便有助于事情的发展。查姆帕兰的斗争证明，无论是在哪个方面，只要能给人民无私的援助，最终都有利于国家政治。

第十六章　工作方法

　　详细描述查姆帕兰的调查情况，就必须讲述查姆帕兰农民这一时期的历史，仅仅这些章节是介绍不完的。对查姆帕兰的调查是在勇敢地尝试实践"真"和"非暴力"，我只是把自己认为值得写下的事情逐周写出来。如果读者想了解详情，可以读拉金德拉先生用印地文写的《查姆帕兰非暴力抵抗运动史》（*History of the Champaran Satyagraha*）一书，我听说，现在要出英文版本了。

　　言归正传。我们不能在戈拉克先生家里进行调查工作，那样只能叫可怜的戈拉克先生把房子全部腾出来给我们使用。而当时莫提哈里的居民还没有消除对种植园主的恐惧，不敢把房子租给我们。但是，布兹吉索尔先生却巧妙地租到了一所房子，周围还有很大一片空地，于是我们搬去了那儿。

　　没有钱，要进行这项工作几乎是不可能的。当时还没有因这种工作而向公众募捐的惯例。布里基绍尔·普拉萨德先生和他的朋友大部分都是律师，他们要么自己捐款，要么一有机会就向朋友募捐。当律师都还出得起钱时，怎么能让别人出钱呢？这大概是他们当时争论过的一个问题。我决意不接受查姆帕兰农民的任何东西，否则一定会引起误会。我同时决定不为这次调查向全国发动大规模募捐，那样很可能会使这件事情带有全印度性的政治色彩。孟买的朋友捐了一万五千卢比，我却谢绝了。我打算尽可能在布里基绍尔·普拉萨德先生的帮助下，向不住在查姆帕兰的比哈尔富户多募捐一些钱。如果不够，便去找仰光的朋友梅赫达医生帮忙。梅赫达医生很乐意帮忙，我们需要任何东西，他都会寄过来。我们因此完全不担心经济问题。我们不一定需要大量资金，因为我们决心厉行节约，因陋就简。事实最终证明，我们不需要大量资金。我记得，我们总共花的钱不超过三千卢比，捐款还剩下好几百卢比。

最初，我同事的生活方式各不相同，大家生活在一起很不适应。每个律师都有一个用人、一个厨子，还有自己单独的厨房，他们经常到午夜才吃饭。虽然他们自己支付这些花销，但我为他们这种不规律的饮食习惯担忧。因为我们已经是好朋友，彼此不会有什么误会，所以他们欣然接受了我的意见。最后，大家同意解雇用人，合并厨房，遵守规律的生活习惯。因为我们都是素食主义者，而且用两个厨房太浪费，我们最终决定只要一个素食厨房。大家还觉得，有必要坚持简单饮食。

这些措施大大减少了开支，同时为大家节约了时间和精力，而且我们也迫切需要这些措施。成群的农民前来向我们申诉，他们结伴而来，把空地和花园挤得水泄不通。我的同伴尽力让我免受来客的"朝拜"，但这往往无济于事，我不得不在特定的时间出来接受"朝拜"，至少需要五到七名志愿者记录来访者的申诉，但即便如此，还是有人到了晚上还没轮到申诉，最后不得不离开。他们的申诉并非完全必要，因为很多申诉是重复的。但是，他们不这么做就不满意，在这件事情上，我理解他们的感受。

每个做记录的人都须遵守一定规则。每个农民都要经过反复严密询问，不合格就不得申诉，这需要花很多额外的时间，但只有这样才能保证大部分材料真实可靠。

　　我们记录这些申诉时，总有一个刑事调查局的官员在场，我们本可以阻止他，但是从一开始我们就决定不但不介意刑事调查局的官员在场，而且对他们以礼相待，并尽可能向他们提供所有信息。这对我们并无害处。相反，谈话记录时刑事调查局的官员在场农民便无所畏惧了。这一方面可以消除农民对刑事调查局的过分畏惧，另一方面这些官员在场自然限制了某些人言过其实。调查及逮捕犯罪分子是刑事调查局的职责，所以农民必然会谨慎说出实情。

　　我并不想惹怒种植园主，而是想用温和的办法赢得他们的赞同，于是我写信并会晤那些被人们严厉指控的人。我也拜会了种植园主联合会的人，向他们陈述了农民的疾苦，并听取他们的意见。有些种植园主讨厌我，有些对我很冷淡，也有些人对我以礼相待。

第十七章　同伴们

布里基绍尔先生和拉金德拉先生无比般配，无人能及。他们对工作的热忱使我觉得没有他们我的工作将寸步难行。他们的弟子或者说他们的同伴山浦（Shanbhu）先生、安努格拉哈（Anugraha）先生、兰纳弗密先生和其他律师一直和我们一起。文提亚（Vindhya）先生和贾纳克达立（Janakdhari）先生也时常过来帮忙，这些人都是比哈尔人，他们的主要工作是记录农民的申诉。

克里帕兰尼教授也加入了我们的工作队伍，他虽然是信德人，却比土生土长的比哈尔人更像比哈尔人。我只见到少数工作人员能够入乡随俗，随遇而安，而克里帕兰尼便是其中一个。他让人完全感觉不到他是外省人，可以说是我们的总管。目前，他的任务是让我免于人们的"朝拜"，这也是他当前的生活目标。他或用源源不尽的幽默，或用温和威吓挡住人们。夜幕降临，他又当起了老师，向他的同伴讲述自己的历史研究和观察所得，鼓励畏缩的来客变得勇敢。

马志哈鲁尔·哈克大毛拉早就成为长期的赞助者了，我们一有需要，他就会提供帮助，非常值得信赖。他每月必来这一两次，他当年的奢华与如今的简朴形成了鲜明对比。我们都把他当成我们中的一分子，只是他的时髦衣服让人觉得怪怪的。

随着在比哈尔经验的增多，我越来越觉得，在农村，如果不受适当的教育，就不可能有一份长期的工作。农民的愚昧让人悲哀，他们要么让孩子到处乱跑，要么让他们从早到晚在靛青园里劳作，每天挣两个铜板。那时，一个男工每天的工资不超过十个铜板，女工不超过六个铜板，童工仅仅三个铜板。能够每天挣到四安纳，就算很幸运了。

和同伴们商量后，我们决定在六个村子开设小学，我们和村民商议的条件之一就是他们为老师提供食宿，我们负责其他费用。乡下人手头几乎没有钱，但是他们完全可以提供食物。其实，他们已经表明，很乐意供给食物和其他原材料。

到哪儿去找老师是一个大问题。在当地，要找到肯为微薄津贴或薪俸而工作的老师很困难。我认为，绝不能把孩子们随便交给普通的老师，老师的道德品质比他的学问更重要。

于是我对外公开招募志愿者，很快便得到了回应。甘伽达劳·德希潘特（Gangadharrao Deshpande）先生派巴巴·萨希布·索曼（Baba Saheb Soman）和彭达立克（Pundalik）过来。阿望蒂克白·戈克利（Avantikabai Gokhale）夫人从孟买来，阿难蒂白·卫珊巴杨（Anandibai Vaishampayan）夫人则从浦那来。我派人去我们学院找卓达拉尔（Chhotalal）、苏伦德罗纳斯和我的儿子德夫达斯。恰在当时，马哈迪夫·德赛和纳罗哈立·巴立克（Narahari Parikh）带着他们的妻子，投奔我而来。嘉斯杜白也应邀前来。这是一支非常强大的队伍。阿望蒂克白夫人和阿难蒂白夫人都受过良好的教育，但是杜尔嘉·德赛（Durga Desai）夫人和曼尼朋·巴立克（Manibehn Parikh）夫人却只懂一点点古吉拉特文，而嘉斯杜白则一点古吉拉特文也不懂。她们怎么能用印地语教导孩子们呢？

我对三位夫人说，我希望她们做的工作不是教孩子们文法和读、写、算，而是教他们讲卫生和懂礼貌。我进一步跟她们解释，就文字而言，古吉拉特语、印地语和马拉提语的区别并没有她们想象中那么大。无论如何，教低年级学生基本的字母和数字并不算难事。事实证明，由这几位夫人带的班级是最出色的。这些成绩激发了她们工作的信心和兴趣，阿望蒂克白主管的学校成了模范学校，她全心全意投入自己的工作，发挥所有的聪明才智来教这些孩子。在某种程度上，我们可以通过这几位夫人了解农村妇女。

但是，我并不满足于兴办小学教育。农村很不卫生，街上堆满了污物，水井周围泥泞不堪，臭不可闻。院子周围肮脏无比，让人难以忍受。上了年纪的人急需卫生清洁教育，他们都忍受着各种各样的皮肤病。于是，我决定尽可能多做一些卫生工作，让卫生知识深入他们生活的各方面。

这项工作需要医生，我请求印度公仆社派德夫医生（已故）来帮我们。我们本来就是很好的朋友，他欣然答应服务六个月。所有的老师都要在他的指挥下工作。

他们都遵守纪律，不过问对种植园主的控诉或有关政治的事情。人们有什么事情都直接来找我，谁也不能逾职。朋友们都认真地遵守这些纪律，我不记得有人不遵守纪律。

第十八章　深入农村

我们尽可能把每个学校交给一名男老师和一名女老师管理，这些志愿者要负责医疗卫生工作，妇女工作则由妇女管理。

医疗工作很简单。我们只发给志愿者蓖麻油、奎宁、硫黄膏这些药。如果病人有舌苔或便秘就用蓖麻油；如果发烧就先用蓖麻油再吃奎宁；如果是烫伤或疥疮，就先洗净患处，再涂硫黄膏，病人不可带药回家；如果遇到复杂的病症，则咨询德夫医生，德夫医生每周都会在固定时间去各个中心区工作。

很多人接受了这种简单的治疗方法。这里流行病不多，用简单的治疗方法就能治好，完全不需要专家帮忙。对这里的人来说，这样安排很好。

卫生工作是一件难事，人们自己并不准备做什么，就连在田地里劳作的人也不肯做自己的清洁工作。但是，德夫医生不是一个轻言放弃的人。他和志愿者集中力量把村子打扫得极其干净，他们清扫道路和院子，清理水井周围的环境，填平附近的水沟并悉心劝导村民加入志愿者工作行列。在有些村子，人们感到惭愧，不得不做这些工作。还有一些村子的人非常热心，他们甚至修路保障我的汽车能通行各处。但是，这些美好的经历中也掺杂着因民众的漠不关心而给我们带来的辛酸。我记得，有些村民坦言他们不喜欢这项工作。

这里，我想提一下我过去曾在多次集会上谈到的一次经历，也许这并不怎么合适。比提哈瓦（Bhitiharva）是我们设有学校的一个村子。有一天，我碰巧去附近一个更小的村庄，发现那里的妇女穿的衣服都很脏。于是，我让妻子去问她们，为什么不把衣服洗干净。我的妻子问了她们，其中一个妇女把我妻子带到她的茅草屋里说："看一下吧，这里没有任何装衣服的箱子和衣柜。我穿的这条纱丽是我仅有的衣服，我要怎么洗它呢？请摩哈德玛吉给我买一条纱丽，我一定会每天洗澡，换上干净的衣服。"

这间茅草屋是在印度很多村庄都能看到的典型住所，印度的无数茅草房中居住着很多这样的穷人，他们的茅草房里没有家具，也没有可以换洗的衣服，只有一块可以遮身的破布。

我还想再谈一次经历。查姆帕兰盛产竹子和茅草。比提哈瓦的小学校舍就是用这些材料搭建的。一天夜里，有人放火把房子烧了，可能是附近种植园主的人干的。大家认为不能再用竹子和茅草盖学校了。这所学校是由苏曼先生和嘉斯杜白负责的。苏曼先生决定要盖一座洋灰色的砖瓦房子，由于他辛勤劳作，加之很多人和他合作，不久，一座砖瓦房子就盖成了。现在人们再也不用担心房子会被烧掉。

就这样，志愿者通过创办学校、开展卫生和医疗工作获得了村民的信任和尊敬，也给他们带来了良好影响。

但是，很遗憾，我不得不承认，我的希望并没有实现，因为我没能实现把这种建设性的工作置于一个永久基础上的愿望。志愿者只是来这边做短期服务，我很难从外面招募更多的志愿者来补充，在比哈尔又找不到永久的荣誉工作者。查姆帕兰的工作一完成，我就要离开，因为外面有一堆新的工作需要我。虽然如此，在查姆帕兰数月的工作对我影响很大，时至今日，这些影响还以各种形式存在。

第十九章　遇到一个好省督

一方面，我们正在进行前面章节所说的社会服务工作；另一方面，记录农民疾苦的工作也在同时进行。成千上万的申诉被记录下来，这当然会有影响。越来越多的农民前来诉苦，这增加了种植园主的怒火，他们千方百计阻挠我的调查工作。

有一天，我接到比哈尔政府的一封信，大意是："你的调查已经足够了，是否该结束工作，离开比哈尔呢？"这封信言辞委婉，但用意明显。

我回信说，调查时间势必要延长，除非政府采取行动减轻人民的疾苦，否则我不会离开比哈尔。我指出，政府完全可以采取下面这些行动让我终止调查：承认农民的疾苦并帮助他们解除这种疾苦；或者承认农民已经提出的案情，立即成立一个调查委员会进行调查。

副总督爱德华·盖德（Edward Gait）爵士召见了我，他表示政府愿意成立调查委员会，并邀请我担任委员。我了解了有哪些委员后，便与我的同事商议，最后同意参加该委员会的工作。条件是调查期间我可以自由地与我的同事商谈；虽然我是委员会成员，但仍然要保留农民辩护人的身份；如果我觉得调查结果不满意，可以自由领导农民，并建议他们采取任何行动。

爱德华·盖德爵士认为这个条件公正合理，随即宣布成立调查委员会。弗兰克·史礼（Frank Sly）爵士（已故）被任命为委员会主席。

委员会是支持农民的。委员会认为，种植园主压榨农民是违法的，他们应当把一部分榨取所得归还给农民，"三卡塔"制也必须通过法律废除。

爱德华·盖德爵士花了很大力气让委员会提出一份全体通过的报告书，并得以让土地改革法案按照委员会的建议通过。若非他坚定的态度、竭尽全力处理事情的智略，报告书很难得到一致通过，土地改革法案也没那么容易通过。种植园主根本不理会这份报告，虽然有报告在，他们还是顽固抵制土地改革法案。但是，盖德爵士始终如一的坚持使委员会的建议得以完全实现。

存续了近一百年的"三卡塔"制就这样废除了，查姆帕兰种植园主的"统治"也随之结束。那些一向受压迫的农民现在多少可以抬起头来，他们身上靛青的污渍永远洗刷不掉的这种迷信也被破除。

我的愿望是后续几年继续这种建设性工作，开办更多学校，更有效地深入农村。但是像往常一样，所有的工作基础都打好后，神灵又做了别的决定，安排我到别处去工作。

第二十章　和劳工接触

我在进行委员会扫尾工作的时候，收到了穆罕拉尔·潘提亚（Mohanlal Pandya）和商卡拉尔·帕里克（Shankarlal Parikh）写来的信，从中得知凯达县的农作物歉收，农民缴不起田赋，他们想请我去指导他们接下来该怎么办。但在没有进行实地调查前，我不打算也没有能力和勇气给他们提意见。所以，我决定去一趟凯达。

与此同时，我还收到了一封安娜舒耶朋（Anasuyabai）夫人写来的信，信中提到了艾哈迈达巴德劳工的惨况。工资太低，工人早就要求涨工资，却一直得不到准许，便希望我可以去指导他们。如果可能的话，我是愿意去指导他们的。但两地相隔这么远，即使是这么小的事情，我也没有信心指导好他们。于是，我抓住机会去了一趟艾哈迈达巴德。

原本我希望尽快解决这两个问题后迅速返回查姆帕兰，监督刚刚起步的建设性工作，但事情的进展不尽如人意，我未能回到查姆帕兰，结果那儿的学校一个接一个地关门了，我和同事那么多的设想成为"空中楼阁"，一个个消失了。

除了继续推行农村卫生和教育工作外，设想工作之一还有在查姆帕兰开展护牛运动。我在旅途中发现，护牛和印地语宣传工作早就是马尔瓦底人关心的事情了。在贝提亚的时候，一个马尔瓦底朋友招待我住进他的"福舍"，其他的马尔瓦底朋友则使我对他们的牛奶场产生了极大的兴趣。在目睹了牛奶场的状况后，我便决定要在当地开展护牛运动，这个想法至今未发生改变。在我看来，护牛运动包括畜牧饲养、改良牲畜品种、善待耕牛、组织成立模范牛奶厂等工作。马尔瓦底朋友曾表示会全力支持我的护牛运动，但我又抽不出身再回到查姆帕兰，所以这个计划搁浅了。

贝提亚的牛奶场仍在那里，但它已经不是模范牛奶场了。查姆帕兰的耕牛仍然承担着超负荷的工作，那些所谓的印度教徒仍在虐待可怜的小动物，给他们的宗教蒙羞。

对我来说，没能落实护牛运动始终是一件憾事。每次我去查姆帕兰，听到马尔瓦底和比哈尔的朋友委婉的责备时，便会想起那些自己不得已突然放弃的计划，又会深深地叹息和悔恨。

这样或那样的教育工作还在很多地方进行着，但护牛运动的根基不牢固，没能按预想的轨迹前进。

当大家还在为凯达县农民的问题争论不休时，我已经在着手处理艾哈迈达巴德纺织工人的事情了。

我进退两难，纺织工人的事情很棘手。因为安伯拉尔（Ambalal）代表的是工厂老板那一方，而他妹妹安娜舒耶朋夫人代表的是工人这一方，这必然产生兄妹间的对抗。我与他们的关系都很好，让我与任何一方作对都是困难的事。我和他们商量，建议将这个纠纷提交仲裁，但他们都不愿意接受仲裁的原则。

无奈之下，我只好劝导工人进行罢工运动。在此之前，我与工人及其领导者密切交谈过，向他们说明，要想罢工取得胜利，必须做到几下几点。

一、绝不使用武力。

二、绝不进行破坏性活动。

三、绝不依靠施舍。

四、无论罢工持续多久，必须持有坚定不移的信念。罢工期间，应通过其他正当劳动维持生活。

领导者接受了这些条件。工人也在一次大会上宣誓，如果工厂老板不答应他们的要求或者厂方不愿意将纠纷提交仲裁，他们就绝不复工。

在这次罢工运动中，我结识了瓦拉拜·帕特尔（Vallabhbhai Patel）和商卡拉尔·班克，并和他们成了好朋友，而安娜舒耶朋夫人是我早就认识的。

我们每天在萨巴玛蒂河边的一棵大树下举行集会，每次都有成千上万的人参加。我在发言中提醒他们，要牢记誓言，谨记维护和平和自尊的责任。他们天天在市内的大街上举行和平游行，手举一面大旗，上面写着："坚守誓言，绝不食言。"

这次罢工持续了二十一天。罢工期间，我经常去找工厂老板谈话，劝他们公正地对待那些工人。但他们老是说："我们也有自己的原则，我们对待工人就像父母对待子女一样，怎么能容忍第三者的插足干涉呢？何来仲裁的余地？"

第二十一章　学院一瞥

在对劳工纠纷进展情况做进一步介绍之前，我想先谈谈学院的情况。那时我常住在查姆帕兰，然而心里无时无刻不惦记着学院，偶尔我还会匆忙地回去看一看。

那个时候，学院建在靠近艾哈迈达巴德的科赤拉布小村庄。当时，这个村子突发传染病，我清楚地意识到学院的孩子们身处险境，因为不管我们学院内的环境搞得多么清洁，如果院外的卫生情况很差，孩子们也不可能不被传染。当时，我们既无法劝告科赤拉布人保持清洁，也不能为这个村庄做其他有效的工作。

我们的想法是，把学院搬到既不靠近城市又不靠近村庄的安全地带，但又不至于离两地太远。我们下定决心，总有一天要拥有属于自己的土地。

这次传染病提醒我要将学院搬离这个是非之地。艾哈迈达巴德有个商人，叫潘嘉白·希罗昌德（Punjabhai Hirachand），他与我们学院来往甚深。他乐于助人，曾无数次慷慨大方地帮助我们。他对艾哈迈达巴德颇为熟悉，便自告奋勇地提出帮我们找个合适的地方。我跟着他跑遍了科赤拉布的南北，到处寻找好去处。最后我建议，选在离科赤拉布南部三到四英里的地方，他便选择了现在这个地点。它靠近萨

505

巴玛蒂中央监狱这一点让我很满意，因为蹲监狱是非暴力抵抗者惯有的生活经历，因此我非常青睐这个地方。再者，我知道为兴建监狱而选择的地点，一般说来，周围环境是比较干净的。

不到八天工夫，我们便买下了这块地。地空空如也，既没有房子也没有花草树木，然而，它位于河边地带，偏僻幽静，很适合建学校。

我们决定先住帐篷，搭一个铁皮厨房，然后再着手盖房。

学院渐渐地壮大起来，现在我们已经有四十多人，男女老少都有，吃的是大锅饭。搬家的主意是我出的，但照常由摩干拉尔全权负责搬迁工作。

在没有固定住所之前，我们困难重重。眼看着雨季快到了，我们得提防着风吹雨淋的危险，各种物资也要到四英里外的县城去买。再者，这块地因荒废太久，学院周边毒蛇很多，这对孩子们来说无疑危险重重。然而，我们规定不许打蛇。我承认我们谁都怕毒蛇，但时至今日，没有一人打过毒蛇。

在凤凰村、托尔斯泰农庄和萨巴玛蒂的大部分地方，我们早就规定了不许杀害毒蛇。初到这些地方时，我们都是住在荒郊野外——毒蛇很多的地方，但没有一个人因为毒蛇而致命。此时此刻，我虔诚的心似乎体会到了神灵的仁慈宽厚，所以请不要吹毛求疵了，说什么神灵不会眷顾你，神灵不会顾及人类那些微乎其微的小事了。我无法用言语表达出它的真实，无法用恰当的语言描述自己始终如一的信念，因为人类的语言根本无法将神灵的旨意完美地呈献。我清楚地知道，神灵的意志只可意会、不可言传。若真有凡人想要对它加以描述，除了用无声的语言，别无他法。我认为，二十五年坚持不杀生的行为使自己免于灾难并非偶然，而是神灵的恩赐。也许别人都把我的这个想法看成迷信的表现，但即使是，我也宁愿永远坚持这种迷信。

在艾哈迈达巴德的纺织工人罢工之际，我们学院正筹划着办土布室，因为当时学院的主要活动还是土布，纺织对我们来说还遥不可及。

第二十二章　再次绝食

罢工的前两个星期，纺织工人表现出极大的勇气和极强的自制力，每天都会举行盛大的集会。在这些场合，我总是提醒他们牢记自己的誓言，他们也总会高声地向我保证，他们会坚守誓言，宁死不屈。

但后来，他们开始松懈了。就如身体的羸弱会使人脾气暴躁，罢工时间持续越长，他们的意志越不坚定。当罢工看起来没有结果时，他们的态度越发恶劣。我开始担心，他们有一天会采取暴力的手段反抗。每天参加集会的人越来越少，而参会的人也是神情沮丧、绝望不堪的面容。最后有人告诉我，罢工的工人开始行动了。我陷入了极大的困扰之中，开始认真思考在这种情况下，我该做什么。我曾经在南非有过一次领导大规模罢工运动的经验，但这次面临的形势和那次截然不同。纺织工人是在我的建议下发誓的，他们也天天在我面前重申这个誓言，而如今他们却要违背，这是多么地令人难以接受啊！我为何要不顾一切地帮他们取得胜利呢？是出于我对工人的尊重，还是对他们的爱或对真理的热忱呢？谁说得清呢？

有一天早上，在纺织工人的集会上，开始我还是没有想出任何办法，正束手无策、无所适从时，突然灵光一现，深受启发，于是

508

我大声地说："除非罢工工人重新集合起来，继续坚持直到事情最终获得圆满解决，或者直到所有工人全部离开纺织工厂，否则今后我将绝食！"

工人大为震惊，安娜舒耶朋夫人也感动得泪流满面，工人齐声喊道："我们绝食才对，请您不要绝食，不然我们会过意不去的。请您原谅我们的过错，我们以后一定会忠于誓言，坚持到底。"

我答道："你们无须绝食，只需坚持自己的誓言就够了。你们都知道，我们没有资金，也不愿靠公众的救济来维持罢工运动，所以你们必须想办法找工作维持生活，这样才能没有后顾之忧，继续罢工。但我会坚持绝食，直到罢工得到妥善解决为止。"

罢工期间，瓦拉拜一直在想办法，想在市政厅里给罢工工人找点活儿干，但都以失败告终。摩干拉尔·甘地建议说，我们学院正打算建一个纺织室，需要人挑沙土，可以雇一批人去那里干活，工人都很赞成这个提议。安娜舒耶朋带头头顶一筐沙土，没过多久河床边上便出现了一幕壮观宏伟的景象：工人一个个头顶一筐沙土，川流不息地涌向学校，浩浩荡荡，壮丽无比。工人像是感受到了一股新的力量，干得热火朝天，可要付工资给他们却是一件非常困难的事情。

我绝食的举动，并非毫无缺陷。前一章节我提到过，我和纺织工厂的老板的交情甚好，因此我的绝食必定会影响他们的决定。作为一次非暴力抵抗，我知道不应当以绝食的方式抵抗他们，而应当用工人的罢工行动来促使他们做出决定。我之所以绝食，并非因为工厂老板不做一点让步，而是因为工人的罢工行动有所松懈。作为他们的代表，我有责任提醒他们。对于工厂老板，我只能讲理，虽然以绝食对抗他们，无异于暴力。而且，我也承认绝食向他们施加了压力，事实也确实是这样的。但尽管如此，我也不得不这样做，我很清楚绝食的重要性和必要性。

我试图安抚工厂老板的情绪，告诉他们，他们完全没有必要为了我而改变自己的立场，但他们却以冷淡甚至刻薄的言语回绝了我，言语里甚至充满了控诉和挖苦。当然，他们完全有权利这样做。

安伯拉尔（Ambalal）先生是对罢工采取不妥协态度的始作俑者，他坚定的意志和坦诚的心境使我由衷敬佩。与他对抗不是一件乐事，因为我的绝食引起了以他为首的老板的轰动，同时我的绝食也使以他为首的老板完全站在了我的对立面，这伤透了我的心。再者，那时他的妻子沙罗拉蒂维（Saraladevi）夫人待我如她的亲弟弟，每次看到她因为我的绝食行为痛苦不已时，我便非常过意不去。

安娜舒耶朋和一大帮朋友在第一天带领着工人跟我一同绝食，但经过几番周折后，我说服了他们停止绝食。

经过不懈努力后，我终于为双方营造了一种善意的氛围。工厂老板也终于被我们感动，开始着手寻找解决办法。安娜舒耶朋的家成了他们讨论的地点。接着，阿难商卡·特鲁瓦（Anandshankar Dhruva）先生过问了此事，他最后被选为仲裁人。罢工运动在我绝食仅三天后便宣告结束了，工厂老板为了庆祝罢工运动的结束，给工人们分发了糖果。二十一天的罢工运动，终于得到解决。

在庆祝罢工结束的集会上，工厂老板和当地的委员一起出席。当地的委员给工人的建议是："你们必须始终拥护甘地先生的做法。"就在这些事情后，我不得已和这位绅士发生了一些不愉快的纠纷。真是时过境迁，环境变了，他也跟着变了。他后来竟警告凯达县的农民，不要听从我的意见。

在结束这一章之前，我还要讲一件既可笑又令人痛心疾首的事情。事情和分发糖果有关。工厂老板购买了大量的糖果，但如何把它们分给成百上千的工人却成了难题。他们最终决定，在工人集会的那棵大树底下的空地上公开分发，因为要把所有的人集中在别的地方非常不方便。

我以为严格遵守纪律进行了长达二十一天罢工运动后的工人领取糖果时能很自然地规规矩矩，不慌不乱。哪里想到一实施起来，困难重重。每次糖果分发不到两分钟，队伍便乱了起来。纺织工人的领导者们极力要维持好秩序，都以失败告终。混乱、拥挤和争抢情况极为严重。很多糖果都在拥挤不堪的情况下遭到践踏，公开分发糖果最终失败。我们费了九牛二虎之力才把剩余的糖果搬到安伯拉尔先生在米尔扎布尔的屋子里，第二天在那栋小屋的草地上顺利地分发了糖果。

这件事情很滑稽可笑，但也很让人痛心疾首。事后调查才知道，艾哈迈达巴德的乞丐们听闻在那棵"宣誓"树下分发糖果的事情后，纷纷聚集到了那里，是他们的拼命争抢造成了队伍的混乱。

我们国家正遭受着令人无法忍受的贫穷和饥饿，使越来越多的人加入乞丐的行列。他们为了活下去拼命斗争，哪里还顾得上礼义廉耻和自尊自重。而我们的慈善家非但不给他们提供工作的机会，不教他们懂得劳动才能养活自己的道理，反而只知道施舍给他们几分几毫，治标不治本。

第二十三章　凯达的非暴力抵抗运动

事情真的太多了，我连喘息的机会都没有。艾哈迈达巴德纺织工人罢工刚刚结束，我又得马不停蹄地投身到凯达的非暴力抵抗运动中。

由于普遍的庄稼歉收，凯达陷入了饥荒的状态，农民希望政府可以延缓征收当年的田租。

在我向农民提出明确的建议之前，安立特拉尔·塔卡尔先生已经进行调查并向上级做了相关报告，还亲自与当地专员讨论了此事。穆罕拉尔·潘提亚和商卡拉尔·帕里克也加入了这场斗争，并通过瓦拉拜·帕特尔先生和戈库尔达斯·卡汗达斯·巴立克（Gokuldas Kahandas Parekh）爵士（已故）鼓动孟买的立法委员会。所以，不止一个代表团就此事在等候省督的接见。

那时，我担任古吉拉特大会的主席，大会多次向政府递交请愿书、发电报，甚至忍气吞声接受专员的谩骂和恐吓，但官员就此事的回应却荒谬至极、不成体统。现在回想起来，都觉得难以置信。

农民的要求很明确，而且表达的态度又是那样的温和谦让，只希望政府能点头。依据《土地税收法》的规定，若农民的庄稼收成在四成以下（包括四成），农民可以要求停缴当年的全部田租。农民坚

512

持那年的收成不足四成，而官方公布的数据收成却是在四成以上。政府无视农民的要求，认为农民要求仲裁的提议是大逆不道，于是驳回了所有的请愿和祈求。我和同事商量过后，建议农民进行非暴力抵抗运动。

除了凯达的志愿者，还有很多人加入了这次非暴力抵抗的行列，主要人员有瓦拉拜·帕特尔、商卡拉尔·帕里克、安娜舒耶朋夫人、印都拉尔·杨兹尼克（Indulal Yajnik）以及马哈迪夫·德赛先生等。为了加入这次斗争，瓦拉拜·帕特尔被迫放弃了他蒸蒸日上、蓬勃发展的律师业务，而此后由于许多实践上的原因，他再也没能复业。

我们的总部设在讷迪亚德的安纳塔斯朗（Anathashram），因为别处再也找不到能容纳那么多人的地方。

以下是由所有的非暴力抵抗者共同签订的一份宣言：

> 我们村子今年的庄稼收成不足四成，我们请求政府停止收纳今年的田租，但政府却无情地拒绝了我们的请求。因此，我们在这里郑重地宣布：我们绝不交纳今年所有的或余下的赋税，我们希望政府采取适当合法的措施处理此事，并乐于接受因我们不交租而造成的财政损失。即使他们没收我们的土地，我们也不会交纳田租，不能让他们认为我们自认理亏、自认错误。但是，如果政府同意停收全县第二批田租，我们中能承担赋税的人一定会交纳应缴纳的全部或剩余的田租。那些有能力交纳田租的人之所以不继续交纳，是因为如果他们交了，贫困农民就可能因此发生混乱，变卖他们的东西，或向他们借债来交田租，给他们带来灾难。在这种情况下，我们认为，为了照顾贫困农民，那些有能力

交纳田租的人也应当不交纳。

对于这场斗争，在此我不能长篇大论，只得就此作罢。若想深入了解此次斗争，可参阅商卡拉尔·帕里克先生的《凯达非暴力抵抗运动史》一书，其内容是比较完整且真实可靠的。

第二十四章 "洋葱大盗"

查姆帕兰位于印度一个偏远的地方，当地又不让新闻媒体报道那次运动，所以并未吸引多少外来的游客。然而，凯达运动的情形则不同，几乎每天都在媒体上报道。

古吉拉特人对此次斗争颇有兴趣，甚至把它看作一次新奇的体验。为了取得斗争的胜利，他们做好准备全力支持我们。但他们不明白非暴力抵抗运动仅仅靠钱是不够的，钱并不是那么的举足轻重。我几番劝告后，孟买的商人还是给我们汇来了大量的钱，运动结束后我们还剩了不少。

同时，非暴力抵抗运动志愿者还需要学会简朴、节约。我不敢说他们完全接受了这一思想，但是他们的生活方式确实有了较大的改变。

这次斗争对于农民来说，也是一件十分新奇的事情。因此，我们逐村逐户地向他们说明非暴力抵抗运动的原则。

我们的主要任务是消除农民对官员的恐惧，让他们意识到官员拿的是纳税人的钱，他们不是人民的主人，而是人民的公仆。

但是，要让他们明白将文明和大无畏的精神结合起来是至高无上的这个道理，还任重而道远。他们一旦消除对官员的恐惧，就会对自己曾经受过的侮辱加以回敬。但是，如果他们使用粗暴的行为捍卫自己的权利，那将违背非暴力抵抗运动的原则，为这场非暴力抵抗运动带来致命影响。后来我意识到他们对文明的领悟能力比我想象的低得多，后来的经验也告诉我，非暴力抵抗运动中最难做到的一点就是文明。我这里所讲的文明，并不是指讲话斯文儒雅，而是指对敌人的宽容和善意。每次非暴力抵抗运动，人们都必须将这种精神表现得淋漓尽致。

起初，人们展示了极大的勇气，政府却似乎不打算采取任何强有力的措施。当他们发现人民坚持不懈、毫不动摇时，便开始用高压的手段镇压这次运动。收税官员变卖了人们的牲口，抢光了所有他们能搬走的东西。处罚通告也贴得到处都是。甚至在有些地方，官员把农民田里未收割的农作物也拿去做扣押物。这引起了一些农民的惊慌，他们慌忙地交了税，其他一些人则按官员的指示把他们便于携带的东西放在官员经过的路上，让他们拿去扣押。还有一部分人，则打算与官员抗争到底。

斗争进行得如火如荼的时候，商卡拉尔·帕里克手下的一个佃农却把他该交纳的田租交了，这引起了一阵轰动。商卡拉尔·帕里克很快纠正了佃农的过错，把那块交纳了田租的土地捐赠出来，以备救济之用，以此挽回了自己的声誉，也为此次非暴力抵抗运动树立了一个好榜样。

为了鼓舞受恐吓农民的士气，我劝导他们跟着穆罕拉尔·潘提亚，把当作扣押物地块里的洋葱收起来。我并不把此视为一种文明不服从行为，而且即使它是，我也要这么做。因为扣押还未收割庄稼的行为不合法，也不合情理，和掠夺毫无差别。因此农民有权利收割这

516

些洋葱。这一行为当然足以使人们面临罚款或遭受拘捕，违抗命令必然导致这样的结果。这正合穆罕拉尔·潘提亚的心意，他不希望这次非暴力抵抗运动在没有一个人受到拘捕的情况下悄然结束。因此，他自告奋勇去收割洋葱，随后七八个人也加入了他的行列。

政府当然不会对此坐视不管。穆罕拉尔·潘提亚和其他负责人被捕了，但这提高了人们的斗争积极性。当蹲监狱的恐惧感消失以后，人们再也克制不住自己的内心。开庭那天，群众把法院围了个水泄不通，穆罕拉尔·潘提亚和他的同伴最终被判处短期拘禁。我认为这个判决过于严厉，因为收割洋葱的行为并不等同于《刑法》中的盗窃罪，因此也不该以"盗窃"论处。但最终我们没有上诉，因为我们的原则是不要轻易与法院作对。

他们入狱那天，成群结队的人赶去护送。自那天起，穆罕拉尔·潘提亚得到了一个"洋葱大盗"的称号，直到今天他还享有这个光荣称号。

关于凯达的非暴力抵抗运动的结局，留到下一章谈。

第二十五章　凯达非暴力抵抗运动的终结

　　这次斗争的结果出乎我的意料。人们已经精疲力竭，我也在为是否让人们继续耗下去而冥思苦想。在我设法寻找一种非暴力抵抗运动者能接受的方法来结束这场战争时，一种方法却出乎意料地出现了。讷迪亚德税区的收税官派人捎来话，说只要那些富裕的农民交纳了田租，其他贫苦的农民今年可以缓交。我让他写份书面凭证，他也照做了。但一个税区的收税官只负责他辖区内的事情，其他区的规定我又只能去问县里的税务长，因为全县税收缓交只有他说了算。我问他那个收税官给我的凭证对全县都适用吗？他回复说，收税官信中所说的停收田赋的命令已经下达了。我当时对此还不知情，若是事实，那人们的请愿就算成功了。

　　请愿的目的和政府最终下达的命令如出一辙，我们感到非常满意。

　　然而，结果并没能使我感到快乐，因为它缺少每次非暴力抵抗运动结束时应得的益处。县税务长只是在施行他自己的权力，好像并没有要与民众协商的意思。贫困农民得到了缓交许可，但几乎没有人从中受益。人们有权决定谁家贫困，但他们无法应用这种权利，这令我非常难过。虽然人们庆祝这场斗争以非暴力一方获胜而结束，但称不上真正的胜利，我并没有因此受到鼓舞，因为它缺乏完全胜利的精髓。

这次非暴力抵抗运动还是非常值得纪念的。那些非暴力抵抗者因此而变得比运动开始时更强大、更具活力。

然而，今天我们可以看到这次运动取得了一些间接成果，这也是收获。凯达非暴力抵抗运动是古吉拉特农民觉醒的开始，是他们真正接受政治教育的开始。

虽然贝桑特博士的"辉煌自治运动"已深入人心，但这次凯达非暴力抵抗运动才是真正推动受过良好教育的公众深入接触农民实际生活的开始。他们找到了与农民相处的方式，找到了自己真正的工作领域，他们变得更具奉献精神。瓦拉拜在这次斗争中找到了自我成就和收获，这从去年（1924年）的水灾救济运动和今年的巴多利非暴力抵抗运动中就能看出来。有了新生力量和蓬勃气象，古吉拉特的公共生活变得更加生机蓬勃了。农民开始深刻地认识到自己蕴藏的巨大力量，他们明白只有依靠自身，勇于承受苦难，甘于牺牲，才能获得真正的解放。这次斗争让非暴力抵抗精神在古吉拉特的土地上深深地扎下了根。

虽然我没有因为凯达非暴力抵抗运动的结束而高兴，但凯达的农民却非常开心，因为他们知道取得的成就与他们的努力是分不开的。而且，他们还获得了摆脱疾苦的真实而有效的方法，仅仅因为这一点，他们就有足够理由高兴了。

然而凯达的农民并未完全理解非暴力抵抗的内在含义，从后面的章节中可知，他们是在付出了代价之后才真正懂得这种含义的。

第二十六章　力求团结

凯达非暴力抵抗运动开始时，欧洲大战正如火如荼地进行着。正值危急关头，总督邀请各地的领袖去德里参加作战会议，我也被催促着参加会议。前几章我曾提到，蔡姆斯福德勋爵、总督和我的交情甚好。

我应邀赶赴德里。但我不愿意参加这次会议，主要原因是他们居然连阿里兄弟这样的杰出领袖都不邀请（当时他们双双在狱中）。虽然只和他们见过一两次面，但我听到过很多关于他们的事情，人人都赞赏他们的助人为乐和大无畏精神。那时我和哈钦·萨希布（Hakim Saheb，已故）还没有什么交情，但鲁德罗校长和丁纳班度·安德鲁斯（Dinabandhu Andrews）曾在我面前说过很多称赞他的话。我曾经在加尔各答穆斯林联盟的办公处见过苏埃布·顾列希（Shuaib Qureshi）先生和克华嘉（Khwaja）先生。我和安沙立（Ansari）博士、阿卜杜·拉赫曼（Abdur Rahman）有过接触，我正在寻求与善良的穆斯林做朋友，我想通过与他们最纯洁和最爱国的代表接触来了解穆斯林。所以，无论他们带我去哪里，我都乐意跟着，因为这样就能与他们亲密接触了。

早在南非的时候，我就意识到印度教徒和穆斯林之间的隔阂，但我从不放过任何一个解开心结求得团结的机会。我的秉性就不喜欢用阿谀奉承和有损自尊的方式与人相处。但我在南非的经验使我确信，我的非暴力原则在印度教徒和穆斯林的团结问题上将面临巨大的考验，而且确信这个问题会为我体验非暴力提供广阔天地。对这一点我深信不疑。我感觉神灵无时无刻不在考验我。

抱着这样的坚定信念从南非回国后，我非常珍惜和这两个兄弟的接触。但在我们的关系正要深入发展时，他们却被监禁了。在狱吏许可的情况下，穆罕默德·阿里大毛拉常常从贝都尔（Betul）和金特华达（Chhindwada）给我寄来长长的书信，我也曾申请到狱中探望这两兄弟，但都以失败告终。

阿里兄弟被捕入狱后，我被穆斯林朋友邀请去参加加尔各答穆斯林联盟的会议。应邀讲话时，我强调了他们营救阿里兄弟出狱的责任。没过多久，这些朋友便把我带到阿里格尔（Aligarh）的穆斯林学院参观，在那里我鼓励那些未来的律师要为国效力。

不久，我就写信给政府，要求释放阿里兄弟。为此，我还特地研究了阿里兄弟的观点和他们有关基拉法①的活动，也和穆斯林朋友讨论过。我觉得，如果我要和穆斯林成为真正的朋友，就必须尽可能地帮忙营救这两个兄弟出狱，并合理地解决基拉法的问题。我的立场是，只要他们的要求无损道德，我是不会评论这个问题的是非曲直的。信奉的宗教不同，信仰自然也不同，而且每个人的信仰对于他们自己来说都是至高无上的。如果所有的宗教都信奉同样的教规，那么这个世界上恐怕就只有一种宗教了。随着时间的推移，我慢慢发现穆

---

① 基拉法（Khalifat），亦译哈里发，伊斯兰教国家政教领袖的尊称。

斯林关于基拉法的要求并不违背什么伦理道德，甚至连英国的首相都承认他们要求的正当合法性。因此，我认为我必须竭尽所能帮助穆斯林，促使英国首相兑现承诺。首相的承诺讲得清清楚楚，我若还想就是非问题对穆斯林的要求做出评判，那也只是让我良心上得到一定的安慰罢了。

我的朋友和评论家都就我对待基拉法问题的态度做出过批评指责。但不管怎么样，我觉得我没有理由改变我的态度，没有理由为与穆斯林的合作而遗憾。如果再发生同样的事情，我还会采取同样的态度。

因此，当我动身前往德里时，就已经打算把穆斯林的这个问题向总督提出，当时基拉法问题还没有发展到后来这种地步。

但到了德里，我参加会议的事情遇到了麻烦。丁纳班度·安德鲁斯就我参加这次会议是否合情合理提出了疑问，他说英国媒体正在争论英国和意大利的秘密条约问题，如果英国又与欧洲另一个强国缔结含有侵略性质的秘密合约，我怎么好去参加那个会议呢？我对合约的事情一无所知，但丁纳班度·安德鲁斯的话足以让我打退堂鼓。因此，我给蔡姆斯福德勋爵写了一封信，表明我对参会的疑虑，随后他邀请我前去面谈。我和他及他的私人秘书马菲先生谈论了很久，最终我同意参加那个会议。总督是这样说的："你以为总督对于英国内阁所做的每件事情都知晓吗？我不敢说，而且谁也不敢说英国政府完全不会做错事情。但你若认为大英帝国总体来说是一个伟大的国家，而且认为印度在很多地方得益于英国，那么就应该承认，印度公民有责任在英国面临危难的时候帮助它。我看到了英国报纸上关于秘密合约的消息，也向你保证除了报纸上所说的以外，我一无所知。但你也知道，这些报纸常常会造谣，你难道仅凭报纸上的只言片语就拒绝伸出援手救英国于危难之中吗？等战争结束后，你可以提出任何你想提出的道德问题，而且可以随时向我们挑战，但今天不是时候，今天请你不要这么做。"

这番言论并不是第一次，但对我而言却是全新的体验。他是在那样特别的时刻以那样一种方式提出的，所以我同意参会了。至于穆斯林的要求，我要写一封信向总督提出。

第二十七章　招募新兵

就这样，我参加了那次作战会议。总督非常希望我能支持关于招兵的决议。我请求用印度斯坦语发言，总督答应了，但还建议我同时用英语讲话。我本来就没有什么要说的，只说了这么一句话："对国家的责任使我意识到，我必须坚决拥护这项决议。"

很多人因我用印度斯坦语讲话而向我表示祝贺。他们说，我是大家记忆中第一个在这么重大的场合讲印度斯坦语的人。然而，他们的祝贺深深地挫伤了我的民族自豪感，我惭愧得无地自容。在本国的土地上谈论本国的事情，却不能用本国的语言讲话。而且，像我这样一个偶尔出席这种会议的人用印度斯坦语讲话，竟成了别人祝贺的焦点，这是何等的悲哀啊。这也告诉我们，印度在他们心中的地位已是何等的低下与卑微。

我在会议上讲的那句话对我意义重大，我无法忘记那次会议以及我支持的决议。在德里这段时间，我还有一件事情要做。那就是给总督写封信，这对我来说绝非易事。但我觉得为了政府和人民，我有责任向他说明参加此次会议的缘由，向他清楚地阐明人们对政府的期望。

在信里，我对罗卡曼尼亚·提拉克和阿里兄弟这些杰出的领袖没有受到邀请出席会议而深表遗憾，也向他说明了在这种战争形势下，人们和穆斯林对政府的最低政治要求，后来我请求总督准许我把这封信公开发表，他欣然同意了。

这封信必须送到西姆拉，因为会议结束后，总督就径直去了那里。这封信极为重要，通过邮局寄去会浪费很多时间。我想节省时间，又不想随随便便叫一个人送去，我想找一个诚实可靠的人把信亲自送到总督的住处。丁纳班度·安德鲁斯和鲁德罗校长向我推荐了剑桥教会的爱尔兰牧师。牧师要先看一看信的内容，说如果他觉得满意，就同意帮我把信带去。我给他看了，他表示非常满意并同意帮我。我本打算给他买一张二等车厢的火车票，但他拒绝了。他说他向来习惯坐二等半的，他就这样买了二等半的车票坐了一整夜的车去了那里。他的质朴和直率的态度真让我心悦诚服。信终于如期送到，也取得了预期的效果，我的心情舒畅极了。

我的另一项任务是招募新兵。我问自己，除了在凯达外，我能从哪里入手呢？除了我的同事，我能请谁来应征呢？一到讷迪亚德，我立即和瓦拉拜以及其他的朋友召开了会议。有些人赞同，有些人不赞同。赞同的人同时担忧我们到底能不能招到人。我想招募的群众本来就对政府毫无感情可言，政府对他们的种种暴行还历历在目，记忆犹新，他们怎么会那么轻易再为它卖命呢？

但我的同事还是配合着手准备工作。进行后没多久，我看清了现实，由于之前的盲目乐观，心里备受打击。抗税运动时，人们免费给我们使用牛车，我们仅需一个帮手，却会来两个人应征。但如今，想要向他们雇一辆马车都难，更不用说找到帮忙的人了。然而，我们并不灰心，没有车子，我们可以步行，我们一天必须走二十英里左右。

如果人们连车子都不愿意借给我们，要他们供给我们粮食，简直就是痴心妄想了，所以根本不适合向他们要粮食。因此，每个志愿者还必须自备干粮。幸亏是夏天，我们用不着带厚厚的被子赶路。

我们每到一个地方就举行一次集会，人们倒是参加，但鲜有人来应征。"你是一个主张非暴力的人，怎么能叫我们拿起杀人的武器呢？英国政府对我们印度做过什么好事，值得我们这么去做呢？"他们常常会拿这一类问题来责问我们。

然而，我们长期的坚持终于有了成效。应征的人越来越多，我们希望把第一批送走后，还能有源源不断的人来应征，我已开始与当地的专员商量应征者的住宿问题了。

每一个分区的专员都会仿照德里会议那样举行集会。其中一次会议是在古吉拉特举行的，我和我的同事都应邀出席。会议上，我感觉在那里的地位还不如在德里，在这种充满奴性的氛围里，我感到异常不安。但不知怎么的，我做了一个很长的发言，我说不出那些取悦官员的话，倒说了几句不好听的话。

在招兵时，我常常发传单。我主张人们应征的一个理由不合那位专员的胃口："在英国政府统治印度期间所干的所有坏事中，最大的是剥夺印度拥有武装力量的法令的实施。如果我们想取消这一法令，想学着使用武器，那么这次就是一个千载难逢的机会。如果中产阶级肯在政府遭受考验的时候助其一臂之力，那么猜忌就会消除，禁止拥有武器的命令也会撤销。"专员提到这一点时说，虽然双方见解不同，但还是对我的出席表示感谢，我也不得不尽可能客气地说明我的观点。

以下就是我前面提到的写给总督的信：

正如您所知道的，经过慎重考虑后，我不得不向阁下表明，鉴于我本月（4月）26日的信上陈述的理由，我本不打算参加此次会议，但承蒙您接见会谈后，我终于决定参加。这不是出于别的原因，而完全是出于我对您的尊敬。我打退堂鼓的原因之一（或许也是最主要的原因）是我尊敬的、被公认为最伟大的公共舆论领袖罗卡曼尼亚·提拉克、贝桑特夫人和阿里兄弟未被邀请出席此次会议。至今我仍认为，未邀请他们是最大的错误。在这里，我诚挚地建议总督阁下能邀请他们参加即将到来的省级会议，为政府出谋划策，以弥补作战会议中未邀请他们的错误。恕我冒昧直言，任何政府都必须重视代表广大群众的各方领袖，即使他们的观点与政府的背道而驰，政府也绝不能轻视他们。同时令我感到欣慰的是，在此次会议上，各党各派都能自由地发表自己的观点。就我而言，在我所属的委员会或作战会议上，我有意地保留了自己的意见。我认为，只要能虔诚地拥护大会通过的决议，就算很好地为大会的宗旨服务了，而且我也毫不保留地做到了这点。只要政府能接受我以下提议，我会尽快将言语付诸行动，为政府服务。随函附上我的提议。

我承认在大英帝国危难的时候，我们必须发自内心并毫不犹豫地支持大英帝国，正如我们决定的那样，支持这个我们期望不久的将来能结成伙伴的国家，并且是以海外自治领的形式结盟的国家。但有件事情我必须指出，我们如此积极地响应，是因为我们期望能尽快实现我们的目标。由此说来，即使主动承担起这种责任可以带来相应的权利，人们也有理由相信您讲话中提到的

527

重大改革将体现在国大党联盟计划的主要原则中。而且，我们确信就是这种信念，才使大会的众多成员自愿与政府全心全意地合作，共渡难关。

如果我能使我的同胞收回他们提出的种种要求，我会要求他们撤销国大党的一切决议，在大战危急时刻，不再絮叨着要什么"自治"或"责任政府"，我会让印度所有身强力壮的男丁在帝国危难的时刻为其抛头颅洒热血。而且，我知道，印度在采取这些行动后，会成为帝国最青睐的伙伴，种族歧视也将成为过去。然而事实上，印度的整个知识分子阶层却决定采取非有效措施应对这场灾难，如今知识分子对印度大众的影响愈发巨大。我从南非回到印度后，便一直与佃农保持着密切的联系，我必须告诉您，印度人民自治的愿望已深入人心。上届的国大党大会我参加了，国大党大会通过的要由一个国会机构明文规定在一定时期内给予英属印度一个完全责任政府的决议，我是起草人之一。我承认，迈出这一步需要极大的勇气。但我认为，没有什么比在最短时间内实现国家的自治更能满足印度人民了。我知道，很多印度人为了实现这个目标在所不惜。他们也知道，若想从帝国那里得到最终的地位，必须做好为帝国牺牲的准备。所以，我们也懂得，只有全心全意地埋头苦干，解救大英帝国于危难之中，我们才能加速前进，实现目标。不明白这个基本的道理，就等于民族自杀。我们必须认识到，如果我们拯救了帝国，也将取得自治。

因此，有一点我是很清楚的，那就是我们必须倾尽所有人力支援大英帝国。但在财政上，恐怕我们已经无能为力。通过与印度农民的密切交往，我确信，印度人对帝国国库的贡献已超过自身的能力。我知道我是代表广大的印度同胞对您说的。

这次会议是为绝大多数印度人奉献生命于共同事业做出的明确指引，但我们的地位是非常特殊的。如今我们还算不上帝国的伙伴，我们的奉献是以未来有一个更美好的前景为前提的。若不把我们的愿望明确如实地告诉您，那我对您和我的同胞就不真诚了，我并没有向您讨价还价，但您应该懂得：希望后的失望等于绝望。

还有一件事情我必须指出，您曾号召我们抛开内部分歧，但如果里面包含对官员专制暴行和错误行为的忍让，那我是无能为力的。我反而会与有组织的专横斗争到底。您应当号召官员停止虐待平民，摒弃一贯做法，多和人民商量，多尊重人民的意见。在查姆帕兰时，我曾为了抵抗长期的专制而诉诸英国司法的最高权力机关。在凯达，不断咒骂政府的人们如今觉得真正有力量的机构不是政府，而是那些甘为追求真理而牺牲的人民。所以，他们不再痛苦挣扎，他们认为政府应当是一个为了人民利益的政府，只有这种政府能在人民感到不公平时容忍他们的反抗。因此，查姆帕兰和凯达事件是我对这次战争直接的、确切的、特殊的贡献。若要我停止那些抵抗，还不如让我去死。如果我能普及精神的力量或者说爱的力量，以之取代暴力，我应该向您介绍印度，这个敢于公然与全世界的黑暗力量做斗争的国家。因此，在今后的每一天，我都会恪尽职守，与使众人苦不堪言的法令做斗争，将它揭露给每一个在乎它的人，而且如果今后我参加活动，那都是为了揭露法令的残忍无道。

最后，我希望您能向政府请示，对伊斯兰教土邦问题做一个明确的表态。我敢肯定您一定知道伊斯兰教徒对此事的关注程度。作为一个印度教徒，我不能对此不闻不问，大家生活在同一个国度，他们的苦痛也是我们的苦痛。帝国的安全需要仰仗政府以最慎重的态度尊重土邦的权利、穆斯林的感情，以及您对印度自治公正、及时的态度。总而言之，我之所以写这封信，是因为我爱英国，希望能够唤起每个印度人对英国的忠心。

第二十八章　生命垂危

招兵运动几乎把我的身体弄垮了，那些日子，我主要以花生、黄油和柠檬为食。我知道，可以的话，最好不要吃太多的黄油，因为那不利于健康。但是，我依然我行我素，这导致我出现了轻微的腹泻。对于这点，我并没有太上心，还是一心想着去学院，那已成了我的习惯。那几天，我几乎不吃任何药物。在我看来，如果不吃饭的话，我应该会过得不错。其实，第二天我没吃早餐，感到相当轻松。但我很清楚，要完全康复的话，必须延长我的禁食时日，即使什么都不吃，我至少也该喝点果汁。

那天略带着些喜庆的气氛，虽然我告诉嘉斯杜白，我应该不会吃午饭，但她还是诱惑我，而我也最终做出了让步。由于我曾经发誓，不喝牛奶，不食用任何奶制品，她为我专门准备了一碗甜麦片粥并添加了少许油以代替奶制品，还为我留了一大碗绿豆汤。我特别喜欢这些东西，就欣然地接受了，并且觉得，我应该多多地吃，换得嘉斯杜白开心，同时满足自己的胃口，又不至于引起不快。然而，邪恶之神一直在等待机会。我吃的很少反而感觉很饱，这足以将死亡天使召唤过来。不到一个小时，我就出现了急性腹泻。

当晚，我必须赶回讷迪亚德。历经千辛万苦才来到萨巴玛蒂车站，其仅仅只有十佛隆①的距离。瓦拉拜先生与我在艾哈迈达巴德会合，他觉察到我不舒服，但我并没让他知道这种疼痛多么难以忍受。

大概10点的时候，我们到了讷迪亚德。我们总部在印度安纳塔斯朗，离车站只有半英里的距离，但是对于我来说，似乎有十英里之多。总算到了总部，但腹部绞痛还在继续。我要求在邻屋放一个便盆，这样就免去了跑远处公共厕所的麻烦。对不得不提出这种要求，我感到十分羞愧，但别无他法。傅尔昌（Fulchand）马上取来了一个便盆。所有的朋友都围着我，为我深深地担忧，但他们的爱和关心丝毫不能减轻我的痛苦。我拒绝了一切医学治疗，我的固执更加显得他们无能为力。我拒绝任何药物，宁愿忍受我的愚蠢带来的痛苦。他们在一旁爱莫能助，十分沮丧。一天之内，我接连跑了三四十次厕所。我开始绝食，起初连果汁都不喝，胃口全无。我向来认为，自己的身体是铁打的，但现在我发现，自己的身体已变成一盘软沙，失去了所有的抵抗力。康努加（Kanuga）医生让我吃一点药，但我拒绝了。他又建议我打针，我又一次拒绝了。我对打针一无所知，看来是荒谬可笑的。我一直认为，针水肯定是些血清。后来才发现，医生建议的针水是一些植物营养剂，但由于了解得太晚以至于针水派不上用场。腹泻仍在继续，弄得我精疲力竭，导致我开始发烧说胡话。朋友们更加紧张，叫来了更多的医生。但对于一个不听从医嘱的病人，又有什么用处呢？

安伯拉尔先生及其好心的妻子来到讷迪亚德，在与我的同事商量后将我小心翼翼地抬到他在艾哈迈达巴德的米尔扎布尔小屋。这次生病期间，我受到了无微不至的关怀和照料。但低烧还在持续，一天天

---

① 佛隆（Furlong），英国长度单位，等于八分之一英里，约二百零一米。

摧残着我的身体。我感觉这次疾病注定要拖些时日，带来的后果可能是毁灭性的。当我在安伯拉尔先生的家中被接踵而来的关爱和照料包围时，我开始变得焦躁不安，并催促他赶快将我送回学院，他最终答应了我的要求。

当我在学院的床上痛苦地翻来覆去时，瓦拉拜先生捎来了德军已完全投降的消息，地区专员已发布声明，表示已经没有再征兵的需要了。这个消息使我如释重负，因为我再也不用操心征兵一事了。

我现在一直尝试用水疗法缓解身体的疼痛，但身体恢复是一个艰难的过程。许多医疗顾问给了我很多建议，但我并没吃任何东西。两三人建议我喝些清淡的肉汤以替代牛奶，并引用《阿育吠陀》来支持他们的观点，他们中的一个人强烈建议我吃鸡蛋。但对于他们的建议，我只有一个回答——不。

我的饮食并不能由《沙斯陀罗》这样的经典权威决定，它与我们的生命轨迹交织在一起，而我们的生命轨迹是由准则引导而非依靠外在的权威，我并不期望以它们为代价来生存。当我几近无情地要求我的爱人、孩子和朋友遵守这些原则时，又怎么会放弃它呢？

第一次病期如此之长，这倒向我提供了一个独一无二的机会以测试并考验我的原则。有一个夜晚，我绝望得快要放弃自己了，感觉自己就像站在死亡的入口。我捎话给安娜舒耶朋，她立马到了学院。瓦拉拜与康努加医生一起来了，康努加医生摸了摸我的脉搏后说道："你的脉搏正常，看来并没有危险。这一次是由于极端虚弱而导致的精神崩溃。"但是，我并没就此安心。那一整夜我都没合眼。

天亮了，死亡并没有来临。但是，我还是摆脱不了死亡将近的感觉，清醒时我把时间全花在收听学院室友为我诵读《薄伽梵歌》上。

我已无力阅读，几乎说不了话。最轻微地说话，都能引起大脑的剧痛。一切生存的欲望都停止了，因为我从来没有像这样为了生存而生存。这种无助的生存状态是非常痛苦的，什么都做不了，依靠朋友和同事的帮助，看着自己的身体一点点衰弱下去。

当我就这样躺在床上等死的时候，一天，达瓦尔卡医生带来了一位怪人，他来自马哈拉施特拉。他并不十分出名，但从我见到他的那一刻起，我发现他和我一样是有着某种怪癖的人。他来这里是想在我身上试验一下他的治疗方法，在格兰特医学院他几乎完成了所需学习的所有课程却还没有取得学位。后来，我才了解到，他叫克尔卡（Kelkar），是梵社的一员，有着古怪的脾气。用冰进行治疗是他最拿手的，他想在我身上试试看。于是，我们称其为"冰医生"。他自信满满地认为，他发现了某些有资历的医生未发现的东西。对于他和我来说，挺可惜的是，在他的理论体系中，他并不能用其信仰影响我。我相信他的方法有一定效果，但他过早下一个肯定的结论，恐怕还是有些草率。

但无论他的发明如何，我允许他在我身上做实验。我不太在意疗法，这个疗法是将全身敷上冰块。当我不太认可他宣称的在我身上治疗的效果时，它又确实给我带来了新的希望和力量，而且思想开始自然而然地操控身体。我的胃口逐渐恢复，也可以慢慢走上五到十分钟。现在他建议我改下食谱，他说："如果吃生鸡蛋的话，我保证你将重新获得力量并有更多的精力。鸡蛋和牛奶都是无害的，当然不能将它们归为肉类。而且你也知道不是所有的鸡蛋都有生殖作用吧？市场上就有绝育鸡蛋。"然而，即使是绝育鸡蛋，我也不打算吃，但身体的好转已足够提起我对公共活动的兴趣。

第二十九章　罗拉特法案与我的困境

朋友和医生向我保证，转去马特朗（Matheran）应该可以加快康复进度，于是，我听取了他们的意见。但马特朗的水质非常硬，在那里我相当不适应。由于受到腹泻的感染，我的肛门变得极其敏感，又因为患肛裂病，所以每当排便的时候，便感到钻心的疼痛，以至于只要想到吃东西，我就感到恐惧。还不到一周，我便飞一般地离开了马特朗。现在，商卡拉尔·班克任命自己为我的健康顾问，并催促我去咨询达拉尔（Dalal）医生。于是，我去找了达拉尔医生。他当机立断的能力吸引了我。

他说道："除非你喝牛奶，否则我无法让你康复。另外，如果你接受一些铁砷制剂的注射液，我保证你的身体可以完全康复。"

"你可以给我注射，"我回答道，"但是，牛奶不行，我发过誓不会饮用。"

"准确来说，你誓言的本质是什么？"医生问道。

我向他讲述了整个故事的始末及我发誓的缘由。自从我了解到奶牛被挤尽牛奶的过程以后，我就对牛奶产生了一种厌恶感。况且，我自始至终认为，牛奶不能算作人类的天然食物。因此，我发誓不再饮用牛奶。说这番话的时候，嘉斯杜白就一直站在我床边听着。

"但想必你对羊奶就不会有那么多厌恶了吧。"她插话道。

这位医生也趁机说道："如果你愿意喝羊奶的话，我也能保证你的身体康复。"

我让步了。我迫切希望进行非暴力抵抗运动的想法使我产生了活下去的强烈愿望，所以我仅遵守誓言字面的意义而牺牲了其内涵。因为在发誓的时候，虽然我脑海里想的是牛奶，但其本质含义应包含所有动物的奶。只是我觉得牛奶不能算作人类的天然食物，因此对于我来说食用牛奶也就根本不合适。虽然明白这一点，但我还是同意喝羊奶。这证明了生存的意志与对真理的虔诚相比要强烈得多，仅仅因为这次信奉真理的人热切希望进行非暴力抵抗运动而对其神圣的理想做出了让步。甚至到现在每当想起这种行为，我的内心都充满了悔意，而我也一直在考虑如何放弃羊奶。但我对那种不可思议的诱惑还是欲罢不能，那种为人民服务的思想却始终萦绕于我的脑海。

对于饮食的试验我非常重视，把它们当成自己正在进行的非暴力研究的一部分，它们让我感到精神舒畅和愉快。但现在食用了羊奶使我感到不安，不是因为与我不杀生的饮食理论背道而驰，而是因为从真理角度考虑，这无异于违背誓言。对于我来说，我对理想化的真理的了解更甚于对非暴力的了解。而我的经验告诉我，如果我放弃自己坚持的真理，就永远解不开非暴力之谜。理想化的真理要求，誓言无论是在文字层面还是在精神层面上都应被遵守。就目前这件事来说，在精神层面我违背了自己誓言的灵魂，而仅仅坚持其文字层面的含义，这是让我苦恼的原因。尽管我心里十分清楚，还是找不出更好的解决办法。换言之，也许是我没有足够的勇气当机立断。实际上，两者是一回事，因为怀疑是信仰缺失或脆弱的结果。我日日夜夜祈祷：

"神灵啊，赐予我信仰吧！"

开始喝羊奶后不久，达拉尔医生成功地对我的肛裂进行了手术。随着身体逐渐康复，生存的渴望越发强烈，特别是神灵还为我预留了工作。

在我的恢复进程推进得十分缓慢的时候，我恰好读到刊登在报纸上的罗拉特委员会①的报告，它的主张令我大吃一惊。商卡拉尔·班克和乌玛尔·苏班尼（Umar Sobani，已故）建议，在这个问题上我应该迅速采取行动。没过一个月，我便去了艾哈迈达巴德，向瓦拉拜提了我的顾虑，他以前几乎天天都过来看望我。"我们必须采取些行动。"我对他说道。"但在这种形势下我们能做些什么呢？"他问道。"要是能找到一些人，哪怕人数不多，联名签署抵抗请愿书，如果他们不顾我们的反对而通过罗拉特委员会拟定的议案，将其变成法律的话，我们应该立即采取非暴力抵抗。如果我不是病成这样，我一定全力战斗，并希望其他人追随我的脚步。但现在在我无力照顾自己的情况下，感觉自己无法胜任这项任务。"

通过这次谈话，我们决定召集与我保持联系的那些人召开一个小型会议。在我看来，罗拉特委员会的建议并不完全像它在报告书中所说的那样有保证，而且我认为只有没自尊心的人才会屈从于它们。

会议最后在学院召开了，只有不到二十人受邀参加。我记得在那些参加会议的人中，除了瓦拉拜，还有沙罗珍妮·奈杜夫人、洪尼曼（Horniman）先生、乌玛尔·苏班尼先生、商卡拉尔·班克先生以及

---

① 罗拉特委员会（Rowlatt Committee），该委员会当时的任务是针对孟买如火如荼的革命提出解决方案。该报告书主张采取强硬手段，可以不经审判就将"犯人"监禁起来。

安娜舒耶朋夫人。会上，我们起草了非暴力抵抗宣言，我记得当时所有的人都在上面签了字。当时我并没有写日记记录，但我过去常不时地通过日报发表自己的观点。这一次，我采取了同样的做法。商卡拉尔·班克非常热心地参加了这项运动，他出色的组织能力和持久的工作能力第一次给我留下了印象。

对于我来说，希望现有组织机构采用非暴力抵抗运动这种新的抵抗武器是徒劳的，于是在我的建议下，一个名为"非暴力抵抗运动大会"的独立机构成立了。由于主要成员都来自孟买，因此这个机构的总部也设立在那里。很多成员已经在非暴力抵抗运动的宣言上签了名，还发布了公告。会议在各地召开得如火如荼，还真有点凯达运动的味道。

我当选为非暴力抵抗运动大会的主席，但很快发现我和组成这个组织的知识分子之间能达成共识的机会实在是少之又少。我坚持在组织内使用古吉拉特文，以及我的一些奇怪的工作方法都给他们带来了不小的担忧和难堪。然而，我得说句公道话，他们中大部分人对我的古怪习性都持宽容态度。

但从一开始，我就看出这个组织似乎不能长久存在。我已看出，组织中一些成员对我的坚持真理及非暴力主义感到不满。但不管怎样，我们早期时候的新活动开展得如火如荼，而且快速地召集到了人才。

第三十章　惊人的壮举

与此同时，一方面反对罗拉特委员会报告书的运动愈演愈烈，另一方面政府推行其建议的决心也日益坚定，于是罗拉特法案出炉了。我的一生中，参加印度立法机构的会议仅仅只有一次，就是讨论该法案。萨斯特立吉发表了慷慨激昂的讲话，他在讲话中郑重告诫了政府。总督听得似乎着了魔，当萨斯特立吉凭着他那流利的口才滔滔不绝时，他死死地盯着萨斯特立吉。那一刻，我感觉总督被萨斯特立吉的话语深深打动了。这些话语是如此真实而又富含感情。

但是，你只能唤醒一个真正睡着的人；如果他在装睡，无论你如何努力都不可能唤醒他。当前的政府正是在装睡。它已经做了立法决定，开会不过是走走法律程序而已。所以，萨斯特立吉的郑重告诫对于政府来说完全是耳边风。

在这种情况下，我的呼吁只不过是荒野中的一声呐喊罢了。我曾非常诚恳地向总督建议，给他写了许多私人或公开的信件。在信中我明确告知他，政府的行动让我别无选择，只能采取非暴力手段。但是，这一切到头来都是徒劳。

那时这个法案还没被作为一部法律颁布。当时我身体还十分虚弱，但在收到来自马德拉斯的邀请之后，我还是决定冒险进行一次长途旅行。开会时我无力大声讲话，直至现在，我仍无法在大会上站着发言。如果试图在大会上做长时间站立发言，我就会全身颤抖，心跳加速。

在南方的时候，我体会到了家的温暖。多亏有在南非工作的经历，我感觉自己对于泰米尔人及泰卢固人来说享有某些特权，而南部那些善良的人也从没让我失望过。邀请是由喀斯柱立·兰格·艾扬伽（Kasturi Ranga Iyengar）先生（已故）签字发出的，但随后在去马德拉斯的途中我才了解到，提出邀请我参会这个想法的其实是拉贾戈帕拉查里[①]，或许这是我第一次认识他。但无论如何，这是我们第一次彼此了解对方。

应喀斯柱立·兰格·艾扬伽等一些朋友的盛情邀请，拉贾戈帕拉查里在离开沙列姆后不久便在马德拉斯安定下来当律师，这也便于其更加积极地参加更多公共活动。在这里，我们便与他住在一起。在与他住了两三天之后，我们才发现，因为我们所住的楼房是属于喀斯柱立·兰格·艾扬伽先生的，所以我一直有个感觉，我们是艾扬伽先生的宾客。但是，马哈迪夫·德赛纠正了我的想法。他很快便和拉贾戈帕拉查里熟悉起来，由于拉贾戈帕拉查里天生比较内向，所以一直居于幕后。有一天，马哈迪夫给我建议："你应该培养这个人。"这倒是提醒了我。

我听取了马哈迪夫的建议，我和拉贾戈帕拉查里每天都在一起讨论斗争计划。但除了举行公共集会外，我实在想不出其他计划。

我发现，其实如果罗拉特法案被通过进而成为法律的话，我也不

[①] 拉贾戈帕拉查里（Rajagopalachari，1878—1972），律师、作家、政治家、印度教降神师。他是印度独立后唯一的印度人总督，后担任马德拉斯首席部长。

清楚该采取怎样的文明不服从行动来抵制它。只有当政府给人们以反对的机会时，人们才有可能反对它。反之，我们又如何依法地抵制其他法律呢？如果行得通的话，这条底线又该如何划定呢？众多类似的问题，成了我们讨论的主题。

喀斯柱立·兰格·艾扬伽召开了一次小型领导人会议来研究解决这个问题。在这些人之中，维加耶罗卡瓦恰立（Vijayaraghavachari）先生比较显眼。他建议我草拟一份完整的科学非暴力抵抗运动指南，里面应有详细的细节说明。我认为我不能胜任这项任务，我坦诚地告知了他。

当我们的讨论还在继续进行时，就有消息称罗拉特法案已被颁布为法律。那晚，我在思考这个问题时不知不觉地睡着了。没过几个小时，天刚依稀露出曙光，我便醒了，比平时早了好多。那时我仍处于半睡半醒状态，一个想法从我的脑海闪现——仿佛做梦似的。一大早，我便把与之相关的整件事情告诉了拉贾戈帕拉查里。

"昨夜梦里触及的那个想法告诉我，我们应号召全国人民举行总罢业。非暴力抵抗运动是一个自我净化的过程，也是神圣的斗争。在我看来，非暴力抵抗运动从自我净化开始是再合适不过的了。因此，让印度所有的人在那一天停止他们的生意，且将那一天作为绝食及祈祷的日子。穆斯林绝食不会超过一天，所以绝食时间应为二十四小时。是不是所有省份都会响应我们的号召还很难说，但我觉得孟买、马德拉斯、比哈尔和信德是靠得住的。即使只有这几个省份适时地参加罢业运动，我们也应当感到相当满意。"

拉贾戈帕拉查里立即采纳了我的建议，其他的朋友在得知后也表示欢迎。我草拟了一份简洁呼吁书，罢业运动的日期初定在1919年

3月30日，但随后又改为4月6日。因此，人们只得到了一个紧急总罢业的通知。由于不得不马上开展工作，所以要全部通知到位几乎不可能。

然而，谁又清楚整个运动会如何发展呢？整个印度上上下下，从城镇到农村，在那天举行了一次彻底的全民总罢业运动，真是一幕惊人的壮举。

第三十一章　难忘的一周（上）

在印度南部做了一次短暂旅行后，我回到了孟买。记得 4 月 4 日我收到一封来自商卡拉尔·班克先生的电报，告知我出席 4 月 6 日在那里举行的庆祝活动。

但在此期间，3 月 30 日的时候，德里就举行了罢业。当时还健在的斯瓦米·史罗昙纳吉以及哈钦·萨希布的话在那里就等同于法律。关于罢业延期到 4 月 6 日的电报发送到那里，已经太迟了。过去在德里从来没有见过那样的罢业，印度教徒和穆斯林团结得像一个整体。斯瓦米·史罗昙纳吉应邀去朱姆玛大寺（Jumma Masjid）发表了演讲。这一切超过了当局的忍耐限度，在举行罢业的队伍前往火车站的途中，警察截住了他们，还向人群射击，造成多人伤亡，并在德里开始镇压统治。史罗昙纳吉催促我火速赶往德里，我电报告知他待孟买 4 月 6 日的庆祝活动结束后我会立即启程。

在德里发生的事情也在拉合尔和阿姆利则（Amritsar）有所变化地上演了。在阿姆利则的沙提亚巴尔（Satyapal）博士和克其鲁（Kitchlu）博士给我发来了恳切的邀请函，让我去那儿。那时候，我和他们相互不认识，但我告知他们我打算去德里后便前往阿姆利则。

6 日早晨，孟买成千上万的市民涌到乔巴底海边沐浴，之后他们集合起来游行到塔库德华（Thakurdvar）。整个游行队伍里除了有许多穆斯林外，还有少数妇女及儿童。在去塔库德华的途中，我们几个被穆斯林朋友带到附近的一座伊斯兰教清真寺，他们说服了奈杜夫人和我在那里发表演讲。维塔尔达斯·捷罗嘉尼（Vithaldas Jerajani）先生提议，我们应该就地带领人民开展使用国货的宣誓活动并举行印度教徒—穆斯林团结的宣誓仪式，但我提出了反对意见，理由是不应如此仓促宣誓，且我们对人民正在做的事情应感到满意。依我所见，一旦举行宣誓，之后便不能违背誓言，所以对使用国货的誓言的认识必须清晰且深刻，而对于印度教徒—穆斯林团结的誓言蕴含的重大责任，也应该为所有与之相关的人了解。最后，我建议凡是愿意举行宣誓的，可以第二天早晨再来集会。

毋庸置疑，孟买总罢业是一次全面胜利。进行文明不服从运动的一切工作准备得很充分。就这个问题我们讨论过两三件事情。文明不服从运动针对的应该是那些人们不太愿意服从的法律条文，其中盐税法就极不得人心，前些时候还有过一场声势浩大的要求取消盐税法的运动。因此，我建议人们不要管盐税法，用海水制盐并将盐储存在家里。另一个建议是出售禁书，我所著的书里有两本，《印度自治》和《萨沃达亚》（拉斯金所著《给那后来的》一书的古吉拉特文改写本）是已经被禁售的，刚好这时候能派上用场。公开印刷它们并且出售，似乎是进行文明不服从运动的一种最简单的方法。因此，我们大量翻印了这两本书，并安排在晚上大会结束大家停止绝食后发售。

6日晚上，有一批志愿者按计划向人们出售这两本书。沙罗珍尼·蒂维（Sarojini Devi）夫人和我坐车出去。所有的书很快便销售一空，销售所得的钱将用于进一步推动文明不服从运动的发展。这两本书的定价都是四安纳，但我依稀记得，从我手上买书的人不是只按照价格付钱，许多人倾其身上所有的现金来买一本书。五至十卢比的钞票像雪花般涌来。我还记得当时一本书卖到了五十卢比的高价！我向买书的人们解释得非常清楚，他们会因为购买禁书而被逮捕送进监狱。但那一刻，他们对进监狱完全没有恐惧感。

后来我们才得知，政府认为原来那些被禁的书并没有卖出去，而我们现在售卖的书并不在禁书范围之列。政府认为再次印刷的书是之前禁书的新版本，出售这些新版本并不与当前法律冲突，这个消息让大家感到十分失望。

次日一大早，又召开了一个关于使用国货以及印度教徒-穆斯林团结的宣誓大会。维塔尔达斯·捷罗嘉尼第一次意识到发光的并不都是金子。只有少数人参加了大会。我清楚地记得那天到场的几位姐妹，参加大会的男士也没几个。已经起草好宣誓誓言，并将其随身带着。在我向人们宣读这份誓言之前，我已将誓言内涵向他们解释清楚。参加会议的人数如此之少并没使我感到难过或惊讶，因为我注意到人们的态度中存在这种差异——对激动人心的工作趋之若鹜，而对基础的建设性工作无人问津。这种差异性一直延续至今。

就这一点，我将单辟一章来说明，现在回到正题。7日晚，我出发去德里和阿姆利则。8日，到达马图拉时，我第一次听到了关于自己可能被逮捕的流言。车过了马图拉停在下一站时，阿恰立亚·齐德万尼（Acharya Gidvani）到车站看我，并告诉我我即将被逮捕的消息，同时说如果我需要帮忙就尽管开口。我谢了他的好意，并向其保证有需要的时候我一定会的。

在火车到达巴尔瓦尔（Palwal）车站之前，我就收到了一份书面禁令，大意是禁止我进入旁遮普境内，原因是我的出现可能导致那里出现骚乱。当地的警察要求我下车，我拒绝了。"我是应紧急邀请前往旁遮普的，并不是为了挑起骚乱，而是为了平息骚乱。因此，我很抱歉，要我遵从这个禁令是不太现实的。"

最后，火车到达了巴尔瓦尔车站，马哈迪夫与我在一起。我叫他继续前往德里，把所发生的事情告诉斯瓦米·史罗昙纳吉并要求人们保持克制。让他也解释清楚我不服从对我发出的禁令而因此受到处罚的原因，且说明无论我遭受何种处罚，只要我们保持绝对冷静，胜利一定属于我们。

在巴尔瓦尔车站，我被警察带出了火车，然后被看押起来。不久，来了列德里来的火车，我在几个警察的押解下上了一节三等车厢。火车到达马图拉后，我被带到警察局，但是没有人告诉我他们下一步打算对我采取什么措施或者带我去哪儿。第二天凌晨4点，我被叫醒并被押上一列去孟买的运送货物的火车。中午，我在一个叫瑟瓦伊马托布尔（Sawai Madhopur）的地方再次被喊下车。一名叫鲍林（Bowring）的督察，从拉合尔乘邮车赶来，现在负责押送我。我被他带上了头等车厢，于是乎，我从一个普通囚犯一下子荣升为一位"绅士"级囚犯。这位督察开始滔滔不绝地唱起了米凯尔·奥·戴尔爵士①的赞歌。他强调，米凯尔爵士与我个人并没有什么过节，仅仅是担心我到了旁遮普会引起骚乱等。最后，他要求我自己回到孟买，并答应不进入旁遮普境内。我回答他，我不可能照办，我也不会自己回到孟买。督察看到别无选择，于是便说会用法律对付我。"你到底想

---

① 米凯尔·奥·戴尔（Michael O'Dwyer，1986—1940），当时旁遮普的省督，被认为是阿姆利则大屠杀惨剧的制造者。

拿我怎样？"我问道。他回答他也不知道怎么办，只是在等待上面进一步指示。"就目前来说，"他说道，"我准备把你押回孟买。"

我们到了苏拉特，在这里，我被移交给另一位警官。"你现在自由了。"当我们到达孟买时他说道。接着又补充道："你最好在海滨车站下车，我可以让火车在那里停靠一下。戈拉巴（Colaba）车站可能会过于拥挤。"我告诉他，我非常乐意听从他的安排。他听了之后很高兴，并向我表示感谢。车子到海滨站后，我便下车了。有一位朋友的车子刚好从这里经过，便把我带到了拉维尚卡·嘉维立（Revashankar Jhaveri）先生家中。这位朋友告诉我，我被逮捕的消息引起了人们的愤怒。"在白敦尼（Pydhuni）附近，随时可能发生暴动，地方长官以及警察都已赶到那里。"他补充道。

刚到目的地，乌玛尔·苏班尼和安娜舒耶朋便赶过来，叫我马上坐车去白敦尼。"那里的人们已失去耐心，且变得十分激动，"他们说道，"我们无法让他们安定下来，只有你才能够做到。"

我上了车，接近白敦尼时，我看见一大群人聚集在那里。一看见我，人们便欢天喜地。他们立即结成一支队伍，"祖国万岁"的呼声响彻天际。在白敦尼，我们看见了一队骑警，砖头碎石如雨点般从天而降。我要求人们保持冷静，但看起来似乎我们也躲不过砖头碎石的攻击。当游行队伍经过阿卜杜·拉赫曼大街，正准备向克罗福特市场行进时，突然一堆骑警挡住了队伍的去路，以阻止队伍进一步向要塞方向前进。人群密集地聚集起来，几乎快突破警察的防线。在这种庞大的人群中，我的声音已不可能被听见。在这个时候，骑警队的长官下令驱散人群，骑警队便挥舞着他们的长刀向人群冲过来。在那一刻，我觉得我会受伤。但我的担忧是多余的，因为当骑警快速地从我们车旁经过时，长刀只不过与汽车发生了刮擦。游行的队伍很快便被冲散，人群完全陷入了混乱，很快就变成了一堆乱民。有些人被踩伤，其他的被打伤抑或挤伤。在那熙攘的人群中，实在是没有空间留给马匹通过，也没有出口疏散人群。于是，骑警只能盲目地在人群中冲开一条路。我实在不能想象，他们到底在做些什么。整件事情呈现的是一幅相当可怕的画面，骑警与人群乱成一团。

人群就这样被驱散了，游行的队伍也被挡住了。我们的汽车获准通行，车子在专员办公大楼门前停了下来，我下车进去控诉警察的所作所为。

第三十二章　难忘的一周（下）

当我走近专员格立菲斯（Griffith）先生的办公室时，看见办公室的楼梯上站着全副武装的士兵，像是要准备采取军事行动，走廊的空气中弥漫着一种紧张气氛。当我被带入专员办公室时，看见鲍林先生坐在格立菲斯先生旁。

我向专员描述了我看见的情景，他简略地说道："如果游行队伍行进到要塞的话，将不可避免地引发骚乱，我可不想让这种事情发生。而且，当我看到人群都不听从劝告时，才会迫不得已下令让骑警驱散人群。"

"但是，"我反驳道，"你应该知道这样做的后果，那些马匹会踩踏人群，我认为完全没有必要派骑警特遣队前去。"

"你不能这样轻易断言，"格立菲斯先生说道，"我们警官比你更了解你的主张对人们的影响。如果我们一开始不采取强硬手段的话，事态发展将超出我们的控制。我提醒过你，人们肯定会不受你控制。他们很快会变得肆无忌惮，而且也远无法了解维持和平的责任。你的出发点是好的，但人们不会理解它们，他们只会凭直觉做事。"

"这是我不认可你的地方，"我回答道，"人的本性是善良、和平，而非凶残暴力。"

我们争论了很长时间。最后，格立菲斯先生说道："如果你已知道人们不相信你那一套，你该怎么做呢？"

　　"如果情况确实如此，我会立即停止文明不服从运动。"

　　"你什么意思？你告诉过鲍林先生，你一获释就前往旁遮普。"

　　"是的，我本来想搭乘下一班火车去，但今天是不可能了。"

　　"如果你有点耐心，就一定会产生上述信念。你知道现在艾哈迈达巴德发生了什么吗？你知道阿姆利则发生了什么事吗？到处都是情绪激动的人。我还没有掌握全部事实，有些地方的电报线路已经被切断。我想告诉你的是，发生的一切骚乱都应由你来承担责任。"

　　"我向你保证，凡是我发现该承担责任的地方，我一定会负责。对于艾哈迈达巴德发生的骚乱，我感到痛心和惊讶。但我不能为阿姆利则的骚乱负责，我没有去过那地方，那里也没有人认识我。但是，关于旁遮普，我非常肯定的是，如果不是当地政府禁止我入境，对于维持那里的稳定我应该会发挥不小的作用。但他们禁止我进入那儿，反倒激起了人们不必要的愤怒。"

　　我们就这样一直争论着，谁都不肯妥协。我告诉他，我打算在乔巴底召开一次集会，要求人们保持冷静。接着，我就向他道别。这次集会是在乔巴底的海滩上举行的，我详细地说明了非暴力的责任以及非暴力抵抗运动的界限，并补充道："非暴力抵抗本来就是诚实之人必须拥有的一种武器。一个非暴力抵抗者要发誓不使用暴力，除非人们在思想、言论以及行为上都要遵守非暴力运动原则，否则我不能开展群众性非暴力抵抗运动。"

　　安娜舒耶朋也收到了艾哈迈达巴德发生骚乱的消息，有些人散布谣言说她也被逮捕了。磨坊工人听说这个消息后都按捺不住，举行了罢工并且采取了暴力行动，一名警察小队长在冲突中丧生。

我在赶往艾哈迈达巴德的途中，听说有人企图将讷迪亚德车站附近的铁路拆除，维朗坎有一名政府官员被杀害，艾哈迈达巴德已处于军事管制下。当地人惊恐万分，他们曾沉溺于暴力行为，现在他们得为自己过去的行为付出代价，且还得付上利息。

一名警官早已在车站等我，打算和我一起到专员普拉特（Pratt）先生那里。我发现他怒容满面，我礼貌地和他说话，并表达了我对发生骚乱的事情感到遗憾。我认为没有必要实行军事管制，并表明愿意尽全力恢复和平。我请求获准在萨巴玛蒂真理学院的广场上举行一次群众集会，这项提议引起了他的兴趣。因此，大概是在4月13日，一个星期天，集会如期举行，军事管制也就在那天还是第二天取消了。在大会上发言时，我极力尝试让人们认识到他们的错误，并宣布我将绝食三天以示悔过，同时呼吁人们绝食一天，还建议那些有暴力罪过的人们忏悔他们的罪过。

我对自己的职责一清二楚。对于我来说，最不能忍受的是工人也参与了暴动。我与他们相处了很久，为他们服务，对他们寄予厚望。现在，我感觉对于他们的行为，我自己也负有责任。

一方面，我建议人们忏悔自己的罪行；另一方面，我也建议政府宽恕他们的罪行，但双方都拒绝采纳我的建议。

当时健在的罗曼白（Ramanbha）爵士和艾哈迈达巴德的其他市民，前来请求我停止非暴力抵抗运动。其实，他们的请求完全没有必要，因为我已经下定决心，只要人们还没有认识到和平的意义所在，那么非暴力抵抗运动就不会开始。最后，那几位朋友兴高采烈地离开了。

但是，还有些人对这个决定很不高兴。他们认为，如果我期望到处都是和平的并将其作为发动非暴力抵抗运动的一个先决条件，那么群众性的非暴力抵抗运动就不可能发动起来。我很遗憾，对于他们的观点，我不能苟同。如果那些我曾经与之工作过的、我希望使用非暴力和自我受苦的人，都不能采取非暴力手段的话，那么非暴力抵抗运动就是不现实的。至今我仍坚持认为，那些想领导人们进行非暴力抵抗运动的人，应具有将人们限定在其所期待的非暴力范围之内的能力。

第三十三章 "一个喜马拉雅山般的错误"

艾哈迈达巴德的集会一结束,我就马不停蹄地赶往讷迪亚德。在这里,我第一次用了"喜马拉雅山般的错误"的表达,之后就广泛地流传开来。即便是在艾哈迈达巴德,我也隐约觉察到了自己的错误。但当我到讷迪亚德的时候,看到那里的实际情况且听到了凯达县有那么多人被捕的报道后,我突然意识到过早地号召凯达县以及其他地方的人们进行非暴力抵抗运动是一个严重的错误,直至现在我也这样认为。在一个公共集会上我公开承认了自己的错误,却招来了不少的嘲笑。但对于认错,我从来没后悔过。因为我总是认为,只有当一个人用放大镜看待自己的错误,而宽容看待他人的错误,这个人才能对两者做出相对公正的评价。我进一步认为,对于想要成为非暴力抵抗者的人来说,必须谨慎而真诚地遵守这一规则。

现在,让我们看看什么"喜马拉雅山般的错误"。一个人在进行非暴力抵抗运动之前,必须自愿遵守和服从国家法律。通常情况下,我们遵守法律是出于对违反法律所带来惩罚的恐惧,尤其是对那些不包含道德原则的法律,更是如此。比如说,一个诚实、受人尊敬的人绝不会突然去偷东西,不管法律禁止与否,就是这样的一个人对于未遵守夜里骑自行车必须开灯的规定而觉得自己犯了错。事实上,他是否能欣然接受在这方面必须小心谨慎的意见是值得考量的。但如果他想避免因违规而遭受处罚，就需要自觉遵守这一类法律。然而，这种顺从却不是一种非暴力抵抗运动者应有的自愿、自发的服从。一个非暴力抵抗者明智地遵守社会及他内心意愿的法律，因为他将其视为自己的神圣职责。只有当一个人能够小心谨慎地遵守社会法律时，才能具体地判断出哪些特别的规则是公正和正义的，而哪些是不公正和邪恶的。只有这样，他才有权利在一个明确的法律范围内进行非暴力抵抗运动。我错就错在没有遵守这个必要的限度，在人们还没有具备这些素质之前就号召他们进行非暴力抵抗运动，这个错误在我看来如喜马拉雅山一样大。我一进入凯达县境内，当年非暴力抵抗运动时那些往事一起涌上心头，我感到惊奇的是我怎么会忽略如此明显的事情？现在我明白了，在发动人民进行文明不服从运动之前，应使他们完全了解其更深层的含义。那么，在重新开始大规模文明不服从运动之前，有必要组建一支训练有素、心地纯洁且完全了解非暴力抵抗运动严峻形势的志愿者队伍。他们可以向人们解释清楚，并且时刻保持警惕，以确保人们行进在正确的道路上。

满脑子充斥着这些想法的我来到孟买。在孟买，通过当地的非暴力抵抗大会，我组织了一支非暴力抵抗者的志愿队，并在他们的帮助下着手进行对人们的教育工作，使他们明白非暴力抵抗运动的意义及内涵，这主要靠印发与这个主题相关且有教育意义的小册子。

但当工作正在进行的时候，我发现要让人们对非暴力抵抗运动的和平方面产生兴趣是一件相当困难的事情。志愿者的人数不太多，其中也不是所有志愿者都接受了系统的培训。随着日子一天天过去，志愿者人数不仅没有增加反而开始逐渐减少。我这才意识到，关于非暴力抵抗运动的培训进程并没有我开始预想的那样快。

第三十四章 《新生活》和《青年印度》

一方面，维持非暴力方式的运动正在稳步但缓慢展开；另一方面，政府正在全力推行非法镇压的政策，这一点在旁遮普表现得尤为突出：领导人被逮捕、戒严法公布、特别法庭成立。这些特别法庭并不公正，只不过是独裁者推行其独裁意志的一个工具罢了，在没有证据且公然违法的情况下，便下判决书。阿姆利则无辜的人们因担惊受怕而惶惶不可终日。在我看来，尽管嘉里安瓦拉花园悲剧（Jalianwala Baghtragedy）引起了印度及全世界的注意，但与嘉里安瓦拉花园悲剧相比这次暴行更引人瞩目。

无论效果如何，我都被催促前往旁遮普。我给总督写信并发电报，希望能获得去那里的许可，但这一切都是徒劳。如果在没有得到许可的情况下就前往旁遮普，是不被允许进入其境内的，结果只能通过文明不服从达到目的，以至于我现在处于一个两难的境地。就目前的情况来看，违反禁止进入旁遮普的规定对于我来说，不算是文明不服从，因为我并没有感觉到周围有我希望的那种和平气氛，而旁遮普境内肆意的镇压已进一步地扩大并加剧了人们的不满情绪。因此对于我来说，在这个时候发起文明不服从运动，即便存在可能，也只会使局势变得更紧张。所以，我不顾朋友的建议，决定不去旁遮普。这对于我来说，无异于吞下一粒苦药丸。每天人们受到的不公正对待及压迫的消息源源不断地从旁遮普传来，而我却无能为力，只能坐在那里干着急。

正在这个时候，有着巨大影响力的《孟买纪事报》的一把手洪尼曼先生突然被当局驱逐出境。对于我来说，政府的这种行为相当令人厌恶，直到现在那种污秽的恶臭还充斥着我的鼻子。我了解洪尼曼先生，他从来不希望采取非法行动。他不希望我未得到非暴力委员会允许而违反旁遮普政府规定进入其境内，与此同时他完全认可关于停止文明不服从运动的决定。事实上，在我做出停止文明不服从运动决定之前，他就已经写信劝我那样做了。只是由于孟买和艾哈迈达巴德之间的距离较远，我在宣布这个决定后才收到他的消息。他突然被驱逐出境，让我感到震惊和痛心。

由于发生了这些事情，《孟买纪事报》的董事要求我负责接管这份报纸。步列维先生已经在那边工作，所以我的工作量不大。但通常就我的性格来说，我承担的这种责任会变成一种额外的负担。但政府却替我解了围，因为它下令禁止《孟买纪事报》出版。

那些经营着《孟买纪事报》的朋友，如乌玛尔·苏班尼、商卡拉尔·班克等，这时也同样经营着《青年印度》。他们的建议是，考虑到《孟买纪事报》所受的打压，我应该接手《青年印度》的编辑工作，同时为弥补《孟买纪事报》被封带来的缺口，《青年印度》应该由周一刊改为周二刊。我也认为应该这样办。我迫切想向公众阐释非暴力抵抗运动的内涵，并希望通过自己的努力，至少可以为旁遮普的形势主持公道。因此，在我所写的文章中，多多少少有点非暴力抵抗运动的意味，政府对这一点也是心知肚明。因此，我欣然地接受了这些朋友的建议。

但如何在非暴力抵抗运动中通过英语媒介训练一般的民众呢？我工作的地方主要是在古吉拉特，印都拉尔·杨兹尼克先生那时候与苏班尼及班克这班人保持着联系。他所经营的古吉拉特文月刊《新生活》得到了这些朋友的经济支持，他们把这本月刊交给我处理，另外，印都拉尔也承诺继续干下去，这本月刊便改成了周刊。

与此同时，《孟买纪事报》也获准复刊。因此，《青年印度》又恢复之前的周一刊。在两个不同的地方出版两种不同的刊物，对于我来说，非常地不方便且开支很大。因为《新生活》原来在艾哈迈达巴德出版，因此经我建议《青年印度》也搬到了那里。

这种改变也有其他方面的原因，我从经营《印度舆论》中获得了一些经验，那就是这一类的期刊需要有自己独立的印刷厂。此外，根据印度那时候的出版法律，现有的出版社都是商业化的运营模式，如果我想随心所欲地表达自己观点的话，他们就不敢承印。因此，有必要筹建一个自己的印刷厂，一切都势在必行。同时，既然只有在艾哈迈达巴德运行比较方便的话，那么《青年印度》也需要搬去那里。

有了这些期刊，我开始尽最大的能力向读者开展非暴力抵抗运动教育。这两本期刊发行量很大，两者的发行量曾一度各达四万份。但正当《新生活》发行量激增时，《青年印度》发行量却上涨缓慢。在我被关禁闭之后，两份期刊的发行量都降了，现在还不到八千份。

从一开始，我就决定不在这些期刊上做广告。我不认为这样做会造成什么损失，相反，这对于保持其独立性大有益处。

此外，这两本期刊在一定程度上有助于维持我内心的宁静，因为马上进行文明不服从运动是行不通的，它们使我可以自由表达自己的观点并与人们进行沟通。所以，我感觉这两本期刊在关键时刻确实为人们提供了良好的服务，与此同时，它们在揭露戒严法的专横残暴方面也尽了微薄之力。

第三十五章　旁遮普的经历

米凯尔·奥·戴尔爵士认为，我应该为旁遮普发生的事情负责，且一些情绪激动的旁遮普年轻人也认为，该把戒严法归咎到我的身上。他们断言，如果我当初不停止文明不服从运动的话，就不会发生嘉里安瓦拉花园大屠杀。他们之中甚至有人进一步威胁我，如果我进入旁遮普的话，就行刺我。

但我认为，我的立场毫无疑问是正确的，凡是有点头脑的人都不会产生误解。

我急于去旁遮普，之前我并没有去过那里，因此更想去那里亲自看看发生的事。沙提亚巴尔博士、克其鲁博士及潘迪特·兰巴兹·杜德·乔达理，那些曾经邀请我去旁遮普的人，现在都被关进了监狱。但我感觉政府不敢将他们以及其他犯人关押太久。我每次去孟买，都有很多旁遮普人来看我。在这些场合，我总会给他们打气，说一些安慰的话。那时，我的自信也感染了他们。

但我去旁遮普的日子一拖再拖，每次我要求拿到进入旁遮普的许可时，总督总说"还不行"，于是这事就拖下来了。

在此期间，亨特委员会宣布，要对旁遮普政府在戒严期间的所作所为进行调查。查·弗·安德鲁斯先生已到达旁遮普，他的信里描述了令人触目惊心的景象，使我觉得戒严法所产生的影响远比媒体报道的严重，他催促我赶去那里加入他的行列。与此同时，马拉维亚吉发电报要我立即动身前往旁遮普。我再次发电报给总督，问能否批准我进入旁遮普。他回电说，我可以等到一个特定的日子去那里。现在，我不能准确地回忆起那个日子，但我认为应该是 10 月 17 日。

我到拉合尔那天看到的情景，终生不会忘怀。从车站这头到那头，简直是人山人海，好像全市的人都来了，在车站上热切地期待着，仿佛在迎接一个阔别多年的亲人，他们见到我更是欣喜若狂。我住在潘迪特·兰巴兹·杜德（已故）的家里，而招待我的担子却落在沙罗拉·蒂维夫人身上。我之所以说是一种担子，是因为当时和现在一样，凡是我住的地方，总是人来人往。

由于主要的旁遮普领导人都在狱中，我发现他们的位置已经恰当地被潘迪特·马拉维亚吉、潘迪特·莫提拉尔吉 [①] 和斯瓦米·史罗昙纳吉代替。马拉维亚吉和史罗昙纳吉我从前就很熟悉，但是和莫提拉尔吉建立密切的私人联系，这还是第一次。所有这些领导人，还有当地幸而没有被捕的领导人，都使我立刻有一种宾至如归的感觉。所以，我与他们之间并没有陌生的距离感。

我们一致决定不为亨特委员会作证，这件事现在已经成为历史事件。作出这个决定的理由当时曾经公开发表，这里不再重复。简而言之，事情相隔那么多年了，现在回顾起来，我依然认为当时抵制这个委员会的决定是绝对正确和恰当的。

既然要抵制亨特委员会，我们决定成立一个非官方的调查委员

---

① 潘迪特·莫提拉尔吉（Pandit Motilalji），印度共和国前任总理尼赫鲁之父。

会，代表国民大会党进行几乎平行的调查。潘迪特·莫提拉尔·尼赫鲁（Pandit Motilal Nehru）、德希班度·西·勒·达斯（Deshbandhu C.R.Das）（已故）、阿巴斯·铁布吉先生、姆·勒·贾亚卡（M.R.Jayakar）先生和我都被委任为这个委员会的委员，委员会主席由潘迪特·马拉维亚吉担任。为便于进行调查，我们每个人负责一个地方。委员会的组织工作由我负责，因此很多地方的调查工作便落到了我的头上。我得到了一个特殊的机会，以深入地考察旁遮普人民和旁遮普村庄的情况。

在调查的过程中，我还认识了许多旁遮普的妇女。我们彼此间像已经认识了很久。无论我走到哪儿，她们都成群结队地来看我，为我献上她们织的成堆的棉纱。我进行的调查工作使我明白了这样一个事实，即在旁遮普开展土布工作大有可为。

当我一步一步深入地调查人民受到的暴虐行为的时候，听到了很多关于政府专制和官员蛮横的事情，这些事出乎我的意料，使我十分痛心。当时使我惊讶，甚至现在仍然使我惊讶的是这样一个事实：大战期间曾经为英国政府供应了大量士兵的省份的百姓，竟然遭受到这一切穷凶极恶的暴行。

为这个委员会起草报告书的任务也由我承担，凡是想要了解旁遮普人民遭受过什么暴行的人，我建议看一看这本报告书。关于这本报告书，我这里想说明的是，那里面没有一句我有意夸张的话，每一段记载都是有事实可稽的。而且，报告书里公开的证据，不过是委员会掌握的一部分而已。凡是稍有可疑之处的材料，报告书都没有收入。这本报告书完全是为了说明真相，而且也只有说明真相才能使读者清楚，英国政府为了维持它的政权，竟做出如此惨无人道和野蛮无比的坏事。据我所知，这本报告书中的任何记载都未被推翻。

第三十六章　基拉法反对保护母牛？

现在让我们暂时放下旁遮普发生的那些惨绝人寰的事件，看看别的事情。

国民大会党刚开始调查旁遮普的大屠杀时，我收到了一封信，邀请我去德里出席一个印度教徒和穆斯林的联席大会——寻求基拉法问题的对策，信上落款中有哈钦·萨希布和阿沙夫·阿里先生。据说，斯瓦米·史罗昙纳吉也将到会，如果我没记错，他是那年国大党会议的副主席，我印象中这次会议是 11 月召开的。会议主要讨论基拉法将被出卖所引发的新状况，以及印度教徒和穆斯林是否应该举行和平庆祝活动等问题。信中接着写道，除此以外，会上还会讨论护牛问题，这将是解决此问题千载难逢的机会。我不喜欢这样提护牛的事情，因此，在回信中我首先允诺到会，同时表示不应该秉着讨价还价的态度将两件事情搅在一起，而应该根据各自的具体情况区别对待。

我怀着这种想法出席了会议。尽管它比不上后来那些有成千上万人参加的集会那么壮观，但参加这次会议的人也不少。斯瓦米·史罗昙纳吉也参加了这次会议，我与他讨论了上述问题。他很欣赏我的看法，让我在会上提出来。此外，我也与哈钦·萨希布谈过这个问题。我在会上提出，如果基拉法问题有它正当而合法的根据——这一点我是确信无疑的，如果政府的处理实在太不公平，那么印度教徒当然会支持穆斯林的要求以纠正基拉法的错误。但如果他们借此机会提出护牛的问题，或者利用这个机会与穆斯林讨价还价，这样就不妥了。就像穆斯林不应当以停止屠牛作为换取印度教徒支持基拉法问题的代价一样。当然，如果穆斯林自愿停止屠牛，是出于尊重印度教徒的宗教感情，出于对邻居和同胞的责任感，那就另当别论了，那就是一件好事，说明他们相互有很大的信任。我认为，采取这样一种独立态度不但是他们的责任，而且会提升他们的尊严。但是，如果穆斯林认为作为邻居，他们有责任停止屠牛，那他们就不用考虑印度教徒是否会在基拉法的问题上帮助他们。"所以，"我说道，"这两个问题应当分开讨论，而这次会议的议题应当只限于讨论基拉法的问题。"我的主张得到出席会议的人们的赞同，结果，在这次会议上就没有讨论护牛的问题。

但是，尽管我做了提醒，阿卜杜尔·巴里·萨希布大毛拉还是说："不论印度教徒是否帮助我们，作为印度教徒的同胞，穆斯林应当尊重印度教徒的宗教感情而停止屠牛。"而且，有一段时间，看起来他们真像是放弃了屠牛。

有些人提议，旁遮普问题应当作为基拉法错误的连带问题一并提出，对此我持反对意见。我说，旁遮普问题是一个地方事件，不能和决定是否参加和平庆祝的问题等量齐观。如果我们把地方上的问题和基拉法的问题——其直接起因是和平条款——混淆起来，那就犯了严重而轻率的错误。我的论点很容易地被接受了。

哈斯拉特·穆罕尼（Hasrat Mohani）大毛拉也参加了这次会议。我过去就认识他，但只是到了这里以后，才发现他是一个什么样的战士。我们差不多从一开始就有分歧，而且在许多问题上各持己见。

在这次会议通过的大量决议中，有一个是号召印度教徒和穆斯林双方宣誓使用国货，也就是说要抵制外国货。那时，土布还未被提高到适当的地位。这个决议是哈斯拉特·萨希布无法接受的，他的目的是，一旦基拉法问题得不到合理解决，就可以狠狠报复大英帝国。因此，他提出一个相应的反向建议，必要时专门抵制英国货。我从原则及操作性上加以反对，我反对的理由现在已为人们熟悉。会上，我还提出我的非暴力观点。我注意到我的发言给听众留下了深刻的印象。在我发言以前，哈斯拉特·穆罕尼的讲话博得了热烈的掌声，我担心我的发言不过是旷野中的徒劳叫喊。我之所以鼓起勇气发言，是因为我感到，如果我不在会上提出我的意见，就是不负责任。然而，使我惊喜的是，我的发言引起了听众的极大注意，并且博得了主席台上的人的充分支持，接着发言的人无不对我的观点表示支持。那些领导人明白，抵制英货不但不能达到目的，而且如果这个议案被通过，他们就会成为笑柄。事实上，参加大会的人几乎没有哪个人身上没有一两样英国货。因此，很多听众都认识到，通过一项连投票赞成的人都不能实行的议案，结果只有坏处，没有好处。

"我们不能仅仅停留在抵制这一步上，毕竟谁也不知道土布的产量何时才能满足我们的需求，何时才能有效地抵制洋布，我们需要做的是马上能对英国产生效力的事情。你尽可保留抵制外国布的提议，我们不介意，但是另外给我们一点更快、更有效的东西吧。"哈斯拉特·穆罕尼大毛拉这样说道。甚至当我正在听他讲话的时候，我也感到，除了抵制外国布，还需要一些新的东西才行。当时马上抵制外国布，在我看来显然是不可能的。那时候我还不晓得，如果愿意的话，我们可以制造足够的土布以供国内的衣着需要，这是我后来才发现的。另外，那个时候我就已经知道，单靠我们的纺织厂抵制外国布注定是要失败的。穆罕尼结束他的发言时，我还处于这种两难的状态中。

我一时间找不到合适的印地语或乌尔都语词汇，这是我第一次参加这样的会议时发表有争议性的言论：与会者有不少来自印度北方的穆斯林。我之前也用乌尔都语演讲过，那是在加尔各答的穆斯林联盟，但那次只说了几分钟，而且内容只是给听众做一点情感上的呼吁。但在这里却恰恰相反，我面对的是挑剔的（如果不算是心怀敌意的话）听众，我要解释并争取他们接受我的观点，然而我早已彻底摆脱了羞涩的情绪，我在那里不是要用没有错误的经过润色的德里穆斯林的乌尔都语来讲话，而是用我所能讲的支离破碎的印地语向听众表达我的观点。这一点我做到了。这次集会给我一个直接的证明：只有印地语和乌尔都语混合起来的语言才能称为印度的国语。如果我用英语讲话，就不能给听众留下那天的印象，而穆罕尼也许就不会感到有必要提出他的挑战，或者就算他说了，我也不能那么有效地加以反驳。

我没法用一个合适的印地语或者乌尔都语讲解我的新观点，这让我十分为难。最后，我用了"不合作"这个词表达我的意思，这是我在这次会上第一次用这个字眼。在穆罕尼讲话的时候，我就觉得，如果采用武力是不可能的或者不是我们所希望的，那他所说的对政府进行有效的抵抗就是一句空话，因为他与政府不止在一件事情上进行着合作。因此，在我看来只有停止与政府合作，才能够对政府进行真正的抵抗。于是，我就想到"不合作"这个词，我当时对这个词包含的多方面意义并不清楚，因此，我并没有对这个词做详细的说明。我只是说：

"穆斯林已经接受了一个非常重要的决议。如果他们不能接受和平协议——但愿，这不会发生——他们就会终止与政府的合作。不与政府合作是人民不可剥夺的权利。我们并不一定要保留政府的封号和荣誉，或者继续为政府服务。如果政府在像基拉法这么重大的问题上背弃我们，那么我们除了不合作之外，别无他法。所以，在我们遭受背弃的时候，有权利不与政府合作。"

但是，过了几个月，"不合作"这个词才变得流行。这个词一度仅停留在会议中。实际上，在一个月后的阿姆利则大会上，我站在了支持与政府合作的一边，这么做是期望政府永远不背叛我们。

第三十七章　阿姆利则国大党大会

　　旁遮普政府不可能一直关押数千名旁遮普人，因为他们是在戒严法下被捕入狱的，而且证据不足，办案的法庭也是名不副实的。这样骇人听闻的罪行引起了四面八方人们的抗议，使当局无法对旁遮普人民继续实行羁押。在国民大会党的大会开幕以前，大部分人被释放了。大会进行期间，拉拉·哈基山拉尔和其他的领袖也被释放了。阿里兄弟是从监狱里直奔大会现场的，人们感到无比的欢欣。潘迪特·莫提拉尔·尼赫鲁是那次大会的主席，他放弃了极为兴旺的律师业务，把旁遮普当作他的总部，提供了很多的服务。斯瓦米·史罗县纳吉是接待委员会的主席。

　　这个时候，我参加国大党的年会还只限于这样——在演讲中使用印地语，建设性地提倡印地语成为官方语言，此外就是在发言中提出印度海外侨民的问题。这一年，我不想再做什么超越这个范围的事情。然而，正如往常的许多情况一样，责任总是突如其来地落到我肩上。

　　英皇宣布的改革方案那时刚刚公布，这个方案我不完全满意，其他人也不满意。不过我当时觉得，那个方案虽有缺点，但是可以接受。在英皇的公告和那个方案的语气里，我感到辛哈（Sinha）勋爵也提出了意见，这就显出一线希望。然而，那些久经锻炼的老战士如罗卡曼尼亚和德希班度·齐达朗建·达斯却频频摇头，表示不以为然。潘迪特·马拉维亚吉则采取中立态度。

马拉维亚吉把我安置在他的房间里。我在印度教大学的奠基典礼上，已对他的简朴生活有所了解。但是这一次，与他同处一室，我能对他的日常生活做更细致的观察，而我看见的事实使我内心充满了欢欣惊奇。他的房间给人以一种近乎免费贫民公寓的感觉。屋里过度拥挤，你简直很难从屋里经过，几乎没有转身的余地。很多不速之客随时来找他，并且可以随便占用他的时间。在这个小房间的一个角落摆着我的棕绳木床，倒显得很庄严的样子。

不过，我不应当在此就马拉维亚吉的生活方式展开赘述，现在还是言归正传吧。

寄宿在马拉维亚吉处，我可以天天与他讨论，他常常像老大哥一样亲切地向我解释各党派的不同观点。我明白，我参加关于改革方案决议的讨论是不可避免的。我负责起草国大党关于旁遮普事件的报告书，觉得对于此案其他的未了事宜也应当注意。就这个问题，我需要与政府接洽。同样，还有基拉法问题没有解决。我那时还相信，蒙太古先生不会变节，也不容许印度的事业被出卖。阿里兄弟和其他人被释放，我以为也是一种好的信号。在这种情况下，我觉得通过一项决议，即接受而不是拒绝那个改革方案才是正确的。相反，德希班度·齐达朗建·达斯却立场坚决，认为那个完全不恰当的方案令人不满，应当予以拒绝。罗卡曼尼亚或多或少地持中立态度，但是他决定支持德希班度赞同的任何决议。

我发现，我和这些处世有方、久经锻炼、受大家敬仰的领袖的意

568

见相左，心里感到并不好受。但是，我的良心的声音却又非常清楚。我准备离开这次大会，告诉潘迪特·马拉维亚吉和莫提拉尔吉，如果我不参加大会的其余几次会议，对大家都有好处。那样我就不会暴露与那些受人尊敬的领导人意见上的分歧。

然而这两位前辈并没有赞同我的建议。有人把我的意见告诉了拉拉·哈基山拉尔。他说："那是断然不可的，那样做会大大地伤害旁遮普人的感情。"我与罗卡曼尼亚、德希班度和真纳先生讨论了这个问题，但是没找到什么办法。最后，我把我的苦处告诉了马拉维亚吉。我对他说："我看不出有妥协的希望，如果我提出我的议案，会上就会产生分歧，那就得进行表决。然而，我在这里找不到什么好办法。在大会的公开会议上，我们一向采取举手表决的方式，很难区分正式代表和列席旁听的人，而在这样的大会上我们还没有找到计算表决的方法。所以，即使我想分别进行表决，也没有这种条件，更看不出有什么意义。"但是，拉拉·哈基山拉尔来给我解了围，他决定做些必要的安排。他说："进行表决那天，我们不准旁听的人进入会场。至于计算票数，我有办法。但是，你千万不能离开大会。"我只好听从他的建议，把议案写好，胆战心惊地准备在大会上提出。潘迪特·马拉维亚吉和真纳先生打算给我帮助。我看得出来，我们的意见分歧虽然没有产生任何交恶的迹象，发言也都是冷静的推论，但是意见分歧这个事实本身，就是人们不能容忍的。这使他们痛心，他们需要的是全体一致的意见。

甚至发言期间，主席台上也在酝酿解决意见分歧的办法，领导人之间也在为此相互交换纸条。马拉维亚吉想尽种种方法，要消除鸿沟。就在这个时候，叶拉姆达斯递了一个修正案给我，用他亲切的态度，请我设法避免代表陷于分裂的困境。他的修正案正合我的意思，马拉维亚吉的眼睛已经在向各方探索希望之光。我告诉他，叶拉姆达斯的修正案在我看来似乎双方都可以接受。接着看这个修正案的是罗卡曼尼亚，他说："如果西·勒·达斯同意，我也不反对。"后来德希班度终于妥协了，他望了比彬·昌德罗·巴尔（Bepin Chandra Pal）先生一眼，像是在寻求他的支持。马拉维亚吉满怀着希望，抢过那张修正案的纸条，在德希班度还没有说出肯定的"行"以前，就向大会宣布："代表兄弟们，你们一定乐于知道，妥协已经达成。"那时的情景实在无法形容，会场里响起热烈的掌声，而代表严肃的面孔也露出了喜悦的笑容。

修正案的全文用不着说明了。我写在这里的目的只是说明这个议案是怎样通过的，作为我在这几章所谈体验的一部分。

这次的妥协进一步加重了我的责任。

第三十八章　国大党的入党仪式

我一直觉得，我真正参加国大党的政治活动，应该从国民大会党的阿姆利则会议开始算起。我出席过去的几届年会，不过是为了重申我对于国大党的忠心。在那种情况下，除了一点私人事务以外，我从来未曾感到有什么工作需要我做，而且自己也不希望做更多的事。

我在阿姆利则的经验说明，有一些事情或许我是有一点能力做的，而且对于国大党是有用的。我能看出来，对于我在旁遮普进行的调查工作，罗卡曼尼亚、德希班度、潘迪特·莫提拉尔等领导人是很满意的。他们常常邀请我参加他们的非正式聚会，我发现提案委员会的很多议案是在这些聚会上讨论形成的。只有那些得到领导人特别信任且其服务是领导人所需的人，才被邀请参加这种集会。有时还有一些不相干的人参加。

第二年，有两件事情引起了我的兴趣，因为我一直在关注这两件事。其中一件是纪念嘉里安瓦拉花园惨案。国民大会党已经通过一个决议，并得到了热烈的支持，为此必须募集五十万卢比以上的基金，我被任命为受托人之一。潘迪特·马拉维亚吉在公共事业中享有募捐者之王的声誉。但是我知道，就这方面来说，我比他差不了多少。还在南非时我就发现自己有这方面的能力。我没有马拉维亚吉那种向印度权贵募集大宗款项的无可比拟的魔力。然而，我知道为了建立嘉里安瓦拉花园纪念碑而向王公募捐是不成问题的。正如我所预料的，募捐的主要责任就这样落到我的肩上。慷慨的孟买市民捐献了大量款项，而纪念碑的基金至今还有一笔相当可观的余款在银行里。然而，今天国家所面临的问题却是在那个地方建立一个什么样的纪念碑，来纪念为印度牺牲的印度教徒、穆斯林和锡克教徒。这三个教派的人不但不能在和谐和仁爱气氛中交流，而且在那里公开地互相攻击，以至于整个印度在如何使用这一笔纪念基金上没有达成一致意见。

我还可以利用另一种能力为国大党服务，那就是起草文件。国大党的领导人发现我有把问题简练地表达出来的能力，这种能力是我在长期的实践中锻炼出来的。那个时候，国大党的党章是戈克利时代的遗作。他拟定了几条规章作为国大党机构运作的基础，关于制定这些规章的有趣历史是戈克利亲自告诉我的。然而，由于国大党的事务越来越繁重，现在大家都感到这些规章已经不能适应需要。这个问题年复一年地被提出。那个时候，国大党在闭会期间事实上并没有常设机构进行日常工作或者处理这期间可能发生的意外事件。当前的党章规定要有三个书记在闭会期间处理和主持日常工作，但是事实上只有一个书记做实际工作，而且还不是专职干部。他单枪匹马，怎么能够照顾国大党的党部，考虑未来的工作，或者承担国大党上届大会规定的今年的任务呢？所以，在那一年内，大家都觉得这个问题比往常更重要。国大党是一个非常臃肿的组织，讨论公共事务很不方便。大会对于代表人数毫无限制，对于各省代表的人数也没有规定。对于这种混乱的情况，大家都觉得有必要进行一些改进。我担负起起草党章大纲的职责，但我提出了自己的要求。我注意到，罗卡曼尼亚和德希班度这两位领袖能够对群众产生极大的影响力。我希望他们能够以人民代表的责任感，在党章大纲起草委员会上与我联系。但很明显，他们没有足够的时间参与制定党章的工作。因此，我请求他们推荐能够胜任的两个人选给我，以组成党章委员会，该委员会不超过三个人。他们接受了我的建议，把克尔卡和埃·比·森（I. B. Sen）先生分别推荐给我。尽管这个委员会一次全体会议也没有开过，但我们以通信的方式保持联系，并最终制定了一份意见统一的报告，我为此深感自豪。

我以为，如果我们能够圆满地制定出这个党章，这个事实本身就可以为我们带来自治。因为有了这种责任感，所以我说我已经真正加入了国大党的政治活动。

第三十九章 土布运动的诞生

1908 年，我在《印度自治》中把纺车视为战胜我国日益严重的贫困问题的关键，但我对纺车并没有多少印象。在该书中，我相信，但凡可以将印度众多的人口从赤贫中拯救出来的东西，都可以促成印度自治。即使 1915 年我从南非回国的时候，也没见过纺车的样子。当真理学院在萨巴玛蒂成立的时候，我们在那里引进了一批纺车。但随后不久，我们再次处于困难中：我们要么是自由职业者，要么以经商为生，没有一个人是懂手艺的。我们需要一位专业纺织手艺人教我们纺纱，才能使用这些机器。最后，我们在巴兰埔找到了一个人，可他并没有把全部手艺传授给我们。但摩干拉尔·甘地不肯就此作罢，凭借他操作机械的天赋，没过多久就学会了整套手艺。于是，学院就一个一个地把新的纺织者培养出来了。

我们之前订立的目标是：靠自己的手织出我们衣着所需的全部布匹。因此，我们决定不用纺织厂生产的细布，学院的全体人员都要穿用印度土纱和土法织的粗布。经过这番实践，我们获得了极为丰富的经验。通过与纺织工人接触，我们了解到他们的生活状况、生产能力的局限、采购棉纱的困难、受人欺诈的苦处及最后他们债务日增的情况。

我们还不可能一下子生产出需要的全部布匹，因此只好向织布手艺人购买欠缺的部分。然而，要从布商或织布人本人那里买到用印度纺纱厂的棉纱织成的现成布匹，却不是那么容易的。因为印度的纺织厂并不生产细纱，织布工人织成的所有细布都是采用外国棉纱。就是到今天，印度纺纱厂生产的细纱也很有限，最高级的细纱根本纺不出来。我们费了九牛二虎之力最后才找到几个织布工人愿意为我们纺本国所需的棉纱，唯一的条件是学院必须全部回购他们生产的布。我们用纺纱厂的棉纱织出的布做衣服，并在朋友中间广为宣传，我们自己就成了印度纺纱工厂的义务代理人。这反过来又使我们与纺纱厂有了接触，并使我们能够了解一点他们的经营情况和困难。我们明白纺纱厂的目标是越来越多地采用他们纺出的棉纱织布；他们与土布纺织工人的合作并非出于自愿，而是无可奈何且短暂的，我们迫切期待能够纺出自己的棉纱。事情很清楚，除非我们能够自己纺纱，否则依赖纺纱厂的情况无法改变。我们并不认为继续充当印度纺纱厂的代理人会对国家有什么好处。

无尽的困难又向我们袭来。我们既弄不到纺车，也找不到一个纺工来教我们纺纱。我们学院里倒有几个卷棉纱的轮子和纺织线轴，可是我们并不知道这些也可以当纺车用。有一天，卡里达斯·贾维礼找到一个妇女，愿意给我们演示一下纺纱的手艺。我们便派了学院里一个擅长学习新事物的人去她那里，然而就连这个人也没有掌握这门手艺的要领而徒手归来。

光阴蹉跎，我也越发不耐烦了。每逢碰到前来学院参观的似乎懂得一点纺纱手艺的人，我都向他们打听有关这门技术的许多问题。然而，这门技术只有妇女才懂，而且差不多要绝迹了，如果偶然还有这样的人生存在某个阴暗的角落里，也只有少数妇女可能知道在哪里。

1917 年，我被几个古吉拉特朋友拉去主持布洛亚赤教育会议。在那里我发现了一位异乎寻常的妇人甘嘉朋·马兹蒙妲（Gangabehn Majmundar）。她是一个寡妇，但是她的事业精神是无限的。按照教育的普通意义来说，她所受的教育并不多，然而以胆量和常识而论，她却胜过受过教育的一般妇女，她已经摆脱不可接触制的陈规，无所恐惧地在被压迫阶级中活动并为他们工作。她能够自己谋生，她的需要也很简单。她久经磨炼，去哪儿都不需要人陪。我在戈德罗会议上对她有了更深入的了解。我向她倾诉了关于纺车的难题，她答应会为我们奔走查访找一架纺车，这让我如释重负。

第四十章　终于找到了！

最后，甘嘉朋遍访古吉拉特，总算在巴洛达邦的维贾布尔找到了纺车。那里很多人家都有纺车，但是久已把它当作废物，束之高阁。她们对甘嘉朋说，只要有人答应经常供给纺织的棉条，并购买她们纺出的棉纱，她们就愿意重操旧业。甘嘉朋把这个可喜的消息传给了我。供给棉条是一件困难的事情，我把它告诉了乌玛尔·苏班尼，他当即从他的纺织厂供给了足够的棉条，我们的困难得以解决。我把乌玛尔·苏班尼供给的棉条送到甘嘉朋那里，不久棉纱便纺了出来，其产量之多，使我们穷于应付。

乌玛尔·苏班尼先生倒是非常慷慨，但是我们不能总是这么占他的便宜。总是从他那里获取棉条，我心里很不安。而且，我总认为使用纺织厂的棉条，从一开始就是错的。如果人们可以使用机器棉条，为什么不能使用机器棉纱呢？古人肯定不是靠纺纱厂供给棉条，那么，当时他们怎么造的棉条呢？心里有了这些念头，我便建议甘嘉朋找一些可以供给棉条的梳棉匠。她信心满满地担负起这个使命，雇了一个愿意梳棉的梳棉匠。他每月要三十五卢比的报酬，我那时不惜付出任何代价。她训练了几个青年，把梳好的棉花做成棉条。我要求孟买供给棉花，亚斯望普拉沙德·德赛先生立刻答应了。甘嘉朋的事业出乎意料地发达起来，她又找了一些织工，把维贾布尔纺成的棉纱织成布匹，不久维贾布尔的土布便出名了。

在维贾布尔的工作取得进展之时，纺车在学院里已经迅速地占据一席之地。摩干拉尔·甘地凭借他出色的机械天赋，对纺车做了许多改进，学院接着便开始制造纺车和附件。学院自己织出的第一匹布每码价值十七安纳，布虽然粗，价格也贵，但我还是毫不迟疑地向朋友推销，而他们也乐于出这个价钱。

虽然我在孟买害病，却还可以尽力外出寻找纺车。最后，我碰巧遇见了两个纺工。他们每纺一西尔①棉纱，就要一卢比。我当时还不了解土布的行情，觉得能够买得到手纺棉纱，价钱再贵也在所不惜。等到我把自己所出的价钱与维贾布尔的价钱一比较，才知道自己受骗了。这两个纺工却不愿意降价，因此我就不再找他们做工了。不过他们也算做了好事，他们教会了阿望蒂克白夫人、商卡拉尔·班克的寡母罗密白·康达（Ramibai Kamdar）夫人和华素玛蒂朋夫人纺纱。从此我的房间里响起了纺车的辘辘之声，可以毫不夸张地说，我能够恢复健康，纺纱实在出力不小。我承认我身体康复这件事更多地得益于心理因素而非身体上的影响，然而这也表明，心理因素对身体的影响是多么巨大了。我自己也纺纱，不过当时纺得不多。

在孟买，手工棉条的供应这个老问题又出现了。有一个梳棉工人天天在列瓦商卡先生的门前经过。我把他找来，才知道他是弹棉被的。他答应给我们梳棉条，可是索价颇高，然而我还是照付了。我把这样得来的棉纱卖给毗湿奴教派的朋友，作为"叶迦达希"绝食日供

---

① 西尔（Seer），裹裙，印度最古老、最本土的服饰。

578

献花环之用。许福济先生在孟买开了一个纺纱训练班。土布运动的所有这些实验花了不少钱，但是那些具有爱国心的朋友都有信心，愿意花这笔钱。所以依我拙见，这样花的钱并不算浪费。它给我们带来了极为丰富的经验，而且向我们展示了运用纺车的可能性。

我对于自己还没有穿上土布这件事觉得忍无可忍，因为我的"拖地"仍然是印度纺织厂生产的细布。学院和维贾布尔生产的粗布只有三十英寸宽，我通知甘嘉朋，如果她在一个月内不给我做出一条四十五英寸宽的土布"拖地"，我就只好穿短的土布"拖地"了。这个"最后通牒"使她大为震动。当然，事实证明她是能够满足这个要求的。不到一个月，她便送来了两条四十五英寸宽的土布"拖地"，把我从困难的处境中拯救了出来。

大概就在这个时候，拉克希米达斯（Lakshmidas）先生和他的夫人甘嘉朋带了一个纺织工人兰芝（Ramji）先生从拉底来到学院，就在学院里从事纺织土布"拖地"。这对夫妻在推广土布运动中所起的作用实在不小，他们在古吉拉特内外带动了一帮人从事手纺棉纱的手艺。甘嘉朋在织布机旁边织布的情景是很动人的，当这个不识字但是沉着的姐妹坐上织布机的时候，她是那样的全神贯注，以至于别的什么东西都不能引起她的注意，要让她的眼睛离开她心爱的织布机，那就更困难了。

第四十一章　一场有启发性的对话

从一开始，土布运动（当时也称为经济自主运动，英文为 Swadeshi Movement）便引起了纺织厂主的很多批评。乌玛尔·苏班尼就是一个很能干的纺织厂主，他不但以他的知识和经验使我得益不浅，而且帮助我了解其他纺织厂主的意见。有一个厂主的议论给了他深刻的印象，他极力劝我去见见他，我答应了。苏班尼先生安排了那次会谈。那个纺织厂老板先开了话头。

"你知道以前也搞过一阵经济自主运动吗？"

"是的，我知道。"我答道。

"你也知道在分治的那些日子里，我们这些纺织厂主曾充分利用经济自主运动。当此运动走上高潮的时候，我们抬高了布匹的价格，而且做了比这更坏的事情。"

"是的，这件事我听人说过一些，而且觉得很难过。"

"我可以理解你的感受，可是我看不出有什么理由值得难过。我们做生意不是慈善事业，是为了赚钱，得让股东满意。一件商品的价格是根据市场的需求而定的，谁能够限制市场供求的法则呢？孟加拉人应当懂得，由于他们闹事，刺激了市场需求量，因此国产布的价格势必上涨。"

我打断了他的话，说道："孟加拉人像我一样，都是秉性诚实的人。他们满怀诚意地相信，纺织厂主不至于那么极端自私自利和毫无爱国心肠，在国事危急的时刻，出卖国家，甚至丧心病狂，把洋布冒充国产土布卖出去。"

"我知道你那相信人的天性，"他回应道，"我就是因为这个缘故，才请你屈驾来这里，以便提醒你，不要像这些头脑简单的孟加拉人一样犯同样的错误。"

讲完了这几句话，那位纺织厂主便向站在旁边的一个职员招手，叫他把厂里生产的产品样本拿来。他指着样本说道："你看看这种布，这是我们厂里最新的产品，因符合市场需求，销路极广。这是用废布纱头织成的，价钱自然便宜。我们把它推销到北方，甚至远至喜马拉雅山谷。我们在全国各地都有代理人，就连你或你的代理人永远都不会去的地方也有我们的人。因此你该明白，我们不需要更多的代理人了。此外，你还应当晓得，印度生产的布匹，远远不能满足国内的需求，所以经济自主问题无非是一个生产能力的问题。只要我们能够大量增加生产，把质量提高到必要的水平，洋布的进口自然而然地就会停止。所以我劝告你，不要把你们的运动按照现在的方向进行下去，而应该把你们的注意力转移到建立新的纺织厂上来。我们需要的，不是用宣传的方法让人多买我们的布，而是需要更多的生产。"

"如果我已经在朝你所说的方向努力，那么，你一定会为我祝福吧？"我问道。

"那怎么可能？"他有些迷惑地嚷道，"不过也许你正在设法提倡建立新的纺织厂，如果是这样，当然应当祝贺你。"

"我所做的和你所想的，不完全一样，"我解释道，"我致力的是怎样把纺车恢复。"

"那是怎么回事？"他问道，越发地迷惑了。我把关于纺车的一切事情和我怎样费了许多工夫才把它找到的故事都告诉了他，接着说："我完全同意你的意见。把自己变成纺织厂的代理人，这没有什么用处。这对国家来说，弊多利少。在今后很长一个时期内，我们的纺织厂不怕没有顾客。所以我的工作应当是而且现在就是组织手纺土布的生产，并设法推销这种产品。所以，我的注意力还是要集中在土布的生产上。我之所以提倡这种形式的经济自主，就在于通过它可以为印度半饥饿、半失业的妇女提供工作。我的用意是让这些妇女去纺纱，让印度人民穿上用这种棉纱布做成的衣服。我不知道这项运动能有多大成就，现在还只是刚刚开始。不过，对它我有充分的信心。无论如何，它总不会有坏处。相反，无论它的产量多么微小，某种程度上对于国内布匹的生产总有一些帮助，这也算是一种切实的收获。因此，你可以看到，我所提倡的运动绝没有你刚才所说的那些坏处。"

他答道："如果你组织运动的目的在于增加产量，我也没有什么反对意见。至于在这个机器化的时代，纺车能否取得进展，那又是另一个问题了。但无论如何，我个人谨祝你成功。"

第四十二章　不合作运动的兴起

我不想在这里用更多的篇幅，进一步描述土布运动进展的情况。要把我的各项活动引起群众注意以后的情况都加以描述，显然不是这几章能完成的，而且我也不想这样，因为需要整本书的篇幅才能把这个问题谈清楚。我写这几章的目的不过是要说明，我在体验真理的时候，一些事情是怎样自然而然发生的，我的想法是怎样形成的。

现在让我继续叙述不合作运动的故事吧。当阿里兄弟发动起来的基拉法运动正在蓬勃开展的时候，我曾就这个问题和阿卜杜尔·巴里大毛拉（已故）以及其他的穆斯林贤哲进行了长时间的讨论，尤其是讨论了穆斯林实行非暴力主义原则的限度问题。最后他们都同意，认为伊斯兰教在政治上并不反对它的信徒遵循非暴力原则，而且，如果他们立誓要遵循这个原则，就应当忠实地奉行这个原则。最后，不合作的决议终于在基拉法会议上被提出，经过长时间的讨论得到通过。我还清清楚楚地记得，有一次，有个委员会在阿拉哈巴德就这个问题讨论了一个通宵。最初，哈钦·萨希布对于非暴力不合作运动是否行得通颇为怀疑。但是一旦他的疑虑消除后，便全力以赴投身于这项运动，他的帮助对于运动的开展起着无法估量的作用。

紧接着不久，我便在古吉拉特举行的政治会议上提出了不合作的议案。反对者的初步意见是，在国大党还未采取措施以前就由省级会议通过这样的决议是不恰当的。我不同意这种意见。我说这种限制只能应用于退后的运动，但是对于向前发展的运动，只要有必要的勇气和信心，下级组织不但完全有资格，而且有责任这样做。只要这样做之后自己负责，我认为凡有助于上级机构提高威信的行动，都不必等获得许可再进行。会议对这个建议进行了热烈的讨论，讨论时的气氛充满了"甜美的理性"。最后付诸表决时，以绝对多数赞同获得通过。这个决议之所以能够通过，得益于瓦拉拜和阿巴斯·铁布吉先生的帮助。他是大会的主席，他是完全支持不合作的决议的。

国大党全印委员会决定于 1920 年 9 月在加尔各答召开大会特别会议来讨论这个问题，为此进行了大规模的准备工作。拉拉·拉兹巴特·莱（Lala Lajpat Rai）当选主席。大会还为国大党代表和基拉法的代表开通从孟买到加尔各答的专列，其他代表和列席旁听的人则聚集于加尔各答。

应绍卡特·阿里大毛拉之请，我在火车上准备了不合作决议的草案。截至当时，我在草案中总是尽量避免使用"非暴力"这个字眼，在我的讲话中更少用到它。关于这个问题，我的用语还在思考中。我觉得如果我用梵文中相当于非暴力的这个词恐怕不易为纯粹的穆斯林大众理解。因此，我请阿卜杜尔·卡拉姆·阿扎德（Abdul Kalam Azad）大毛拉给我找一个别的相当的字眼，他建议采用"巴–阿曼"（Ba-aman）这个词；至于不合作，他建议用"塔克–伊–玛瓦拉特"（Tark-i-mavalat）这个词。

就这样，当我还在忙于为不合作寻找适当的印地语、古吉拉特语和乌尔都语的词汇时，又被请去为这个事务繁多的大会草拟一个不合作的决议。在原来的草案里，我把"非暴力"这个词漏掉了。在我把这个草案交给和我同车厢的绍卡特·阿里大毛拉时，也没有注意到这个疏忽。到了夜里，我才发现这个错误。第二天早晨，我捎信给马哈迪夫，请他在草案付印前进行更正。可是我有一个印象，草案在还没有更正以前就印好了。提案委员会当晚就要开会讨论，因此我不得不在印好的草案上做必要的更正。后来我才明白，如果我没有预先把草案准备好，就会遇到很大的困难。

其实，我的苦处远不止于此。我还完全不知道谁会支持这个决议，而谁会加以反对。拉拉吉的态度究竟怎样，我一点也不知道，我只看到久经锻炼的战士正云集于加尔各答，其中有贝桑特夫人、潘迪特·马拉维亚吉、维加耶罗伽华恰立先生、潘迪特·莫提拉尔和德希班度等。

我在提案中提出不合作运动，只是为了纠正旁遮普惨案和反对基拉法错误。然而，维加耶罗伽华恰立却不赞成，他说："如果要宣布不合作运动，为何还要管那些错案呢？没有自治权（Swaraj）才是我国面临的最大问题，因此不合作运动应该以此为方向。"潘迪特·莫提拉尔也希望将争取自治权纳入提案。我欣然接受了他的建议，把自治加到提案中。经过充分、认真乃至有些争吵的讨论，提案得到了通过。

莫提拉尔是第一位加入该运动的人，我仍记得我们曾就提案进行过亲切的讨论。他建议我对提案中的用词进行一些改动，并承诺争取德希班度来参加这个运动。德希班度的确有心支持我们的运动，但他对于人民是否有能力实施该运动计划持有疑虑。直到那格浦尔大会，他和拉拉吉才完全接受这项运动。

在那次特别会议上，我深切地感受到罗卡曼尼亚的离世给我们带来的损失。直到今天，我都一直坚信要是罗卡曼尼亚还活着，他一定会在那次会议上祝福我。即使事实恰好相反，他反对这项运动，我也会尊重他的意见，将其视为我的荣幸与学习的机会。我们常常意见相左，但从未因此翻脸。他让我相信我们是最亲密的朋友，即使是现在我写下这些话的时候，他去世时的情形也历历在目。那天晚上已近午夜时分，我当时的工作伙伴巴特华昙打电话告知罗卡曼尼亚去世的消息。当时我正被许多同事围着，但仍然脱口而出："我最坚固的壁垒坍塌了。"那时不合作运动正在如火如荼地进行，我热切地盼望能够从他那里得到一些鼓励或启发。尽管人们有各种猜测，但对于不合作运动的最后阶段他究竟持何种态度，我们将永远不得而知。但有一点是可以肯定的——他的去世使加尔各答大会的每位与会人员都深深地感受到一种空虚。在那民族史上的危急时刻，大家都感到缺少了他的忠告与建议。

第四十三章　在那格浦尔

国大党加尔各答特别会议上通过的决议，还要在那格浦尔的年度会议上讨论。与加尔各答会议的情形一样，无数的旁听者和代表都赶来参加。当时与会代表数尚未设限，因此我记得当时与会人数竟达到一万四千人。拉拉吉主张稍微修改关于联合抵制学校的条款，我最终同意了。德希班度也提出一些修改意见，随后不合作运动提案得到一致通过。

本次会议还将讨论修改国大党党章的提议草案。在加尔各答特别会议上，小组委员会的草案就已经提交，当时与会成员就此反复进行了彻底的讨论。这次那格浦尔会议由西·维迦耶罗伽华恰立先生主持。会议将对该草案进行最后表决，但提案委员会只对其进行了一项重大修改就通过了。我记得我在草案中将会议代表人数定为一千五百人，而提案委员会却将其改为六千人。我认为决定增加代表人数是草率的，而我这些年来的经历都证实了我的这一看法。有人认为与会代表人数众多一定有助于发展，或者一定会捍卫民主。在我看来，这完全是一种错误。一千五百名热切关注人民利益、心胸开阔而诚实的代表，比起随便选出的六千名更有助于捍卫民主。同时，要捍卫民主，人们就必须有强烈的独立、自尊、团结一心的意识，必须坚持选择那

587

些善良诚实的人代表他们。但是，像提案委员会这样一心追求代表人数的做法，很可能使与会代表超过六千人。所以，决定设六千名与会代表实在是带有妥协的性质。

对于国大党立党目标的质疑，成为人们热烈讨论的话题。我在提交的党章中写明，立党目标是尽可能争取在大英帝国统治下取得自治，若此法行不通，便推翻大英帝国的统治。国大党中有一部分人希望仅将立党目标定为在大英帝国统治之下取得自治，持这一观点的代表是潘迪特·马拉维亚吉和真纳先生。但是，他们的想法并未获得代表们的广泛支持。而且，党章草案中规定必须通过和平合法的手段取得自治。但这项规定也遭到了反对，代表认为不应对采取何种手段设限。经过一番有启发意义的、坦诚的讨论后，会议决定采纳原草案。我认为只要人们真诚、理智而热心地制订出一份草案，那就可以成为大众教育的有力工具，并且制订过程本身就可以给我们带来自治。但在此讨论这个话题可能不太适合。

本次会议还通过了印穆团结、取消不可接触制、支持土布运动的决议。自此之后，国大党的印度教成员便担负起将不可接触制从印度教中消除的责任，国大党还通过土布运动与印度的骨干建立起了生活上的联系。国大党因基拉法的缘故而发起的不合作运动，本身就是为实现印穆团结而进行的一次伟大尝试。

告　别

现在，该给这些章节画上句号了。

此次大会以后，我的生活便非常公共化了，很少有什么事不为人们所知。而且，从1921年起，我与国大党领袖密切共事，因此我在描述此后生活中的任何经历的时候，都不能不谈到我与他们的关系。虽然史罗昙纳吉、德希班度、哈钦·萨希布和拉拉吉现在已经永远离开了我们，但是，非常幸运的是，其他国大党资深领袖仍然健在，仍然与我们一起共事。我在前面描述了国大党的巨大变化，自从那时起，国大党的历史一直在与时俱进。而我过去七年的主要体验，都是通过国大党进行的。因此，如果要描述我的进一步体验，就不可避免地提到我与这些领袖的关系。但是，我不会这样做，至少现在不会这样做，即使是出于礼貌，我也不会这样做。最后，我很难从自己目前的体验中得出确定性的结论。因此，对我来说，现在就结束我的故事似乎是义不容辞的责任。实际上，我的笔已经本能地拒绝我继续写下去了。

我不得不与读者告别，心里自然不无感触。对于我的体验，我抱有很高的期望。我不知道，我对这些体验的评价是否公正。我只能说，我不遗余力地、忠实地讲述了我的体验，将我看到和体验到的真理如实地描述出来，这一直是我不懈努力的方向。这一尝试使我获得

589

了无以言表的精神上的平静，因为我的夙愿就是让那些信仰摇摆不定的人皈依真理和非暴力。

我的一贯体验使我确信，除了真理，别无神灵。而且，倘若这些章节的每一页没有向读者揭示实现真理的唯一手段就是非暴力，那么我会觉得我写这些章节付出的所有心血无异于付诸东流。此外，即使我在这方面的努力没有取得成效，也要让读者知道，过错在于我的方式，而不在于原则。毕竟不管我对非暴力的追求是多么真诚，仍然没有达到尽善尽美的地步。因此，我在一瞬间瞥见的一点点真理的流光，很难表达也无法形容真理的巨大光辉，真理的光辉比我们日常看到的太阳的光辉强百万倍。事实上，我看到的不过是那个巨大光辉最微弱的一线而已。但是，我可以满怀信心地说，根据我的所有体验，只有完全遵循非暴力的人，才能看到真理。

人们要想面对面地看到无所不在的真理的灵光，就必须热爱最卑微的生物，如同热爱自己。而一个有此志向的人，不可能置身于任何一个生活领域之外。这就是我献身于真理，却投身于政治领域的缘由。而且，我可以毫不犹豫并满怀谦卑地说，那些认为宗教与政治无关的人，其实不知道宗教的真正含义。

没有自我纯洁，就不可能做到与万物合一。没有自我纯洁，恪守非暴力法则也必将是痴人说梦。心灵不纯洁的人，绝不可能认识神灵。因此，自我纯洁必然意味着人生各领域的纯洁。而且，由于纯洁富有高度的感染力，因此，一个人的自我纯洁必然会使周围的人也变得纯洁。

但是，自我纯洁的道路既艰难又曲折。要想实现完全纯洁，人们必须摆脱思想、言论和行为方面的欲求，必须超脱爱与恨、恋与斥的对立潮流。我知道，虽然我在不懈地追求，但是我还没有实现思想、言论和行动三方面的纯洁。这就是我对世人的赞扬无动于衷的原因。实际上，世人的赞扬常常使我感到苦恼不安，犹如芒刺在背。在我看来，克服微妙的内心欲求，似乎比用武力征服外在世界艰难得多。自从我回到印度以来，我已经体会到蛰伏的欲求就隐藏在我的内心。意识到这些欲求，我感到羞愧难当，但并未气馁。这些经历和体验支撑着我走到今天，并给我以极大的快乐。但是，我知道，摆在我面前的是一条等待我穿越的艰辛之路。我必须将自己降为零。一个人只要不能在同类中甘居末位，就不可能得到解脱。非暴力就是最大限度的谦让。

在即将与读者告别的时候，我请读者加入我的行列，一起向真理之神祷告，请求真理之神赐予我们思想、言论和行动中的非暴力的恩典吧！

中文译者后记

本书由尚劝余、尚沫含等合译。

20世纪30年代至21世纪初的七十余年间，《甘地自传》在我国掀起了两次翻译高潮。

第一次高潮出现在20世纪30年代，主要译本有：明耀五译《甘地自传》（上海：大东书局，1932年）、向达译《甘地自传》（上海：中华书局，1934年）、吴耀宗译《甘地自传》（上海：青年协会书局，1935年）、南柳如编译《甘地自传》（南京：正中书局，1936年）等。这些不同版本的《甘地自传》全是节译本，主要是根据安德鲁斯（C.F. Andrews）自《甘地自传：我体验真理的故事》一书摘录编译的《圣雄甘地：他自己的故事》（*Mahatma Gandhi: His Own Story*）一书翻译而成。

第二次高潮出现在21世纪前十年，主要译本有：刘宇来译《甘地自传》（长春：北方妇女儿童出版社，2002年）、吉力译《博爱圣雄——姆·克·甘地自传》（长春：时代文艺出版社，2003年）、鲁良斌译《甘地》（北京：国际文化出版公司，2003年）、叶李、简敏译《甘地自传：我体验真理的故事》（武汉：长江文艺出版社，2007

年）、钟杰译《甘地自传》（长春：吉林出版集团有限责任公司，2009年）等。这些译本都是全译本，主要根据甘地的秘书马哈迪夫先生翻译的《甘地自传：我体验真理的故事》一书翻译而成。

在这两次高潮之间，有一个承上启下的重要译本值得一提，即杜危、吴耀宗译的《甘地自传》（北京：商务印书馆，1959年）。这是国内第一本《甘地自传》全译本，是根据甘地的秘书马哈迪夫先生的英译本《甘地自传：我体验真理的故事》翻译而成。马哈迪夫先生的英译本是根据甘地本人所写的古吉拉特语自传原著翻译的，并由甘地本人修改和校对。杜危、吴耀宗的全译本对我国的甘地研究发挥了重要的作用，一枝独秀长达四十三年之久。

目前国内已有的诸多《甘地自传》译本，林林总总，良莠不齐，存在误译、漏译现象。本译本采用比较权威的五卷本《甘地选集》2011年最新版中的《甘地自传》文本翻译而成，与目前国内《甘地自传》译本相比，体现出如下主要特色。

其一，除了原著的注释之外，增加了中文译者的注释，以帮助读者理解上下文，并拓展相关知识。

其二，对目前版本中的漏译、误译进行了增补和勘误。例如，Surdas 一词，半个多世纪以来所有中文译本都误译为"首陀罗"。其实，它并不是印度教第四种姓的名称，而是中世纪印度盲人诗人苏尔达斯的名字。诸如此类，这里不一一列举。

非常感谢"梵澄译丛"主编闻中先生和广西师范大学出版社多马老师和多加老师，没有他们的慧眼识珠和辛勤付出，就不会有本书的问世。

译者学识和水平有限，错误疏漏在所难免，敬请读者批评指正。

尚劝余

于广州番禺雅居乐花园俊园啐啄斋

2014 年 6 月

我为此而生：甘地自传
WO WEI CI ER SHENG: GANDI ZIZHUAN

图书在版编目（CIP）数据

我为此而生：甘地自传 / （印）莫罕达斯·卡拉姆昌德·甘地著；尚劝余等译. -- 桂林：广西师范大学出版社，2025. 2. -- （梵澄译丛 / 闻中主编）.

ISBN 978-7-5598-7842-7

Ⅰ. K833.517=5

中国国家版本馆 CIP 数据核字第 2024LP9623 号

广西师范大学出版社出版发行

广西桂林市五里店路 9 号　邮政编码：541004

　网址：http://www.bbtpress.com

出版人：黄轩庄

全国新华书店经销

北京博海升彩色印刷有限公司印刷

　北京市通州区金桥科技产业基地环宇路 6 号

　邮政编码：100076

开本：710 mm × 960 mm　1/16

印张：38.25　　字数：390 千

2025 年 2 月第 1 版　　2025 年 2 月第 1 次印刷

印数：0 001~5 000 册　　定价：88.00 元